REALITY+
リアリティ・プラス

パターン・ランゲージ

PATTERN LANGUAGES

創造的な未来をつくるための言語

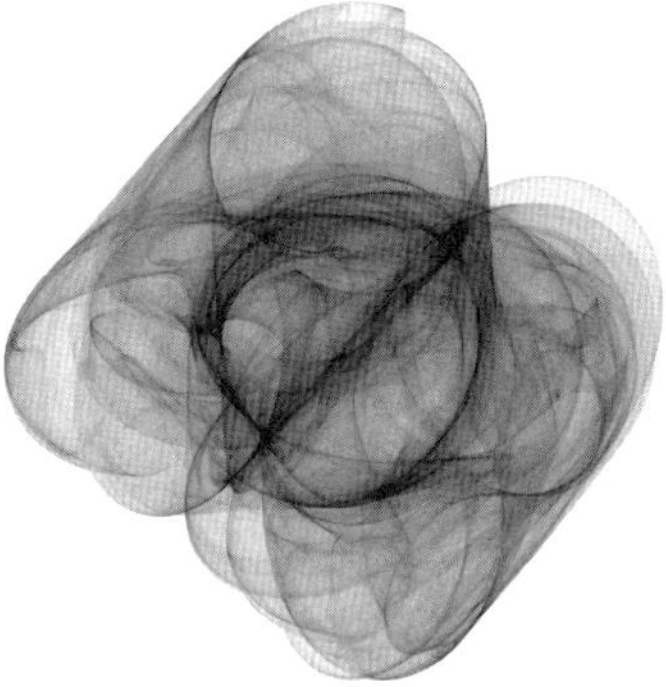

井庭 崇［編著］
Iba Takashi

中埜 博
Nakano Hiroshi

江渡浩一郎
Eto Koichiro

中西泰人
Nakanishi Yasuto

竹中平蔵
Takenaka Heizo

羽生田栄一
Hanyuda Eiichi

慶應義塾大学出版会

パターン・ランゲージ■目次

プロローグ

■応急処置的な社会から、創造的な社会へ

いま私たちが感じている閉塞感がどこから来るのかを辿っていくと、社会や組織のあり方が「応急処置的」であるという点に行き着くように思う。日々目新しい商品やサービス、情報が生まれてはいるものの、本当に新しいものを「つくる」こと、そして既存のものを抜本的に「つくり直す」ことは回避され、とりあえず事態を悪化させないようにパッチを当てて対症療法でなんとか済ませている。多くの人がこのような状況をよく思ってはいないが、そこから抜け出せずにいるというのには、いくつかの理由があるように思う。

第一に、価値判断の難しさがある。何かを新しくつくったり、抜本的につくり直したりするときには、どのようなものをつくればよいのかを考え、その意義を主張しなければならない。現状よりも「よい」ものをつくろうと言うからには、何が「よい」ものなのかの価値判断が求められる。しかし、多様化した現代においては、この判断はとても困難なことだと感じられる。

第二に、実際につくり上げることの難しさがある。新しい試みには前例がなく、直接参考にできるも

のがない場合がほとんどである。しかも、何かをつくるためにはコストがかかるが、それに見合うだけの成果を本当に生み出すことができるのかを、事前に評価することは難しい。それゆえ、現状の仕組みをなんとか維持させる方がリスクが少なく、安上がりだという考えに対抗することが難しくなる。

第三に、専門や分野が異なる人とのコラボレーションの難しさがある。既存の制度や仕組みを変えるためには、いろいろな人たちと協力して取り組む必要があるが、高度に専門化・分業化された現代社会においては、分野ごとに独自の視点や言葉があり、独自の「リアル」がある。それゆえ、自分の分野外への口出しは躊躇《ちゅうちょ》されることになる。

以上のような理由で、新しいものを「つくる」ことや、既存のものを「つくり直す」ことへの自信が持てず、抜本的な変革への道を自ら封じてしまうのではないだろうか。そして、現状に対して不満や違和感を抱えながらも、その状況を打破するほどの気力は湧かず、ただ時間だけが過ぎていく。

このようなその場しのぎの対応の先には、一体どのような未来が待っているのだろうか？　当然それは、古い制度・仕組みにがんじがらめになったまま、そこから抜け出せずにいる未来だろう。しかも、制度や仕組みをつくった経験がある世代が引退した後に残されるのは、「自分たちでつくったことがない世代」である。そして、一度、社会・組織からつくる能力・経験の喪失が起きてしまうと、そこから抜け出すことはますます難しくなる。こうして負のフィードバック・ループに閉じ込められ、最終的には崩壊へと向かうのではないか。

私は、そのような未来は避けたいし、避けるべきだと思う。そして、私だけでなく多くの人がそう思うのではないかと考えている。いや、そのような暗い未来を望む人など、誰もいないはずである。そうであるならば、私たちはこれとは異なる未来のシナリオを描く必要がある。

このようなことを考えるとき、いつも私の頭をよぎるのは、アラン・ケイの有名な言葉である。「未来を予測する最善の方法は、自ら未来をつくるということである」（The best way to predict the future is to invent it.）――つまり、現在の延長線上に未来を見て、行く末をただ傍観しているのではなく、自ら積極的にコミットし、未来を形づくる姿勢が大切だということである。このような未来志向の姿勢こそが、いま求められているのだと思う。そのためにも、各々がポジティブな未来を思い描いて、それを語ることから始めることが重要となる。

私が思い描く未来は、自分たちで自分たちのモノや認識、仕組みをつくり、つくり直していく創造的な社会である。このような社会を「創造社会」（クリエイティブ・ソサエティ：Creative Society）と呼びたい。創造社会では、人々が、自分たちで自分たちのモノ、認識、仕組みをつくる。今日誰もがコミュニケーションを行っているように、創造社会では誰もがさまざまな創造活動を行うようになる。そこでは、「つくる」ということが、生活や人生の豊かさを象徴するものになるだろう。与えられた枠のなかで不平不満を漏らしているのではなく、自分たちで必要なものをつくり、つくり直していく社会――そのような創造的でいきいきとした未来に向けて、私はコミットしていきたいと考えている。

■「何を」「なぜ」「どのように」つくるのか

「つくる」ことが日常的に行われる創造社会では、「つくる」ことを支援する方法が整備されていくだろう。ただし、「つくる」ことの支援といっても、「どのように」(How) つくるのかが支援されるだけではなく、「何を」(What) つくるのか、そしてそれを「なぜ」(Why) つくるのかを考えることの支援も重視されるようになると思われる。

これまで「つくる」ことの支援といえば、マニュアルやレシピのように「どのようにつくるのか」をサポートすることに主眼が置かれてきた。他方、「何を」「なぜ」つくるのかは、つくる人があらかじめ把握・選択しているという前提があった。そしてその前提のもと、「どのように」つくるのかという実現方法のみが支援されてきたのである。

しかし、よくよく考えてみると、自分たちの状況に合った「よい」ものをつくろうとするならば、「何を」つくればよいのかの決定は、その創造において本質的に重要であるはずだ。また、それを「なぜ」つくる必要があるのかという判断も、状況に合った「よい」ものをつくるうえで、きわめて重要なはずである。なぜなら、「なぜ」つくるのかという理由こそが、その状況における創造の必然性を担保するからである。それゆえ、「何を」「なぜ」つくるのかは、個人的な好みや偶然によって決められるべきではなく、「つくる」ことの一部として、きちんと考えて決められるべきだということになる。

「何を」や「なぜ」ということが「つくる」の本質的な一部であることを実感するには、それらが外から与えられる場合を考えてみるとよい。「何を」「なぜ」つくるのかを具体的に他者から与えられ、ただそれを遂行しているという状況は、とても創造的であるとは言えないだろう。何かをつくるときには、「何を」「なぜ」つくるのかということ自体も、プロセスのなかでつくられ、何度もつくり直されていくのである。

ここで、誤解を避けるためにあらかじめ言っておくと、「何を」つくるのかを考える支援というのは、「これをつくるべきだ」「あれをつくるべきだ」という具体的な作成物を指図するということではない。そうではなく、「何を」つくるとよいのかを考える「考え方」を提供するということである。同じように「なぜ」つくるのかについても、具体的な理由を与えるのではなく、「なぜ」つくるのかを考える「考え方」を提供するということである。その意味で、これらは抽象的なかたちでの支援でなければならない。

また、「どのように」つくるのかを示すマニュアルやレシピが多様な状況で使うことができるように、「何を」「なぜ」つくるのかの支援も、「いつ」(When)「どこで」(Where)「誰が」(Who)つくるのかに対しては中立的なものになるだろう(fig 1)。つまり、「いつ」「どこで」「誰が」つくるのかは限定せず、その可能性は広くひらかれる。その意味で、多様な状況に対応できる普遍性をもっていなければならない。

このような自分たちで考えるための新しい支援の方法が、創造社会においては必要不可欠なものになる。このような支援の方法は、私の見るところ、現在ひとつだけある。それが、本書のテーマである「パターン・ランゲージ」(Pattern Language)である。そして、このパターン・ランゲージこそが、冒頭で触れた応急処置的な社会から抜け出すための有効な鍵なのである。

以下では、パターン・ランゲージとは何かを概観し、それがなぜ応急処置的な社会を抜け出すことに

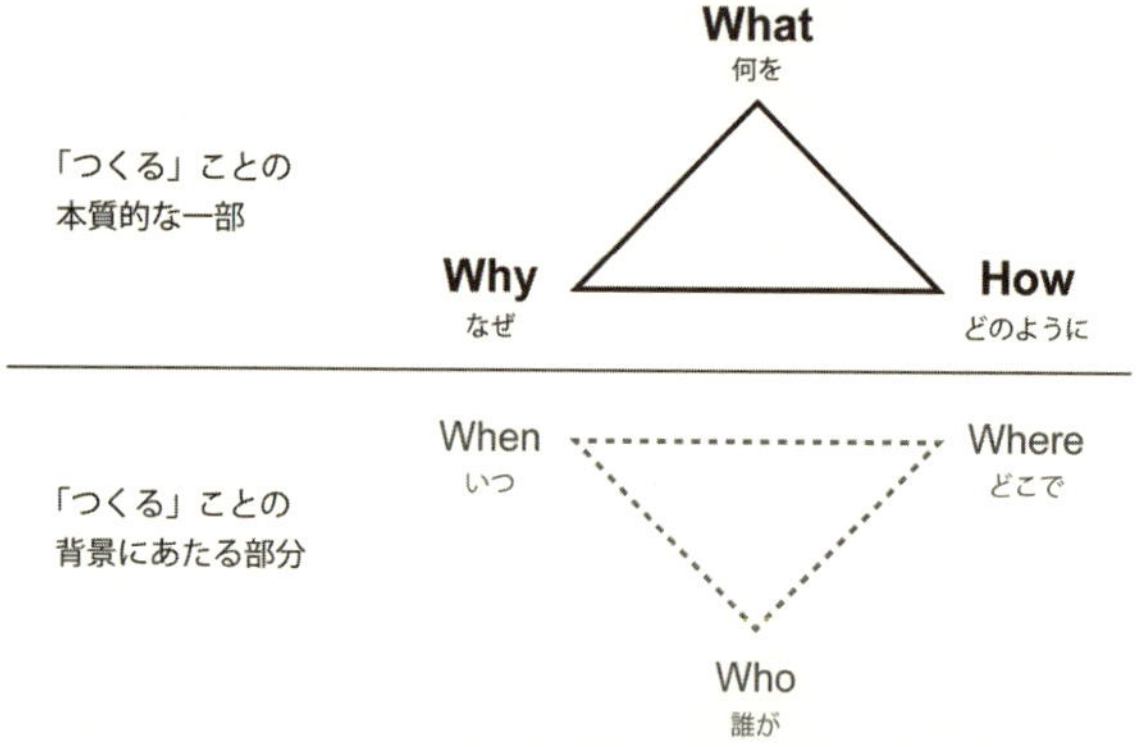

fig 1 「つくる」ことにまつわる5W1H

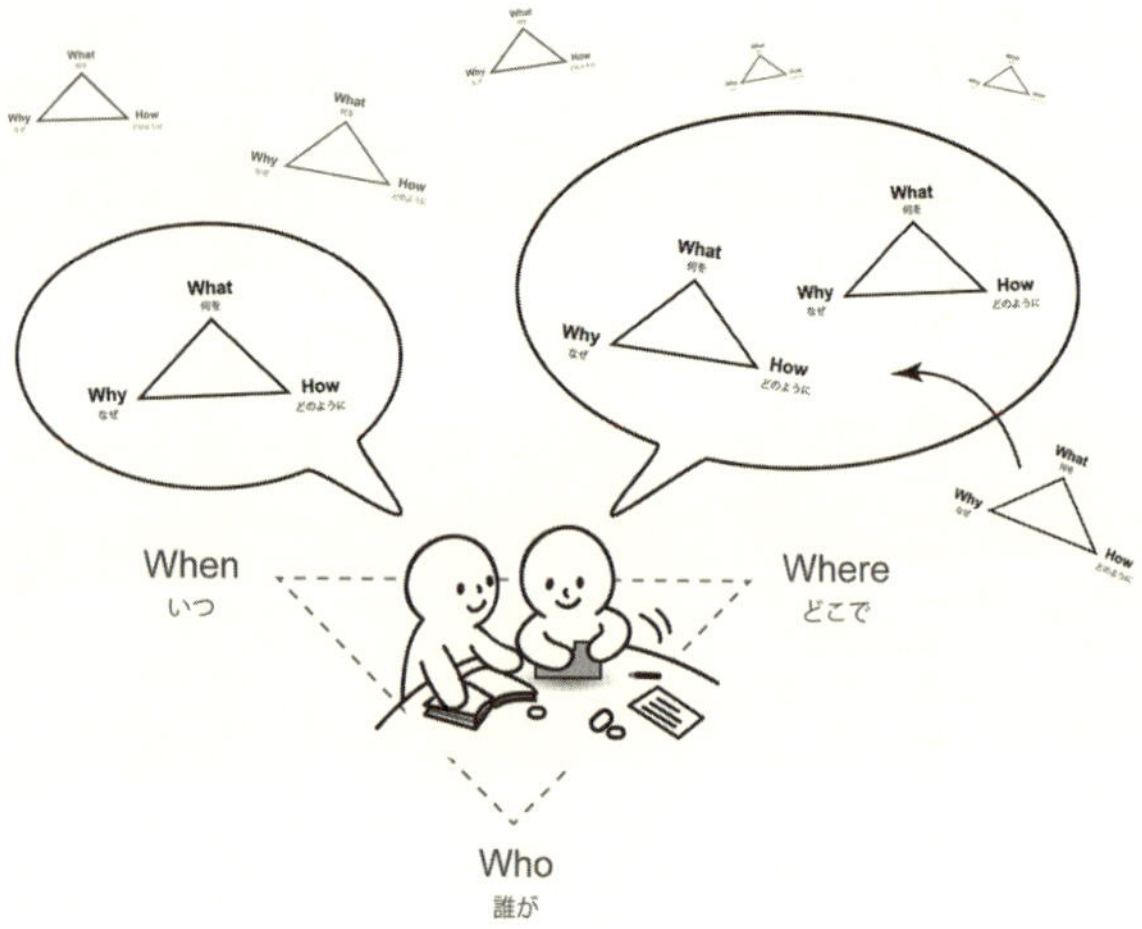

fig 2 「何を」「なぜ」「どのように」つくるのかを考える

つながるのかを説明することにしよう。

■パターン・ランゲージという方法

パターン・ランゲージは、創造的な未来をつくるための言語である。パターン・ランゲージは、ある領域において「何を」「なぜ」「どのように」つくるとよいのかを言語化したものである。それは、何が「よい」ものであり、何が「美しい」ものであるかの価値を表明する。そして、なぜそれをつくることがよいのかの理由を明示する。また、それをどのようにつくることができるのかの方法を提供する。このような創造のための言語が、パターン・ランゲージなのである。

パターン・ランゲージは、一九七〇年代に建築の分野で、クリストファー・アレグザンダーという建築家によって考案された。彼は、住民参加型の町づくり・住まいづくりを実現するためには、建築家がもっているデザイン（設計）の知を、住民と共有しなければならないと考えた。そこで、質感があり、美しく、いきいきとした町や建物を生み出すための秘訣を、二五三の「パターン」として記述し、それらを関係づけ体系化した「パターン・ランゲージ」を生み出した。

その後、パターン・ランゲージの方法は、ソフトウェア・デザインの分野に応用された。ソフトウェアの優れたデザイン（設計）の秘訣が、パターン・ランゲージの形式で記述されるようになったのである。ソフトウェアのパターン・ランゲージは、「デザイン・パターン」と呼ばれ、広く普及し、世界的に有名になった。ここ二〇年ほどのあいだに、多くのパターンが提案・出版され、コミュニティも成長してきた。

そして近年、組織変革や教育など、新しい分野のパターン・ランゲージがつくられるようになってきた。私も、『プレゼンテーション・パターン――創造を誘発する表現のヒント』（井庭崇＋井庭研究室、慶應義塾大学出版会、二〇一三年）をはじめ、学び、コラボレーション、生き方など、創造的な人間行為のパターン・ランゲージをつくってきた。

いずれの分野においても、パターン・ランゲージが支援するのは、デザイン（設計）――広義の「デザイン」――である。つまり、建築のデザイン、ソフトウェアのデザイン、人間行為のデザインというように、パターン・ランゲージはデザインを支援する。

パターン・ランゲージの各パターンは、どのような「状況」（context）で、どのような「問題」（problem）が生じやすく、それをどう「解決」（solution）すればよいのかという形式で記述されており、それに「名前」（パターン名）がつけられている。デザイン＝問題発見・解決の秘訣を小さい単位でまとめ、体系立てている点に、パターン・ランゲージの特徴と強みがある。そのため、パターン・ランゲージを使うときには、現状をベースとしながら少しずつパターンを取り入れて拡張していく漸進的成長《ぜんしんてきせいちょう》が可能となる。

パターン・ランゲージでは、各パターンにおいて、「何を」（What）つくればよいのかが抽象的に提示される。また、ある「状況」で生じるどのような「問題」を解決するためにつくるのかという「なぜ」（Why）についても明言される。さらに、それを「解決」するものを「どのように」（How）つくることができるのかも提示される。それゆえ、パターン・ランゲージは、「何を」「なぜ」「どのように」つくるのかを考えることを支援するのである。

他方、パターンには、それを「いつ」（When）「どこで」（Where）「誰が」（Who）使うべきかという記述はない。つまり、「いつ」「どこで」「誰が」つくるのかは、限定されていないのである。各パターンは、そこに書かれている「状況」と同じような状況において、その「問題」を解決したいというときにだけ、参考にすることができる。「なぜ」（Why）つくるのかという理由が合致することが大切なのであり、「いつ」「どこで」「誰が」つくるのかは本質的な問題ではないということである。

このように、パターン・ランゲージは、それを構成するパターンのなかで「何を」「なぜ」「どのように」つくるのかを示すことで、自分たちで考えて「つくる」ことを支援するのである（fig 2）。

■創造的な社会をつくることの支援

私は、パターン・ランゲージこそが、冒頭で触れた応急処置的な社会・組織の檻から抜け出す鍵になると考えている。それにはいくつかの理由がある。

第一に、パターン・ランゲージでは、対象とするデザイン領域においてどのようなものが「よい」のか、「美しい」のかという価値観が表明されるため、「何を」「なぜ」つくるのかを考える際の参考にすることができる。しかも、パターン・ランゲージでは、個別の事例にたまたま見られたものではなく、複数の事例に共通しているものが抽出されているので、自分たちがこれからつくるもののよし悪しを判断するひとつの拠り所にすることができる。

第二に、パターン・ランゲージでは、デザイン＝問題発見・解決の秘訣が記述されているため、「どのように」実現すればよいのかを考えるための材料にすることができる。パターン・ランゲージでは、秘訣が「パターン」という小さな単位でまとめられているので、自分の状況に合わせてパターンを取捨選択して、組み合わせながら使うことができる。「つくる」ときに白紙の状態から考えるのではなく、過去の事例の経験や教訓を踏まえることができるため、試行錯誤のコストを引き下げ、成功への期待を持つこともできるようになる。

第三に、パターン・ランゲージは、視点や発想を言語化し、その一つ一つに「名前」（パターン名）をつけているため、それらを新しい共通言語として用いることができる。このような共通言語の存在が、分野ごとに断片化したリアリティに橋を架け、視点や発想の相互理解を可能とさせる。そして、同じ方向に向かってともに「つくる」コラボレーションを促進させることができるのである。

このように、パターン・ランゲージの方法は、応急処置的な社会を抜け出すことの困難さを軽減・解消し、創造的な社会の実現を後押しする。しかも、パターン・ランゲージは現状打破を可能にするだけでなく、創造社会を持続的に支える方法的基盤ともなる。というのは、パターン・ランゲージによって何かを「つくる」ということのみならず、パターン・ランゲージをつくることで「つくり方をつくる」、「つくる人をつくる」ことにつながり、社会が創造的であり続けることを下支えするからである。

その時々の方法を言語化・共有・継承し続けるということは、社会・組織における「つくる」「つくり直す」能力が再生産され続けることを意味する。こうして、現在の応急処置的な社会を抜け出すだけでなく、社会を創造的にし続ける仕組みがビルトインされた新しいステージへと移行することが可能となる。パターン・ランゲージは、そのような創造的な未来へ向かうための重要な鍵なのである。

■ 本書の構成と概要

本書は、ここ一〇年ほどパターン・ランゲージについての独自の取り組みをしてきた井庭崇が、さまざまな分野・専門の論者たちと対話することによって、パターン・ランゲージの魅力と可能性を浮き彫りにするというひとつの試みである。建築デザインから中埜《なかの》博氏、メディア・デザインから江渡《えと》浩一郎氏と中西泰人氏、政策デザインから竹中平蔵氏、そしてソフトウェア・デザインから羽生田《はにゅうだ》栄一氏をお迎えし、創造的な対話を行った。

本書は、パターン・ランゲージの思想について解説する序章と、四つの対談・鼎談《ていだん》の章で構成されている。序章では、パターン・ランゲージとは何かということを、その歴史的経緯とともに解説している。

第1章「建築におけるパターン・ランゲージの誕生」には、中埜博氏との対談が収録されている。中埜氏はクリストファー・アレグザンダーに師事し、彼が日本で手がけた建設プロジェクトにも携わった建築家である。実践やワークショップ、翻訳等を通じて、アレグザンダーの考え方を日本に広める活動に長く取り組んできた。本章の対談では、アレグザンダーのパターン・ランゲージがどのようにつくられたのかについてお聞きし、初めて明かされる貴重なエピソードが多く紹介された。さらに、その経緯を踏まえたうえで、パターン・ランゲージとは何なのか、また、その可能性の本質はどこにあるのかということを語り合った。

第2章「建築からソフトウェアへ」には、江渡浩一郎氏と中西泰人氏との鼎談が収録されている。江渡氏は、メディア・アーティストであるとともに研究者であり、『パターン、Ｗｉｋｉ、ＸＰ』の著者としても有名である。同書は、パターン・ランゲージの考え方がソフトウェア分野に深く影響を及ぼしていることを紹介したことで、近年の日本でのパターン・ランゲージ普及に貢献した。中西氏は、オフィス環境のデザインについてのランゲージの制作や、発想を引き出す場づくりの研究をしている方である。本章の鼎談では、パターン・ランゲージの考え方がソフトウェア分野のどの部分と共鳴し、影響を持つに至ったのかを追う。さらに、新しいランゲージをつくるときの秘訣についても語り合った。

第3章「政策言語＝政策デザインのパターン・ランゲージをつくる」では、竹中平蔵氏と行ったまったく新しい分野のパターン・ランゲージ制作の試みを紹介する。竹中氏は、経済政策の専門家であり、国務大臣を務めた経験ももつ、まさに政策デザインの実践者である。その竹中氏へのインタビューを通じて、政策デザインの秘訣・こだわりを抽出し、それをパターン・ランゲージとして記述した。本章の竹中氏との対談は、「政策言語」（policy language）という新しい方法についての出発点であり、宣言でもある。また、本章は、インタビューによってパターン・ランゲージをつくる「インタラクティブ・マイニング」のデモンストレーションにもなっている。

第4章「パターン・ランゲージとネイチャー・オブ・オーダー」では、中埜博氏と羽生田栄一氏との鼎談を収録した。中埜博氏についてはすでに紹介したとおりであるが、羽生田氏は、ソフトウェア・デザインの方法としてパターン・ランゲージに注目し、活動されている方である。本章の鼎談では、アレグザンダーがパターン・ランゲージを提案した後の約三〇年間の取り組みがまとめられた近著『*The Nature of Order*』（ネイチャー・オブ・オーダー）について語っている。同書では、より根源的な原理へと視点を移した探究が展開されている。本鼎談では、パターン・ランゲージとネイチャー・オブ・オーダーの理論の関係について語り合った。そのうえで中埜氏は、三・一一（東日本大震災）の復興やそれ以降の社会変革において、アレグザンダーの考え方がますます重要になっていると説く。羽生田氏は、ITの話を事例としながら、ネイチャー・オブ・オーダーの考え方の重要性と親和性について語っている。本章の最後には、アレグザンダー本人による「日本へのメッセージ」を収録している。

それぞれの対談・鼎談では、パターン・ランゲージの歴史を振り返り、各人の考えや実践について語るとともに、これからの可能性について大胆に語り合っている。各論者がそれぞれの視点と思いでパターン・ランゲージを語っているため、本書を通して読むことでパターン・ランゲージがもつ魅力と可能性が立体的に立ち現れてくるのではないかと思う。

各章の対談・鼎談は、二〇一〇年から二〇一二年に行われたものをベースに大幅に編集・加筆・修正をしたものである。必要な箇所については、情報・記述を出版時点（二〇一三年九月）のものにアップデートしてある。また、多岐にわたる分野を縦横無尽に往き来するため、どの分野の読者にも理解がしやすいように註を充実させた。また、巻末には文献案内も付してあるので、適宜参照いただければと思う。

なお、本書は、「リアリティ・プラス」(Reality+)シリーズのひとつである。本書を、単なるパターン・ランゲージについての本でなく、「リアリティ・プラス」シリーズの一部とすることには、明確な意図がある。それは、パターン・ランゲージを、これからの私たちのリアリティを構築するための重要な方法として位置づけたいということである。

リアリティという言葉には、二つの意味がある。ひとつには物事の認識や物語が本物であるように感じられるという意味の主観的な「現実感」、もうひとつには客観的な「現実」・「実在」という意味である。パターン・ランゲージは、これまでになかった視点や発想を得ることによって第一の意味でのリアリティ(現実感)に変化をもたらすとともに、何かを実際につくることで世界が変わるという第二の意味でのリアリティ(現実・実在)の変化をも引き起こす。本書では、このような新しいリアリティを構築する手段として、パターン・ランゲージを位置づけたい。

出版の順からすると、本書は『[リアリティ・プラス] 社会システム理論――不透明な社会を捉える知の技法』に続く第二弾ということになるが、それぞれの巻は独立しているため、本書から読み始めるのでまったく問題はない。本書を読んで、さらに考えを深めたいと思ったら、ぜひシリーズの他の巻も紐解いてみてほしい。

それでは、創造的な未来をつくるために、パターン・ランゲージの世界へと入っていくことにしよう。

二〇一三年九月一日

井庭 崇

序　章

創造的な未来をつくるための言語

——パターン・ランゲージ入門

井庭 崇

パターン・ランゲージは、一九七〇年代に建築家クリストファー・アレグザンダーによって、住民参加型の町づくりを支援するために提唱された方法である。彼は町や建物に繰り返し現れる特徴を「パターン」と捉え、それを「ランゲージ」（言語）として記述・共有することを提案した。目指したのは、古きよき町や建物がもっている調和のとれた美しい「質」を、これからつくる町や建物においても実現することであった。そこで、そのための共通言語をつくり、住民たちがデザイン（設計）のプロセスに参加できるようにしようとしたのである。

パターン・ランゲージでは、デザインにおける経験則を「パターン」という小さな単位にまとめる。各パターンには、ある「状況」（Context）において生じる「問題」（Problem）と、その「解決」（Solution）の方法がセットになって記述され、それに「名前」（パターン名）がつけられている。このようなパターンを共有することで、建築家ではない人々が、建築家の視点・発想を踏まえて考えたり、コミュニケーションを図ったりすることが可能になる。それにより、町づくりのコラボレーションを促進させようとしたのである。

建築分野で生まれたパターン・ランゲージの方法は、それから一〇年ほど後に、コンピュータのソフトウェア開発の分野に応用され、独自の展開を見せた。ソフトウェア分野では「デザイン・パターン」という名のもとで、数多くの論文や書籍が出版され、国際会議も毎年ひらかれている。さらにソフトウェア以外でも、インタラクション・デザインや組織デザイン、教育デザインなど、人間行為のデザインにも応用され始めている。

以下では、まずアレグザンダーがどのような問題意識のもと、パターン・ランゲージを提唱したのかを振り返り、それから他の分野への広がりについて概観することにしたい。なお、以下で「アレグザンダーの考え方」として説明するものは、アレグザンダーの著作を踏まえたうえでの私なりの解釈である。できるかぎりアレグザンダーの考えや意図を汲み取ったつもりではあるが、より正確な主張・表現を知るためには、ぜひ『時を超えた建設の道』をはじめとする彼の著作に直接当たってみてほしい。

■適応しながら成長する全体

建築家クリストファー・アレグザンダーは、人々がくつろぎを感じる美しい町や建物をいかにしてつくることができるかを考えた。たとえば、昔からある古い町並み、歴史的な宮殿や教会、古民家、禅寺、清流沿いの腰掛けや、素敵な中庭などを思い浮かべると、そこには美しい調和があり、いきいきとした質を感じるだろう。

これらの町や建物は、一見するとそれぞれまったく異なっているように思えるが、実はその根底には共通点がある。それは、徐々に形成・修正され、形づくられてきたということである。つまり、どれも長い時間をかけ、自然に成長してきたという経緯をもっている。そこにある調和や美しさは、誰かの綿密な計画のもとにつくられたものではなく、長い年月をかけて徐々に形成されてきたものである。このことは、秩序が生まれる「プロセス」に重要な共通点があるということを意味している。

これはちょうど、生物が成長の過程で、その時々の状況に適応しながら変化していくのに似ている。生物の成長においては、どの時点においても最終的な完成形というものはない。大人になっても適応的な成長は続いているのであり、そこにあるのは、一定のルールに従いながら少しずつ変化していくというプロセスである。このような生物の成長と同じように、いきいきとした質をもつ町や建物も、適応的なプロセスのなかで形成される必要があると、アレグザンダーは考えた。

このことは一見すると、それほど強い主張には思えないかもしれないが、実はかなりラディカルな主張である。なぜなら、現代の典型的な建築プロセスとはまったく異なるプロセスを主張しているからである。現在ほとんどの建物は、建築家がデザイン（設計）の図面を描き、それに従って数ヶ月から数年で建て上げるという方法でつくられている。たとえヒアリングで住民の意見や要望を取り入れたとしても、やはり建築家がマスタープランや図面をつくり、それに従って一気につくり上げるという点に変わりはない。これはアレグザンダーが重視する「徐々に形成されていく」というプロセスとは大きく異なっている。

しかも、アレグザンダーは、そこに住むわけではない建築家の意図が強く入り込むことを批判する。町や建物はそこに住む人たちによって徐々に形成されていくべきものであって、そこでの生活の微細な部分がわからない外部の人には、そのような判断を下すことはできないというのである。だからこそ、そこに住む人たちが長い時間をかけて町や建物を育てていくということが重要となるのだ。住民たちが町や建物の状態を「診断」し、必要があれば「修復」しながら育てていく、そういう方法でつくられるべきだというわけである。

この背後には、アレグザンダーが考える「自然物と人工物との決定的な違い」についての考え方がある。自然物と人工物の最大の違いは、その「つくられ方」にある。自然物は誰かが計画してデザイン（設計）したものではなく、長い年月のなかで徐々に形成されてきた結果である。そして、完成形という状態はなく、いつも成長・形成の途上である。これに対して人工物は、基本的には誰かのデザイン（設計）によってつくられ、完成した状態で使い手に渡される。それゆえ、使用する人間や環境に馴染まなくなってしまう可能性が生じてしまう。アレグザンダーは、人工物をいかにして自然物のようにつくり、人間や環境に深く根ざすものにすることができるかを探究し、そのプロセスを支援するツールとして、パターン・ランゲージを提案するに至ったのである。

パターン・ランゲージとは何かという話に入る前に、もう少しだけ、その背景にあるアレグザンダーの考えについて理解を深めておくことにしよう。以下では、アレグザンダーの考えを、①全体が成長すること、②内なる力に誠実であること、③環境に適合的であること、という三つに分けて説明することにしたい。

①全体が成長すること

美しく調和がとれている自然物は、「全体」（whole）として成長する。「全体」は「全体」として始まり、「全体」として成長する。たとえば、動物の赤ちゃんは受胎したときから一つの細胞として始まり、それが成長・分化していく。そのどの段階をみても、絶えずひとつの「全体」であり続ける。これは、機械を組み立てるときのような部品の追加による構成とはまったく異なるプロセスである。

それゆえ、「生きている花」をつくろうと思うならば、種から育てなければならないということになる。現在の最先端の科学技術をもってしても、生きている花を人為的につくることはできない。もちろん、生きていない花のようなもの、つまり「造花」をつくることは可能である。しかし、「生きている花」という複雑で緻密な秩序をもつ「全体」をつくるには、種から時間をかけて育てていくしか方法はない。自然界ではあらゆるものが、その時々の「全体」をもち、成長していく。部分を足し合わせても、生きている「全体」をつくることはできないのである。

②内なる力に誠実であること

「全体」の成長は、絶えざる「適応」(adaptation)のプロセスでもある。その適応においては、その時々の「内なる力」を無視したり封じ込めたりすることなく、その力に正直・忠実でありながら変化していく必要がある。ここでいう「力」(forces)というのは、不可避の法則や原理のことを意味している。たとえば、生物は、物理法則や生体的な原理を無視して成長することはできないのであり、それらの力に従ったうえで、自らの秩序形成を図らなければならない。

このとき、内なる力というのは、たった一つの力(単数形のforce)ではなく、いくつもの力(複数形のforces)からなるため、それらの対立・葛藤を解消(resolve)し、内なる力が解放されるように自らを変容させていかなければならない。もしそれらの諸力の葛藤・対立を解消できないのであれば、それがストレスをもたらし、全体を侵し続けるだろう。そして、その歪みは抑えきれなくなり、破壊的な力となって全体の崩壊をもたらすことになる。そうならないためには、そこに働いている力の存在を認め、受け容れるところから始める必要がある。このようにして、自然物は自らのなかに抑圧や不和がなく、自然で健全な全体性（wholeness）をもつことになる。

③環境に適合的であること

成長のプロセスにおいて、誠実である必要があるのは、内なる力に対してだけではない。その周囲の「環境」における諸力（forces）との折り合いもつけなければならない。つまり、環境側に生じる力にも適合（fit）するように自らを変容させていく必要があるのである。内なる力をすべて解消したとしても、環境と不適合であることから自らの存在基盤を失ってしまっては、存在し続けることなどできない。絶えざる適応の結果、「自然に」（無理なく）存在するということが可能になる。それは、「存在の合理性」や「存在の必然性」を適応によって獲得していく過程だといってもよいだろう。このような環境への適応があるからこそ、自然界には複雑であるが調和がとれているものが溢れることになる。

いま述べてきた①全体が成長すること、②内なる力に誠実であること、③環境に適合的であることの三点を確実に理解するために、一本の「木」を例にとって補足することにしたい。身の回りにあるどの木でもよいので、具体的に想像してみてほしい。

第一に、その木の形は、誰かによってデザイン（設計）されたものではないはずだ。それは、ごく小さな「全体」から始まり、時間をかけて成長してきた結果である。舞台の大道具の（偽物の）木をつくるときのように部分・部品を組み合わせてつくられたのではなく、小さな全体が大きく成長したものである。

第二に、その木は、でたらめに成長しているわけではない。ひとつひとつの成長のステップは、物理法則や遺伝的に定められた一定のルールにもとづいて展開されている。具体的にどのような形になるかという設計図はないが、その木が成長するにあたっての一般的傾向をもたらす力が内部で働いている。木はそれに誠実であることで、安定的な成長を続けることができる。

第三に、木の具体的な形状は、その木の成長の過程における環境、すなわち、生育の基盤となる地形や土壌、日光、雨風、周囲の草木などへの適応の結果でもある。同じ種類の木であっても、肥沃な場所で育つ場合と、痩せた場所で育つ場合とでは、大きさや形が変わってくるのは容易に想像がつくだろう。また、よりよく日光を浴びるように、太陽の方に向かって伸びていくということも、環境への適応のわかりやすい例である。このような環境への適応は、成長のなかで時間をかけて徐々になされていく。

以上のように、自然物は、内なる力に誠実に従い、環境の力にも適応しながら成長していくことで、複雑で緻密な秩序を獲得している。自然物が備えているこのような特徴を、人工物においても実現できないかと、アレグザンダーは考えたのである。

■「名づけえぬ質」を育む

アレグザンダーは、著作のなかで「生命」(life)という言葉や、「生きている」(alive)という言葉をよく使うが、これは、町や建物が「生物」であると言いたいのではない。また、それらの言葉で、生物／無生物や生／死の差異について言及したいのでもない。そうではなく、「いきいきとしている」という状態を言いたいのである。

たとえば、海岸で荒々しく岩に打ち付ける波は「いきいきとしている」。あるいは、つくり込まれたトルコ絨毯《じゅうたん》には、何とも言えない美しさの「生命が吹き込まれている」。このように、無生物であっても、いきいきとすることがある。逆に、生物であってもいきいきとしていない場合もある。ある人が疲れ果てて生気を感じられないという場合などがそれに当たる。このように、「いきいきとしている」ということは、生物／無生物、生／死とは別の軸ということになる。

本章の冒頭で触れた美しい調和があるという場所――昔からある古い町並み、歴史的な宮殿や教会、古民家、禅寺、清流沿いの腰掛けや、素敵な中庭――は、いきいきとしている。それらの場所は、ある種の生命が宿り、何とも言いがたい「質」(quality)をもっている。その質は、見る人の主観的な感覚ではなく、場そのものがもつ性質だと、アレグザンダーは考えた。

先ほど触れたように、内的な力に抑圧的で分裂的なものは、最終的には自己破壊に至り、質をもって存在することはない。これに対して、内的な力が解消されている全体は、自然で、調和がとれ、いきいきとする。このように、いきいきとしているという質は、受け手の感覚の問題ではなく、事物そのものの性質なのである。

私たちはこの質感を感じとることはできるが、それがどのようなものなのかを厳密に定義することはきわめて難しい。「いきいきとした」(alive)、「全体的な」(whole)、「心地よい」(comfortable)、「自由な」(free)、「精密な」(exact)、「無我の」(egoless)、「時間を超越した」(eternal)という言葉は、この質がもつ側面を説明する言葉ではあるが、どの言葉をとっても、その質のひとつの側面しか説明していない。私たちは、日常的な言語のなかで、その質を直接的に言い表す適切な言葉を持ちあわせていないのである。

そこで、アレグザンダーは安易に何かの言葉で表現することはせず、ある巧妙な言い方で呼ぶことにした。「名づけえぬ質」(Quality Without A Name)という呼び方である。その質が多面的で深遠であることを示すために、あえて「名づけることができない」ということを前面に押し出したのである。「名づけることはできない」けれども、感じることはできるし、確かに存在している。これが、アレグザンダーの言う「名づけえぬ質」である。

身近な例で言うならば、京都など、古くからある町を訪れたときに感じる深い味わいや歴史的な質感のことだと思えばよいだろう。そのような町や建物においては、近代的な建造物では感じられない、素朴であるが微細な質感や手触りを感じることができる。

アレグザンダーはそのような質をもつ建築こそが人間的な環境であると考えている。そして、私たちが日頃から目にし、住んでいる現代の建築物の形状については否定的である。非常に精確な立方体や球、円形や長方形などの「単純な幾何学」で構成される建物は、外から押し付けた秩序であり、「幼稚な秩序」であるとさえ言う。そして、そのような「幼稚な秩序」でつくられた建物や町が正しく、当たり前であると私たちが思っているのは、そのように教え込まれてきたからに過ぎないという。本当ならば、内なる力と環境に適応した結果として、より複雑でより豊かな形になるはずである。それは、近代の幾何学的形状からすれば、素朴過ぎ、粗過ぎるかもしれないが、そのなかにこそ「名づけえぬ質」が宿るのである。

アレグザンダーの著作を紐解くと、古い時代の建物や近代化されていない地域の写真が数多く登場するのに気づくだろう。彼の賞賛するものの多くがそのような建物になるのは、アレグザンダーのノスタルジーや好みからではない。それは、彼がよいと考える自然成長的なプロセスによってつくられたものが、近代以前につくられたものに圧倒的に多いということの表れである。近代以前につくられた町や建物は、日々の生活のなかで徐々に形づくられてきたため、自然に馴染み、自然の一部のように感じられるのである。そのような場所では、海辺や草原で感じる解放感と深遠さを、町や建物において感じることができるかもしれない。

むろん、昔はそのような適応的な建設プロセスを意識して行っていたわけではない。技術的・社会的限界のなかで、無意識に行われてきたに過ぎない。アレグザンダーが目指しているのは、そのような無意識の時代に戻ることではなく、昔とは違う（意識的な）方法で「自然に成長していく建設プロセス」を実現しようということである。それが、パターン・ランゲージというメディアを用いた「漸進的成《ぜんしんてきせい》長《ちょう》」（piecemeal growth）の建設プロセスである。

■ いきいきとした町や建物を構成するパターン

　アレグザンダーは、「名づけえぬ質」を持つ町や建物をつくる（適応的に成長させる）方法を考えるにあたり、そもそも町や建物は何からできているのかを問うことから始めた。「何からできているか」という問いを物質的な観点で答えるならば、石やレンガ、木材というような建設資材からできているということになる。これに対し、アレグザンダーは、物質的な「要素」ではなく、要素間の「関係性」に注目した。物質的な要素は、時と場合によって替わるが、関係性の方は繰り返し見られるからである。

　そして、その繰り返される関係性を、アレグザンダーは「パターン」と呼んだ。それは要素の関係性のパターンであり、さまざまなケースに見られる共通パターンでもある。彼はいきいきとした美しい町や建物をつくるパターンを探り、それを言語化していった。そこには、地域の構造に関する大きなスケールのものから、街路や庭、部屋などの中規模なもの、そして、窓や柱の工法といった小規模なものまで、あらゆるスケールのものが含まれている。

　それらのパターンは相互に関係し合い、支え合うことで全体としていきいきとした質を生み出すため、パターンは他のパターンとの関係・依存のネットワークとして体系づけられた。こうして、彼は一〇年ほどかけて、何百というパターンを取捨選択、統合、洗練させ、最終的に二五三個のパターンにして、一冊の本にまとめた（fig 1）。それが『パタン・ランゲージ――環境設計の手引』である（建築分野では、pattern は「パタン」と訳されているが、本書では書籍名を除き、日常の表記に合わせて「パターン」と表記することにする）。

アレグザンダーは、いきいきとして美しい町や建物を構成するパターンを分析することで、それらを理解・比較することができると考えた。もちろん時代や文化によって、表面的には異なる形がとられているのであるが、その根底にはパターンが存在し、それがいつも美しい調和を生み出すことに寄与している。

このように考えると、いきいきとした「名づけえぬ質」をもつ町や建物をつくるためには、そのような町や建物がもつ「パターン」が備わるようにつくればよいということになる。そのようなパターンが内在するような町や建物をつくるのである。もちろん、ここで言う「つくる」というのは「長い時間をかけて徐々に育てる」という意味である。

アレグザンダーが見出したいきいきとした町や建物を生むパターンとは、具体的にはどのようなものなのだろうか。ここで、「活動の節点」、「窓のある場所」、「アルコーブ」という三つのパターンを紹介しよう。

まず最初の「活動の節点」（Activity Nodes）は、いきいきとした「町」をつくるためのパターンである。このパターンは、歩行者が通過する道の結節点にごく小さな広場をつくり、その周囲に施設を密集させるというパターンである（fig 2）。町にすでに歩行路が出会う星形の地点があればそこに施設を集め、そのような場所がない場合には、歩行路を星形に交わるようにまとめることから始める。節点における広場をうまく機能させるためには、思っている以上に広場を小さくすることが大切である（これは「小さな広場」というパターンで論じられている）。また、その節点に集める施設は、相互に関係があるものにして、共生関係や相乗効果をもつようにさせる。たとえば、教会と映画館と交番を集めるのではなく、ホテル

127. 親密度の変化
128. 屋内の陽光
129. 中心部の共域
130. 玄関室
131. 通りぬけ部屋
132. 短い廊下
133. 舞台のような階段
134. 禅窓
135. 明暗のタピストリー

136. 夫婦の領土
137. 子供の領土
138. 東まくら
139. 農家風キッチン
140. 街路を見おろすテラス
141. 自分だけの部屋
142. くつろぎ空間の連続
143. ベッド・クラスター
144. 入浴室
145. 大物倉庫

146. 柔軟な事務空間
147. 会食
148. 小さな作業集団
149. 親しみやすい受付
150. 待ち合わせ場所
151. 小さな集会室
152. 半私的な事務室

153. 貸せる部屋
154. 十代の離れ
155. 老人の離れ
156. 腰をすえた仕事
157. 家庭ワークショップ
158. 青空階段

159. どの部屋も2面採光
160. 建物の外縁
161. 日のあたる場所
162. 北の面
163. 戸外室
164. 街路にむかう窓
165. 街路への開口
166. 外廊
167. 一間バルコニー
168. 大地へのなじみ

169. 段状の斜面
170. 果樹

171. 木のある場所
172. 野生の庭
173. 庭囲い
174. 格子棚の散歩道
175. 温室
176. 庭の腰掛
177. 菜園
178. コンポスト

179. アルコーブ
180. 窓のある場所
181. 炉火
182. 食事の雰囲気
183. 作業空間の囲い
184.台所のレイアウト
185. くるま座
186. ざこ寝
187. ふたりのベッド
188. ベッド・アルコーブ
189. 着がえ室

190. 天井高の変化
191. 屋内空間の形
192. 生活を見おろす窓
193. 半開の壁
194. 室内窓
195. 階段の容積
196. 隅のドア

197. 厚い壁
198. 部屋ざかいのクロゼット
199. 日のあたるカウンター
200. 浅い棚
201. 腰高の棚
202. 造りつけの腰掛
203. ちびっ子のほら穴
204. 開かずの間

施工

205. 生活空間にしたがう構造
206. 無駄のない構造
207. ふさわしい材料
208. 順に固める構造

209. 屋根の割り付け
210. 床と天井の割り付け

211. 外壁の厚み
212. 隅の柱
213. 補強柱の配分

214. 根のような基礎
215. 1階の床版
216. ボックス柱
217. がわ梁
218. 構造膜
219. 床・天井ヴォールト
220. 屋根ヴォールト

221. 自然なドアと窓
222. 低い窓台
223. 深い窓枠
224. 低い戸口
225. 厚い縁どりの枠

226. 柱のある場所
227. 柱の接合部
228. 階段ヴォールト
229. 配管スペース
230. 輻射暖房
231. 屋根窓
232. 屋根飾り

223. 床面
234. 重ね張りの外壁
235. 柔らかい内壁
236. いっぱいに開く窓
237. 小窓つきの厚いドア
238. 柔らげた光
239. 小割りの窓ガラス
240. 半インチの見切り縁

241. 腰掛の位置
242. 玄関先のベンチ
243. 座れるさかい壁
244. キャンバス屋根
245. さわれる花
246. つる植物
247. すき間だらけの舗石
248. 柔らかいタイルとレンガ

249. 装飾
250. 暖かい色
251. まちまちの椅子
252. 明かりだまり
253. 自分を語る小物

『パタン・ランゲージ——環境設計の手引』より）

町

1. 自立地域

2. 町の分布
3. フィンガー状の都市と田園
4. 農業渓谷
5. レース状の田園道路
6. 田舎町
7. 田園

8. モザイク状のサブカルチャー
9. 仕事場の分散
10. 都市の魔力
11. 地区交通区域

12. 7000人のコミュニティ
13. サブカルチャーの境界
14.見分けやすい近隣
15. 近隣の境界

16. 公共輸送網
17. 環状道路
18. 学習のネットワーク
19. 商店網
20. ミニバス

21. 4階建の制限
22. 9パーセントの駐車場
23. 平行道路
24. 聖地
25. 水への接近
26. ライフサイクル
27. 男と女

28. 中心をはずれた核
29. 密度のリング
30. 活動の節点
31. プロムナード
32. 買物街路
33. ナイトライフ
34. 乗りかえ地点

35. 世帯の混合
36. 公共度の変化
37. 住宅クラスター
38. 連続住宅
39. 段状住宅
40. どこにも老人

41. 仕事コミュニティ
42. 工業の帯
43. 市場のような大学
44. 地区タウンホール
45. コミュニティ活動の輪
46. 多店舗マーケット
47. 保健センター
48. あいだの家

49. ループ状の地区道路
50. T字路
51. 緑路
52. 人と車のネットワーク
53. 大きな門口
54. 横断歩道
55. 小高い歩道
56. 自転車路と置場
57. 都市の子供

58. カーニバル
59. 静かな奥
60. 手近な緑
61. 小さな広場
62. 小高い場所
63. 街頭の踊り
64. 池と小川
65. 出産所
66. 聖域

67. 共有地
68. つながった遊び場
69. 公共戸外室
70. 墓地
71. 泳げる水
72. 地区スポーツ
73. 冒険遊び場
74. 動物

75. 家族
76. 小家族の家
77. ふたりの家
78. ひとりの家
79. 自分だけの住まい

80. 自主管理の作業場とオフィス
81. 形式ぬきの小さな窓口
82. 事務室のつながり
83. 師匠と弟子
84. 十代の社会

85. 店先学校
86. 子供の家

87. 個人商店
88. 路上カフェ
89. 角の日用店
90. ビアホール
91. 旅人の宿
92. バス停
93. 屋台
94. 人前の居眠り

建物

95. 複合建物
96. 階数
97. 見えない駐車場
98. 段階的な動線領域
99. おも屋
100. 歩行者街路
101. 通りぬけ街路
102. 見分けやすい入口の集まり
103. 小さな駐車場

104. 敷地の修復
105. 南向きの屋外
106. 正の屋外空間
107. 光の入る棟
108. つながった建物
109. 細長い家

110. 正面玄関
111. 見えがくれの庭
112. 入口での転換
113. 車との接続
114. 段階的な屋外空間
115. 生き生きとした中庭
116. カスケード状の屋根
117. 守りの屋根
118. 屋上庭

119. アーケード
120. 歩行路と目標
121. 歩行路の形
122. 建物の正面
123. 歩行者密度
124. 小さな人だまり
125. 座れる階段
126. ほぼ中央の焦点

fig 1　いきいきとした町や建物を生み出す253のパターン（アレグザンダー他著

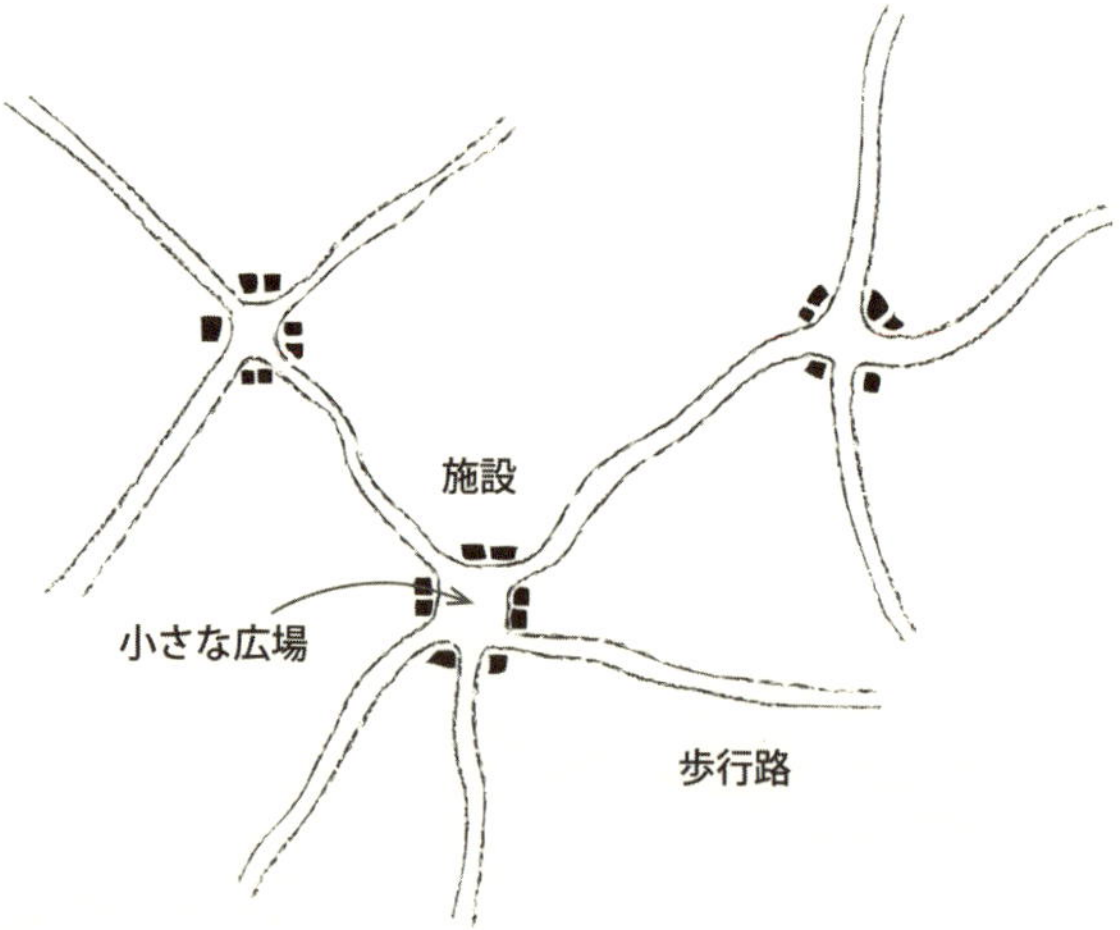

fig 2　活動の節点（Activity Nodes）

やバー、夜の娯楽施設などを集めるということである（夜の活動については「ナイトライフ」というパターンで論じられている）。そして、このような節点を、地域全域にわたって分散配置する。具体的には、ほぼ三〇〇ヤード（二七〇メートル）ごとにこのような「活動の節点」を設けるようにするとよいという。このパターンは、いろいろな施設が地域のあちこちに散在していると、実際にはほとんど利用できなくなるという問題を解決する。施設が行きやすい場所で集まっていることで、効率的にまわることができるだけでなく、人々の活気もここに集まることになる。その結果、人々も町もいきいきとすることにつながるのである。

次に、「窓のある場所」（Window Place）のパターンに移ろう。これは、いきいきとした空間を生む「建物」のパターンである。このパターンは、窓辺にくつろぐことができる場所をつくるというパターンである（fig 3）。特に日中にいることが多い

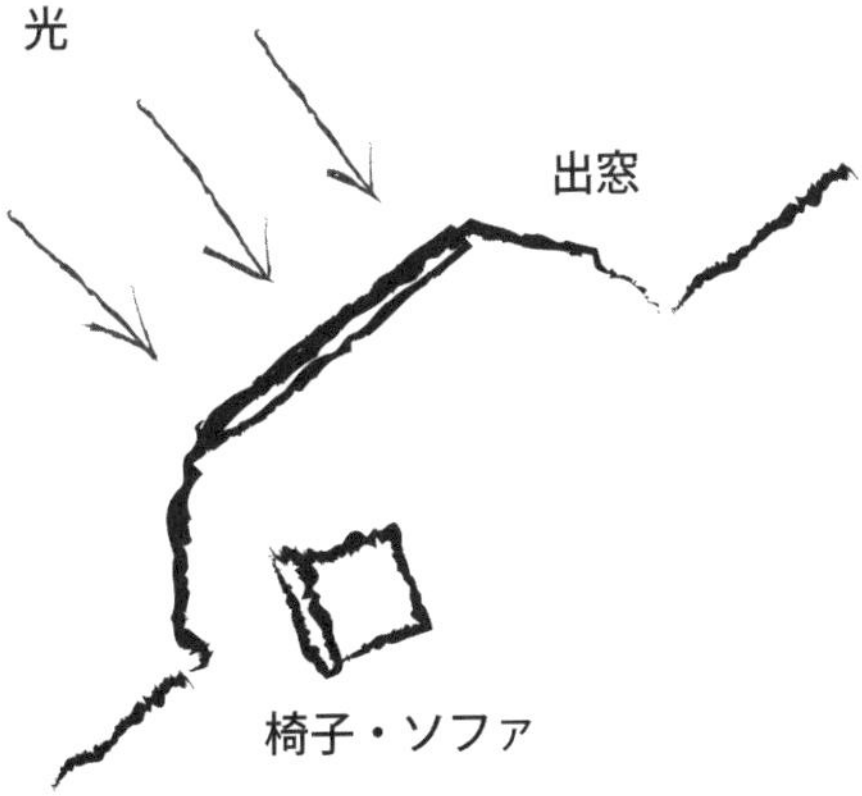

fig 3　窓のある場所（Window Place）

部屋では、少なくとも一つの窓辺に、快適に座ることができる場所をつくるとよいという。その実現方法には、いくつかの種類がある。まず一つ目は、部屋の一辺が外側にふくらんでいて窓で囲われているような出窓に、椅子やソファを置くという方法である（天井を低くした独立した空間については、別のパターン「アルコーブ」で論じられている）。二つ目は、窓辺に腰掛をつくりつけるという方法である。三つ目は、窓台が低い窓の前に快適な椅子を置くという方法で、これが最も簡単な方法である（このような窓台については、「低い窓台」というパターンで論じられている）。この「窓のある場所」というパターンは、二つの力の対立・葛藤（問題）を解決してくれる。それは、「腰を下ろしてくつろぎたい」という力と、「光がある方向に惹かれる」という力である。これら二つの力を両方満たすような工夫が、窓辺に座る、ということになる。これによって、人も空間もいきいきとすることにつながるのである。

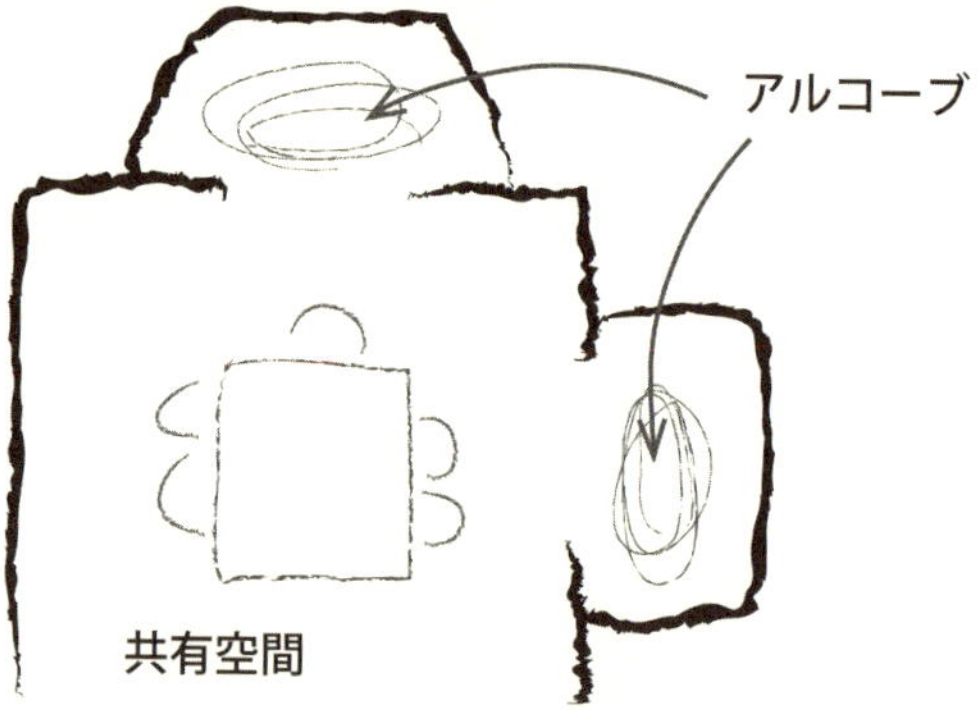

fig 4　アルコーブ（Alcoves）

最後に、「アルコーブ」（Alcoves）のパターンを取り上げよう。これも、ひとつ前のパターンと同様に、いきいきとした空間を生む「建物」のパターンである。このパターンは、家族など何人かで一緒にいる共用部屋に、壁をへこませた半オープンな小空間をつくるというパターンである（fig 4）。このような工夫によって、各人がそれぞれ別のことをしながらも、一緒にいることが可能になる。このパターンは、次のような力の対立・葛藤（問題）を解決する。まず、家族が愛情の絆を育むためには、一緒の空間で過ごすということが必要である。しかしながら、家族はそれぞれ個人的な趣味ややるべきことをもっており、その作業を断続的に行うことができる場が必要である。たとえば、読書や勉強、裁縫や模型づくりなどを、食事の際に片付けることなく、すぐに作業を再開できるようにしたいというようなニーズである。しかも、家の共有空間は、家族全員が利用するだけでなく、来客などのために小ぎれいに保つ必要もある。これらの力は、それぞれに相反しているため、すべてを満たすためには工夫が必要である。その工夫が、「アルコーブ」（壁からくぼんで奥まった小空間）をつくるということである。そうすることで、それぞれが別々のことをしながらも、一緒にいることができるようになる。なお、アルコーブでは通常、壁からくぼんで奥まった空間をつくるために、壁の一部をへこませるようにし、天井は主室よりも低くする（壁については「半開の壁」、天井の高さについては「天井高の変化」のパターンで論じられている）。

いま、「活動の節点」、「窓のある場所」、「アルコーブ」という三つのパターンを紹介してきたが、どのパターンも、ある状況において生じる力を明らかにし、それをうまく解消させる解決策を提示していることがわかるだろう。パターンでは、状況に応じて「何を」「どのように」つくればよいのかが明らかにされるとともに、それが「なぜ」必要なのかの理由も明記されるのである。

アレグザンダーたちは、このようなパターンを二五三個見出した。そのなかには、ごく当たり前に思えるものから、「なるほど！」と思うものまで、さまざまなパターンが含まれている。いくつかのパターンは本書の対談・鼎談のなかでも紹介するが、他のパターンについては、ぜひ『パタン・ランゲージ——環境設計の手引』を読んでみてほしいと思う。

■パターンはデザインを支援する

「デザイン」（設計）の最終目標は、「形」（form）をつくることである。しかし、それは見た目の形状をよくつくるということではなく、その形が何らかの問題を解決する（力の対立・葛藤を解消する）よう

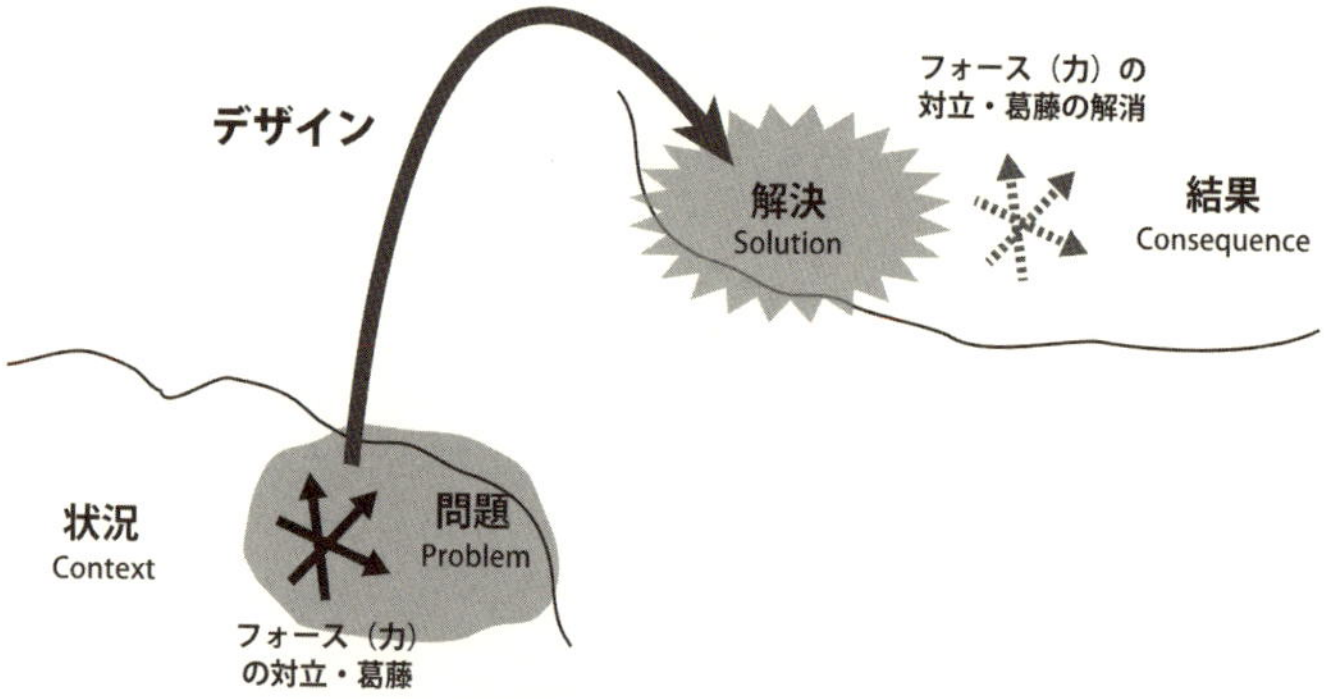

fig 5　パターンにおける「状況」「問題」「解決」

につくることだと、アレグザンダーは考えた。つまり、よいデザインとは、状況において生じる問題を解決する形を生み出すことなのである（fig 5）。

それゆえアレグザンダーは、状況に生じる「問題」に着目し、パターンを、「状況」（context）、「問題」（problem）、「解決」（solution）という三つの要素で構成されるものだと捉えた。どのような「状況」でどのような「問題」が生じ、それをどう「解決」すればよいのか、ということがデザインにおける基本的な判断となるのである。

デザイン行為に取り組むときには、デザイナーは基本的にその時点で自分の頭のなかにある経験則にもとづいて判断をする。この経験則というのは、それまでの経験のなかで集積した「パターン」のことである。各人のもつパターンは、経験を積むたびに成長していくのであるが、その人の経験の限界に依存してしまう。

そこで、もし他の人の経験によって得られたパターンがあるのであれば、それを互いに共有することで、個人の経験の限界を超えることができるだろう。そうすれば、そのとき自分がたまたま持っていたパターンに頼るのではなく、より広いパターンのリソースにもとづいてデザインをすることができるようになる。これが、アレグザンダーの考えたパターンによるデザインの支援方法である。

パターンは、その状況において生じる力（forces）――内なる力と環境に生じる力――をすべて解消する場合にのみ、いきいきとした状態を生み出す。いくら一部の力を解消したとしても、そこに解消されない力が残るかぎり、いきいきとした調和を生み出すことはできなくなる。そこで、それぞれのパターンには、どのような力が生じるのか、そしてそれがどのような対立・葛藤を生み、それをどう解消すればよいのかという視点や発想が込められている。

パターンにもとづいてデザインするというとき、パターンを表面的に真似て機械的に適用するのではなく、その意味するところをつかみ、参考にすることが大切である。このときパターンは、知性よりも感性に訴えかけるかたちで支援するという面が強い。それがどのようなものなのかを、アレグザンダーは次のような例で説明している。

いまあなたは、自分が過ごす家をつくっていて、「窓のある場所」というパターンにもとづいて、いきいきとした空間をつくろうとしているとしよう。そのようなときには、まず目を閉じて、自分が経験したことがある「窓のある場所」のなかで美しいと思うものを思い出して想像することから始める。そこはどのような場所だろうか？　どのくらいの広さだろうか？　光はどのように射し込んでいて、そこにいる人たちはどのようにそこにいるのだろうか？　そういうことを具体的に想像するのである。そうすると、ひとつのイメージが浮かんでくるはずである。

このとき大切なのは、「窓のある場所」に関係することだけを思い浮かべ、他の部分や細部については、未定のままにしておくということである。たとえば、今回の場合であれば、部屋の壁の形状などは曖昧なままにしておかなければならない。設計図を描くとなればそのような曖昧さを許容することはできないが、頭のなかの想像であれば、曖昧なままにしておくことができる。これこそが、頭のなかで想像することの強みである。

こうしてパターンにもとづいて想像することで、自分の経験に根ざした、そして自分が心地よいと思える空間についてのイメージを得ることができる。ふつうは、このようなイメージは取るに足らないものだと思って引っ込めてしまうものであるが、パターンによってその想像に価値が与えられ、それをひとつの案として持ち出す勇気が生まれる。パターンは、本当は感じていたけれども「取るに足らない」と思って見ぬふりをしてきたことに光を当て、自信を持たせてくれるという効果がある。

注意しなければならないのは、パターンに書いてあるからといって、ただそれに従ってつくろうとしてはならないということである。そのように意識的につくろうとすると、意図が強く出過ぎて、パターンを用いることが逆効果になってしまう。そうなると、アレグザンダーが目指していた、内なる力と環境に生じる力の解消ということと正反対の人為的なデザインへと陥ってしまうことになる。だからこそ、感覚的な想像から始め、そこに形を与えていくためにパターンの力を借りるという順序が大切なのである。

一人で考える場合には、想像のなかで思い描くことができるが、複数人の場合にはそのようなことはできない。そこでアレグザンダーは、建物をつくる敷地でみんなで一緒に考える、ということを推奨している。現場を歩き回り、どこにどのようなものをつくるとよいのかをみんなで一緒に考え、石や棒、ロープなどを使って印をつけていくのである（これを「原寸設計」という）。そうすることで、その敷地が働きかけてくるという感覚になり、内なる力に誠実で環境に適合している形をありありと思い描くことができるようになるという。

このように、自分の奥底にある内なる声に耳を傾けたり、敷地から聴こえてくる声に耳を傾けたりするために、パターンを用いる。これが、パターンによるデザインの支援方法である。

■パターンの言語化

アレグザンダーは、名づけえぬ質をもつ町や建物に潜むパターンを抽出し、それを用いてデザインを支援するということを提案したが、彼の最もユニークな点は、それらのパターンを組み合わせて「ランゲージ」（言語）をつくったという点である。

抽出したパターンを扱いやすくするためには、何らかの記号で表現し、指し示すことができると便利である。しかも、それは扱いやすく、柔軟な表現形式がよいだろう。そこで、アレグザンダーは、パターンを「ランゲージ」（言語）として表現することにしたのだ。当初は厳密な数学的表現を採用していたが、多義的な重なり合いを許すという言語の柔軟性が、パターンの表現のためには不可欠だと考えるようになった。こうして、パターンを「言語」（ランゲージ）として記述する「パターン・ランゲージ」が誕生した。

通常、言語は、要素とそれらの組合せを示すルールで構成される。たとえば、自然言語（日本語や英語などの言語）の場合には、単語が要素であり、文法や意味的なつながりがルールである。パターン・ランゲージでは、個々の「パターン」が要素となり、自然言語における単語と同様の働きをする。

言語を使用する際には、一定のルール（文法や意味的なつながり）のなかで組み合わせて用いる。自然言語の場合には、単語の組合せによって文章をつくるが、建築のパターン・ランゲージの場合には、パターンの組み合わせによって町や建物をつくることになる。このとき、文章にある種の質が宿るように、町や建物にも質が宿りうる。「名づけえぬ質」を生み出すのに寄与するパターンが抽出されていれば、それらを組み合わせてつくる町や建物にも「名づけえぬ質」が宿ることが期待できるのである。

パターン・ランゲージが、言語（ランゲージ）であるのは、有限の数の言葉から無数の文章を構成できること、そしてそれらをうまく重なり合わせることができたときには、質を生み出すことができることによる。

ただし、パターン・ランゲージが特殊なのは、組み合わせのルールも、パターンとして定義されるという点である。自然言語の場合には、単語とルールは別のものであるが、パターン・ランゲージの場合には、パターン同士を組み合わせる関係性のあり方もまた、パターンとして定義されるのである（fig 6）。そのように、相互に依存し、重なり合いながら体系づけられているのが、パターン・ランゲージなのである。

以下では、パターン・ランゲージが言語として持つ機能を、①認識のメガネ、②思考の構成要素、③

	自然言語	パターン・ランゲージ
要素	単語	パターン
組み合わせのルール	文法，意味のつながり	パターン
つくられるもの	文章	町や建物

fig 6　自然言語とパターン・ランゲージの比較

コミュニケーションの語彙《ごい》という三つの観点から説明していく。

①認識のメガネ

パターンは、物事の認識のための「概念」（concept）として用いることができる。私たちは、自然言語のなかで「屋根」という概念をもっているので、家の上部についている部分を指して「屋根」だと言うことができる。もし「屋根」という概念をもっていなければ、家の本体から上部を区別して認識・指示することはできなくなるだろう。このように概念は、あるものを他の部分から区別して認識することを可能にする。

同様に、「活動の節点」や「アルコーブ」というパターンがあれば、目の前の建物に具現化されているパターンを認識することができるようになる。パターン・ランゲージは、いわば「認識のメガネ」として機能すると言える。このメガネを通して現実世界を観察することで、いきいきとした質を生み出すパターンを見分けることができるようになるのである（fig 7）。

②思考の構成要素

パターンは、思考の「構成要素」として用いることができる。つまり、対象の構成について考えるための扱いやすい単位となるのである（fig 8）。これにより、いきいきとした質を生み出すためのデザイン（設計）の構想を、パターン名を組み合わせながら考えることができるようになる。たとえば、これから建てる家について考えているとき、ある部屋の一面を「窓のある場所」にするか「アルコーブ」にするかを考える、ということができるようになる。このように考えることができるのは、パターンが小さな単位でまとめられており、それに名前（パターン名）がつけられているからである。

ただし注意が必要なのは、「構成要素」といっても、物理的なブロック（積み木）のようなものではなく、重なり合いを許容するという点である。パターンは、ひとつのフィールド（領域）のようなものであって、それを組み合わせるときには、重なり合いを持たせながら、ひとつの「全体」を構成していくことができるのである。

③コミュニケーションの語彙

パターンは、コミュニケーションの「語彙」（ボキャブラリー）として用いることができる。パターン・ランゲージが共通言語になっている人々の間では、パターン名を言うだけで、詳細な内容を伝えなくても意思疎通ができるようになる（fig 9）。たとえば、「家族が一緒にいる共用部屋で、それぞれが別々のことをしながらも一緒にいることができるように、その部屋の壁をへこませた半オープンな小空間をつくるのはどうだろう？」と言うかわりに、「『アルコーブ』をつくるのはどうだろう？」と言うだ

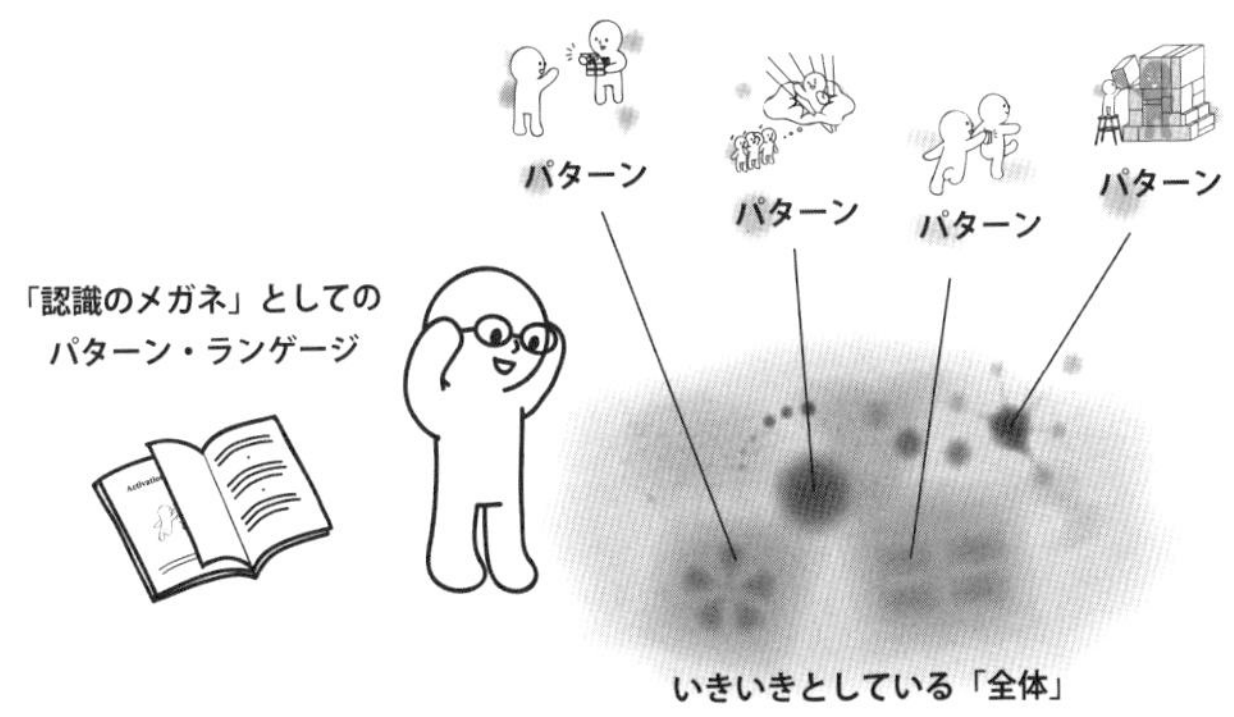

fig 7 「認識のメガネ」としてのパターン・ランゲージ

fig 8 「思考の構成要素」としてのパターン・ランゲージ

fig 9 「コミュニケーションの語彙」としてのパターン・ランゲージ

けで済むのである。このような意思疎通が可能になれば、複数人でデザイン（設計）についての議論や合意形成をすることが容易になるだろう。

アレグザンダーは、あらゆるデザイン（設計）プロセスは、ランゲージ（言語）の作成こそが本質的であるとみなした。ランゲージができれば、あとは個々の設計をそれにもとづいて生成することができるからである。それゆえ、まず最初に、既存のパターン・ランゲージのなかから自分たちにとって重要だと思うものをピックアップし、さらに自分たちでつくった独自のパターンを加えたりしながら、そのプロジェクトごとのランゲージをつくることから始めるのである。

■パターン・ランゲージの三つの世代とその特徴

ここからは、一度アレグザンダーから離れ、建築以降のパターン・ランゲージの展開に話を進めることにしたい。

冒頭で触れたように、パターン・ランゲージの方法は、アレグザンダーが建築分野で提案してから一〇年ほど後に、ソフトウェア・デザインの分野に応用された。そして、さらに一〇年後には、組織や教育の分野にも応用されるようになった。そのため、パターン・ランゲージの現在を理解するためには、アレグザンダーの建築のパターン・ランゲージについて理解するだけでは足りないということになる。各分野での詳細はこの後に続く対談・鼎談章で語ることにして、ここではパターン・ランゲージの三五年間を大まかに捉える視点を提供しておくことにしたい。

パターン・ランゲージの歴史を振り返ると、そこには三つの世代があると、私は捉えている(fig 10)。そして、アレグザンダーによって建築のパターン・ランゲージが提案された段階を「パターン・ランゲージ1・0」、その後ソフトウェアの分野で応用・展開された段階を「パターン・ランゲージ2・0」、そして、人間行為(human action)のパターン・ランゲージという新しい応用の段階を「パターン・ランゲージ3・0」と呼んでいる。この1・0から3・0というのは、断絶的な移行を意味するのではなく、段階が進むごとに新しい世代が加わっていく加算的な発展だと考えてほしい。

この三つの世代は、①デザインの対象、②デザインの特徴、③ランゲージの使い方、という三つの視点で比較・整理することができる(fig 11)。

①デザインの対象

パターン・ランゲージの世代の特徴を捉える第一の視点は、「デザインの対象」である。パターン・ランゲージ1・0では、建築という「物理的なもの」がデザインの対象であった。そして、パターン・

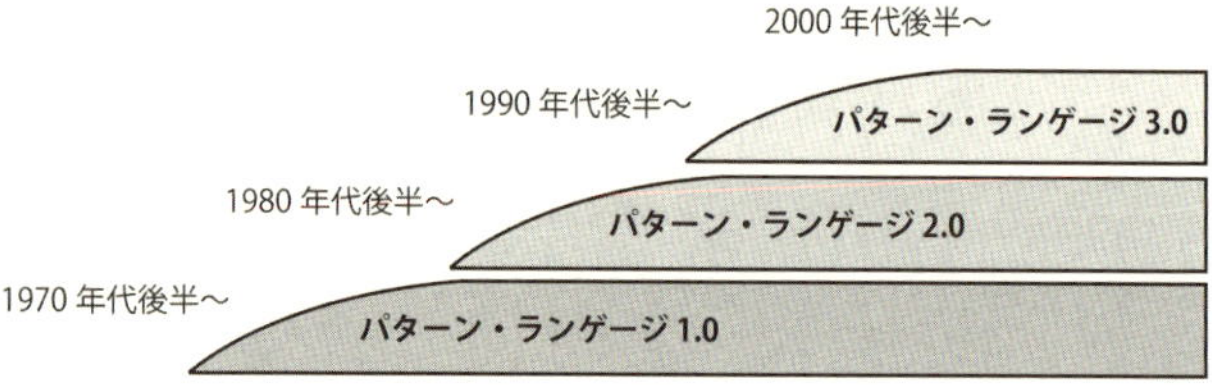

fig 10　パターン・ランゲージの 3 つの世代

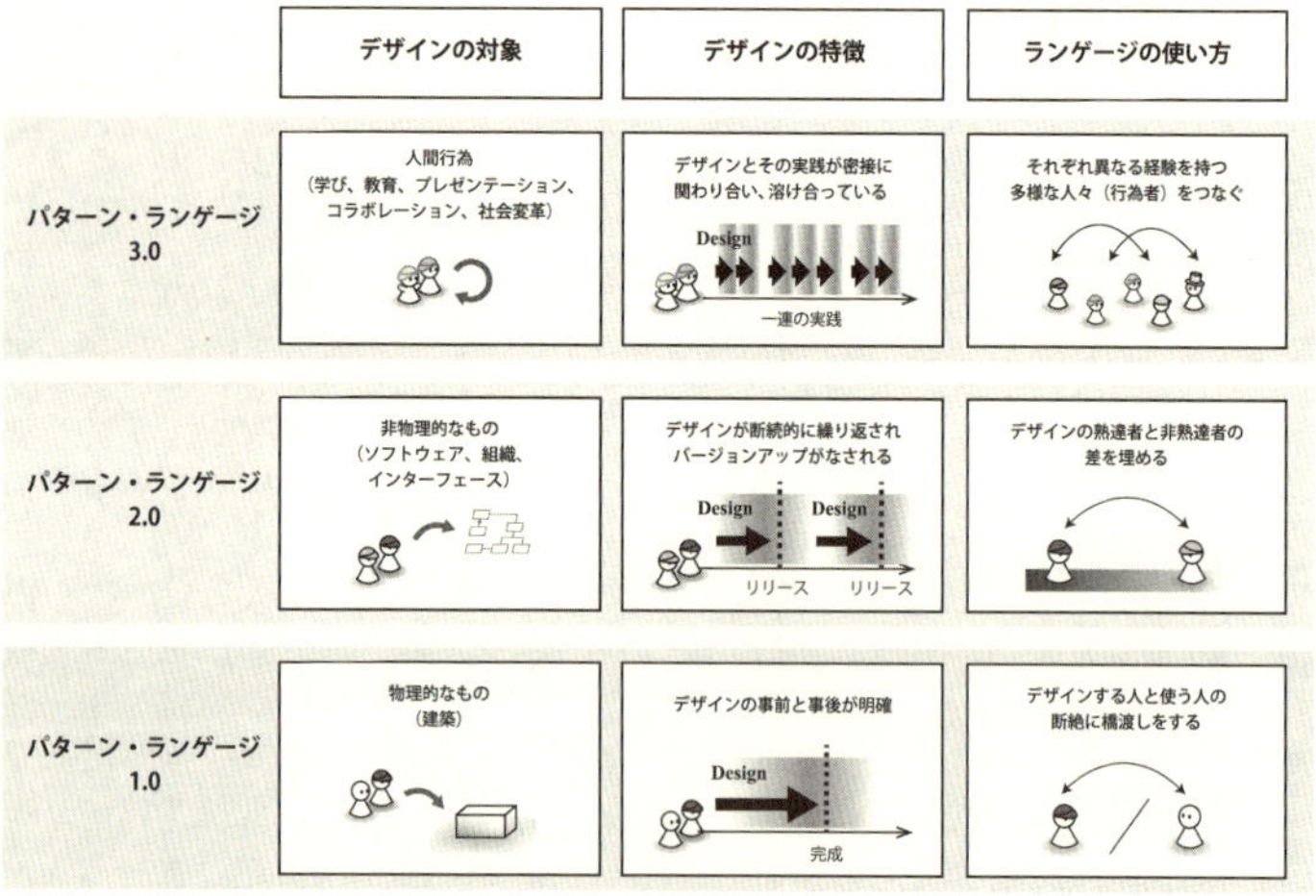

fig 11　パターン・ランゲージの各世代の特徴

コア・パターン

0. 創造的プレゼンテーション

1. メインメッセージ　2. 心に響くプレゼント　3. 成功のイメージ

内容・表現	魅せ方	振る舞い
4. ストーリーテリング	13. イメージの架け橋	22. 場の仕上げ
5. ことば探し	14. リアリティの演出	23. 成功のリマインド
6. 図のチカラ	15. 参加の場づくり	24. 自信感の構築
7. メリハリ	16. 細部へのこだわり	25. キャスト魂
8. 驚きの展開	17. 表現のいいとこどり	26. 最善努力
9. はてなの扉	18. 不快感の撲滅	27. ひとりひとりに
10. ぶんぴ両道	19. スキマをつくる	28. 世界への導き
11. 適切な情報量	20. きっかけスイッチ	29. 即興のデザイン
12. 魅力のちょい足し	21. テイクホームギフト	30. 終わりが始まり

エクストリーム・パターン

31. 独自性の追求　32. 魅せ方の美学　33. 生き方の創造

fig 12　いきいきとしたプレゼンテーションを生み出す34のパターン（井庭崇十井庭研究室著『プレゼンテーション・パターン――創造を誘発する表現のヒント』より）

ランゲージ2・0では、ソフトウェアや組織という「非物理的なもの」が対象となった。

パターン・ランゲージ3・0では、人間行為がその対象になっている。具体的には、学び、教育、プレゼンテーション（fig 12）、コラボレーション、組織変革、社会変革、政策デザイン、生き方などである。パターン・ランゲージ3・0における最大の特徴は、デザインする対象（客体）がデザインする主体自身であるということである。パターン・ランゲージ1・0やパターン・ランゲージ2・0では、そのデザイン対象はあくまでもデザイン主体とは別のものであったが、パターン・ランゲージ3・0では、デザインの主体自身がデザインの対象となる。このことが「デザインの特徴」と「ランゲージの使い方」にも影響を及ぼすことになる。

②デザインの特徴

パターン・ランゲージの世代の特徴を捉える第二の視点は、「デザインの特徴」である。パターン・ランゲージ1・0の建築においては、一般的に建物や街をデザインする段階と、そこに住民が住むという段階が不可避的に切断されてしまう。他方、パターン・ランゲージ2・0のソフトウェアのデザインでは、デザインは「断続的」に繰り返されるようになる。ソフトウェアという「非物理的なもの」をつくり直すことは、物理的なもの（たとえば建築物）と比較すると容易である。そのため、「バージョン・アップ」と「リリース」というかたちで何度もデザインのやり直しが行われることになる。

パターン・ランゲージ3・0の人間行為のデザインでは、「継続的」にデザインが行われる可能性が出てくる。人間行為の場合には、一ヶ月毎でも、一週間毎でも、一日毎でも、デザインし直して実践することができる。人間行為のデザインでは、デザインと実践は密接につながり、その境界も曖昧になるのである。このように、ひとえに「デザイン」といっても、パターン・ランゲージの各世代によって、時間のなかでの特徴はまったく異なっている。

③ランゲージの使い方

パターン・ランゲージの世代の特徴を捉える第三の視点は、「ランゲージの使い方」である。実は、建築からソフトウェアの分野に方法が応用されるときに、パターン・ランゲージの使い方は大きく変わってしまった。パターン・ランゲージ1・0の段階では、デザイナー（建築家）とその結果を享受するユーザー（住民）の橋渡しをするために、パターン・ランゲージが考案された。しかし、パターン・ランゲージ2・0になると、熟達したデザイナー（エンジニア）とそうでないデザイナー（エンジニア）の差を埋めるために、パターン・ランゲージが用いられるようになった。熟達者の技を学ぶために、パターンを読んで学ぶということが中心的な使い方となったのである。そこにはユーザーは登場せず、デザイナーとユーザーのコラボレーションも視野から外れてしまった。このように、パターン・ランゲージ1・0とパターン・ランゲージ2・0は、使い方において大きな違いがある。しかしながら、どちらの場合も実践知の伝達がパターンによって目指されているという点では一致している。

これに対し、パターン・ランゲージ3・0では、人々が暗黙的に持っている「経験」に光を当て、それを捉え直し、語り合うことが支援される。パターン・ランゲージが「語りのメディア」もしくは「対話のメディア」として使われるようになったのである。興味深いことに、この「語りのメディア」・「対話のメディア」としてのパターン・ランゲージは、熟達の度合いや経験の多少にかかわらず機能する。それぞれ経験しているパターンが異なるため、パターンを介してお互いの経験について語り合うことを可能とするのである。抽象的に書かれたパターンの具体的な経験談を集めることで、そのパターンの内容を深く理解し、今後自分が実践するときのことを想像することができるようになる。

このように、パターン・ランゲージ3・0では、それぞれ異なる経験を持つ多様な人々（行為者）をつなぐために、パターン・ランゲージが使用される。なお、ここで「行為者」という言葉を用いたのは、パターン・ランゲージ3・0では、デザインの主体と客体が不可分になり、デザインする人と使う人という区分自体が曖昧になるためである。

■パターン・ランゲージ再考

最後に、パターン・ランゲージとは何なのかを、一段深いレベルで考えてみたいと思う。

以下では、パターン・ランゲージは、①善や美についての反証可能な仮説であり、②感覚の解放の手段であり、③自我を超えた創造への道である、という点について触れておきたい。

①善や美についての反証可能な仮説

パターン・ランゲージを構成する個々のパターンは常に「仮説」である、とアレグザンダーは強調する。パターンは、いきいきとして調和のとれた美しい「質」をいかにしてつくることができるのかについてまとめた仮説である。仮説である以上、反証するような事実が突きつけられた場合には、取り下げられることになるだろう。

かつてカール・ポパーは、すべての科学的言説は反証可能でなければならず、現在認められている理論も「現段階で反証されていない」ということに過ぎないと述べた。同じように、パターンも、現段階で反証されていないだけであり、将来的には反証される可能性を含んでいる。

このアレグザンダーのヴィジョンが興味深いのは、これまで科学における「真/偽」についての基準であった反証可能性の議論を、「よい/悪い」および「美しい/美しくない」というコードにも適用しようとしている点である。つまり、これまで暗黙的なままであった「これはよい」「これは美しい」という価値判断を、パターンとして明示的に記述することで、反証可能にしようという試みだと捉えることができる。これは、真・善・美のすべての価値を反証可能な土俵の上に乗せようというきわめて大胆なヴィジョンだといえるだろう。

このように考えると、アレグザンダーがパターン・ランゲージの作成について語るときに、よく物理学をはじめとする科学的な営みを例にとることの意味が見えてくる。アレグザンダーの目指す「科学」とは、「真/偽」だけを扱う従来の意味での科学ではなく、善や美という価値の命題をも含む新しい意味での〝科学〟なのである。このような試みは端緒についたばかりであり、決して具体的なレベルで成功しているとは言えないが、探究する価値があるものだと思われる。

②感覚の解放の手段

アレグザンダーがパターン・ランゲージについて語るときのもうひとつの興味深い指摘は、パターンの言わんとすることは実は私たちのなかにもともとあるものなのだ、という指摘である。この背景には次のような現状分析がある。

現代の私たちは、自分の内なる感覚をあまりにも素朴すぎるという理由で認めることができなくなってしまったという。本当は深いところでわかっているのに、それをなすがままに出していくことを恐れ、私たちの内部に凍結させてしまっているのである。かわりに、外から与えられた概念やルール、手順で置き換え、自分に合わない歪んだままの状態を受け入れざるを得なくなっている。

しかし、本当は私たちの身体に備わっている感覚は知っているのであり、その感覚を信じて解放すればよいのだと、アレグザンダーは言う。パターン・ランゲージは、このような内なる感覚に自信をもたせ、それを実現・実践することを支援する。それは、パターンの内容を外から押しつけるのではなく、内的な葛藤・対立を解消し、いきいきとした状態を生み出すための手段なのである。パターン・ランゲージは、思考や行為の制約として働くのではなく、内側からの力に対して自信をもって発揮できるようにする手助けをするのであり、また、そのように使わなければならないのである。

③自我を超えた創造への道

パターン・ランゲージを用いたデザインでは、自然物が少しずつ形成されるように、内なる力と環境に適応しながら、全体として成長していくプロセスとなる。言うなれば、パターン・ランゲージによるデザインでは、それが自然に生じたように具現化されるということである。それは、人間は一種のメディア（媒体）になるということでもある。つくる主体として、個人の強い意図や自我を持ち込むのではなく、より自然に、より調和的な秩序を生み出すために、力を貸す存在となるのである。

もしパターン・ランゲージがノウハウやマニュアルと同じに見えてしまうとすれば、それは自分が支配権をもって設計のすべてを制御しなければならないという思い込みがあるからである。パターン・ランゲージで目指されているのは、その「自分が」という自意識過剰な状態ではなく、より大きく深遠な創造プロセスの一部となり、そこで生じる力の流れに任せるということである。自分が制御しなくても、パターン・ランゲージがその力の流れを束ねてくれる。それゆえ、「自分がそれらを制御している」という感覚ではなく、内から自然に流れ出るようにつくるために、パターン・ランゲージが重要な役割を担うのである。

つまり、パターン・ランゲージがあることによって、「自分が制御しなければならない」という強迫観念から解放されることができる。このことは、人間だけが創造のすべての源泉であるという強すぎる自意識を超えるということでもある。

このように、パターン・ランゲージは、現代社会において一般にイメージされる「創造」とは異なる「創造のあり方」をもたらしてくれる。それは、近代的な主体の自意識が生まれる以前に人類が無意識に行っていたことを、新しいかたちでふたたび実現しようということである。その意味で、パターン・ランゲージは、それが対象とする領域の「創造」を支援するだけでなく、「創造のあり方」をも革新するのである。

第*1*章

建築におけるパターン・ランゲージの誕生

中埜 博×井庭 崇

中埜 博（なかの　ひろし）
1948年生まれ。合同会社CEST代表。コミュニティ・アーキテクト。早稲田大学理工学部建築学科卒業。カリフォルニア大学バークレー校環境設計学部建築学科大学院修了。環境構造センター在日代表として、クリストファー・アレグザンダーの日本での建設プロジェクト「盈進学園プロジェクト」に参加（1982～1986年）。他にも、東京都台東区の谷中銀座商店街でのプロジェクト（1997～1999年）など、アレグザンダーの考え方にもとづく町づくりを手がけている。著書に『パタンランゲージによる住まいづくり』（1988年）、監訳書に『パタン・ランゲージによる住宅の生産』（クリストファー・アレグザンダー著、邦訳2013年）。電子ブックレットに『やわらかいパタンランゲージ』シリーズ（2009年）。建築作品多数。

【井庭】パターン・ランゲージが最初に書かれたのは建築の分野です。一九七〇年代に建築家のクリストファー・アレグザンダー[*1]は、同僚たちと一緒にパターン・ランゲージを書き、『パタン・ランゲージ――環境設計の手引』[*2]として出版しました。それから一〇年ほど後に、パターン・ランゲージの考え方と方法がソフトウェアの世界で取り上げられ、普及しました。そしてその後、さらに広い分野に広がっていきました。僕も、創造的な学びのパターン・ランゲージである「ラーニング・パターン」[*3]や、創造的プレゼンテーションのパターン・ランゲージである「プレゼンテーション・パターン」[*4]、創造的コラボレーションのパターン・ランゲージである「コラボレーション・パターン」[*5]などをつくってきました。

今日は建築家の中埜《なかの》博《ひろし》さんにおいでいただきました。中埜さんは、クリストファー・アレグザンダーの考え方にもとづく町づくりのプランナーでありコンサルタントをされている方です。アレグザンダーがカリフォルニア大学バークレー校環境設計学部で教えているときに彼のもとで学び、彼の日本におけるる建築プロジェクトにも参加された方です。また、アレグザンダーの本の翻訳も手がけていて、いまでも英国に在住の彼と交流があるということです。つまり、中埜さんは、アレグザンダーの近くで建築におけるパターン・ランゲージの形成と展開を見てきた方です。今日は、その中埜さんにパターン・ランゲージの誕生の経緯についてお話を伺い、理解を深めたいと思っています。どうぞよろしくお願いします。

fig 1-1　クリストファー・アレグザンダー（左）と中埜博（右）[2008年 笹川万国 撮影]

【中埜】はい、よろしく。アレグザンダー教授は、この写真の左側の人です（fig 1-1）。いま七七歳くらい（二〇一三年現在）で、イギリスの南ロンドンに住んでいます。彼、いつもこういう格好しています。米国のバークレーに三〇年前に行ったときも同じ格好でした。授業もこの格好。ほとんどブルーのシャツとグレーのズボン、裸足、胸にクロスのボールペンで、全然変えない。きっとブルーのシャツやグレーのズボンをたくさん持っているのでしょう（笑）。

僕がアレグザンダーのもとにいたのは、いまから三〇年ぐらい前です。実は、その後日本に帰ってきてアレグザンダーと一緒に仕事をした期間の方が長いのです。僕の知っているアメリカは、どちらかと言うと古いアメリカです。バークレーというカリフォルニアの町で、サンフランシスコから三〇分くらいのところにあります。「西海岸文化」と言われるくらい新しい動きが活発な場所で、当時のバークレーの町が持っていたいきいきした雰囲気は僕にとっては非常に新鮮で、未来都市を見たような気がしました。自治主義というか、住民自身が町の主人公であるという機運が町全体にみなぎっていました。いまだに日本では、あのバークレーの未来都市の雰囲気はないですね。

■ 建築、コンピュータ、メタボリズム

【中埜】その七〇年代に、日本では岡本太郎[*6]が「太陽の塔」をつくった大阪万博がありましたが、そこに主催者の丹下健三[*7]という、代々木の体育館や都庁舎で有名な建築家がアレグザンダーを招聘しました。その頃アレグザンダーは大変話題になっていて、いわゆるメタボリズム[*8]の建築家が皆、アレグザンダーに魅せられ、飛びつきました。その後、僕が日本に戻ってきてから、アレグザンダーが埼玉県入間市に高校（**盈進《えいしん》学園東野高校**）をつくったのですが、そのときも第二次のアレグザンダー・ブームが起こりま

盈進学園東野高校（**Eishin school**）　一九二五年創立の盈進学園（盈進初等学校）を設立母体として、一九八五年に埼玉県入間市の高台につくられた学校。クリストファー・アレグザンダーが日本で建設したキャンパスとして有名。このキャンパスの建設プロジェクトについては、アレグザンダーの最新刊 Christopher Alexander, *The Battle for the Life and Beauty of the Earth: A Struggle Between Two World-Systems*, Oxford University Press, 2012 で詳細に語られている。

した。そのときは参加型の設計という点に注目が集まりました。パターン・ランゲージが参加型の性質を持っている点が注目されたのですね。

でも、大阪万博のときにアレグザンダーが注目されたのは、参加型という性質ではなく、コンピュータの利用という観点の方でした。建築設計にコンピュータを導入したり、ものの考え方を整理するのにコンピュータを利用した点が新しくて、もてはやされました。

【井庭】つまり、アレグザンダーのパターン・ランゲージ以前の著作である『形の合成に関するノート』で書かれているような、コンピュータを使って形を分析・合成するというアプローチが評価されたということですね。

【中埜】そういうことです。その頃、彼はマサチューセッツ工科大学（MIT）で、IBMのスーパー・コンピューター――スーパー・コンピュータと言っても、いまの普通のパソコンと同じようなレベルのものなのだけれど――を使って設計分析をしたのです。当時は、コンピュータを使って分析するのは新しい方法であったため、とても話題になったのです。

【井庭】最近の言葉でいうと「アルゴリズミック・アーキテクチャ」や「アルゴリズミック・デザイン」と言われる方法の源流ですよね。[*9]

【中埜】そう、全部彼から始まったと言っても過言ではありません。だから、アレグザンダーは、コンピュータを建築や思考の支援に持ち込んだという点で有名になったのが第一期。素人が玄人と一緒に肩を並べて町づくりに参加できるという点で知られたのが第二期です。面白いのは、最近、ソフトウェアのグループがパターン・ランゲージを取り上げて話題になったことで、逆に建築でもアレグザンダーがブームになりつつあるということですね。いま僕は、アレグザンダーの昔の本の再版と、新しい本——あらゆる自然の形から幾何学的特性を議論している『*The Nature of Order*』——の翻訳を進めています。これらの本が第三期のブームを引き起こせればと思っています。

僕はいまの時期をアレギザンドリアン・ルネサンスだと呼びたい。新しく古いものに戻るときだと思っているのです。しかも、この時期に三・一一が起きて、これまでの価値観を変える必要性も生まれてきています。アレグザンダーには「単純な参加型だけではダメだ」という思想があります。それはアレグザンダーが以前から言っていることで、参加型の奥底にもう少し別のレベルの集合知というか、集合したことによって生まれる価値観があるということなのです。

【井庭】とても興味深い話です。その参加型という点ですが、パターン・ランゲージの考え方がでてきたのは、一九七〇年代ですよね。住民参加による町づくりという発想は、当時はほとんどなかったのでしょうか？

【中埜】いや、学生運動そのものは、要するに既存の価値を壊して革命を起こして新しい権力をつくるという言い方でしょう。あれは結局、根底にマルクス主義の思想があって、そこには、参加型の雰囲気はあったのですね。つまり、圧倒的多数による労働者階級が社会をつくるのだから、参加的な雰囲気はあるのです。

そういうところは、建築では菊竹清訓《きくたけせいくん》*10や黒川紀章《くろかわきしょう》*11、槇文彦《まきふみひこ》*12などの「メタボリズム」思想というかたちで影響がありました。メタボリズムとは何かというと、新陳代謝のことです。新陳代謝しなければ建築や都市は成長できない、成長しなければ建築は人間の要求を満たせない、という考え方がメタボリズムの思想でした。それによって、黒川紀章のカプセルホテルや、菊竹清訓の集合住宅のアイデア、槇文彦のいろいろな考え方が出てきたのです。メタボリズムの話に槇文彦を入れると彼からクレームが来るかもしれませんが。

【井庭】メタボリズムとは、新陳代謝という意味のほかに「〇〇イズム」というような「〇〇主義」の意味もかけている言葉ですよね。新陳代謝を繰り返していく建築をつくり、そういう建築こそが重要であるという主義・主張になっている。だから、単なる建築の話を超えて、思想的なムーブメントにもなったという点が興味深いところです。

【中埜】社会は生物のようなもので、僕たち一人ひとりの人間はその細胞のようなものです。そして、全体として建築も町も生物のように成長すべきだと主張して、そのようなつくり方をしようとしたのがメタボリズムの思想だと僕は思います。

【井庭】そうすると、一九七〇年代、つまりアレグザンダーがパターン・ランゲージをつくったのと同じ時代に、日本ではそういう動きがあったということですね。なるほど。

【中埜】建築はそのつくりから言って、あまり簡単には変化しないものです。丹下健三や槇文彦らの巨匠からメタボリズムの建物もひっくるめて、「近代建築」と呼ばれています。「モダン・アーキテクチャ」と。だけど、こういう建築は実は稀で、特にヨーロッパでは非常に少数です。新興国インドや東南アジア、日本ではコンクリートでつくった建物がたくさん増えていますが、ヨーロッパの中心市街地以外では、そういう建築は実際には少ない。民家でも町家でも、木造や石造りの古い建物が圧倒的に多いのです。

近代建築は新しい建築運動で、基本的には建築家が設計という作業を頭脳作業として行って、そのためのソフトウェアが不可欠なことから言い出したわけです。設計図を描いて、丸でも三角でも四角でも建築の材料やもろもろの束縛から自由になる。ある意味ではすべての束縛から解放された記号のような建築をつくりたい、そういった思いの方が強い運動だったのです。

【井庭】建築家がこうだと思うものを自由につくっていくということですね。

【中埜】そうです。ガラスとか鉄、コンクリートが出た時代だから。そのときに、それらの素材でできているダムや工場は、その時代の価値から見れば少し汚い印象でしたが、近代建築家たちはむしろその点に力強さを感じたわけです。ガラスや鉄、コンクリートは人工物だけれども、そこに建築家たちは新しい時代の息吹を感じ、こういうものが近代建築なのではないだろうか、と言い出したわけです。

彼らはその考えを本で宣言しました。こういう建築こそが新しい時代の建築だ、とマスコミにジャーナリスティックに呼びかけた。でも、そういった美学的な部分は実際には受け入れられなかった。いや、正確に言うと、受け入れられた部分はあった。何が受け入れられたのかというと、工場とか郵便局とか会社といった資本主義社会が必要とする建物をつくる際には、そういった素材の建築が有用だった。まさに近代建築は、資本主義の生産拠点としての建築から始まったわけです。

だから、建築家が新宣言を出して、新しい思想だ、メタボリズムだと一生懸命呼びかけたから新しい建築が生まれたのではなく、世の中の要求そのものが古い建築では間に合わなくて、速くできて大きな光の入る機能的な拠点としての工場や事務所をつくらなければならない、という社会的な要請があって、そこに建築家の要求を合致させた格好でできあがったのが、モダン・アーキテクチャ（近代建築）なのです。だから、ル・コルビュジエ[*13]の建物のデザインが受け入れられたのはインドや日本であって、先進国ではほとんどなかったのです。これが、一九七〇年代のちょっと前くらいの状況です。

【井庭】なるほど。そういう流れに対して、アレグザンダーは、家は工業製品のようにつくるものではなく、住む人が自分たちで育てていくものだという主張をすることになるわけですね。当時彼は、そこに住んでいるわけでもない都市計画家や建築家が、そこに住む人に対して外部から町や建物をあてがうことを批判しています。[*14]そして、住宅を工業製品のようにつくって売るというのではなく、住人たちが自分たちでつくり育てていくというプロセスを重視したわけですね。

■「意識の文化」と「無意識の文化」

【中埜】アレグザンダーが二〇歳の時に書いた『形の合成に関するノート』という有名な論文があります。ハーバード大学の博士論文ですが、本にもなっています。[*15]

アレグザンダーは、オーストリア生まれのユダヤ人のお母さんとイギリス人のお父さんをもつユダヤ系です。オーストリアがナチス・ドイツに併合されたときに、ユダヤ系の民族とオーストリア系の民族で討論したそうです。「オーストリアが併合されたらユダヤ人はみんな捕まり、殺される」「いやそんなことはない、ドイツは一般的な平和主義グループだ」と、ずいぶん討論があったそうです。彼のお母さんは、ドイツは危険であると確信し、子どもだったアレグザンダーを連れ、家族でイギリスに亡命しました。イギリスに亡命した貧しい子どもが、ケンブリッジやハーバードに行くことができたのだから、かなり優秀だったのでしょう。

奨学金《しょうがくきん》の試験の話で、面白いエピソードがあります。試験問題は二問あったのに、アレグザンダーは一問しか解けなかった。その問題とは、試験場の磁場の計算をするというものでした。彼は一問目に取りかかったところ、どうしても磁場がズレてしまって答えが出ない。そして彼は、結論として、この建物の下に磁場を狂わすモーターが動いていて、それが磁場を狂わせているから結果が出ないのだ、という答えを出した。それを試験官が現場で調べてみたら、本当に地下にモーターがあった。つまり、地下にモーターがあって磁場を崩していたので結果が出なかった。事実だったのです。それで、彼は一問しか解かなかったのに合格したといいます。すごく優秀だったのでしょう。

こうして、彼はケンブリッジ大学の数学科に入るわけです。なぜ数学なのか。その頃、イギリスの田舎町を歩きながら、アレグザンダーは考えていたわけです。近代建築と言われているものが、彼にはどうもピンとこない。建築は美しいというけれども、学校の建築教育のなかに美しさを教える授業が一つもなかった。美しいものを取り扱うときに、それはどうも感情的で主観的なものであって、科学的に分析できないと思った。そんなときに、教師だったお父さんが「数学をやらないと建築家になれないぞ」とアドバイスしたらしいのです。

そして、彼は数学科を短期で卒業し、建築科に入学します。数学科に入っていたことが、ハーバードに移ってから『形の合成に関するノート』で建築を数学的に分析するという発想につながります。そのときに、手計算の数学だけでは解析できないので、コンピュータを導入したわけです。

この本のなかに「無意識の文化」（邦訳書では「無自覚な文化」と訳されている）という話が出てきます。「無意識の文化」と「意識的な文化」を分けて捉えているのです。「意識的な文化」とは、学問や設計図などで、意図的に建物をつくる時代です。そして、その時代の前には「無意識の文化」があったと言い出すのです。そこが一番面白いところです。

【井庭】人々が自覚的ではなく建築がつくられていた時代がある、と。

【中埜】そう。僕は無意識という言葉で言っていますが、その「無意識の文化」とは、日本の白川郷の合掌造り[*16]の民家とか普通の農家もそうですが、設計図も技術的な裏付けはなく、歴史的な記録もないけれども、村の人たちは白川郷をつくることができた、村をつくることができた。そういう時代が長くあるわけですよね。その点が、アレグザンダーの『形の合成に関するノート』のなかで注目されています。

建築以外の例でも同じで、たとえばマフラーをつくるとき、とても美しいマフラーを無意識的につくる時代があったと彼は言うわけです。その時代には、マフラーをつくりながら、美しいかどうかをつくり手自身が判断しながらつくっていました。つくってみて美しくならなければ、その時点から修正をしていきます。つくりながら修正するような無意識的な行為が行われることによって、美しいマフラーができていたのです。ところが今日、つまり意識的な文化では、完成されているマフラーの模様は、完成されたつくり方を学んで機械に載せてつくるだけで、つくる過程で直すということをしません。意識的な文化ではマフラーのつくられ方が変わってしまったわけです。そのプロセスを失ったことが、実は美しさを生み出すことを失った主因であろうと書いています。

『形の合成に関するノート』のなかで彼が問うたのは、それでは無意識の文化に戻ればよいものができるのか、意識的な文化のなかではよいものや美しいものをつくることはできないのか、ということです。そして彼は、意識的な文化のなかでも、もう一度、無意識の文化に近いものをつくることができると考えた（fig 1-2）。それには、膨大なデータ処理をすればよいと考えたのです。そして、その膨大なデータを処理するためにコンピュータを使うことを提案しました。

【井庭】建築の分野には、アレグザンダーの成果について、『形の合成に関するノート』が最も重要だと言う方がいますね。僕は『形の合成に関するノート』から『パターン・ランゲージ』、そして『*The Nature of Order*』への一連の発展自体が重要だと思っていますが。

【中埜】それでよいと思います。面白いことが一つあります。『形の合成に関するノート』のペーパーバック版が出たときに、彼は新しい序文を書いています。一九七一年ぐらいかな。彼はその本を書いてから一〇年経って、設計方法論の代表者になってしまっていたのです。設計方法を数学的に分析した有名な論文を彼が書いてから、設計方法論が大ブームになったのです。先ほど話した大阪万博の前のことです。建築の設計を、建築家という人間がやるのではなくて、コンピュータがデータを処理して行ってくれるというわけです。しかし、彼はこの序文のなかで「私は設計方法論をやっているのではありません」とはっきり書いたのです。「要するに方法論だけ追求しても不毛であって、実はそこから何をつくり出すかが大事なのだ」と書いている。

彼が発見したのは、膨大なデータがあるとき、そこには問題を解決する「塊」があるということです。雲みたいなデータのなかに、問題を解決する塊があって、その部分が問題をよく解決している。コン

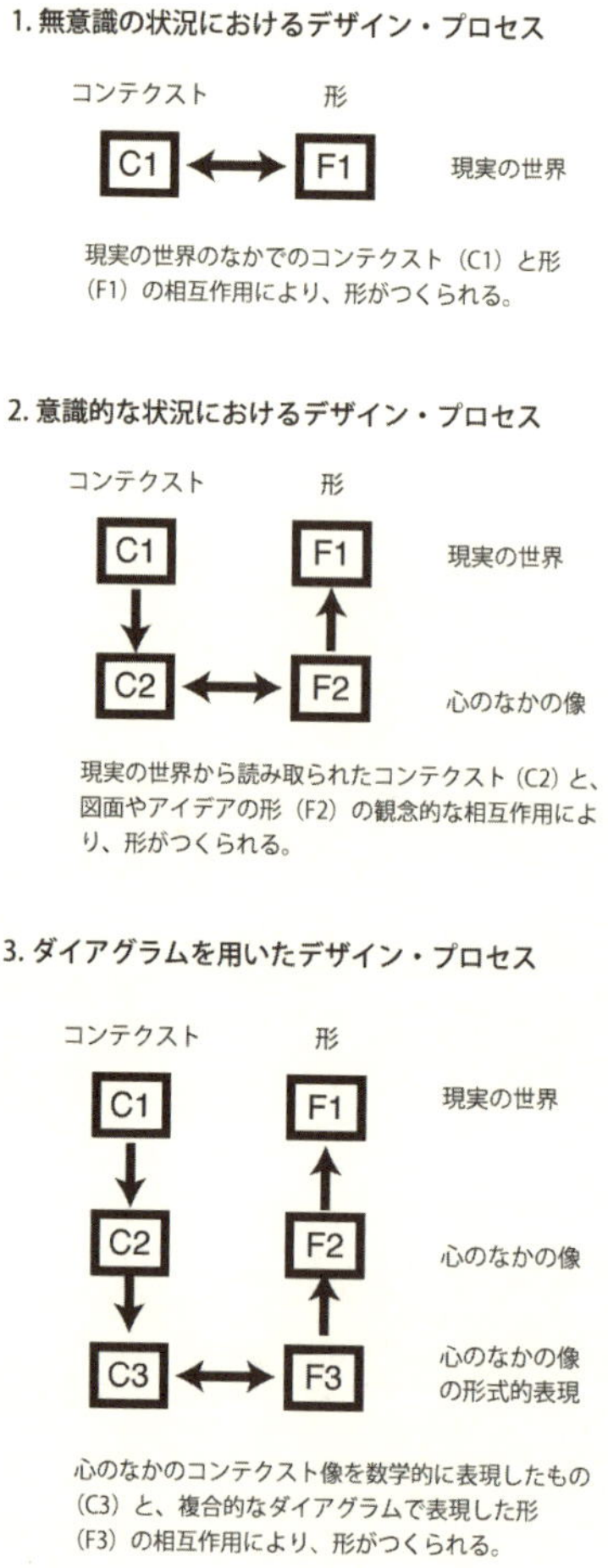
1. 無意識の状況におけるデザイン・プロセス
コンテクスト
形
C1
F1
現実の世界
現実の世界のなかでのコンテクスト（C1）と形（F1）の相互作用により、形がつくられる。
2. 意識的な状況におけるデザイン・プロセス
コンテクスト
形
C1
F1
現実の世界
C2
F2
心のなかの像
現実の世界から読み取られたコンテクスト（C2）と、図面やアイデアの形（F2）の観念的な相互作用により、形がつくられる。
3. ダイアグラムを用いたデザイン・プロセス
コンテクスト
形
C1
F1
現実の世界
C2
F2
心のなかの像
C3
F3
心のなかの像の形式的表現
心のなかのコンテクスト像を数学的に表現したもの（C3）と、複合的なダイアグラムで表現した形（F3）の相互作用により、形がつくられる。

fig 1-2　三種類のデザイン・プロセス
（『形の合成に関するノート』p.65の図をもとに作成）

ピュータで言うと、リンクの濃い部分なのでしょう。その雲の塊のような部分は、解決方法をわかりやすく示した「型」を持っている。彼はそれを「**ダイアグラム**」と呼びました。「図解」という意味です。それで、その塊が一番大事で、その塊を見つければよいと主張します。当初はダイアグラムと呼んだのですが、その後、ダイアグラムでは呼びにくいので、「パターン」という言葉に言い換えました。[*17]

ダイアグラム（diagram）　アレグザンダーは『形の合成に関するノート』で、「コンテクスト」に適合する「形」を考えるための手段として、二種類の「ダイアグラム」（概略図）を提案している。一つめは、形を記号化した「形のダイアグラム」（form diagram）であり、物理的にどのような構造をしているのかが要約されたものである。二つめは、コンテクストにおける問題を記号化した「要求のダイアグラム」（requirement diagram）であり、それが何をするのかという機能的な能力や制約が要約されたものである。この二つのダイアグラム、つまり「要求のダイアグラム」と「形のダイアグラム」を合成して「建設的」（constructive）なものにすることが「デザイン」の役割であると捉えた。これは、問題と解決を関係づけて一体化させるというパターン形式の原型であると言うことができ、アレグザンダー自身も『*Notes on the Synthesis of Form*』のペーパーバック版（一九七一年）の序文で、その点を指摘している。

■重なり合いを含むセミラティス構造をどうつくるか

【井庭】なるほど。しかも、『形の合成に関するノート』の段階では、排他的な階層（ヒエラルキー）である「**ツリー構造**」を想定していたけれども、それがパターン・ランゲージの段階になると、重なり合いを含む「**セミラティス構造**」を重視するようになりますよね。パターン・ランゲージは自然言語（英語の文章）で書かれますが、多義性を許容する自然言語によって、重複を含むネットワーク構造的な関係性を捉えようとしたわけですね。

【中埜】そうです。『形の合成に関するノート』のすぐ後に、アレグザンダーは「都市はツリーではない」という論文を書いています。[*18]「都市はツリーではない」は、世界中で話題になって、一九六五年にカウフマン国際デザイン賞を受賞しました。カウフマン国際賞とは、デザイン分野の論文でありながら、さまざまな領域に貢献する論文に与えられる賞です。この「都市はツリーではない」という論文は、思想・哲学者や批評家の方が大好きで、みんな読んでいます。浅田彰[*19]とか柄谷行人《からたにこうじん》[*20]とかね。

【井庭】日本では、建築家の磯崎新《いそざきあらた》[*21]が一九七〇年代にいち早くアレグザンダーを紹介したことから、広く有名になったのですよね。

【中埜】それで、アレグザンダーはその論文を書いたときにも同じ問題に突き当たったのです。結局、都市や町を分析していくと、いろいろな要素に分解されて、次々と細かく枝分かれしていきます。枝分かれした一方には枝がいっぱいあって、元の幹は一本になる。これがツリー構造ですね。ツリー構造とは、ハイアラキカルに分解していく、必ず分かれていく構造です。枝一本一本は、途中の階層で出会うことはない。だから、枝は分かれる一方です。
ところが世の中の構造は、ある階層で隣り合わせのものと重なり合い（オーバーラップ）やつながりを持っています。木の枝で言うと、一度分かれた枝と枝が途中でつながってしまうので、木としては変なことになってしまいますが。アレグザンダーは、町はツリー構造にはなっていないと考えました。ツリー構造ではなくて、重なり合いがある方が町らしいと考えたわけです。思わぬものが出会ったり重なったりすることで、人間の多様性や繰り返しが起こって面白いのだと指摘しました。それを数学的に「セミラティス」と言ったわけです（fig 1-3）。

ツリー構造（tree）　集合の要素が下位集合で枝分かれする階層構造になっていること。枝分かれした後に枝が交わることはない。アレグザンダーは論文「都市はツリーではない」で、人工的な都市では要素同士に重なり合いが生じないツリー構造になりやすいと指摘した。そのようなツリーが生まれる理由は、ツリーの方が頭に描きやすく扱いやすいからだという。

セミラティス構造（semi-lattice）　集合の要素が複数の下位集合に包まれるという「重なり合い」（オーバーラップ）を持つ構造のこと。アレグザンダーは論文「都市はツリーではない」で、自然の構造と同様に、都市もセミラティスになるようにすべきだと主張した。セミラティスでは単に重なり合いがあるだけでなく、複雑で安定した構造になるという。しかし、一度の思考では複雑なセミラティスを理解することはできない。このことから、後に、多義性や重なり合いを生みだすことができる自然言語によるパターン・ランゲージの方法が考案されることになる。

セミラティス構造

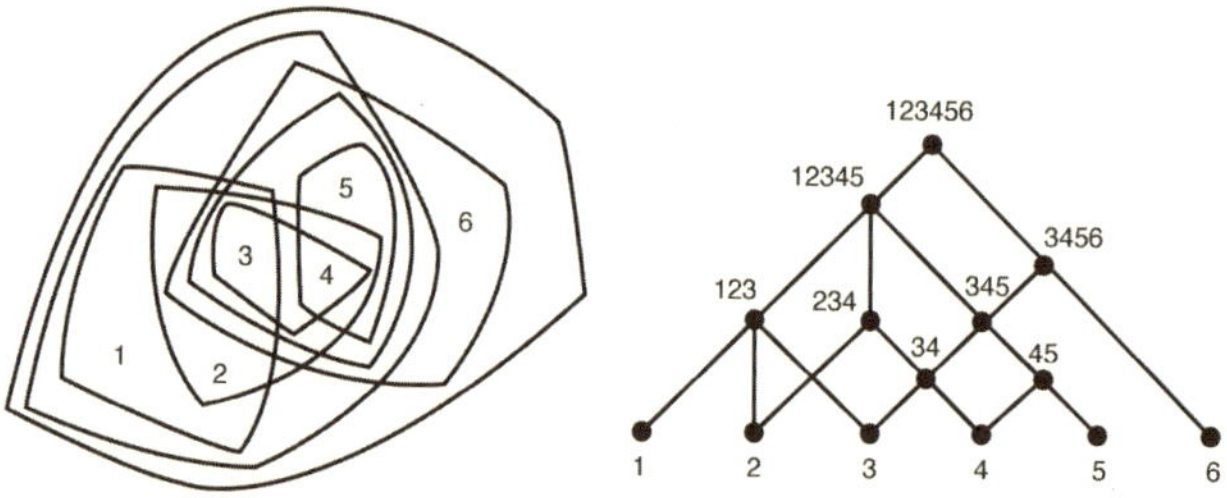

6つの要素からなる構造を考えるとき、要素を全て含むセット(1,2,3,4,5,6)と全く含まないセット(-)を除くと、全部で56通りのセットが考えられる。このなかで、例えば左図のように(1,2,3)、(3,4)、(4,5)、(2,3,4)、(3,4,5)、(1,2,3,4,5)、(3,4,5,6)を取り上げて、その関係を考えてみると、包含関係や重なり合いがあることがわかる。(3,4)は(3,4,5)と(3,4,5,6)というより大きなセットの一部になっている。その一方で、(1,2,3)と(2,3,4) のように一部が重なり合っている部分もある。セミラティス構造では、このような重なり合いが見られ、右図のように一度分かれた枝が再び接続するということが起きる。

ツリー構造

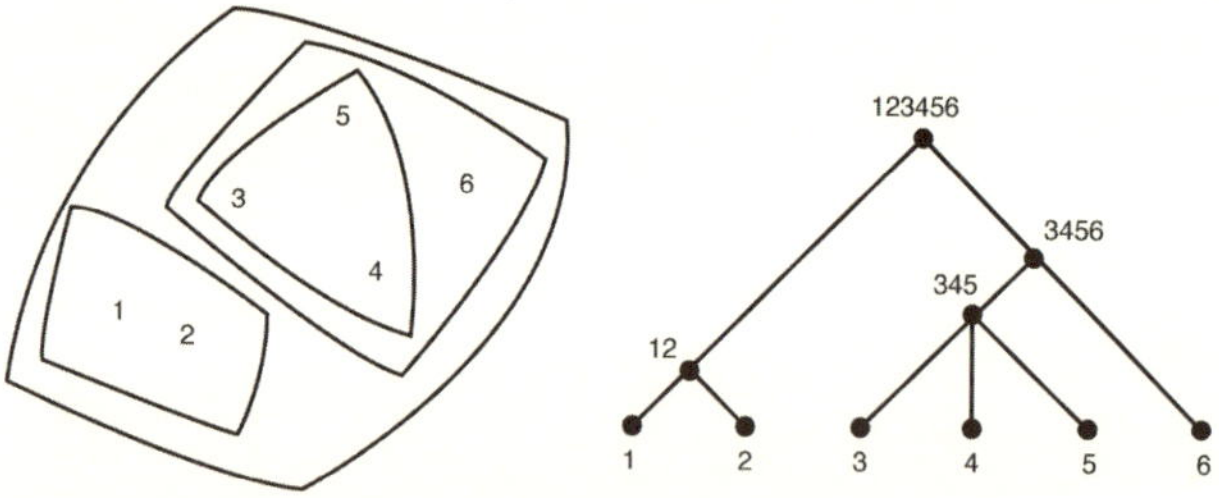

6つの要素からなる構造を考えるとき、要素を全て含むセット(1,2,3,4,5,6)と全く含まないセット(-)を除くと、全部で56通りのセットが考えられる。このなかで、例えば左図のように(1,2)、(3,4,5)、(3,4,5,6)を取り上げると、ここには包含関係はあっても、一部が重なり合う部分はないことがわかる。ツリー構造では、右図のように一度分かれた枝は再び出会うことはない。

fig 1-3　セミラティス構造とツリー構造
（「都市はツリーではない」p.222の図をもとに作成）

【井庭】重なり合いは重要ですよね。僕らは物事をきれいに整理しようとすると、最初はツリー構造をつくりがちです。たとえば、地名の区分けはツリー構造ですよね。枝分かれした先は、お互いに交わらないようになっている。ある市町村は必ずどこか一つの枝にしかない。ある一つの市が複数の県に所属するということは起こりません。一度枝分かれしたものは、もう交わることはないのです。でもそのような分け方は、その方が管理しやすくて合理的だと考えた結果に過ぎないのであって、世界そのものは必ずしもそうなってはいません。

【中埜】そう、人間の住む場所や町、あらゆる人間の行為は、妙なところでオーバーラップするわけです。たとえば、アレグザンダーがよく例に出したのは「交差点」です。交差点で立ち止まったり、信号で車が止まったりする。その瞬間に手持ち無沙汰だなと思って横を見ると、本屋がある。本屋の横に新聞置きがある。新聞の題字を読む。そのように、交差点という一つのスポットでありながら、そこで目にとまったものがきっかけでその店に立ち寄ることになる、という偶然が生じる。それが重なり合いを持つ町というものです。つまり、交差点は車を止めるという機能を満たすだけでなく、そこで人間が立ち止まり、何かを見たり、何かに偶然出会ったりする場でもあるわけです。

実際僕たちは住宅街にある小さな喫茶店なんかが大好きですし、それから停留所の横にある本屋さんで本を買うのも好きです。停留所という機能と本屋さんという機能はまったく別のものですが、それが重なるから面白いのです。

でも、日本の法律では、それはいけないことになっています。住宅地にレストランがあるのはおかしいと。けれども、住宅地に喫茶店があるから静かで面白いし、だからこそ惹かれるわけですよ、人間は。

そういう多様性を生む重なり合いに面白さを感じるのです。ところが、日本の法律は、ほとんどがツリー構造です。ツリー構造の法律のなかで生きるのは、とても息苦しいものです。

【井庭】まさに先ほど出た「意識的な文化」の話につながりますね。現代の社会では、ツリー構造が合理的であると考えられがちですが、それを突き詰めていくと、どんどん非人間的になってしまいます。つくったり管理したりするためには楽かもしれませんが、そのなかにいる人にとっては必ずしも居心地がよいものではありません。それに対して、「無意識の文化」では、重なり合いは自然とできていました。だからといって、昔の無意識の世界に戻れというのではなく、意識的ではあるけれども重なり合いを持つセミラティス構造を生み出す仕組みをつくることはできないか。そういうことをアレグザンダーは考えたわけですね。

【中埜】そうです。そういう自然構造の町を意識的に、あるいは自然の人間の営みを人工的につくれるのか、これが彼の根本の問いですね。

そしてアレグザンダーはついに、ボトムアップで重なり合いを持つ構造を生み出す仕組みを考え出したわけです。分解されたものから最も相関性の強いものを発見することは、コンピュータにはできない。人間の身体で感じなければならないものなのです。でも、人間の身体で感じたことを一つ一つ組み合わせてつくるという完全なボトムアップでは——ユーザー参加というだけでは——実現は難しい。そこには政治的なこと、心理的なこと、社会的なこと、さまざまな力が組み合わさってくるからです。コンピュータだけでは分解・分析できないし、専門家だけでもわからないし、ユーザーがただ入るだけでもダメなのです。これが、基本的にはパターン・ランゲージの考え方の始まりです。ここには、無意識の価値観が隠されているかもしれません。

アレグザンダーは「環境構造パターン」という名前を使って、それに「ランゲージ」(言語)という言葉を付けて解決に向かったのです。パターンという認知システムであり、しかも言語の構造を持っているという、構造的なものの見方にまで至った点が、非常にユニークで優れていると思いますね。

【井庭】本当にそうですよね。パターンが存在するというだけでは、パターン・ランゲージには至らなくて、そこに言語という特徴を加えている点が一番重要です。こう言ってもよいかもしれません。数学的な世界と言語的な世界が交差するところにパターン・ランゲージがある、と。世界の根本は数学的な原理で動いていると言われるほど、自然の、つまり無意識の世界のものである一方、言語とはまさに人間の意識的な構築物ですよね。数学的な原理/プロセスによって生成的で自然な世界を意識的な言語を使ってつくっていこうとする。そこに発想の飛躍があって、とても面白いと思うのです。

■言語とそれが生み出す質

【中埜】アレグザンダーは、ダイアグラムの考え方を『形の合成に関するノート』で書いて、セミラティス構造の考え方を「都市はツリーではない」で書いた。この二つが共存するような論理があるのかと、彼は問うたわけです。そのときはまだ、彼には答えはなかった。それから、一〇年ぐらいかけて、「ダイアグラム」という言葉を「パターン」という言葉に置き換えていった。そして、ツリーではない構造、つまりセミラティス構造を合成する方法として、パターン・ランゲージが出てきたのです。

パターン・ランゲージは、パターンを合成する方法を兼ねているのです。パターンは、互いに排他的ではなく重なり合いを持って関係づけられています。つまり、下にある要素が少しずつまとまって、ボトムから上がっていくというボトムアップの構造をしているのです。

僕たちは言語を、無意識に自由にしゃべっていますよね。その自由さも、ボトムアップの構造でないと成立しません。僕たちは言語をしゃべるときに単語を突き合わせるレトリックというか、言葉を突き合わせるルールを無意識のレベルで持っています。なぜ僕たちは自由に言葉をしゃべることができるのか。その一つの答えは、言葉は階層性を持っているからです。また、言語パターンという階層のつながりのルールも持っています。さらに、そのつながり合っている塊のなかに「入れ子」になっている階層も併せて使います。頭のなかでは、一瞬でそれが合成できるのです。

これは僕なりの解釈ですよ。でも、現在の脳科学によれば、どうも頭のなかの神経細胞ニューロンも同じ構造をしているようです。言語を発するためには、階層性をパターンで合成しながら、ニューロンは電気信号によって瞬間的にリンク付けをするものらしいのです。

【井庭】 実に興味深い話です。パターン・ランゲージは、そういう重なり合いを生み出すような体系としてつくられているということですね。パターンが文法や意味のつながりでゆるやかに結びついている。だからこそ、トップダウンではなく、ボトムアップだということになります。しかも、僕らはパターン・ランゲージを使って考えたり、コミュニケートしたりすることができます。その意味でも、パターン・ランゲージは「ランゲージ」(言語)なのですよね。

【中埜】僕たちは、日本語をしゃべっていますね。文章も書けるわけです。ただ、ある人の書く文章はわかりやすくて、ある人の書く文章はわかりにくい。ある人の文章は文学的であり、ある人の文章は現実的である。俳句でもそうですよね。同じ単語を使っているけれども、よい俳句と悪い俳句があるでしょう。

言語とは、多様な繰り返しによって、ある一つの「質」を生み出すものなのです。よい質を生み出したときに、それがどのような構造をしているかというと、セミラティス構造に近いのです。だから、言語に重合性があるときに、言葉に深みが出てくるのではないかと思うのです。

【井庭】ただ並んでいるのではなくて、そこに意味の重なり合いが含まれているときに、文章に質感や深みが出てくるということですね。

【中埜】そう、単純に言うとね。たとえば、松尾芭蕉[*22]の「古池や 蛙《かわず》飛び込む 水の音」という句だって、一つずつ聞けば、「古池」も「蛙」も「水の音」も、誰でも使う単語ですよね。言語としては、不思議ではない。ところが、古池という言葉によって静けさが表現されて、蛙という生き物が出てきて、それが飛び込む音によって静けさが打ち破られる。その音によって逆に静けさが強調される。しかも、それ自体が古池という自然と自分の一体感の世界を表わしている。つまり、感情的な言葉を何も使ってないのだけれども、みんなの心に響く音楽のような印象を生み出すのです。

結局、ランゲージとは、多様性を持った繰り返しによって質を生み出すという性質を持っているものだと思います。そのような意味で、僕が「パターン・ランゲージ」が巧いネーミングだと思うのは、トップダウンではなくボトムアップであること、つまり、パターンを下から組み上げて、上に行ったり下に行ったりしながら、よいストーリー（物語）をつくることができる点をうまく表わしていると思うからです。物語性を持たせる、そういう意味が込められているのです。

アレグザンダーの『パタン・ランゲージ』という本があるでしょう。分厚くて一万円もするのに、結構売れているのです。なぜ売れているのかというと、あの本は幅広いジャンルの人たちに受け入れられたからなのです。芸術家やダンサー、あるいは生物学者だったりと、建築以外の分野のさまざまな人に受け入れられた。パターン・ランゲージの本がなぜ多様な人の人気を得ているのかというと、一つ一つの単語的要素を組み合わせるといろいろな物語を組み上げることができるということが、すぐにわかるからです。

しかも、組み上げられる物語がちょっとレトロですよね。レトロとは、「レトロスペクティブ」（回想的）という意味です。昔のことを懐かしむような感じで、楽しむということです。僕には、なぜ若い人たちにあのような古い雰囲気が好まれるのか、わからないのだけれどね（笑）。たとえば、新横浜ラーメン博物館というアミューズメント・パークがあります。日活映画の手書きの絵看板とかが飾ってある。駄菓子屋とかネオンサイン、トリスバーとかがあるわけ。僕にとっては子どもの時代そのままだから、行くと面白くて懐かしい。でも、若い人も面白がって、女の子とかが駄菓子屋さんにたくさん群がっているのです。

【井庭】 あの何とも言えない質感というか、そういうものを求めているというのがあるのでしょうね。しかも、失われてしまったがゆえに感じるものがあるのかもしれません。

【中埜】 そう。だから、僕なりに考えるとね、昔のもののよさはみんなが無意識的に持っていて、ああいったレトロな雰囲気のなかに僕たちが失ってしまった大事なものがあるという感覚を持っているのかもしれません。映画の看板を手で描いてある感じとか、小さなトリスバーに一人で座ってママと話しながら、ネオンサインの明るさのなかで飲むという雰囲気ですね。あのなかに、ヒューマンなものが含まれていると感じるのです。そういう質感を無くしてはいけないのではないか、そういうことを若い人たちも感じているのだと思うのです。

アレグザンダーの『パタン・ランゲージ』も、なかで使っている写真や言葉遣いをみると、ちょっとレトロです。あれは意図的です。要するに、レトロと呼ばれるものには伝統的な何かがある、残しておかないといけない大事なものがあるのだよ、と言いたいのでしょう。

たとえば、最近だと大震災と津波の後に仮設住宅がつくられたでしょう。仮設のプレハブ住宅は全然よくないけれども、木造でつくった仮設住宅ならまだ耐えられます。仮設住宅でも、木造だとよい感じがする。なぜ木だったらよい感じがして、プレハブだと遠い、冷たい感じがするのでしょうか？ 機能的には同じであっても。これは木造の持つ何か、伝統性とか質感に関わるような気がします。

【井庭】「人工的につくられた」感じがするものは、人間からすごく離れているように感じますよね。それに関連して、最近僕がよく思うのは、海外の住宅と日本の住宅を比べると、日本の住宅はどうしてこうも人工的な感じがするのだろうということです。本物の木ではなく木目調の加工をしたアルミを使ったり、石のような見た目のタイルを張り詰めたりとか。耐久性やメンテナンス、コストの面では優れているのだと思いますが、そのほとんどがフェイクです。全体的に偽物で成り立っている。こういうのは、日本のきめ細やかな技術や繊細さがあるからこそできることなのだと思いますが、逆にそのことで、身のまわりにフェイクなものばかりが増えてしまっているのです。僕はそのことがどうしても気になってしまいます。

【中埜】僕が面白いと思うのは、ディズニーランドにあるショッピングセンターの古い町並みですね。あれは、古い町並みのお店の方がディズニーランドのファンタジックな雰囲気にぴったり合っているからでしょう。その意味では、僕らは単に古い／新しいという分け方ではなく、本物／偽物のように、もう少し深く見るべきではないかと僕は思うのです。しかし、ディズニーランドはフェイクの塊ですけどね（笑）。

【井庭】「古い／新しい」と「本物／偽物」という二つの軸で考えるのは、面白いですね。そういう意味では、古くても新しくてもいいから、家や町は「本物」でつくられていてほしいと思います。日々の生活の環境なので。非日常のファンタジーの空間は、一時的に楽しむためのお約束事なので、「偽物」であってもよいと思うのです。でも、日々の生活の環境は「本物」でつくられていてほしいと思います。その意味でも、かつては無意識につくっていた「本物」を意識的につくる方法というのは、ますます重要になりますね。

【中埜】僕が思うのは、日本文化でもイランの文化でも東ヨーロッパの文化でも、文化の構造を語るときにはパターン・ランゲージのようなものでしか語れないのではないか、ということです。文化とは、人間がつくり出しているものですから、人間が持っているパターンと関係がある。朝ご飯を食べて、昼ご飯を食べて、夜ご飯食べて、寝るというのは、それぞれの文化の違いがあっても、共通ですよね。社会に対してどう関わるのか、どのような道具や技術を使うのか、そういうものにも共通性がある。もちろん、文化の違いはあるでしょう。文化の違いによって、人間の対応が違っていて構造化されている、そういうことを語ろうとしたのが構造主義[*23]の原点だとすれば、実はパターン・ランゲージという方法で文化を語れば、ぴったりくると思います。

『菊と刀』[*24]という、日本について書いた本がありますが、あの本はまさに日本の文化についてのパターン集なのです。そのなかに、たとえば「恥の文化」という表現が出てきます。最初は「恥の文化なんていうけれども、僕は恥なんて何にも思わないよ」と思っていたのですが、よく考えたら「恥ずかしいことはできない」とか「こんなことは大義に反する」とかね、妙に気を遣う自分に気づいたのです。そういった「恥ずかしいことはできない」という気性が日本人の文化の奥底にはあるな、と。『菊と刀』ではパターンという言葉は使われていませんが、著者のルース・ベネディクトは、パターン構造で分析して日本文化を語っているのです。こういうことにも、パターン・ランゲージは有効なのだと思います。

【井庭】 パターン・ランゲージの個々のパターンは、どういう「状況」（コンテクスト）でどういう「問題」が生じやすく、それをどう「解決」するとよいのかという知恵が書かれています。文化とは、まさにそういう知恵の総体だということですね。パターン・ランゲージは物事の考え方を記述する方法なので、その文化でどのような考え方をするのかを書くのに適している。しかも、無意識的につくられてきたものを、あえて一度言語化して意識的にするというところが、文化の記述ということによく合うということですね。とても面白いと思います。これは社会の文化の記述だけでなく、組織の文化を書くということにも使えそうですし、パターン・ランゲージのさらなる可能性を感じます。

アレグザンダーのパターン・ランゲージのつくり方

【井庭】中埜さんにぜひ伺ってみたいのが、アレグザンダーがパターン・ランゲージをどのようにつくったのかということです。パターン・ランゲージをつくったときの話は、彼から聞いたりしましたか？

【中埜】はい。最初のきっかけは、ペルーの低層集合住宅という一九七〇年のコンペです。ペルーの低所得者たちが定住する住宅をつくるというコンペで、日本からは黒川紀章や槇文彦、菊竹清訓たちのグループ、アメリカからはアレグザンダーのグループ、他にも全部で四つぐらいのグループが案を出した指名コンペでした。

結局、アレグザンダーのグループと日本のグループの二つが通り、実際につくることになった。そのときにアレグザンダーは何をしたかというと、ペルーに行って、実際に住んだのです。アレグザンダー自身がペルーの低所得者の住宅地域に住み込んで、ペルーの広場はどのような使われ方をしているのか、祭りのときに何をしているのか、お客さんが来たときに住宅ではどのような応対をしているのか、どうやって買い物をしているのかといったことをすべて観察したのです。

【井庭】現地に行って住み込むというのは、文化人類学者みたいですね。あるいは、最近のものづくりにおけるエスノグラファーみたいな感じです。建築家としてはかなり異例の行動ですよね。すごいですね。

【中埜】そう、まったくそのとおり。実際に住むことによって初めてつかむことができる生々しいリアリティをもとに、それをパターン化したわけです。そして、ペルーの集合住宅のパターンという有名なパターン集ができた。[*25] それが『パタン・ランゲージ』の原型ですね。そのペルーの集合住宅をつくったときにできたパターンが後の本にも残っています。

たとえば、居間は人が通る廊下の隣になければならない、というパターンがあります。居間は、そのすぐ傍を人が通り抜けないと誰が来ているのかわからない。必ず人がその横を通り抜けることによって、居間にお客さんがいれば挨拶する、あるいは、お客さんが面白い話をしていれば寄って一緒に話をする。一番大切なスペースとしての居間は、人が通り抜ける横に接するように配置しなくてはならない、というパターンです。このパターンは、ペルーの集合住宅のときに出てきたものです。ペルーの生活習慣から出てきたものなのです。そのときは別の名前が付いていましたが、よいパターンなので一般化しようということになり、ヨーロッパでもアジアでも使えるようにしたのが「中心部の共域[*26]」というパターンです。

【井庭】なるほど。そのパターンは、日本でも成り立ちますよね。障子があって、その横を通っていくときに、一応仕切られているけれども人の影や声は通す。そうやって、内と外がゆるやかにつながっている。

【中埜】そう。昔の住宅は、みんなそうでした。サザエさんの住まいもそうです。

【井庭】アレグザンダーは『パタン・ランゲージ』をつくっていくときに、ペルーなどの個別具体的なケースで書いたパターンを一般化したり抽象化したりして、他の地域や場面でも使えるようにしていったのですか？

【中埜】そう。彼は、基本的には実際の仕事を進めながら、一つずつパターンをつくっていって、そのパターンに共通するものを振り分けてまとめていったのです。だから、ペルーの集合住宅の前の一九六八年にも、多目的センターという案件があって、それも計画しながらパターンをつくっていきました。[*27]そういう経験から一つずつパターンを引き出していき、普遍的なパターン・ランゲージを最終的に本にまとめたのです。

多目的センターのパターンの多くは、大阪万博のときに「人間都市」のテーマ館で展示しました。当時、万博建築の総責任者だった丹下健三に頼まれてね。それで、アレグザンダーが日本に来たときに、ポスターに書かれたたくさんのパターンを手で持ってきた。そうしたら丹下健三がびっくりしちゃってね。「え、なんだ、こんな手描きのものを持ってきたんか」って(笑)。結局、それがテーマ館に「人間都市」として飾られました。それは、アレグザンダーがそれまでにつくったパターンを応用してつくった人間都市のイメージといったものでした。

【井庭】それは、都市のイメージなのですか?

【中埜】そう。イメージ。大阪万博のテーマも「未来都市」でした。それはある意味、その時点でのパターンの総決算だったと思います。その万博の「人間都市」の展示を本にしたものがあります。[*28]それも、『パタン・ランゲージ』のパターンの原型になっているのです。たとえば「サブカルチャーの境界」[*29]といったパターンが出ています。

その後、「家は自分の持ち家でなければならない」といった理想主義的なものと、それまでつくってきたパターンをまとめたのが、『パタン・ランゲージ』の本です。全部で二五三パターンでしょう。井庭さんのパターンは、いくつあるのでしたっけ?

【井庭】ラーニング・パターンは四〇パターンで、プレゼンテーション・パターンとコラボレーション・パターンは、それぞれ三四パターンです。

【中埜】三、四〇個でも大変でしょう?

【井庭】大変です。本当に大変です。

【中埜】だよね。アレグザンダーのパターンは、二五三個だからもっと大変ですよ。関係性のリンクなんか考えたら、何万にもなってしまうものね。

【井庭】しかも、最初から二五三個しかなかったわけではなくて、もっとたくさんのパターンがあって、そこから一般化して減らしているということは、途中段階では相当数あったわけですよね?

【中埜】そう、もっとあった。パターンの一つ一つにね。パターン・ランゲージは、できあがるのに一〇年もかかっていて、一つ一つつくられ方が違います。

【井庭】あれだけの数を考えると、とても時間がかかりますよね。

【中埜】もう少し具体的に、一つのパターン、たとえば「入口での転換」[*30]というパターンがどのようにつくられたのかという話をしましょう。このパターンは、人が外から家に帰ってきたときに、家に帰ってきた感じや気持ちを得るには、外の空気を振り払う空間がなければならない、というものです。逆に、家から出て行くときには、家の空気を振り払って出てゆく空間がないと、外に出た気がしない。つまり、家には、外の空気を振り払ったり、家の空気を振り払ったりするフィルターの部分がないとダメだ、というパターンです。

昔は前庭がそうで、松の木が見えたら「あぁ、うちに帰ってきた」と思うとか、玄関室に入ると玄関室で靴を脱ぐときにちょっとゆっくりしたりして、「あぁ、帰ってきた」と思うわけです。そういうパターンです。いまは、マンションのドアを開けるとすぐ廊下になっていて、玄関室がない。家に入る気分転換のための場所がないのですね。このパターン、最初は一二個ぐらいあったのですよ。

【井庭】え、一二個ですか？

【中埜】そう、転換の場所をいうパターンだけでね。家の前に道がなくてはならないとか、ゲートと家の間には樹木が植えられていなければならないとか、シンボルとなる何かがなければならないとか、一二個もあったのです。それを一個一個減らしていきました。木がないといけないとか、照明や花がないといけないとか、それらに共通のパターンがあるのではないかと追求していったのです。すると、どのパターンをとっても、家に入る前に外の空気を切り離す役割をするものがなくてはならないという意味にまとまったわけです。

【井庭】なるほど。僕らがパターン・ランゲージをつくるときも、似たような感じでボトムアップにつくっていくのですが、アレグザンダーも共通点を考えたり抽象化したりしながら、ボトムアップなプロセスでつくっていったのですね。

【中埜】そうです。あと、僕が経験したなかで面白かったのは、「聖なる場所」というパターンをつくろうという話が授業であってね。

【井庭】授業で！　カリフォルニア大学バークレー校でのアレグザンダーの授業ですね。

【中埜】そう。その授業で「聖なる場所」とはどういう場所だろうか、という話になった。

【井庭】『パタン・ランゲージ』にも「聖域」[*31]というパターンがありますよね？　それのことですか？

【中埜】それです。

【井庭】おぉ、そうですか。まさにあの本に収録されているパターンをつくる授業があったのですね。

【中埜】そのとき、みんなでピラミッドとかペルシャの宮殿、タージマハル、出雲大社とかを持ち寄って考えたわけ。タージマハルと出雲大社に共通点はあるかというふうにね。

【井庭】ほうほう、そうやってみんなで考えたのですね！　世界各国のいろいろなものを集めて、その共通点を考えて抽象化するというやり方で。

【中埜】そう。彼の洗練の仕方は、ユニークな例ではダメなのです。誰もがどの世界でも使えるようになるまで、噛み砕かなければダメなのです。

【井庭】あちこちに遍在するような事例でないとダメだ、と。

【中埜】そう。それで、みんなで持ち寄ったものを見てびっくりした。出雲大社にしても明治神宮にしても、結局、聖なる場所とは、ある領域からある領域に行くまでにゲートを越えながら次第に奥に入っていく性質があることを発見したのです。ピラミッドもペルシャ宮殿もカッパドキアもすべて、聖なる領域に近づいていくとき、ゲートを越えて次の領域に入るというパターンがあるのです。出雲大社も明治神宮も、そういう多数のゲートで厳密に分かれていますよね。ピラミッドもそうです。

【井庭】そうかぁ。アレグザンダーのパターンがどうやってつくられたのかという話は初めて聞きました。すごく興味深いです。

【中埜】あと、彼のやり方で面白いのは、数学的に計算してつくったりもしていることです。数学的には成立するのに、世の中にはどうして存在しないのかということを考える。「平行道路」[*32]というパターンがあります。平行の高速道路があってあとは脇道にゆっくり走る道があれば、目的地に他のどの方法よりも早く到着できるというものです。いまとなっては結構常識的になっていますが、当時はあまりなかった。いまではサンフランシスコをはじめ、多くの高速道路で使われています。

そのパターンをつくるときに、彼は数学的に計算したのです。高速道路が平行に走っていてそのあと路地に入る方が、早く目的地に着くことができるということを。それを数学的に証明してから、本当にそれができるか、すでに存在しているかをチェックして、パターンをつくったのです。[*33]

【井庭】つまり、現実世界にたくさん見られるからパターンにしたというのではなく、理論的によいと言えるものをパターンにしたりもしているということですね。パターン・ランゲージが、単なる経験的な記述にとどまらず、規範的な面を持っているということにつながりますね。「実際こうなっている」だけでなく、「こうあるべき」ということも含んでいる。

■ 語りとパターン・ランゲージ

【中埜】それから、もう一つ。パターンをつくるとき、「直接ヒアリング」も非常に重要です。僕も、アンケートより直接ヒアリングすることが大事だと思っています。アレグザンダーと日本で盈進学園をつくったときも、先生たち五〇人全員に直接ヒアリングを実施しました。一、二ヶ月かかったかな。全員に対して、「あなたが一番望む理想の学校とは何ですか、欲しいものはありますか」と聞いていった。いろいろな答え方がありました。「私は、教室は家みたいな方がよい」とか、「教室のすぐ外には花が咲いている方がよい」というのもあったし、「池が欲しい」とか、学校とは関係ない話もたくさん出てきました。そのなかで、学校という枠を取り払って、自分たちが本当に教えたい環境を語ろうという人も出てきて、いままでの学校とはまったく違う姿が浮かび上がってきました。その姿とはいったい何だろうと追求しながら、一つ一つパターンにしていきました。

この直接ヒアリングは、『パタン・ランゲージ』のパターンをつくるときにも行っています。「旅人の宿」[*34]というパターンがあるのですが、これも直接ヒアリングにもとづいています。「旅人の宿」とは、一二の部屋があるような小さな宿は隠れ宿みたいだし、よく世話が行き届くというパターンです。この「旅人の宿」は、インド人の女性の方にインタビューをしたときに出てきたものです。そのあたりの話は、『時を超えた建設の道』のなかにも出てきます[*35]。

インドの宿がとてもよいというインド人がいて、いったいどこがよいのかと聞くのです。インドの宿では、みんな夜は部屋にいないのだそうです。泊まる人たちは夜が更けるまで中庭の見える廊下でおしゃべりをする。いっぱいしゃべって疲れ果てたところで、自分の部屋に戻って寝るといいます。そういう一二人ぐらいの旅人しかいない小さな宿のことを語ったのですね。それで、結局、宿で料理を出して楽しめて、旅人たちが寂しくなく、コミュニケーションができて、しかも経済的に成立する「旅人の宿」というパターンをつくったのです。

【井庭】 一二部屋ぐらいというと、日本の個人経営のペンションなんかが、ちょうどそれぐらいの規模ですね。それで、宿の人と話したり、他の人と交流したりすることがある。そういうものを、一つ一つインタビューのなかから起こしていくのですね。

【中埜】「パターン・ランゲージは、言葉で形を表す」という言い方をするわけですが、言葉だから形そのものはわからないわけです。形は頭のなかで描かれるのですね。頭のなかの図がきちんと描かれれば、お互いが合意できる状況が生まれるということを僕は感じました。

だから、僕が住宅をつくるときは、住宅のユーザーである子どもからお父さん、お母さんまで全員に個人的に直接ヒアリングをします。単独にヒアリングをしてみんなが言っていることを聞き集めていくと、お父さんとお母さんが同じことを言ったり、違うことを言ったりします。それを並べていくと一つのモデル・イメージが生まれてきます。台所とかキッチンセットがどうとかいう細かいことではなく、空間的な形としての家に関わることをきちんと整理する。そこには物語性があります。そうすると、家族で未来の住宅にどう関わっていくのかという未来日記を各自が書くことができます。彼らが描いた未来の絵と実際にできた建物を比べると、本当にそっくりなのですよ。もちろん、彼らのイメージそっくりにつくるのですけどね。

【井庭】それは、物語性が強いとイメージと形が合わせやすいということでしょうか？

【中埜】そう。ユーザーのイメージってあるでしょう？　ユーザーのイメージは、実はすごくはっきりしているわけです。とても強い。お父さんとお母さんの背丈がすごく違うから、台所はこうなっていなければならないとか、お父さんは食べたらすぐ寝るから、台所の横にちょっと寝るスペースがなければならないとか、その家族独特の生活があるわけですね。その家族独特の生活は、かなりリアルです。そのリアルなものをそのまま描く。もちろん、家族によってうまく絵を描く人もいるし、あまりうまく描けない人もいるので、そこに専門家としてのコーディネート能力が求められるわけですが。

あと、ユーザーは、大きなパターンと小さなパターンをごちゃ混ぜにしがちです。大きなパターンや小さなパターンが混在していると、物語としては成立しても、制御がつかない。だから、コーディネーターは、その世界観や物語性を大事にしながらイメージを整理する作業をします。それが、パターン・ランゲージのパターン集になるのですね。一人一人が生々しく語る言葉が、基本的にはパターン・ランゲージですから。

そのとき、実際につくりだすものを「**プロジェクト・ランゲージ**」と僕らは呼んでいます。プロジェクトごとにランゲージがあるからです。

プロジェクトごとにつくられるランゲージをすべて、パターン・ランゲージと呼んでしまうと、なんでもパターン・ランゲージと言えば事足りるようになってしまうでしょう。アレグザンダーは、そういうことを好んでいないのです。個々のプロジェクトでは、一つ一つの具体的なプロジェクト・ランゲージをつくっていって、それが重なり合いながら全体の大きなパターン・ランゲージになっていく。つま

プロジェクト・ランゲージ（project language） 個別の現場におけるパターン・ランゲージ。「時を超えた」普遍性を持つパターン・ランゲージと区別するために、使われることがある。本書第4章、および「これからのみんなのことば、みんなのかたち」（本橋正成、羽生田栄一、懸田剛、『情報処理』第五二巻、第九号、一一四二〜一一五〇頁、二〇一一年）参照。

り、「プロジェクト・ランゲージ」が純度を高めて、質の高いパターン・ランゲージに生まれ変わるという感じです。

【井庭】 つまり、パターン・ランゲージは普遍性が高いパターンであって、個々の現場で使われるパターンは、プロジェクト・ランゲージと呼ぼうということですね。それはわかりやすいですね。先ほどペルーの話で出てきた一つ一つのパターンはプロジェクト・ランゲージで、それを高めてパターン・ランゲージをつくり、現場に落とすときはまたそれぞれのプロジェクト・ランゲージにするということですね。

【中埜】 そうです。僕たちがプロジェクト・ランゲージという言葉を使い出したのは、パターン・ランゲージを現実に使うときに、そのプロジェクトに合わせた適応・調整が必要になるからです。現場の外部の世界には、「場」みたいなものが存在するのです。それに合わせたパターン・ランゲージをつくる必要があるのです。

盈進学園の例で言えば、敷地のなかにパターン・ランゲージを配置していく作業をしたのですが、微妙なズレを調整して適応させることが必要になります。そうやってプロジェクト・ランゲージとして場に適応させたあとに、あらためて全体を見てみると、実に見事にパターン・ランゲージの組み合わせができ上がっています。入れ子構造になっているのです。

言うなればDNAを使って人工生命をつくっているようなものです。環境の構造を生み出すDNA。そのDNAが組み合わされてできる生物がどんなものか、その生物が生きている世界のどういうところに納まるのかという点で微妙なズレが出てきます。それはすごく厳しいですよ。だから、中間体（ブリッジ）が必要なのです。このブリッジにあたるものがプロジェクト・ランゲージです。プロジェクトをつくるメニューのようなものです。

【井庭】遺伝子型（ジェノタイプ）を決めて、そこから発現した表現型（フェノタイプ）を見る。[*36]それを見て、また遺伝子型を変えてみる。そういう適応・調整をしながら何度も書き直していくことが重要だということですね。そういうことを、アレクザンダーは実践を通じてやってきたということで、実に興味深い。

【中埜】そうです。盈進学園の最終的なパターン・ランゲージがあるのですが、それは一見、既存のパターン・ランゲージと似ても似つかないのです。[*37]でも、一つ一つ丹念に見ていけば、もとのパターン・ランゲージを「入れ子」にしてできているのがわかります。

【井庭】それらはどういうプロセスでつくられたのですか？　もう少し具体的にお聞きしたいところです。もとのパターン・ランゲージをベースに変えていくのか、それとも、新しくつくっていくのでしょうか。

【中埜】インタビューをしながらつくっていくのです。インタビューのなかで、たとえばある先生が「池が欲しい」と言ったとします。そこで「池がある」というパターンをつくります。パターン・ランゲージには、水の重要性を示すパターンがいくつかあります。たとえば「水への接近」[*38]といったパターンです。このように、「池がある」というパターンをつくったときには、既存の「水への接近」というパターンが入り込んでいることになります。

【井庭】それは、もとのパターン・ランゲージを知っている人がインタビューをしているから、それを踏まえたパターンになるということですね?

【中埜】 そうそう。

【井庭】 インタビューのなかで、「ああ、あのパターンが関係するな」というように関連付けるわけですね。でも、もとのパターン・ランゲージの言葉で置き換えたり、上書きしたりはしないのですね。それらはあくまでもインタビュアーの認識の構成要素として使っているに過ぎない。なるほど、面白いですね。

【中埜】 インタビューをするときには、池の話が出るとは思っていないのです。インタビューをしてみたら、みんなが「池が欲しい」と言うから、池を入れようということになります。でも、僕たちとしては、少なくともこれは既存のパターン・ランゲージに合っていることは知っているわけです。だからより強く印象づけられる。実際に盈進学園が実現して、子どもたちに感想を聞くと、池が一番印象が強いのです (fig 1-4)。

実際につくるときには、違う意味ですごく揉めましたけどね。当時ゼネコンが池に大反対しました。コストがかかるうえに建物をつくりにくくして、無駄だと。教育・学校に関係ないでしょうと。もちろん、水があることには機能的な理由もありますが、それだけではなくて、水面があることによって高校生が文化祭でコンサートをしたときに水面に光が反射する演出ができたり、応援団が水に放り込まれるとかね、いろいろなイベントが生まれるのです。水と人間の関係が非常に大事だという点は、パターン・ランゲージにも書かれていることです。でも、それをそのまま示して、「水は大事なので、盈進学園に水を使おう」と提案したわけではありません。

fig 1-4　盈進学園東野高校の池［2011年 井庭崇 撮影］

【井庭】その点はとても重要ですね。直接ヒアリングをするときに、現場の人に既存のパターンを提示するのではなく、語りの要素に光を当てて、強調するためにパターンを使う。そうすることで、その要素が取り上げられるだけでなく、関係するパターンの関係性も同時に想起することになります。しかし、あくまでもそれを押しつけるのではなく、語っている人の発言から重要なものを逃さないために機能しているという。

【中埜】そうです。たとえば五〇人くらいのインタビューで語られることは、一〇〇〇項目くらいあるわけですね。それを絞り込んでいかないと、まとまりません。まとめるためには、できるかぎり重要度の高いものを、抽出しなければならない。そのときに、既存のパターン・ランゲージである程度フィルターをかけるのです。

もちろん、インタビューでは、パターン・ランゲージにはない、その人たち固有の発言もあります。それはすごく重要です。みんなが言う生々しさから生まれる偶有性が存在するのです。そういうものを入れていかないと、プロジェクト・ランゲージとしては高まらない。

【井庭】そして、その人たちしか言わないことを認識するためにも、普遍的なパターン・ランゲージを踏まえていることが力になる。

【中埜】加えてもう一つ、「場」の要因というのもあります。盈進学園の敷地のあたりは、お茶畑だったのですが、盆地みたいに一番低かった中央のところは水が溜まってしまって、お百姓さんも「ここではお茶はできない」という場所でした。ここは水しか溜まらないと。「それじゃあ、ここは池にするしかないな」という判断もあったのです。ここには、ユーザーの要求と、敷地の偶然が共時性を持っていたのです。また、場の機能性の問題もあります。調整池といって、開発のためには水を排出調整する池をつくらなければならないという法律があります。そういう三つくらいの条件が重なりあって、池ができるのです。

■パターン・ランゲージによって世界の捉え方が変わる

【井庭】そうやって、パターン・ランゲージとプロジェクト・ランゲージの間を往ったり来たりするなかで、パターン自体の見直しもするのでしょうか。

【中埜】そうです。パターン一つ一つも、だんだんとつくり変えられていき、純度を高めていく、つまり抽象度を高めていく必要があるのです。たとえば、「このパターンとこのパターンはそっくりだ」とか「これらは違うことを言っているようだけど、実は同じことを言っているね」と言って、複数のパターンの共通性を見つけていく作業をするのです。

【井庭】僕らがパターン・ランゲージをつくるときにも、そういうことがあります。似たようなことを言っているから一つのパターンにまとめてしまおう、という感じで。

【中埜】そうでしょう。しかも、パターン・ランゲージが完成して、プロジェクト・ランゲージに落として現場に導入していくなかで、新しいパターンを発見したりもするわけです。パターン一個一個も、実現するためには時間的な流れが必要なパターンがたくさんあります。すぐにできるものと、時間をかけなければできないものがあるのです。

アレグザンダーは、後に『オレゴン大学の実験』[39]のなかで、**マスタープラン**の問題を取り上げています。そのなかでマスタープランという全体像を前提としないで、一つの小さなプロジェクト・ランゲージの純度を高めながら、全体的なマスタープランに接近していく方法があるということを書いています。『オレゴン大学の実験』のなかでは「**漸進的《ぜんしんてき》成長《せいちょう》**」という言い方をしています[40]。あの本は、薄くて簡単に読めるのですが、実はなかなか難しい理論的な本なのです。

その本のなかに「**六つの原理**」というのが出てきます。「有機的秩序」「参加」「漸進的成長」「パターン」「診断」「調整」の六つの原理で、パターン・ランゲージの実践的方法がまとめられています。**診断**の原理は特に重要な考え方です。僕たちは何かを生みだしたり、つくり出したりするときに、まったく新しいものをつくり出すことはできないということです。なぜかというと、既存のものがすでにあるからです。既存のものをつくり変えるのは、生物の成長や進化のようなものです。どうやって恐竜は羽根を手に入れたのか、どうやって人間の胚芽から骨が生まれ肉が生まれ、生物になるのかというのは謎ですよね。

さらに、みんな一つの卵から生まれてくるわけですが、卵が分割して背骨ができて、頭ができていく。ちゃんと順番に構造化されていきますよね。しかもそれはもとの型を上手に保全しています。もとの型を守りながら一部だけを変えることによって、まったく異なる性質になっていくわけです。そのプロセスはどうやって管理されているのでしょうか？　謎です。そういうことを支配する原理として、診断の原理という言い方をしているのです。

あの本は何回も読み直していますが、僕にとって一番役に立ったのは、この診断の原理です。診断の原理とは、簡単に言えば、病気を診察するということです。ある状況を見たときにその状況のどこが悪

マスタープラン（master plan） 全体的な方向づけのための計画のこと。アレグザンダーは『オレゴン大学の実験』のなかで、従来の一般的な「コミュニティの将来の成長を明細に記し、土地利用、用途、高度など、各地域ごとの建設内容を定めるための多様な性質を規定するマップ」を含む固定的なマスタープランでは、一つの「全体」（whole）を生みだすことはできないと指摘した。代わりに、マスタープランの役割を果たす、六つの原理による生成的なプロセスを提唱した。その生成的なプロセスで重要な役割を担うのが、パターン・ランゲージである。

漸進的成長（Piecemeal Growth） 少しずつ成長していくことを意味する。アレグザンダーは『オレゴン大学の実験』における「六つの原理」の三つめとして、事前に固定化されたマスタープランに従うのではなく、その時々の状況に合わせて柔軟に修正、復原、拡張、改善することの重要性を指摘している。また、そのような小規模なプロジェクトに重点を置くために、大・中・小のプロジェクトに均等に予算が割り振られるようにするべきだという具体的な指針も述べている。『まちづくりの新しい理論』でも、「成長のための七つのルール」の一つめのルールとして、「漸進的成長」が取り上げられている。

六つの原理（six principles） クリストファー・アレグザンダーが『オレゴン大学の実験』で提唱した建設と計画のための原理。「有機的秩序の原理」（the principle of organic order）、「参加の原理」（the principle of participation）、「漸進的成長の原理」（the principle of piecemeal growth）、「パターンの原理」（the principle of patterns）、「診断の原理」（the principle of diagnosis）、「調整の原理」（the principle of coordination）。

いのか、どこを治して、どこを守っていかなければならないのかを診察することです。しかし、診断を下すためには健康状態を知らなければダメですよね。健康状態という基準があって、そこから見て病気だと判断するわけですから。この健康状態が「パターン・ランゲージ」なのです。しかし、パターン・ランゲージが理想の健康状態であるという仮定はどこから生まれるのか？　それが、アレグザンダーの次の課題になります。この点についは、彼の新しい著作に譲ります。

【井庭】『*The Nature of Order*』[*41]ですね。

【中埜】そうです。「診断の原理」は「修復」の原理と読み変えることもできます。そして、人間の創造力にも関わっていると僕は考えています。創造は、現況の「修復」から生まれるからです。[*42]

もう一つ、『オレゴン大学の実験』のなかで重要なのは「**有機的秩序**」の考え方でしょう。これも、アレグザンダーの近著『*The Nature of Order*』のなかで詳しく書かれています。

有機的秩序とは、基本的には葉っぱや植物などの生物の生命秩序のことです。たとえば、僕たちはケヤキを見れば、ケヤキだとわかりますよね。一方で、同じケヤキは実は一本もないのです。土も違うし、日の当たり方も違うし、風の当たり方も違う、全部違うケヤキなのです。けれど、僕たちはそれらをひとまとめに「ケヤキ」として認識することができます。不思議なことに。

だから、まったく多様でありながら共通する部分があって、その共通性を支配している秩序が存在する。そういう秩序が根底にあるわけです。共通のルールと言ってもよいのですが、そういう共通のルールを我々は自覚しているのでしょうか？　何をもってそれらがケヤキだとわかり、区別できるのでしょうか？　なぜ僕たちはその隠された秩序を見ることができるのでしょうか？　どうして僕たちの身体のなかにそれらを見抜く能力があるのでしょうか？　謎ですよね。僕にもまだわかりません。
「Pattern」という言葉についても考えてみましょう。「Pattern」の「Pa」は「Pan」という意味です。パン・アメリカのパンですよ。「パン」とは、日本語でいう「汎」と同じ意味です。汎用性、つまり大元という意味です。パラダイムとかパラダイスとかの Pa と同じラテン語が語源です。だから「Pattern」という言葉には、大元という意味が入っています。そして同時に、区別するという意味もあります。ですから、「Pattern」という言葉は矛盾する二つの意味を持っているわけです。同じものである共通の繰り返しという意味と、「このパターン」と言った瞬間に他のパターンとは違うという区別の意味です。このように、パターンという言葉の意味は非常に込み入ったものなのです。僕は一言で、「多様なる繰

診断（diagnosis）　漸進的成長において部分的な治癒・修復を行うために、現在の状態を把握すること。診断は、初期の形成段階でも、成熟した後の維持においても重要となる。アレグザンダーは、パターン・ランゲージを用いて診断を行ない、診断マップを描くことを提唱した。そのようなマップがあれば、どこを修復すればよいかが明確になり、そのための修復プロジェクトが立ち上がることになる。詳しくは『オレゴン大学の実験』の第V章参照。

有機的秩序（organic order）　古きよき町に自然に備わっている秩序。アレグザンダーは『オレゴン大学の実験』のなかで、有機的秩序を「部分の要求と全体の要求との間に完璧なる均衡が存在する場合に達成されるような秩序」であるとしている。このような秩序は、個別の行為から徐々に全体が生みだされていくようなプロセスによって形成される必要があるという。有機的秩序の完璧な例として、アレグザンダーはケンブリッジ大学を挙げている。

り返し」と言ってしまいますけれども。

【井庭】なるほど。個別事象を貫く共通性がありながら、他とは区別されるという面もあるわけですね。

【中埜】僕たちは子どもの頃から、猫と犬を区別できますよね。でもね、僕たちはどこで猫と犬の違いを見ているのでしょうか？　両方とも四本の脚で歩いて毛で覆われていて小さくて動き回っています。猫と犬の違いをリストに書き出してみてください。何の違いがあるか、足の数やしっぽの長さで違いを見つけようとしても、同じですよね。それでは僕たちはどこで区別しているのでしょうか？　パターン認識の力とは、実に複雑なのです。[*43]

人間のパターン認識力はものすごく進んでいるそうです。それは、赤ちゃんのときから始まっています。脳の病気で、見たものが理解できない、つまり、目には見えているけれども、それが食べ物であるか動物であるかがわからないという病気があるそうです。つまり、「見る」という行為は、対象を「見る」のと同時に、それが何なのかを「判断する」ことでもあるのです。だから、犬を「犬」として、猫を「猫」として捉えることができる。パターンも同じで、僕たちが犬と猫を見て区別するのと同じ作業を可能にするのです。簡単に見えて非常に難しいことをしているのです。

【井庭】しかも、パターン・ランゲージで捉えようとしている対象は、目には見えないものを見ようとしていますよね。文化など無意識なものをどうやって区別しているのかを考えるのは、さらに難しいことだと言えます。そうなるとやはり観察や語りというものが、パターンを見出すためには不可欠なのでしょうね。

【中埜】そうです。だから、言葉で説明されて初めて形を理解できるということがあります。たとえば、僕たちがただ単に町を歩いているときには見えてこないのですが、「守りの屋根」[*44]というパターンを知ると初めて見えてくるものがあります。

「守りの屋根」というパターンは、屋根は家の単なる帽子やシェルターではなく、屋根のなかにもう一つの空間がある、ということを示すパターンです。つまり、屋根の裏側も空間として使っている屋根を「守りの屋根」というのです。いまの話を聞いたうえで、今日、外に出て屋根を見てみてください。そうすると、ただ被っているだけの屋根と、屋根のなかに何か空間が見えるような屋根の二つがあることがわかります。「守りの屋根」というパターンを知って初めて、私たちは屋根の種類を区別できるようになります。すると、世界が違って見えてきます。田舎の農家の屋根には、窓とか灯りが付いているし、ヨーロッパのアパートの屋根には屋根裏部屋があって、そこに飾りが付いている。ただ、最近は「守りの屋根」が少ないですね。ほとんどのプレハブ・メーカーの屋根は、単なるキャップですよ。

【井庭】空間をつくっているのではなく、雨を凌ぐだけだと。

【中埜】そう。僕たちが「守りの屋根」というパターンが住宅・住まいとしてはよいのですよという仮説を伝えることによって初めて、そういう部分が見えてきます。言われるまでは、僕たちには見えていないわけですよ。視覚的に見えていたとしても、認識としては捉えられていない。

パターンとは、その意味ではすべて仮説なのです。絶対的なものではないのです。ですから、新しい文化が生まれれば新しいパターン・ランゲージがつくられなければならないのです。

【井庭】人間の認知でいう概念の話ですね。[*45]人間は、概念を持つことで初めてそれを認識することができます。社会学者のタルコット・パーソンズは、概念とはサーチライトだと言いましたが、まさにそのことです。僕らがものを見るときには、光が当たって反射したものだけが目に届いて、ものを見ることができます。だから、光がない、つまり真っ暗なところでは何も見えません。人間がものを見るためには、光が当てられることが不可欠であって、それと同じように、概念があって初めて、漠とした世界から何かを区別して認識できるようになるのです。

パターン・ランゲージの個々のパターンも、まさにそういう機能があって、僕らの世界の認識を形づくるわけですね。僕はパターン・ランゲージのこの機能を、「認識のメガネ」という言い方で説明しています。[*46]「守りの屋根」という認識のメガネをかけて初めて、守りの屋根が見えてくるのです。

【中埜】僕はね、昔観た映画で、当時は大した映画じゃないと思っていたものでも、いま観ると涙が出ちゃう映画があるのですよ。たとえば、小津安二郎[*47]の映画なんて、子どもの頃はつまらなくていつも寝ていたのね。でも、いま観ると、人生経験を積んだあとに観るとね、その映画のいろいろなシーンに人生のさまざまなエッセンスが描かれていると感じます。読み取れるようになったわけです。経験をして年をとって初めて読み取れるようになるというのはあるんだよね。

【井庭】「心の目がひらく」のですよね。

【中埜】そうそう（笑）。それと同じなのですよ、パターン・ランゲージではそれを一気に知ることができるわけです。人生経験を積まなくても人工的にそういう経験について学ぶことができるのです。

【井庭】意識的な方法だけれども、それで見えてくることがあるということですね。僕らのラーニング・パターンの例で言うと、学びのパターンを読んでも、その体験をしていない人にとっては実感が伴った「経験」にはなりません。それでも、そういう学び方があるということの「視点」を得ることができます。先ほどの「守りの屋根」の話と同じで、認識ができるようになるのです。そうすれば、他の人の振る舞いを見たり、自分の経験を振り返ったりするときに、それがどのような経験なのかを認識できるようになります。パターンが「認識のメガネ」になるのです。

パターンを知ったからといって、経験の代替にはならないけれども、経験の感受性の枠をぐっと拡げることができます。パターンを知って初めて認識できるものがあるからです。そうやって、世界で認識できることが増えるというのは、パターン・ランゲージをつくったり使ったりしていると強く実感します。

【中埜】そうですよね。あと、人間が一番感動する、一番動機づけられるという点が重要です。学びのパターンもそうですけれど、学びをするための動機づけが必要です。それを僕たちは「**センター**」という言葉で呼んでいます。動機を生み出すドライバーのことです。パターンのなかにもドライバーになる

センター（center）　いきいきとした質を持つ「全体」の構成要素（the building blocks of wholeness）のこと。「中心」と訳されることもある。センターもまた一つの「全体」であり、その内部にセンターを持つという再帰性がある。ただし、センターがセンターである所以は、それを構成する要素に依るのではなく、それが構成する全体に依る。つまり、全体がなければセンターはない、ということを意味している。アレグザンダーは、複数のセンターが互いに関係して強め合うやり方を「一五の基本特性」（the fifteen fundamental properties）としてまとめている。これらの概念や特性については『*The Nature of Order*』で提唱・解説されている。その概略は、本書第4章で紹介する。

パターンと、ドライバーになりきれないパターンがあります。それで、ドライバーになるパターンと自分の経験が合うと、非常に大きな原動力になるのです。

【井庭】なるほど、面白いですね。ドライバーとなるパターンですか。たとえば、どんなパターンがドライバーになるのでしょうか、建築のパターンで言うと。

【中埜】たとえば、3LDKのような部屋を区切らないワンルームを考えてみてください。そのワンルームの壁のあちこちに凹んでいるスペースがあって、そこは自由に使うことができて、自分で好きにつくり変えることができるとします。その空間には、たとえば本棚ができたり、ベッドができたり、座る場所ができたり、あるときは小さな小部屋になったり、という自由度があります。そうなると、その空間は、いままでのマンションとは全然違う部屋になりますよね。それこそ形も凸凹しているし、壁も厚いし、光もいろいろなところから入ってくるし、プライバシーとかコミュニティの考え方も違ってきて、みんなで共有する大部屋を中心にして、壁が自由に変形しているような形になります。

これは、「アルコーブ」[*48]と「厚い壁」[*49]という二つのパターンです。僕はこの「アルコーブ」というパターンを読むことによって、「あ！　こういう家に住みたい！」と強く思って、それがドライバーとなってデザインを生み出す原動力になりました。

【井庭】なるほど。ドライバーとは、そういうふうに、すごくパーソナルなものなのですね。

【中埜】僕の場合は、自分のアパートにある工夫をしました。天井まである大きな本箱をつくってそれでワンルームのアパートをどんどん区切っていったのです。それでいままでは、寝る場所も、机も、台所もすべて本箱のなかです。

【井庭】中埜さんのご自宅は、そんなふうになっているのですか？（笑）

【中埜】そう、みんな「図書館で寝ているみたいだね」って（笑）。でもその間仕切りと本箱とあらゆるコーナーを分けてつくっちゃったわけです。ドライバーによる原動力が、それまでにない新たなものをつくり出すのです。

【井庭】なるほど、それがドライバーによる原動力なのですね。ラーニング・パターンで言うと、僕のなかでは「創造的な学び」[*50]とか「学びの竜巻」[*51]、「動きのなかで考える」[*52]、「はなすことでわかる」[*53]、「突き抜ける」[*54]というパターンはドライバーとして機能しているように思います。自分の経験と重なり合って、大きな原動力を生んでいます。

■ パターン・ランゲージの背後にある倫理観

【中埜】原動力の一つに自分の倫理観もあると思います。僕にとっては、自分の責任ではないことで不幸になることを減らしたい、減らしてあげたいという思いが根本にあります。たとえば、戦争も津波も、自分の責任ではないですよね。でも、それがあると誰もが不幸になります、たった一回でもね。それをできるかぎり減らしてあげたい。そういうことができないかと考えると、それは原動力になります。そのためには何をしなくてはならないのかをいつも考えています。

【井庭】それ、すごくよいですね。それを聞いた人にとっても、ドライバーになる気がします。中埜さんの活動の根本には、そういう思いがあったのですね。そういう思いは、町づくりのときにも出てくるわけですね。

【中埜】そうです。たとえば共有のシェアハウスやカフェといったコミュニティ、みんなが集まれる、みんなが一緒になってそこで何かをする喜びを知ることができる、そういうスペースをできるかぎり町のなかにつくっていきたいという気持ちも、そういうところから始まります。

いまの世の中は、僕もそうですが、あまりに深く触れ合い過ぎるとちょっと傷ついちゃいますよね。あまりに関係性が近いとね。でも傷つけ合うのではないかたちで、もっとお互いに触れ合うべきではないかと思っています。

バークレーにいたとき、ホームレスの人が多かったのですが、お金がなくても家がなくても生きていけて幸せそうなのです。どうして幸せそうなのかと思ったら、教会が食事を毎日出してくれるのです。それから、いろいろな人たちが支援したり協力したりして助けているのです。このベースには、みんなが喜ばないと町が不幸になってしまうという考えがあるのですね。これは不思議でした。だから、バリアフリーなんて考え方はないのです。あちこちに段差はある。だけど、車椅子の人がそこに行くと誰かがさっと助けている。ショッピングセンターに車椅子の人が入ってきたり、映画館に来たりしたら、誰かがそういう人を案内してあげている。それが常識になっているのです。

【井庭】僕もアメリカに住んでいたときに、そういうことが自然にあるのだと、ちょっとした驚きを感じました。

【中埜】アメリカには、そういうよい面があるのですよね。イギリスにもそういう助け合いの精神がありました。まぁ、当たり前のことですけれどね。僕は、パターン・ランゲージが紡ぎ出す物語が、不幸な人をできるかぎり不幸でなくしたいという気持ちとか、誰かと一緒に何かをすることが自分の喜びになるとか、そういう倫理観が裏側に少しずつ芽生えていくようなものにしたいと考えています。だって、みんなで一緒に食事するのは楽しいじゃない？　みんなで一緒に食事するというルールが守れないのだったら、家族でいられるわけがないのです。だからこそ、家族が一緒に食事をする場をつくるべきだということになるのです。

【井庭】まさに、そういうパターンが『パタン・ランゲージ』にもありましたね。「会食」[*55]というパターン。

【中埜】あるでしょう？　そういうのって、一緒に喜び合うという倫理観が働いている気がします。

【井庭】アレグザンダーのパターン・ランゲージには、人間関係のセミラティス構造みたいなもの、つまり、ゆるやかな重なり合いを大切にする視点が、随所に込められていますよね。「学習のネットワーク」[*56]もそうだし、「歩行路の形」[*57]もそうですけれども、ゆるやかで自然な人間関係を生み出そうとするパターンが多いと感じます。「歩行路の形」は、通る人を吐き出すような真っすぐな道ではなくて、ふくらみのある道の方が、知り合いと出会ったときに立ち話ができるというパターンです。それ以外にも、「小さな人だまり」[*58]とか「公共度の変化」[*59]とか、人がちょっと出会って微妙に重なり合って、でもずっと一緒にいるわけではなく、結ばれては解かれて、という関係を生み出すようなパターンが多くあります。

【中埜】それを理想論だと言う人もいます。夢物語みたいなことを言っている、予定調和だと。パターーン・ランゲージは、美しいものはよい、やさしいことはよい、人間が幸せになれるのがよい、そういう善を前提として押し付けている、と言う人がいるのです。

でも、僕は、人間は一人一人が違っているということをそんなに強調するのが果たして大事なことなのか、と疑問に思うわけです。もう少し共感意識の方を大事にして、共感するところを残していこうと考える方がよいですよ。気持ち的に楽ですよね。話がちょっと愚痴っぽくなって申しわけないけれども（笑）、なかなか世の中全部が幸せにならないねぇ。

【井庭】ならないですねぇ。違いの方を強調してしまって、幸せにならない方向に向かいやすいのですかね。

【中埜】パターン・ランゲージの世界が単なる理想論だと言う人は、その考え方自体が不幸です。楽しんだり、本当の自分らしさを出したりすることを抑制する癖がついている人が多いと思います。そういう人に限って、他人の知識を押し付けてくる人が多い。それじゃダメだよね。自分が本当に感動する、本当に私はこれが好きだということを語る勇気とストレートさこそが、実は説得力を持っているのです。

【井庭】本当にそう思います。パターン・ランゲージは、そういうことを求めているのですよね。

【中埜】そうです！　ピンポン！

【井庭】それをお互いに出してみて、そこから始まるのに、自分はなるべく出さずに最初から鎧を着て、どこかで得たもので済ませている。

【中埜】そう。「不幸な方がよいのだ。不幸な方が人間は鍛えられる。立派になれる。不幸を甘んじて生きていくことが大事なのだ、幸せなのだ」と言う人がいますが、「そりゃ、それでよいのだけれども、それよりももっと幸せなことがあるじゃん！」と言いたいですよね。

【井庭】 理想論だという話を聞いて思い出すのは、以前、中埜さんが「パターン・ランゲージを書くのはエネルギーが必要なことだから、どうでもよいことなんか書かないで、本当にこだわりがあるものを書こう」とおっしゃっていたことです。

【中埜】 ああ！

【井庭】 その言葉に通じることを、宮崎駿さん[*60]が言っています。彼がアニメで描くキャラクターに対して「そんな子ども、いまどきいないですよ」と言われるらしいのです。あんなにピュアでやる気に満ちた少年・少女なんていませんよ、と。それに対して、宮崎さんは、いるかいないかは問題ではない、僕は描きたい人しか描きません、と言います。アニメをつくるという、とてつもない労力をかけてどうしようもないダメな人間なんかを描きたくはない。理想かもしれないけれども「こうあってほしい」というのを描きたいのであり、それが必要なことなのだ、と。[*61] 僕がパターン・ランゲージを書くときも、同じ思いで書いています。

パターン・ランゲージで書くのは、そこら辺で観察されるどうしようもない現実ではなくて、「こういうものがよい」という理想でもあるのです。だからこそ、読んだ人の視野をパッと広げられるようなところがあるし、目標になるし、そういう方向に背中を押してくれるものになるのです。ラーニング・パターンにしても、プレゼンテーション・パターンにしても、コラボレーション・パターンにしても、パターンに書くのは現状のことではなく、ちょっと先の理想のようなことを書くように心がけました。もちろん、理想を書くといっても、いまどこにも存在しないような夢物語ではなく、これまでにもそういうことをやってきた人はいるけれども、あまり多くの人には共有されていない、そういうコツをパターンに書いていくのです。

だから、僕らもつくっていくなかで、書くに値しないと判断して捨てたパターンもあります。パターン・ランゲージとは、経験的なステートメントであるとともに、規範的なステートメントでもある。「実際こういうふうにうまくやっている人がいるよ」という記述であるとともに、「こうするのがよいよ」という記述でもあるのです。パターン・ランゲージを書くというのは、そういう二面性をもった言葉を紡ぐということなのです。

■ひとつの美学を確立する

【中埜】パターン・ランゲージは、共感性を重視したり、ボトムアップを重視したり、プロセスを重視したり、そういう倫理観みたいなものがあったりと、いろいろなものを体系立てて持っています。でも、残念ながら、そういった新しい体系を統合する美学がない。美学とは難しいことではなくて、この方がかっこいいという裏付けのことです。

だから、井庭さんがしているのは、そういう美学を確立しようということだと思います。僕たちには、「この方がかっこいい」「みんなで集まって食事するのが楽しい」というような美学が必要なのです。

僕はいま、中野ｚｅｒｏキッズというＮＰＯを手伝っていて、子どもたちを集めて集団でミュージカルをやっています。そのなかで素人の子どもたちが一生懸命にやって、キリキリした学校教育とは違った集団のなかでの人間関係を体験しています。子どもたちは皆いきいきとして、成長していくのです。その体験をした子どもたちが大学生になって言うのは、大体同じことです。「私たちが、この活動で一番よかったことは、自分が自由になれたことです」と。そう言うのです。

でも残念ながら、いまの世の中はそれよりも「よい大学に行って、よい成績をとって、よい就職をして、お金儲けをして楽をして、よい家に住んで」ってね。その方がかっこいいと思われている。僕から言わせると、そのどれ一つをとっても全部ウソだからね。まあ、僕が貧乏人だから言うのかもしれないけどさ（笑）。自分にとっての本当の豊かさは何か、本当の自由とは何かを誰もが問う必要があるのです。それは絶対問わなければならないことです。それが人生の美学の問題なのです。

【井庭】そういう上昇エスカレーターみたいな人生観が、三〇年前はリアルだったかもしれないけれど、いまとなっては幻想だとわかってきましたよね。だからこそいま、自分たちで問わなければならないのです。でも、まだその勇気が持てていない、そこがいまの日本の根本的な課題ですね。

【中埜】いまの子どもたちがかわいそうだと思うのは、僕たちが若い頃は、変な話、誰でも政治的な「敵」がはっきりしていた時代なのです。「あいつが敵で、あいつを倒せば自由になれる」という、わかりやすさがあった。ところがいまは、権力が遍在していて、何かわけがわからない敵がじわじわ向こうから迫ってくるじゃないですか。何かの敵が迫ってくるのはわかるのだけど、それが何なのかがはっきり見えないといった感覚がありますね。

【井庭】今の日本は、戦うべきものが網目状に社会全体に入り込んでしまっていて、不透明で不明確になってしまっていると感じます。誰か一人の悪者がいるわけではない。

【中埜】だから余計に、パターン・ランゲージの考え方を仮説として、はっきりと明文化して、一つの美学にしていく作業が重要だと思うのです。そうすると、ものすごく小さな違いでも認識できるようになります。先ほどの話で言うと、いままで屋根の違いなんて全然気がつかなかったけれども、「守りの屋根」というパターン・ランゲージを知ることで屋根はいろいろ違うのだなとわかるでしょう。「歩行路の形」のパターンも、まっすぐな道が一番便利だと思っていたけど、道って凸凹していた方がよい面もあるのかとか、裏道の路地の方が本当は面白いなとか、いろいろなことがわかってきます。パターン・ランゲージの考えを体得し、差異を認識できるようにする。そのことで、社会に遍在するさまざまな力の矛盾を見きわめる。それによって新たな生き方を知る。それが自由になるということなのです。

【井庭】パターン・ランゲージによって自由になる。まさにそれこそが、僕がパターン・ランゲージを書いている理由なのかもしれません。僕は、子どもの頃から映画監督になりたいと思っていました。それはどのような興味だったのかというと、作品を通じて観た人に気づきがあったり、物の見方・世界の見方が少し変わったり、勇気をもらって元気になったりする。そういうものをつくりたいと思っていたのです。パターン・ランゲージを書くということは、僕にとっては映画をつくることと同義です。

ただ、映画と違うのは、最終的な物語はみんながつくるということです。みんなでつくる、と言ってもいい。パターンをつくるというのは、物語をつくる素材をつくって提供するだけで、それを使って物語を紡ぐのは、みんなななのです。もはやパッケージ化された物語を消費するだけの時代ではないと思うのです。どうやって自分たちで自分たちの物語を紡いでいくのか。これが、僕が「**創造社会**」（クリエイティブ・ソサエティ）という言葉で言おうとしている社会観です。

【中埜】そこが一番のパラダイム・シフトというか、僕たちが一番がんばらなければならないところですね。いままでは一人の英雄とか専門家がいて、彼らが上からかっこいいことを言って、みんながひれ伏してありがたく頂戴するという感じだったでしょう。もちろん、これからも一部にはそういう人たちがいてもよいけれど、僕たちは多様な人がいることによって多様な喜びが生まれてきたり、たった一人の人が与えたのではないものに出会ったりすることができる。その方がかっこいい、その方がよいじゃないかという美学が必要なのだと思います。

【井庭】本当にそうですよね。そうなのですよ。僕はそういう方がよいと思っているのですが、他の人に「なぜ、よいのか?」と問われると、「なぜだろう?」と答えに詰まってしまいますが。

【中埜】うん。それって、井庭さんの個人的な、そう言っては失礼だけど、まだ個人的な美学なのだよね。

【井庭】そうですね。

【中埜】でも、それがいつかみんなにとってかっこいい、よいと思うものになるかもしれない。そのた

創造社会（creative society）　自分たちで自分たちのモノ、認識、仕組みなどをつくる社会。現在、誰もが生活のなかでコミュニケーションを行っているように、創造社会では誰もが「つくる」ことを当たり前のこととして行うようになる。詳しくは、「創造社会を支えるメディアとしてのパターン・ランゲージ」（井庭崇、古川園智樹、『情報管理』第五五巻、第一二号、八六五～八七三頁、二〇一二年）参照。

めには少なくとも、その方がいい、その方が楽しい、その方が役に立つ、機能的だと言える時代をつくらなければならない。

【井庭】 僕がパターン・ランゲージに取り組むのは、みんなで物語をつくったり、シェアすることでコミュニティが活性化したり、新しい何かが生まれたりするのがよいと思うからです。そういう考えが根本にあるし、そこに魅せられているのだと思います。それがもっと共有されるといいな、共有していかなければな、と思っています。

パターン・ランゲージをつくっていると、単にノウハウやハウツーを書いていると思われがちなのですが、そんな単純なことではないということを、僕もまだまだ伝えきれていないのでしょう。それはこれからの課題です。でも、まさにそういう美学のようなものが背後にあるということがとても大切なのだと、いまの話で再認識できました。

【中埜】 僕が三〇年前にカリフォルニア大学バークレー校の建築学科に入ったときに、必読文献として『科学革命の構造』[*62]を読まされました。

【井庭】 トーマス・クーンのですね。

【中埜】 ものすごく難しい本でね。留学したばかりでまだ英語もできないうちに読まされて、苦労して読んだから、あの本はいまだに忘れられない。「パラダイム」という言葉を提案した本ですよね。みんな「パラダイム・シフト」という言葉は知っていると思いますが、パラダイムの大元の考え方が『科学革命の構造』に書かれているわけです。

あの本のなかで面白いのは、科学革命はアインシュタインの理論がニュートン力学より優れていたから勝利を収めたわけではないというところです。実際は、多くの人がアインシュタインの理論の方が実用的だから使うようになっただけなのです。ニュートンの理論は大雑把なことには説明がつくけれども、細かいところはうまくいかない。宇宙開発には役に立たない。ところが、アインシュタインの理論は宇宙開発にとって実用的だから使われるわけです。

パラダイム理論が面白いのは、ある理論が他の理論より優れているから勝利するわけではない、と考えるところです。圧倒的多数の人間がそちらの方が実用的で機能的で便利でかっこいいから使うようになると、多数を占めて勝ったように見える。これがパラダイムの転換なのです。だから、一般にパラダイム・シフトというと、単に思想が転換したとか、新しい考え方が導入されたような言い方をされることが多いのはよくないですね。

先ほど井庭さんが仰ったように、新しく機能的なもの、たとえば「美」も一つの機能だと言ったとしますよね。そういう時代が来るかもしれない。「これ、美しさの機能がないよ！」という時代が来るかもしれない。「これ、感動の機能がないよ」ということになるかもしれない。

【井庭】 なるほど。普通だったら「美」と「機能」は別のもので、両立するかしないかという話になるわけですが、美しさは機能であるという考え方、僕は感覚的にはわかるなぁ。

【中埜】 そうでしょう。そういう判断基準ができる時代が来るかもしれない。つくったパターン・ランゲージを見て、「君のパターン・ランゲージはよいけれども、僕はちっともやる気にならない。動機を生み出していないよ」という批判を受けて、「じゃあ、もっと原動力を生み出すようなものをつくろう」、「そういうパターン・ランゲージはどうやったら生み出せるのか考えよう」という時代、新しい美学の時代です。

僕も映画が好きですが、シナリオは、ある意味ではパターン・ランゲージのようなものです。ヒッチコック[*63]はあまり賞を獲れなくて「芸術的ではない」と言われましたが、数多くのテクニックを開発した人なのです。彼のシナリオにも多くの新しいテクニックがあったから、ヒッチコックは映画テクニックの職人と言われていたのですね。そのヒッチコックのテクニックを使って、スピルバーグ[*64]もよい映画をつくっています。

そう考えると、パターン・ランゲージはまだテクニック開発の段階にとどまっているとも言えます。いまはまだ、テクニックをつくっている時代でしょう。その次の時代にはテクニックが応用されて、いろいろな脚本を書く人たちが出てくる時代が来なければならないのです。アレグザンダーの『*The Nature of Order*』という本は、そのことにも関わっています。

【井庭】「美」とは何か、そして、それを生み出す生成的なプロセスとはどのようなものかという話まで含めて、全部語ろうとしていますものね。

【中埜】そうです。それこそ、井庭さんがおっしゃっている第三世代のパターン・ランゲージ（**パターン・ランゲージ3・0**）につながると、僕は思っているのです。井庭さんのおっしゃる人間集団の行為は、僕は一つの典型的な、ある原型的な「型」（パターン）を持っていると思っています。ある人間集団が持っている行動形式を、ある集団に適用しようとするとズレがある。その「ズレを見る」ことが必要だと思うのです。その「ズレを見る」ことができる人になるのが重要だと思います。

【井庭】それはとても大切ですよね。パターン・ランゲージを使うというのは、「これが正しいからこうしなさい」ということではないのですよね。

【中埜】まったくそのとおりです。

【井庭】そこが、なかなか理解してもらえない、難しいところです。「こんな型にはめられたくない！」と言う人がいるのです。型にはめているわけではないのですが。

【中埜】そうですね。だからその人間集団行動という型が存在することをはっきりと定義できて、そこから自分の行動型がどのようにズレているかを判断しながら、自分なりのパターン・ランゲージをつくっていくという時代が来るでしょう。そのときにはもう「パターン・ランゲージ」という言葉を誰も使わなくなるでしょう。その時代には、みんなが自然にパターン・ランゲージでものを考えて、ものを

パターン・ランゲージ3・0（pattern language 3.0） 人間行為（human action）のパターン・ランゲージを指す総称。「第三世代のパターン・ランゲージ」や、「タイプⅢ」と呼ぶこともある。このタイプのパターン・ランゲージには、ラーニング、プレゼンテーション、コラボレーション、教育、組織変革、社会変革などのパターン・ランゲージがある。この捉え方では、建築のように物理的なものをデザインの対象とするパターン・ランゲージを1・0、ソフトウェアや組織のような非物理的なもののデザインを2・0、人間行為のデザインを3・0とし、これらが移行ではなく加算的な発展をしていると捉える。デザインの対象の変化に伴い、デザインの特徴や、ランゲージの使い方も変化している。詳しくは、「パターン・ランゲージ3・0——新しい対象×新しい使い方×新しい作り方」（井庭崇、『情報処理』第五二巻、第九号、二〇一一年）、および「創造社会を支えるメディアとしてのパターン・ランゲージ」（井庭崇、古川園智樹、『情報管理』第五五巻、第一二号、二〇一三年）参照。

つくり、実践していくのです。でも、いまは言わないといけない。新しい美学として理解してもらうためにも。

【井庭】そうですね。まだまだ僕らががんばらないといけないですし、こういう大きなヴィジョンのなかで、パターン・ランゲージを捉えてくれる仲間がもっと増えるといいな、と思っています。増やしていきましょう。

今日は、建築の分野でパターン・ランゲージが生まれた経緯を概観したあと、パターン・ランゲージをどのようにつくり、応用するのかということ、そして、新しい美学が必要であるという話をしてきました。どの話もとても大切な話で、考えを深める貴重な機会になりました。どうもありがとうございました。

（了）

二〇一一年一二月五日（月）　慶應義塾大学ＳＦＣにて

註

＊1　クリストファー・アレグザンダー（Christopher Alexander：一九三六年〜）　オーストリア出身のアメリカの建築家。カリフォルニア大学バークレー校名誉教授。パターン・ランゲージを始め、都市計画・建築における新しい設計方法を提唱・実践している。著書に、『形の合成に関するノート』（原著一九六四年）、『パタン・ランゲージ』（原著一九七七年）、『時を超えた建設の道』（原著一九七九年）、『オレゴン大学の実験』（原著一九七五年）、『パタン・ランゲージによる住宅の生産』（原著一九八五年）、*The Nature of Order, Book 1-4*, 2002-2005, *The Battle for the Life and Beauty of the Earth*, 2012など。

＊2　Christopher Alexander, Sara Ishikawa, Murray Silverstein, *A Pattern Language: Towns, Buildings, Construction*, Oxford University Press, 1977.『パタン・ランゲージ——環境設計の手引』（クリストファー・アレグザンダーほか、鹿島出版会、一九八四年）。

＊3　ラーニング・パターン（Learning Patterns）　ラーニング・パターンは、「創造的な学び」の秘訣をまとめたパターン・ランゲージ。慶應義塾大学SFC井庭研究室ラーニング・パターン・プロジェクト（代表：井庭崇）によって、二〇〇八年から二〇〇九年にかけて作成された。四〇個のパターンはすべて、ウェブ・サイト（http://learningpatterns.sfc.keio.ac.jp/）で公開されている。当初「学習パターン」という名称で公開していたため、「学習パターン」と呼ばれることもある。「プレゼンテーション・パターン」や「コラボレーション・パターン」など、シリーズの他の名称と合わせるため、現在は正式名称を「ラーニング・パターン」としている。略称は「ラーパタ」。

＊4　プレゼンテーション・パターン（Presentation Patterns）　プレゼンテーション・パターンは、聴き手の発想や発見を誘発する「創造的プレゼンテーション」の秘訣をまとめたパターン・ランゲージ。慶應義塾大学SFC井庭研究室 プレゼンテーション・パターン プロジェクト（代表：井庭崇）によって、二〇一一年に作成された。三四個のパターンはすべて、ウェブ・サイト（http://presentpatterns.sfc.keio.ac.jp/）で公開されている（カタログ版）。このカタログ版とは別に、書籍版『プレゼンテー

ション・パターン――創造を誘発する表現のヒント』（井庭崇＋井庭研究室、慶應義塾大学出版会、二〇一三年）では、より詳しい説明がなされている。略称は、「プレパタ」。

＊5　コラボレーション・パターン（Collaboration Patterns）　コラボレーション・パターンは、「創造的コラボレーション」の秘訣をまとめたパターン・ランゲージ。慶應義塾大学SFC井庭研究室　コラボレーション・パターン　プロジェクト（代表：井庭崇）によって、二〇一二年に作成された。三四個のパターンはすべて、ウェブ・サイト（http://collabpatterns.sfc.keio.ac.jp/）で公開されている。略称は「コラパタ」。

＊6　岡本太郎（一九一一～一九九六年）　芸術家。パリ大学哲学科で民族学などを学び、その頃ピカソの作品から強い衝撃を受けた。抽象芸術運動に参加するなど前衛的な作品・活動を展開し、国内外で高い評価を得た。一九七〇年に大阪で開催された万国博覧会のシンボルタワー「太陽の塔」を制作。著述・評論活動も活発に行い、著書に『今日の芸術――時代を創造するものは誰か』（一九五四年）、『日本の伝統』（一九五六年）、『沖縄文化論――忘れられた日本』（一九六一年）、『自分の中に毒を持て――あなたは常識人間を捨てられるか』（一九八八年）など多数。テレビ出演の際に「芸術は爆発だ！」という言葉が広く知られるようになり、流行語となった。

＊7　丹下健三（一九一三～二〇〇五年）　建築家。国内外で活躍し、世界でも認知された日本人建築家の一人。広島平和記念資料館、旧東京都庁舎、東京オリンピック国立屋内総合競技場（代々木体育館）、山梨文化会館、日本万国博覧会会場マスタープラン・お祭り広場、東京都新庁舎など多数を手がけた。実践のみならず、建築における創造の論理を探究し、建築論においても後の世代に大きな影響を与えた。新設された東京大学工学部都市工学科で教鞭を執る一方で、丹下事務所では建築設計のプロダクション制を導入し、磯崎新、黒川紀章、槇文彦など数多くの人材を育成・輩出した。著書に『人間と建築――デザインおぼえがき』（一九七〇年）、『都市と建築』（一九七〇年）、『丹下健三――一本の鉛筆から』（一九八五年）など。

＊8　メタボリズム（Metabolism）　一九六〇年頃に始まった日本の若手建築家グループによる建築運動。編集者・建築評論家の川添登と、建築家の菊竹清訓、黒川紀章、大高正人、槇文彦らによるグループ。建築や都市を、生物のように成長・変化するものだと捉え、「新陳代謝」（メタボリズム）から命名された。一九六〇年に日本で開催された「世界デザイン会議」（World Design Conference）において『METABOLISM/1960』（一九六〇年）が発表された。このなかで川添登は、メタボリズムを「来るべき社会の姿を具体的に提案するグループの名称である」としている。そのうえで「われわれは、人間社会を原子から大

星雲にいたる宇宙の生成発展する一過程と考えているが、とくにメタボリズム（新陳代謝）という生物学上の用語を用いるのは、デザインや技術を、人間の生命力の外延と考えるからにほかならない。したがってわれわれは、歴史の新陳代謝を自然に受け入れるのではなく、積極的に促進させようとするものである」と宣言した。当時から関わっていたメンバーたちが二〇〇五年時点から振り返ったものに、『メタボリズムとメタボリストたち』（大高正人・川添登編、川添登、大高正人、菊竹清訓、槇文彦、栄久庵憲司、粟津潔、黒川紀章：二〇〇五年）がある。

＊9 『アルゴリズミック・アーキテクチュア』（コスタス・テルジディス、彰国社、二〇一〇年）、『アルゴリズミック・デザイン——建築・都市の新しい設計手法』（日本建築学会編、鹿島出版会、二〇〇九年）、『設計の設計——〈建築・空間・情報〉制作の方法』（柄沢祐輔、田中浩也、藤村龍至、ドミニク・チェン、松川昌平、ＩＮＡＸ出版、二〇一一年）など。

＊10 菊竹清訓（一九二八〜二〇一一年） 建築家。メタボリズム・グループの一人。スカイハウス、出雲大社庁の舎、京都信用金庫店舗計画、東京都江戸東京博物館、北九州メディアドーム、島根県立美術館、九州国立博物館など多数を手がける。一九六〇年代から七〇年代にかけて、独自の〈か・かた・かたち〉という三段階のデザイン方法論をつくり、「建築に対する認識」と「建築の現実化という実践」を一つのものにする論理を構築・実践した。それは著作『代謝建築論——か・かた・かたち』（一九六九年）にまとめられている。共著に『メタボリズムとメタボリストたち』（二〇〇五年）。

＊11 黒川紀章（一九三四〜二〇〇七年） 建築家。丹下健三に師事したメタボリズム・グループの一人。国立民族学博物館、クアラルンプール新国際空港（マレーシア）、ヴァン・ゴッホ美術館（オランダ）など、国内外で多数のプロジェクトを手がける。主な著書に、『都市デザイン』（一九六五年）、『行動建築論——メタボリズムの美学』（一九六七年）、『ホモ・モーベンス——都市と人間の未来』（一九六九年）、『新・共生の思想』（一九九六年）、『メタボリズムとメタボリストたち』（二〇〇五年）など。

＊12 槇文彦（一九二八年〜） 建築家。代官山ヒルサイド・テラス、スパイラル、京都国立近代美術館、幕張メッセ、慶應義塾大学ＳＦＣ（湘南藤沢キャンパス）、ＭＩＴメディアラボ新館など多数を手がける。著書に『見えがくれする都市』（一九八〇年）、『記憶の形象』（一九九二年）、『メタボリズムとメタボリストたち』（二〇〇五年）、『漂うモダニズム』（二〇一三年）など。

＊13 ル・コルビュジエ（Le Corbusier：一八八七〜一九六五年） スイス出身でパリを拠点に活動した建築家で、二〇世紀建築の

三大巨匠の一人と言われている。量産住宅のための鉄筋コンクリート構造骨組「ドミノシステム」や、人体の寸法と黄金比からつくった基準尺度「モデュロール」を考案。サヴォア邸、ユニテ・ダビタシオン、ロンシャンの礼拝堂、ラ・トゥーレット修道院など多数の建物・都市計画を手がけた。「住宅は住むための機械である」という有名な言葉が記載されている『建築をめざして』(一九二三年)のほか、著書には『輝く都市』(Manière de penser l'urbanisme：一九四六年)、『モデュロールⅠ』(一九四八年)、『モデュロールⅡ』(一九五四年)などがある。

＊14 Christopher Alexander, *The Production of Houses*, Oxford University Press, 1985.『パタン・ランゲージによる住宅の生産』(クリストファー・アレグザンダー、鹿島出版会、二〇一三年)。

＊15 Christopher Alexander, *Notes On The Synthesis of Form*, Harvard University Press, 1964.『形の合成に関するノート／都市はツリーではない』(クリストファー・アレグザンダー、鹿島出版会、二〇一三年)。

＊16 白川郷の合掌造りは、岐阜県の白川村にある集落で見られる「かやぶき」の叉首構造の屋根をもつ家のこと。この地域は一九九五年にユネスコの世界遺産(文化遺産)に登録された。

＊17『*Notes On The Synthesis of Form*』の出版から約一〇年後に、アレグザンダーはペーパーバック版の序文に、「ダイアグラム」のことを最近は「パターン」という言い方で呼んでいると明言している。

＊18 Christopher Alexander, "A City is Not a Tree," *Architectural Forum* 122(1)；122(2), 1965.『形の合成に関するノート／都市はツリーではない』(クリストファー・アレグザンダー、鹿島出版会、二〇一三年)。

＊19 浅田彰(一九五七年〜) 批評家。京都大学経済研究所・准教授を経て、現在、京都造形芸術大学大学院院長。二六歳のときに書いた『構造と力』とその翌年の『逃走論』によって、「浅田彰現象」とも呼ばれるニューアカデミズム・ブームを引き起こした。その後は、哲学・思想史のほか、美術、建築、音楽、舞踊、映画、文学などの多様な分野において批評活動を展開している。柄谷行人と『批評空間』を、磯崎新と建築・哲学・批評を横断する国際会議「Any」を組織し、書籍「Any」シリーズを共同編集している。著書に『構造と力——記号論を超えて』(一九八三年)、『逃走論——スキゾ・キッズの冒険』(一九八四年)、『ヘルメスの音楽』(一九八五年)、『映画の世紀末』(二〇〇〇年)、『二〇世紀文化の臨界』(二〇〇〇年)など多数。

＊20 柄谷行人(一九四一年〜) 批評家。『思潮』『批評空間』を浅田彰とともに主宰したほか、二〇〇〇年代にはNAM(New

Associationist Movement）を立ち上げた。著書に、『マルクスその可能性の中心』（一九七八年）、『隠喩としての建築』（一九七九年）、『日本近代文学の起源』（一九八〇年）、『探究Ⅰ』（一九八六年）、『探究Ⅱ』（一九八九年）、『ＮＡＭ――原理』（二〇〇〇年）、『トランスクリティーク――カントとマルクス』（二〇〇一年）、『世界史の構造』（二〇一〇年）など多数。『内省と遡行』（一九八五年）と『定本 柄谷行人集2 隠喩としての建築』（二〇〇四）に、アレグザンダーへの言及がある。

＊21 磯崎新（一九三一年〜） 建築家。大分県立大分図書館（アートプラザ）、つくばセンタービル、ロサンゼルス現代美術館など多数の建造物を手がける。『美術手帖』で行っていた連載「建築の解体」において、「クリストファー・アレグザンダー――環境を生成する不変言語の探究」（磯崎新、『美術手帖』、第三三五巻、一九七〇年一一月）を書いている。これは後に、『建築の解体』（一九七五年）として書籍に収録され、柄谷行人などに影響を及ぼした。浅田彰とともに建築・哲学・批評を横断する国際会議「Any」を組織し、書籍「Any」シリーズを共同編集しているほか、『批評空間』誌でも編集顧問を務めた。著書に、『空間へ』（一九七一年）、『建築の解体』（一九七五年）、『手法が――カウンター・アーキテクチュア』（一九七九年）、『見立ての手法――日本的空間の読解』（一九九〇年）『始源のもどき――ジャパネスキゼーション』（一九九六年）『人体の影』、『磯崎新の仕事術――建築家の発想チャンネル』（一九九六年）、『反回想Ⅰ』（二〇〇一年）など多数。

＊22 松尾芭蕉（一六四四〜一六九四年） 江戸前期の俳諧師。若くして料理人として仕えた藤堂藩の良忠（俳号は蝉吟）に俳諧の手ほどきを受けて詠み始めた。「古池や蛙飛びこむ水の音」では、蛙が飛ぶということを、その「動き」そのものではなく、「静寂」を引き立てるために用いられている点が新しく、寂・細み・軽みなどを重んじた蕉風（芭蕉風）の俳諧を象徴すると言われる。このほかにも、「閑さや岩にしみ入る蝉の声」も現代でも有名な一句である。また、『おくのほそ道』の旅のなかで、時代とともに変化する流行（流動性）を含みながら、永遠性を持つ詩心（普遍性）が備わっているものが理想の句だとする「不易流行」の俳諧論を生んだ。『野ざらし紀行』（一六八五年）、『おくのほそ道』（一七〇二年）など。

＊23 構造主義（仏 structuralisme、英 structuralism） フランスの人類学者レヴィ＝ストロースの構造人類学を発端として始まり、二〇世紀の代表的な思潮となった人文・社会科学の方法論。それまでの実存主義に代わる思想であり、近代西欧思想の根本的な批判になっていたことから、さまざまな分野に大きな影響を及ぼした。構造主義における〈構造〉とは、要素と要素間の差異関係からなる全体であるが、「変換」を通して不変であるものを指しているため、日常的な意味での（自己完結的で不変的な実体である）「構造」とは異なる。

＊24 Ruth Benedict, The Chrysanthemum and the Sword: Patterns of Japanese Culture, Houghton Mifflin, 1989. 邦訳は『菊と刀』（ルース・ベネディクト、長谷川松治訳、講談社、二〇〇五年）、および『菊と刀』（ルース・ベネディクト、角田安正訳、光文社、二〇〇八年）。

＊25 ペルーの集合住宅のパターンについては、『*The Nature of Order*』の第二巻第一三章で紹介されている（三四九～三五三頁）。

＊26 「中心部の共域」（Common Areas at the Heart）『パタン・ランゲージ』No.129

＊27 Christopher Alexander, Sara Ishikawa, Murray Silverstein, *A Pattern Language Which Generates Multi-Service Centers*, Center for Environmental Structure, 1968.

＊28 『人間都市』（クリストファー・アレグザンダー、環境構造センター、別冊都市住宅Ｎｏ．１、鹿島出版会、一九七〇年）。

＊29 「サブカルチャーの境界」（Subculture Boundary）『パタン・ランゲージ』No.13

＊30 「入口での転換」（Entrance Transition）『パタン・ランゲージ』No.112

＊31 「聖域」（Holy Ground）『パタン・ランゲージ』No.66

＊32 「平行道路」（Parallel Roads）『パタン・ランゲージ』No.23

＊33 Christopher Alexander, Marvin L. Manheim, "The Use of Diagram in Highway Route Location," *Civil Engineering Systems Laboratory Publication* 161, MIT, 1962.

＊34 「旅人の宿」（Traveler's Inn）『パタン・ランゲージ』No.91

＊35 Christopher Alexander, *The Timeless Way of Building*, Oxford University Press, 1979.『時を超えた建設の道』（クリストファー・アレグザンダー、鹿島出版会、一九九三年）の邦訳書 二一九～二二二頁に紹介されている。

＊36 遺伝子型（ジェノタイプ）とは、ある生物個体の遺伝子の構成のことであり、表現型（フェノタイプ）とは、その生物に表れる性質のこと。表現型が環境に適合しているかによって、どの遺伝子型が残るのかが決まる。ここでの文脈では、建築という表現型を生み出すための遺伝子型としてのパターン構成について語られている。遺伝と進化については、『複雑系入門――知のフロンティアへの冒険』（井庭崇、福原義久、ＮＴＴ出版、一九九八年）第九章で簡単に解説している。

＊37 盈進学園のパターン・ランゲージについては、『*The Nature of Order*』の第二巻第一三章で紹介されている（三六三～三六六頁）ほか、『*The Battle for the Life and Beauty of the Earth: A Struggle Between Two World-Systems*』でも詳しく紹介されている。

＊38 「水への接近」（Access To Water）『パタン・ランゲージ』No.25

＊39 Christopher Alexander, *et.al.*, *The Oregon Experiment*, Oxford University Press, 1975.『オレゴン大学の実験』（クリストファー・アレグザンダーほか、鹿島出版会、一九七七年）。

＊40 アレグザンダーの「漸進的成長」と同様の考えは、哲学者カール・ポパーの漸次的社会工学（piecemeal social engineering）に見られる。ポパーは、理想社会を実現するために社会全体を一挙に変革する「ユートピア工学」的な社会政策に対し、さまざまな「避けられる不幸」をもたらす社会悪と一つ一つ戦っていくことで地道に近づいていく「漸次的社会工学」を主張した。『開かれた社会とその敵』（原著、一九四五年）参照。

＊41 Christopher Alexander, *The Nature of Order*, Book One – Four, The Center for Environmental Structure, 2002–2005.

＊42 ここでの創造の理解は、井庭崇の「創造システム理論」における創造の理解と重なる。創造システム理論では、創造とは発見の生成・連鎖のことであると捉え、発見は「あるアイデアがその創造に関連づけられた」ときに創発するとされている。その時点での創造の全体への自己言及という部分が「診断」に関係し、アイデアによって発見が生じる他者言及の部分が「修復」に関係していると捉えることができる。創造システム理論については、『［リアリティ・プラス］社会システム理論――不透明な社会を捉える知の技法』（井庭崇編著、宮台真司、熊坂賢次、公文俊平、慶應義塾大学出版会、二〇一一年）の第2章を参照してほしい。

＊43 『認識とパタン』（渡辺慧、岩波書店、一九七八年）。

＊44 「守りの屋根」（Sheltering Roof）『パタン・ランゲージ』No.117

＊45 タルコット・パーソンズ（Talcott Parsons：一九〇二～一九七九年）アメリカの社会学者。実証主義と理念主義の二つの伝統の収斂となる「主意主義的行為の理論」を提唱したほか、当時のサイバネティクスや一般システム理論の概念を導入しながら、総合的な行為の理論としての社会システム理論を構築した。主な著書に、『社会的行為の構造』（一九三七年）、『社会体系論』（一九五一年）、『行為の総合理論をめざして』（一九五一年：シルズとの共編）、『経済と社会』（一九五六年：スメルサーとの共著）、『社会構造とパーソナリティ』（一九六四年）など。

＊46 「認識のメガネ」としてのパターン・ランゲージについては、『プレゼンテーション・パターン――創造を誘発する表現のヒント』（井庭崇＋井庭研究室、慶應義塾大学出版会、二〇一三年）の一〇五、一〇六頁、および「創造社会を支えるメディ

アとしてのパターン・ランゲージ」（井庭崇、古川園智樹、『情報管理』第五五巻、第一二号、八六五〜八七三頁、二〇一二年）を参照。

＊47 小津安二郎（一九〇三〜一九六三年） 映画監督。「小津調」といわれる独特の映像世界で、日本の家族の物語を描き続けた。有名な作品には、戦前の無声映画の『東京の合唱』（一九三一年）、『大人の見る繪本――生れてはみたけれど』（一九三二年）、トーキーの『戸田家の兄妹』（一九四一年）、『父ありき』（一九四二年）、戦後の『晩春』（一九四九年）、『麦秋』（一九五一年）、『お茶漬けの味』（一九五二年）、そして代表作と言える『東京物語』（一九五三年）などがある。海外の映画監督にも大きな影響を与えており、二〇一二年には世界の映画監督三五八人が投票で決める最も優れた映画で『東京物語』が一位に選ばれている（英国映画協会発行の「サイト・アンド・サウンド」誌発表）。

＊48 「アルコーブ」（Alcoves）『パタン・ランゲージ』No.179

＊49 「厚い壁」（Thick Walls）『パタン・ランゲージ』No.197

＊50 「創造的な学び」（Creative Project）『ラーニング・パターン』No.2

＊51 「学びの竜巻」（Tornado of Learning）『ラーニング・パターン』No.4

＊52 「動きのなかで考える」（Thinking in Action）『ラーニング・パターン』No.16

＊53 「はなすことでわかる」（Talking Thinker）『ラーニング・パターン』No.29

＊54 「突き抜ける」（Be Extreme!）『ラーニング・パターン』No.39

＊55 「会食」（Communal Eating）『パタン・ランゲージ』No.147

＊56 「学習のネットワーク」（Network of Learning）『パタン・ランゲージ』No.18

＊57 「歩行路の形」（Path Shape）『パタン・ランゲージ』No.121

＊58 「小さな人だまり」（Activity Pockets）『パタン・ランゲージ』No.124

＊59 「公共度の変化」（Degrees of Publicness）『パタン・ランゲージ』No.36

＊60 宮崎駿（一九四一年〜） 日本の映画監督・アニメーション作家・漫画家。スタジオジブリ取締役。主な作品に『ルパン三世 カリオストロの城』『風の谷のナウシカ』『天空の城ラピュタ』『となりのトトロ』『魔女の宅急便』『紅の豚』『もののけ姫』『千と千尋の神隠し』『ハウルの動く城』『崖の上のポニョ』など。著書に『出発点 一九七九〜一九九六』（一九九六年）、

『折り返し点　一九九七〜二〇〇八』（二〇〇八年）、『風の帰る場所――ナウシカから千尋までの軌跡』（二〇〇二年）、『虫眼とアニ眼』（二〇〇二年：養老孟司との対談集）など。

＊61　『風の帰る場所――ナウシカから千尋までの軌跡』（宮崎駿、ロッキング・オン、二〇〇二年）で、「僕は――これはあちこちで喋ってることですけど――『人というのはこういうものだ』っていうふうな描き方じゃなくて、『こうあったらいいなあ』っていう方向で映画を作っています」（一九頁）、「本当に愚かで、描くにも値しない人間をね、僕らは苦労して描く必要はないですよ！……僕は描きたいものを描きたいですよ」（五二頁）と語っている。

＊62　Thomas S. Kuhn, *The Structure of Scientific Revolution*, The University of Chicago Press, 1962.『科学革命の構造』（トーマス・クーン、みすず書房、一九七一年）。

＊63　アルフレッド・ヒッチコック（Alfred Hitchcock：一八九九〜一九八〇年）　イギリスとアメリカで活躍した映画監督。作品は高度な映画技法を駆使してつくられており、その後の多くの映画監督に影響を与えた。「サスペンスの神様」と呼ばれていたほか、自分の作品に一瞬だけ登場することでも有名。作品は『下宿人』（一九二七年）、イギリスで最初のトーキー映画『恐喝』（一九二九年）、『三十九夜』（一九三五年）、アメリカでの初作品『レベッカ』（一九四〇年）、『汚名』（一九四六年）、『めまい』（一九五八年）、『サイコ』（一九六〇年）など多数。

＊64　スティーブン・スピルバーグ（Steven Spielberg：一九四六年〜）　アメリカの映画監督、映画プロデューサー。ハリウッドのヒットメーカーとして監督作品を多数生みだしているほか、プロデューサーとしても多くのヒット作を世に送り出している。ウォルト・ディズニー、黒澤明、アルフレッド・ヒッチコックなどから強い影響を受けたという。監督作品に、『ジョーズ』（一九七五年）、『未知との遭遇』（一九七七年）、『レイダース　失われたアーク』（一九八一年）、『E.T.』（一九八二年）、『ジュラシック・パーク』（一九九三年）、『シンドラーのリスト』（一九九三年）、『プライベート・ライアン』（一九九八年）など多数。製作や製作総指揮の立場で手がけた作品も多い。

第2章

建築からソフトウェアへ
——パターン・ランゲージの展開

江渡浩一郎 × 中西泰人 × 井庭 崇

撮影：Yoichi Onoda

江渡浩一郎（えと　こういちろう）

1971年生まれ。メディア・アーティスト、独立行政法人産業技術総合研究所研究員。博士（情報理工学）。慶應義塾大学大学院政策・メディア研究科修了。2010年、東京大学大学院情報理工学系研究科博士課程修了。産総研で「利用者参画によるサービスの構築・運用」をテーマに研究を続ける傍ら、「ニコニコ学会β」の発起人・委員長も務める。「ニコニコ学会β」は、2013年アルス・エレクトロニカ賞の栄誉賞を受賞。著書に『パターン、Wiki、XP』（2009年）、『ニコニコ学会βを研究してみた』（2012年：編著）、『進化するアカデミア』（2013年：共著）等。

中西泰人（なかにし　やすと）

1970年生まれ。慶應義塾大学環境情報学部准教授。博士（工学）。東京大学工学部機械工学科卒業、東京大学大学院工学系研究科博士課程修了。電気通信大学、東京農工大学を経て、現職。情報システム、ヒューマンインタフェース、感性情報処理、創造活動支援などを研究中。著書に『POST-OFFICE——ワークスペース改造計画』（2006年：共著）、『オフィスの夢——集合知：100人が語る新世代のオフィス』（2009年：共著）、『アイデアキャンプ——創造する時代の働き方』（2011年：共著）等。

【井庭】こんにちは。今日は江渡浩一郎さんと中西泰人さんにお越しいただきました。江渡さんは、産業技術総合研究所で研究をしながら、メディア・アーティストとしても活躍されています。今日のテーマと関係が深いところでは、『パターン、Ｗｉｋｉ、ＸＰ』[*1]という本を書かれています。この本は、ソフトウェアの世界で有名な「デザイン・パターン」と、「**ウィキ**」（Ｗｉｋｉ）システム、そして、「**エクストリーム・プログラミング**」（ＸＰ）という開発方法論が実は同じルーツをもっていることを紹介している本です。中西さんは、メディア・デザインの分野で活躍されていますが、特に空間デザインに関わる活動をされています。今日はお二人と、パターン・ランゲージが建築からソフトウェアの分野へと広がった経緯などについてお話できればと考えています。それでは早速ですが、各自がパターン・ランゲージについて考えていることを語ることから始めたいと思います。よろしくお願いします。

ウィキ（Ｗｉｋｉ）　ウェブ上で文書の共同編集を可能とするコラボレーションツール。従来のウェブ・ページと異なり、閲覧者がブラウザ上でページの内容を修正することができるようになっている。ソフトウェアのパターン・ランゲージを共同で執筆・修正するために、ウォード・カニンガムによって考案された（Portland Pattern Repository）。そのシステムは、ハワイ語で「速い」という意味をもつ「Wikiwiki」という言葉を用いて、「WikiWikiWeb」と命名され、「Wiki」と呼ばれるようになった。

■ 利用者参加型設計プロセスと増改築の方法

【江渡】 パターン・ランゲージとは何かという説明を求められることがよくありますが、最近はあえてその直接的な説明を回避して、違う言葉で説明しています。それは「利用者参加型設計プロセス」という言葉です。クリストファー・アレグザンダー[*2]はパターン・ランゲージという理論を使って、建築を利用者とともに設計する手法をつくり上げました。パターン・ランゲージは、あくまでもそのための道具の一つなのです。

利用者とともに建築を設計する際に、パターン・ランゲージを使うと、よい建築ができる。そのとき、単にパターン・ランゲージを使うだけではなくて、「**漸進《ぜんしん》的成長**」といって、少しずつ建物を成長させるような方法を採るべきだと、アレグザンダーは言います。それを彼は「原理」と呼んでいます。『オレゴン大学の実験』[*3]のなかに、「**六つの原理**」という言葉が出てきます。その原理の一つが、パターン・ランゲージです。なので、より全体的に捉えるならば、パターン・ランゲージだけではなく、その六つの原理自体を学ぶ方がよいと思います。六つの原理には名前がついていないのですが、あえて名前をつければ、「利用者参加型設計プロセス」かなと思って、そう説明するようにしています。

「利用者参加型設計プロセス」は、それほど難しい話ではありません。対義語は「計画主導型設計プロセス」と呼びたいと思いますが、これはいわゆるごく普通の設計プロセスのことです。建築家が利用者にヒアリングをして、「こういう建築がよいのですね」と意見を聞いて情報を収集し、最終的にはそれを踏まえて専門家が設計をする。建築家が一人のときも、何十人というときもありますが、とにかくまず専門家が設計する。その後、そのプランを利用者に見せて、修正する段階を経て建築ができあがるというプロセスです。

これに対して、「利用者参加型設計プロセス」は、利用者が建築を設計するというもので、自分たち

エクストリーム・プログラミング（ＸＰ：Extreme Programming） アジャイル・ソフトウェア開発手法の一つ。ケント・ベックとウォード・カニンガムらによって提唱された。コミュニケーション、シンプルさ、フィードバック、勇気、尊重などの「価値」のもと、指針となる「原理」と、実践の「プラクティス」が定められている。そのプラクティスのなかに、ペア・プログラミングやテスト駆動開発、リファクタリングなどの新しい方法が含まれている。

漸進的成長（Piecemeal Growth） 少しずつ成長していくことを意味する。アレグザンダーは『オレゴン大学の実験』における「六つの原理」の三つめとして、事前に固定化されたマスタープランに従うのではなく、その時々の状況に合わせて柔軟に修正、復原、拡張、改善することの重要性を指摘している。また、そのような小規模なプロジェクトに重点を置くために、大・中・小のプロジェクトに均等に予算が割り振られるようにするべきだという具体的な指針も述べている。『まちづくりの新しい理論』でも、「成長のための七つのルール」の一つめのルールとして、ふたたび「漸進的成長」が取り上げられている。

六つの原理（six principles） クリストファー・アレグザンダーが『オレゴン大学の実験』で提唱した建設と計画のための原理。「有機的秩序の原理」（the principle of organic order）、「参加の原理」（the principle of participation）、「漸進的成長の原理」（the principle of piecemeal growth）、「パターンの原理」（the principle of patterns）、「診断の原理」（the principle of diagnosis）、「調整の原理」（the principle of coordination）。

が何を望んでいるかを自分たち自身で考えてもらうというプロセスを大事にします。特にアレグザンダーの考えは特殊で、基本的に専門家は利用者をサポートするだけで、専門家自身は設計に手を出さない。ただ、専門家ではない利用者がこういう家にしたい、こういう建物にしたいと考えるためには、雛形になる何かが必要なのです。

日当たりがよい家にしたいときに、日当たりがよい家とは、物理的な形状としてはどのようなものなのか。そのときに「どの部屋も二面採光[*4]」といって、部屋の一つの側面ではなくて、二つの側面に窓がある部屋がよいですよ、というパターン・ランゲージが出てくる。そのように、自分が思い浮かべている「明るい部屋がよい」「風通しがよい部屋にしたい」という曖昧なイメージを、具体的な形に落とし込んでいくときにパターンがとても参考になります。

それはある意味、辞書やテンプレート集のようなものです。それが非常によくできていたから、パターン・ランゲージは彼の考えた六つの原理のなかでも特に有名になって、「アレグザンダーといえばパターン・ランゲージ」と理解されるようになったのです。でも、全体として見れば、利用者が自分自身で設計する、専門家に任せない、という点が重要なのだと思います。

【井庭】利用者が自分たちでつくるのを支援することが、パターン・ランゲージにおいて最も重要だということですね。いま江渡さんは、パターン・ランゲージとは何かを、それが何を支援するのかという観点で説明されましたが、僕はもっと直接的に説明するようにしているので、その話をしたいと思います。

パターン・ランゲージとは、デザインの視点や発想を言語化したものです。アレグザンダーは、デザイン（設計）とは何かという問いに対して、それは、ある「状況」のなかで生じる「問題」を見出し、それを「解決」することだと考えました。普通「デザイン」というと「形をつくる」、つまりここでいう「解決」の部分だけに注目が集まりやすいのですが、アレグザンダーは、問題を発見することもデザインの一部だと捉えました。これは、彼の『形の合成に関するノート』[*5]でも『時を超えた建設の道』[*6]でも強調されています。

パターン・ランゲージは単なるノウハウ集ではなく、建築家がどのような視点で物事を見ているのか、どのような発想でデザインを行っているのかという問題発見・解決の視点や発想を抽象化して記述したものです。問題発見の部分を含むからこそ、パターン・ランゲージはマニュアルやガイドラインとは異なるものになります。しかも、その問題発見・解決のパターンの一つ一つに「名前」（パターン名）をつけることで、それを指し示すことができるようになります。これが、パターン・ランゲージのランゲージ（言語）としての機能です。

まとめると、「状況」「問題」「解決」の三点セットで、デザイン＝問題発見・解決の発想が書かれ、それに「名前」がつけられているもの、それがパターンです。そして、それらパターンが相互に関係づけられて、一つの体系をつくり、言語として使うことができるようになったものが、パターン・ランゲージなのです。

【中西】 僕はたぶんお二人ほどアレグザンダーおたくではありません（笑）。僕の先生はもともと建築系の方で、僕もなかば独学的に建築の勉強をしてきましたが、美術館での展示や研究開発したシステムのユーザーになってもらうなどして多くの建築家と知り合う機会がありました。そのなかで自然とアレグザンダーの本を読み始めました。一方で、プログラミングにおけるデザイン・パターンの勉強もしましたが、その関係をきちんと把握したのは、江渡さんの『パターン、Wiki、XP』を読んだときです。パターンとは、よい町を見たときに、そのよい町がどのような「よさ」でできているのかを探して、ストックしたものだと思うのですね。でも、それだけだと単なる「パターン」になってしまうので、なぜアレグザンダーがそれを「ランゲージ」と呼んだのかが、僕は大事だと思っています。

言語には「このような言い回しはよい」とされるものがあると思います。ただ、そのよい言い回しを組み合わせれば、必ずよい小説ができるというわけではありません。建築にも造形言語や視覚言語というものがあり、建築家はそれらをボキャブラリーとして使いながら、よい建築を生み出そうとします。僕がパターン・ランゲージで面白いと思うのは、基本的に増築のための技法として生き残った点にあるのです。

【井庭】増築のための技法ですか。

【中西】はい。増築、増改築です。トップダウンの設計では、どうしてもユーザーと共有されない部分が出てきます。ですから、利用者と設計者もしくは増改築の設計者が設計意図をうまく共有して、家や町をバージョンアップさせることが必要です。直したり手を加えたりするときに、パターン・ランゲージがあれば、設計当初の考え方や基準を継承することができます。

日本の大工さんがつくる木造建築には、モジュールや工法などさまざまな共通化された知識があるので、ある程度腕のある大工さんであれば、ある家を増改築するときには「前の大工さんがこうつくっているから、自分はこう増改築しなければならない」というように、時を超えてコミュニケーションがとれるらしいのです。そのようなルールを、プロ同士のルールとするのではなく、利用者にも理解できるように共通言語化できれば、バージョンアップするときにさらにバリエーションを増やすことができます。そのための一つの設計方法論がパターン・ランゲージだと僕は思います。

ウィキやデザイン・パターンも、プログラマー同士の共通言語になっているわけです。ある人が書いたプログラムを見たときに、デザイン・パターンに則って書かれていれば、どのような意図でつくられたのかが伝わります。別の人が後で手を入れるときに、前につくった人の意図を正確に理解して、「ここではこのパターンを採用しよう」と考えられる。先人が発見したよいパターンに名前がついているので、それが使われることの意味が伝わる。パターン・ランゲージとはそういうものだと思います。

【井庭】なるほど。パターン・ランゲージは増改築のためのものだ、という考えは、僕のなかにはあまりない見方でした。

【中西】**オレゴン大学**の場合は増改築だったせいか、高く評価されました。アレグザンダーが日本でつくった**盈進学園東野高校**《えいしん》の場合は、土地をゼロから造成して、キャンパスを新しくつくったせいか、完成した当時の評価はあまり高くありませんでした。その理由として、おそらくパターン・ランゲージが増改築的な理論だったからではないかと言われています。

【井庭】盈進学園東野高校の場合は、できたときよりも時間が経った今の方が素敵なのですよね。僕も数年前に実際行ってみて思いました。自然のなかに溶け込みながらも独特の存在感があるのです。

言われてみれば、たしかに増改築のための技法というのは、そのとおりかもしれません。言われてみれば、僕らがつくった「ラーニング・パターン」も、すでにいろいろ学んできた人が、さらに自分の学び方を「増改築」していくための言語だと捉えることができます。更地というよりは、すでに経験の土台があって、それを調整・成長させていくためにパターン・ランゲージを使うという。なるほど。

【江渡】アレグザンダーは、建築家であり、都市計画家です。建築家と都市計画家とは、建築学に精通していない人からみると別のものに思われがちですが、実は深く結びついています。

『オレゴン大学の実験』のときは、オレゴン大学という町のような広大なキャンパスをいかに増改築すべきかを、都市計画的な視点で見ながらも、俯瞰的に町をつくり上げるという定番の方法を否定して、ローカルな部分で建築と都市計画の各々のよさを引き出していく方法を採りました。人工都市と自然都市の違いにも着目して増改築を進め、成功したわけです。そのプロセスがとても大事だと思います。

【井庭】そうですね。そのプロセスの全体が重要ですね。アレグザンダーは、建築家であり都市計画家であり、そして、そのための新しい思想と方法論をつくった人です。アレグザンダーは当時の状況に対して、いくつかの課題を見出しました。

まず一つめは、いきいきとしていて、多様性がありながら、全体として調和がとれている状態をどのようにつくることができるかという問題です。一九六〇〜七〇年代には、工場でつくられる製品のような建築が次々に生み出されて、それによって、町は統一感や調和がなくなり、いろいろなものの寄せ集めになってしまったことを問題視したわけです。だからといって全部を画一的に決めてしまうと、今度は多様性がなくなり、いきいきとはしなくなってしまう。そこで、多様性がありながら調和がとれている全体性をどうすればつくることができるのかを追い求めたのです。

二つめは、いろいろなものが複雑に絡み合っているなかでデザインをすることをどう支援するのか、どのように社会の複雑さ・世界の複雑さに対峙しながらデザインをしていけばよいのかという問題です。そして三つめに、江渡さんが最初におっしゃった、住人たちが家や町を自分たちで育てていくことができるためにはどうすればよいのかも考えました。そのためには、何らかの方法・メディアが必要だと考えたのです。

僕なりに整理すると、アレグザンダーの活動の根底には、この三つの問題があると思います。パターン・ランゲージは、第一に、多様でありながら全体として調和がとれているいきいきとした質を生み出す手段として、第二に、複雑な状況下におけるデザインを支援する手段として、第三に、デザイナーとユーザーがコラボレーションできるようにするための手段として考案された、ということです。

オレゴン大学（The University of Oregon）　アメリカ合衆国オレゴン州ユージーンにある総合大学。二六〇を超えるプログラムが開講されており、広大なキャンパスでは二万人の学生が学んでいる。一九七一年にアレグザンダーは、キャンパスのマスタープランづくりに、パターン・ランゲージによる新しいプロセスを導入した。そこでの考え方と当時の模様は、『オレゴン大学の実験』にまとめられている。一九七七年の事後評価調査では、アレグザンダーの方法は「新たな『伝統』の基礎」を持ち込んだと評価されている。

盈進学園東野高校（Eishin school）　一九二五年創立の盈進学園（盈進初等学校）を設立母体として、一九八五年に埼玉県入間市の高台につくられた学校。クリストファー・アレグザンダーが日本で建設したキャンパスとして有名。このキャンパスの建設プロジェクトについては、アレグザンダーの最新刊 Christopher Alexander, *The Battle for the Life and Beauty of the Earth: A Struggle Between Two World-Systems,* Oxford University Press, 2012 で詳細に語られている。

■ ソフトウェア開発の分野での展開

【井庭】ここで江渡さんに、パターン・ランゲージの背後にある「利用者参加型設計プロセス」がソフトウェアの分野で展開したときの話をしていただければと思います。僕は、江渡さんが書かれた一連の論文[*7]で、そのあたりの経緯を知りました。

【江渡】はい。その話は『パターン、Wiki、XP』に書いたので、自分の興味やこの本の経緯も含めてお話ししたいと思います。

僕は集合知の研究をしていて、「なぜウィキを使うとコラボレーションが上手くいくのか」という点に問題意識がありました。ヒューマン・インターフェースの研究を始めるにあたって、ウィキをテーマにしようと決めたのですね。それで二〇〇三年にウィキのシステムを独自に開発して、多くの人に使ってもらいました。

ウィキについて知らない方もいると思うので、補足したいと思います。ウィキ・サイトでは、ウィキペディアが有名ですが、ウィキペディア以外にもウィキのサイトはたくさんあります。ウィキでは、どのページにも「編集」(edit)というリンクがあって、それをクリックすると編集画面が出てきます。書き換えて保存すると、そのページの内容が書き換えられます。ただそれだけのことですが、それはウェブの世界では大きな変化でした。[*8]

【井庭】それまでのウェブ・ページは、見る人は見るだけで、編集なんてできなかったですものね。

【江渡】そうです。ウィキは当初、グループ内の連絡や小規模なグループでコンテンツを開発するときに使われていました。二〇〇三年当時は、ウィキペディアが始まったばかりで、巨大なウィキ・サイトはまだ現れていませんでした。

僕が開発した独自のウィキ・サイトも、メーリングリスト・システムと融合することで、小規模なグループのコラボレーションを活性化させるためのものでした。そのシステムを多くの方に使っていただき、ウィキを使うことで、コラボレーションが円滑になったという意見を多数いただいたので、「ウィキを使うとコラボレーションの支援ができる」という仮説は正しかったと言ってよいと思います。

では、なぜウィキを使うとコラボレーションを支援できるのかという点については、当時うまく答えることができなかった。ウィキの特異性は、誰かがつくったものを他の誰かが自由に編集できるという点にある。そこで、この性質についての調査を始めたのです。先ほどお話しした「利用者参加型設計プロセス」の研究のことです。

利用者参加型設計プロセスがウィキの特徴であるとすると、そうでないものは何か。先ほどお話しした「計画主導型設計プロセス」のことですね。これはウェブ・サイトで考えるとよくわかります。普通のウェブ・サイトでは、提供する側がまずどのようなサイトにするかを考えてウェブを構築します。これに対して、ウィキ・サイトの場合にはフレームだけがあって、最初は中身は空っぽですが、この空のなかに、利用者であるユーザーが内容を追加していくのです。

なぜ今、利用者参加型設計が必要になるのか。利用者のニーズに細かく応えることが求められるからです。たとえば商品設計において、消費者の多様なニーズに応えるには、従来のように少数の設計者がつくった商品だけでは追いつきません。ウェブ・ページの例でいえば、ウィキペディアはありとあらゆる情報が詰まっていますが、それと同じものを従来のウェブ・サイトの構築方法で行おうとしても不可能です。利用者が全体をどうやって構築するのかを考えることも含めて「参加する」ことで、達成できる目標があるのだと考えています。

アレグザンダーは、「都市はツリーではない」という論文[9]で、自然都市と人工都市を区別し、その後、パターン・ランゲージという利用者主体の建築設計手法をつくって公開しました。建築業界でも大きな反響がありましたが、それがソフトウェア開発に飛び火しました。ウォード・カニンガム[10]とケント・ベック[11]という二人の研究者が、パターン・ランゲージのソフトウェア開発への応用を試みたのです[12]。

その後、カニンガムとベックは、パターン・ランゲージをソフトウェア開発に取り入れるべきだと粘り強く主張し続けました。そして、コンピュータ・プログラムへのパターン・ランゲージの方法の適用を推進する**PLoP**《プロップ》（パターン・ランゲージ・オブ・プログラムズ）という学術的なコミュニティがつくられました。パターン・ランゲージがソフトウェア開発に与えた影響の一つが、有名な「**デザイン・パターン**」です。

こうして、プログラム設計をデザイン・パターンとして集めることが行われていくなかで、ウィキのシステムが開発されます。ウォード・カニンガムが、パターンを共同で収集するときに、一つのウェブ・サイトを誰もが書き換えられたら便利だと考えて、パターンを収集するための土台として、ウィキを開発したのです。あるパターンが別のパターンにリンクしていくように、ページからページに容易にリンクできるように、ウィキではページから別のページに簡単にリンクを貼れるようにしました。

その後、ケント・ベックは、**アジャイル・ソフトウェア開発**のもとになる「エクストリーム・プログラミング」（XP）というソフトウェア開発方法を提唱しました。このあたりのことは『パターン、Wiki、XP』に書いたので、興味がある方はぜひ読んでみてください。

これが最初につくられたウィキ・サイトです（fig 2-1）。ウィキペディアを見慣れていると質素な画面に見えますが、これが世界で最初に立ちあげられたウィキの画面なのです。見た目にこだわらない感じ

PLoP（Pattern Languages of Programs）　ソフトウェアのパターン・ランゲージのカンファレンス。ソフトウェア・パターンの推進コミュニティであるヒルサイド・グループが運営・開催している。一九九三年から毎年アメリカ合衆国で開催されており、二〇一三年には開催二〇周年を迎える。アメリカ合衆国で開催されるPLoPカンファレンスの他にも、ヨーロッパ（ドイツ）で開催されるEuroPLoP（ユーロプロップ）や、アジアで開催されているAsianPLoP（アジアン・プロップ）など、世界中で一〇を超えるカンファレンスが開催されている。カンファレンスでは、いわゆる口頭発表ではなく、作成したパターンを参加者同士がコメントし合ってブラッシュアップする「ライターズ・ワークショップ」が行われる。発表論文はワークショップでのコメントを反映させたうえで、ACM Digital Library（http://dl.acm.org）で公開される。

デザイン・パターン（design patterns）　ソフトウェア設計において頻繁に生じる問題への解法を、パターン・ランゲージの形式で記述したもの。パターン・ランゲージの考え方は、ケント・ベックとウォード・カニンガムによってソフトウェア分野に導入された後、一九九四年に出版されたエリック・ガンマらの書籍『オブジェクト指向における再利用のためのデザインパターン』で広く知られるようになった。デザイン・パターンは、ユーザー参加を可能とするためではなく、巧みな設計ノウハウをエンジニア間で共有するために用いられた。

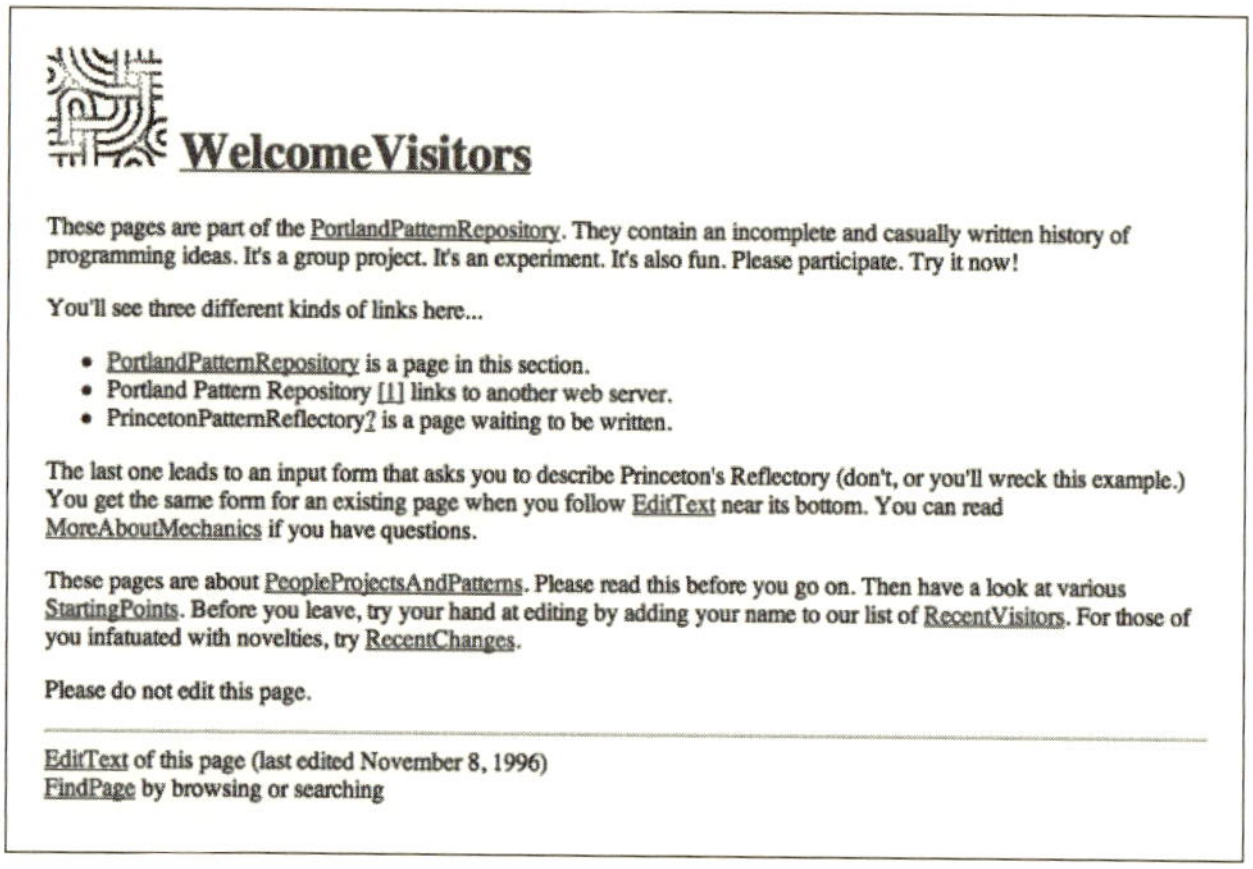

WelcomeVisitors

These pages are part of the PortlandPatternRepository. They contain an incomplete and casually written history of programming ideas. It's a group project. It's an experiment. It's also fun. Please participate. Try it now!

You'll see three different kinds of links here...

- PortlandPatternRepository is a page in this section.
- Portland Pattern Repository [1] links to another web server.
- PrincetonPatternReflectory? is a page waiting to be written.

The last one leads to an input form that asks you to describe Princeton's Reflectory (don't, or you'll wreck this example.) You get the same form for an existing page when you follow EditText near its bottom. You can read MoreAboutMechanics if you have questions.

These pages are about PeopleProjectsAndPatterns. Please read this before you go on. Then have a look at various StartingPoints. Before you leave, try your hand at editing by adding your name to our list of RecentVisitors. For those of you infatuated with novelties, try RecentChanges.

Please do not edit this page.

EditText of this page (last edited November 8, 1996)
FindPage by browsing or searching

fig 2-1　最初につくられたウィキ・サイト
http://web.archive.org/web/19961129191713/http://c2.com/cgi-bin/wiki?WelcomeVisitors より

がよいですよね。

パターン・ランゲージは、繰り返し生じる問題に対して、有効な解決方法をまとめたものです。ここで強調したいのは、それらはただのテンプレートではなく、共同でパターンを発見する過程そのものに重きを置くという点です。共同でパターンを発見するとは、「型を一緒につくっていく」過程です。パターンを見つける・発見する・つくることを共同で行うことによって、一つにはコミュニケーションが形成され、もう一つには合意の形成にもなるという構造が、パターン・ランゲージをよいものにしているのではないかと考えられます。

利用者と建築家を媒介するメディアとして使われると、多数の利用者で一つのものをつくるわけだから、何か共通の土台がほしいわけです。それを、パターン・ランゲージとして、一つの言語としてつくりあげていく。そうやって、合意形成をしようということです。全員が一つの成果物に目を向けることで、コラボレーションが加速されることになるのではないか。そして、それとほぼ同じ力が、ウィキにも働いているのではないか。こうして、ウィキがコラボレーションを促進するのではないかと考えたのです。

【井庭】 たしかに、参加者の方向性がうまく束ねられるような仕組みがないと、コラボレーションはうまくいかないですよね。コラボレーションを支援するという点について、わかりやすく解説していただきありがとうございます。

『パターン、Wiki、XP』には、XP（エクストリーム・プログラミング）の話も出てきますよね。XPとは、小さなグループで臨機応変に変化に対応しながらプログラムをつくっていくアジャイル・ソ

アジャイル・ソフトウェア開発（agile software development）　変化する状況に機敏に対応・適応しながら、迅速にソフトウェアの開発を目指す開発方法論の総称。事前に詳細な開発計画を立て、開発の各フェーズでしっかりとした文書を作成する「重量（ヘビー・ウェイト）」型とは異なり、短い期間での反復（イテレーション）による開発によって、現実世界で生じた変更にすばやく適応する「軽量（ライト・ウェイト）」型の開発を行う。アジャイル（agile）とは「俊敏な」「機敏な」という意味。よく知られたアジャイル・ソフトウェア開発手法には、エクストリーム・プログラミング（XP）、スクラム、アジャイル・モデリング、適応的ソフトウェア開発（ASD）、動的システム開発手法（DSDM）、クリスタル・クリアなどがある。二〇〇一年には、軽量ソフトウェア開発手法に携わっていたケント・ベック、ウォード・カニンガム、ジェフ・サザーランド、ケン・シュエイバー、マーティン・ファウラー、アリスター・コーバーンなど一七人が集まり、「アジャイルソフトウェア宣言」（Agile Manifesto）がまとめられている。

フトウェア開発の手法です。このXPとの関係は、どうでしょうか。

【江渡】 僕がこの本を書いたとき、パターンとウィキとXPの三つをテーマに据えたのですが、実は書いていて最も大変だったのはXPの箇所です。僕は研究者で、ソフトウェア開発者ではないので、実際にXPのアプローチでソフトウェア開発をしたことがなかったからです。ウィキに比べて実体験がなかったのです。だから、調べるときも大変でしたし、書くときも大変でした。

XPの提唱者のケント・ベックは、ソフトウェア開発にパターン・ランゲージを適用することに、ずっとこだわってきました。一九八七年にそれを提唱して、彼はコーディングにおいて繰り返し現れるパターンをまとめました。でも、ソフトウェア開発の分野での流れは、「デザイン・パターン」という、少し違う方向に進んでしまった。[*13] 要するに、型にはめるという意識の方が強くなってしまったのです。パターン・ランゲージの意義はそういうことにはないという意識でつくったのが、XPの方法論です。だから、彼のXPの本を読むとどこにも「パターン」とは書いていませんが、書き方はパターン・ランゲージそのものです。[*14] あえて、パターンという言葉を使わずに、「**プラクティス**」という言葉に置き換えています。そして、「テスト・ファースト[*15]」や「ペア・プログラミング[*16]」といったプラクティス＝パターンを導入しました。

テスト・ファーストとは何か。それは、プログラムが正しく動くかどうかをテストするプログラムから書き始めよう、ということです。プログラムを書くときには、書いたものがうまく動作するかを確認します。動作することの確認を「テストする」と言います。テストには、手動でテストして確認する以外にも、自動でテストをする仕組みもあります。

ケント・ベックはXPのなかで、テスト・ファースト、つまり、最初にテストから書き始めようと提唱しました。普通は、プログラムを書いて動作を確認してから、そこにテスト・プログラムを追加してうまく動作するかを確認しますが、実際にはプログラムを書くことに集中しすぎて、テスト・プログラムを書かずに終わることが多いのですね。

したがって、XPではあえて、プログラムがうまく動作することを確認するテスト・プログラムを先に書こう、うまく動作することを確認する手段を確保してから、そのプログラムを書こうと発想を逆転させたのです。そうすれば、必ずテストも含めたプログラムが実現できます。

【井庭】テスト・ファーストは、大きな発想の転換ですよね。何かをつくるときに、どこに到達すればよいのかが明確になって、安心してそこを目指すことができるようになります。

【江渡】テスト・ファーストの考え方は、多くの人に影響を与え、そこからテスト駆動開発（テスト・ド

プラクティス（practice） 開発において行うとよい実践・習慣のこと。プラクティスは、目標に辿り着くための実践的な方法であるが、価値によって目的が設定されて初めて意味をもつ。また、プラクティスは状況に依存するため、状況が変われば適切なプラクティスも変わってくる。プラクティス間には相互作用があるので、複数のプラクティスを適用するとより高い効果が得られるという。ケント・ベックは『XP　エクストリーム・プログラミング入門――変化を受け入れる』で、「全員同席」「一週間サイクル」「インクリメンタル設計」などの基礎プラクティスと、「実顧客の参加」「根本原因の分析」「コードの共有」などの応用プラクティスを紹介している。

リブン・デベロップメント）[*17]に発展し、今ではこの開発手法はしっかりと定着しています。

もう一つ、XPの特徴的なものに「ペア・プログラミング」があります。プログラミングは普通は一人で行いますが、ペア・プログラミングではあえて二人一組で行います。一つのマシンとキーボードの前に二人で座ります。一人がプログラミングをするあいだ、もう一人はその作業を見ているのです。「ここはこういうプログラムで、よいですよね?」「じゃあ、こうしますね」と話し合いながらプログラミングを進めていきます。もし一人が行き詰まったら、もう一人が交代して、キーボードを打ち始めるのです。

二人一組でプログラミングを進めることには、さまざまな利点があります。バグが圧倒的に減るとか、スマートな設計プログラムになることがわかってきています。二人で一つのプログラミングをするので、生産性が二分の一になるのではという懸念もありますが、検証してみるとそういうわけでもない。結果的にスマートでバグのないプログラムを書けるので、その点を考慮すれば、生産性が二分の一になるどころか、取り戻せると言われています。[*18]これが、XPにおけるペア・プログラミングというプラクティス、つまりパターンなのです。

これはすごく面白くて、アレグザンダーの方法論がいう「形に着目する」「繰り返し現れるものをパターンとして抽出する」ということではなく、開発の方法論だからプロセスです。開発の方法をこのように取り入れるとうまくいくということをパターンとして抽出するので、プロセス・パターンなのです。それが多くの人に響き、今ではアジャイル・ソフトウェア開発はほぼ標準的な方法になっています。

【井庭】 いま江渡さんの話に出てきたテスト駆動開発（テスト・ドリブン・デベロップメント）やペア・プ

ログラミングの発想を、僕は違う分野——教育分野——に取り入れています。授業の運営の仕方に取り入れているのです。

僕の授業では、「宿題駆動授業」（ホームワーク・ドリブン・クラス）を行っています。「今日の宿題はこれです。この授業時間中にこの宿題ができるようになってね」という話をして、授業を始めます。何かを学んだ後に宿題（テスト）を出すのではなく、宿題（テスト）を先に明示して、それができるように学ぶということです。まさにテスト・ファースト。

あと、ペア・プログラミングのように隣の人と一緒に学ぶ「ペア・ラーニング」も行っています。講義のさまざまな場面で、隣の人と話す機会を設けて、ともに学んでもらうのです。エクストリーム・プログラミング（XP）にちなんで「エクストリーム・ラーニング」（XL）と呼ぶとよいのではないかと思っています。

アレグザンダーから派生した考え方や方法は、パターン・ランゲージ以外にもいろいろと可能性があると思います。

【江渡】「エクストリーム・ミーティング」を提唱する人もいます[*19]。ミーティングというと、会って話し合うのが目的だと思うじゃないですか。でも、発想を転換させて、会議とは議事録を書くことが目的だ、と言ったのです。議事録を書くためにみんな集まっている、と。これを議事録ドリブンといって、議事録をつくるためのシステムをつくった。議事録に何を残すのかを会議の最初に話し合って、その場でつくっていく方が効率的だというのです。その話を読んでなるほどと思ったし、ある意味パターン・ランゲージ的だなと思いました。みんなで、一つの文章をつくるからこそ、文章がまとまりやすい、意見の不一致が少なくなるので、よいなと思います。

【井庭】議論した結果を残すために議事録をまとめるのではなく、議事録という一つのものをみんなでつくり上げていくプロセスとして会議を捉え直したわけですね。これはたしかに、ウィキの考えにも通じるし、アレグザンダーの考えにも通じますよね。やはり、パターン・ランゲージの世界観は、コラボレーションによってつくるということが合っているのだと思います。

■パターン・コミュニティ

【井庭】先ほど、ソフトウェアのパターン・ランゲージのコミュニティであるPLoP《プロップ》の話が出たので、その話をしようと思います。僕もカンファレンスに何度も出ていて、最近では運営側にもいるのですが、このコミュニティはすごく面白いスタイルをとっています。普通、学会というと、自分たちの論文の内容についてプレゼンテーションをします。たとえば、二〇分間口頭発表をして、一〇分間質疑応答というように。でも、PLoPのカンファレンスはまったく違っていて、口頭発表をしないのです。

その代わりに、提出された論文をよりよくするための**「ライターズ・ワークショップ」**を行います。ライターズ・ワークショップでは、全員が輪になって座って、論文について語り合います。このワークショップが特徴的なのは、著者は何も話してはならないという点です。著者以外の人が、「このパターンが言っているのはこういうことかな」「この部分は、こうするとよくなるのでは」と話し合うのです。

一論文あたり、一時間半くらい話します。

その間、著者は何をするかというと、みんなの議論をよく聞いてメモをとります。著者の意図とは別の方向に話が行ったり、誤解されたりする場合もありますが、その場合でも、補足説明や訂正をしないで、ただ黙って聞いていなければなりません。そして「この書き方だと、そのように誤解されてしまうのだ」ということを学びます。

ライターズ・ワークショップは、詩人や小説家のグループで行われている方法なのですが、それをソフトウェアのパターン・ランゲージの世界に取り入れたのです。ＰＬｏＰの中心人物の一人であるリチャード・ガブリエル[*20]の発案です。パターン・ランゲージのコミュニティで実践されていることの多く

ライターズ・ワークショップ（writers' workshop）　パターン・ランゲージをよりよくするための話し合いを行うワークショップ。取り上げられるパターン・ランゲージの著者と、有志の参加者が参加し、具体的な改善に向けての話し合いを行う。批判的なコメントではなく、よりよくするための建設的で具体的な改善案を言うことが求められる。このワークショップがユニークなのは、そのとき取り上げられているパターン・ランゲージの著者が「壁のハエ」（fly on the wall）のように黙って聞いていなければならないという点である。これは、あくまでも言葉として「記述されたもの」が重視されているということであり、このようなプロセスによって初めて、著者は自分が意図していたとおりに理解・解釈してもらえるのかを確認することができる。毎年、ＰＬｏＰカンファレンスでは、ライターズ・ワークショップが行われている。ライターズ・ワークショップは、詩人や小説家の卵たちがお互いの作品について話し合う場としてあったものを、リチャード・ガブリエルがソフトウェアのパターン・ランゲージの世界に取り入れた。

は、こんなふうに他の分野の方法を取り入れてつくられています。そういうマルチ・カルチュラルなところも魅力になっています。

【江渡】カンファレンスは、古い綺麗な邸宅でやるんですよね。洋館の居室に絨毯が敷いてあって、片隅には暖炉があるような場所で椅子を並べて話し合うと聞いて、一度本場に行ってみたいと思っていました。

【井庭】そうです。イリノイ州の郊外にあるアラートン・ハウス[*21]で毎年開催されていました（fig 2-2）。でも、最近はコンピュータ系の大きな学会に併設されるかたちで開催されているので、ホテルの部屋で行っています。

【江渡】ええ！　最近はあそこでやっていないのですか？

【井庭】そうなんです。僕もすごく残念なのですが。アラートン・ハウスは、周囲の町から隔離された場所で、以前僕が行ったときには携帯電話も通じませんでした。カンファレンスの参加者は全員、この敷地内にある宿泊施設に泊まります。朝ご飯から夜お酒を飲んで寝るまで、ずっと一緒。それが四日間くらい続きます。その場所で、ひたすらお互いのパターンをよりよくすることに専念するのです。その感じは、とてもよかったですよ。まさに、コラボレーティブなコミュニティです。

この写真は、僕が最初に参加したＰＬｏＰカンファレンスの写真です。二〇〇七年です。このなかには、ライターズ・ワークショップを導入したリチャード・ガブリエルや、ＰＬｏＰを運営するヒルサイド・グループ[*22]の代表のジョー・ヨーダ[*23]たちがいます。

ライターズ・ワークショップでは、ネガティブな批判ではなく、ポジティブで建設的なコメントをす

fig 2-2 PLoP カンファレンスの様子（PLoP2007，アラートン・ハウスにて）
［井庭崇 撮影］

るように求められます。「これがだめ」「あれがだめ」というのではなく、「ここをこうするともっとよくなる」ということを、著者以外の人たちで話し合うのです。それを論文の著者は聞いて、メモしていきます。そして後日、それらのコメントを反映したものを最終版として提出します。各ワークショップの終わりには、みんなで著者に対して拍手を送ります。なぜかというと、パターン・ランゲージを書くことは、人類の知的なリソースの構築に貢献することなので、その活動・努力に対してリスペクトの拍手を送るのです。

ライターズ・ワークショップには、かなり長い時間がとってあります。そこで、時折、みんなでいろいろなゲームをやります。ほんとにくだらないものも多くて、パラシュートをバタバタさせながら、その上に乗せたボールをみんなでぐるぐる回すとか（笑）。あまり頭を使わないようなアイスブレイクをみんなで行い、頭と心を解きほぐします。頭と心がほぐれたら、また、う〜んと唸りながらライターズ・ワークショップを行います。

もう一つ、独特な文化として「ギフト」があります。カンファレンスの参加者には、事前に「お土産を二〇個持ってきてください」という連絡が来ます。「え、二〇個も?!」と最初は思いますが、実際に行くとたしかに二〇個くらい必要になります。ワークショップで自分の論文に対してコメントをくれた人や、休み時間までアドバイスをくれた人、一緒にゲームをしたり飲んだりして仲良くなった人、そういう人たちにお土産を渡すのです。普通の学会と違って、かなり多くの人に感謝したり、仲良く交流したりするので、そのお礼の気持ちをギフトに託すわけです。

僕も、日本らしい柄の手拭いなどを持っていったりしています。世界中から参加者が集まるので、さまざまな地域・文化のお土産をもらって帰国することになります。それもこのカンファレンスの楽しみの一つです。ＰＬｏＰのカンファレンスは基本的に「贈与の文化」の趣きが強くあるのです。

【江渡】『ウェブ×ソーシャル×アメリカ』[*24]という面白い本があります。一九世紀のアメリカはどのようにつくられたのか、アメリカにおける哲学、つまりプラグマティズム[*25]はどのような思想なのかといったことが書かれています。特にパターン・ランゲージに興味がある人は、読むべき本だと思います。この本については、僕も書評を書いているので、それもぜひ読んでください[*26]。

アメリカは合理的な国だとか、テクノロジーの最先端の国だといったある種の固定観念があると思いますが、本当はそのようなイメージとは異なる側面があります。先ほどお話したライターズ・ワークショップや井庭さんのギフトのお話も、とてもアメリカ的なのです。ライターズ・ワークショップについては、ＰＬｏＰ以前にも、詩を書いた人が持ち寄って批評しあう場があったわけです。今、僕らが感じるアメリカ的なイメージとは、ハリウッド文化やアメコミ文化の派手で陽気で騒々しいイメージと多少同一化していますが、アメリカにはそれとはまったく異なる側面もあることを忘れてはいけない。ネイティブ・アメリカンやヒッピー文化とも、とても深いところでつながっている。そういうことも、『ウェブ×ソーシャル×アメリカ』に書かれています。

【井庭】そうなのですよね。パターン・ランゲージの考え方やコミュニティのあり方は、深いところでアメリカのそういう面と不可分です。そのうえで、パターン・ランゲージには、もう一つの大きな思想的ルーツとして、東洋的な思想の影響があることも、忘れるべきではないと思います。アレグザンダーも、当時のアメリカ西海岸の人によくあるように、禅[*27]やタオイズム[*28]などの東洋的な思想にかなり影響を受けていると考えられます。

だから『時を超えた建設の道』の「道」とは、老子[*29]のいう「道（タオ）」なのです。英語だと、wayなので、「方法」でもあれば「道《みち》」でもあり「道（タオ）」でもある。僕は、そういう複合的な意味をもっていることを踏まえることが、パターン・ランゲージを理解するうえで重要だと思っています。[*30]その意味でも、パターン・ランゲージは、単なるテクニックやメソッドではないのです。それは思想であり、世界観でもあるのです。

パターン・ランゲージは、アメリカで提唱されてアメリカで大きく展開したけれども、実は日本にいる僕たちにこそ貢献できる部分があると思っています。東洋人であり日本人である僕たちは、パターン・ランゲージの分野にそのような流れを汲んだ取り組みができるのではないか。僕はそう思っているし、そうしていきたいと思っています。

■名づけえぬ質

【中西】二〇〇九年に「アレグザンダー祭り[*31]」があって、僕は江渡さんと一緒に参加しました。実は僕はそれまで、アレグザンダーの言う「無名の質」の意味がわからなかったのです。以前、濱野智史さん[*32]が「名無しクオリティ」という言い方をしていて、それは違うのではないかなと薄々思っていたのですけれど（笑）。

【井庭】「無名の質」、僕の訳し方だと「**名づけえぬ質**」（Quality Without A Name）とは、アレグザンダーの本に出てくる重要な概念です。「名づけられない」とは、安易に言葉で表現しようとすると一面的にしか捉えられず、うまく表現できないという意味です。それはどのような質（クオリティ）なのか。古きよき町がもっていた「いきいきとしていて全体の調和がとれている」という質感です。昔の町は自然とそのような質が実現されていましたが、現代の建築ではその質を壊すようなかたちで建物が建てられ、町が計画されている。そこにアレグザンダーは問題を感じたわけです。この「名づけえぬ質」の問題が『時を超えた建設の道』の最初の方に出てきますが、ここがよくわからないという人は多いですね。僕も最初はよくわかりませんでした。

【中西】そうそう、よくわからなかった。それで「アレグザンダー祭り」に行って、なるほどと思ったのです。中埜博さん[*33]の講演で、『*The Nature of Order*』に出てくる写真がたくさん紹介されて、「この道

名づけえぬ質（Quality Without A Name：QWAN）　素晴らしい町や建物が持っている「いきいきとした質」のこと。そのような質は、一つの全体としての存在に宿り、生命・活気に満ち、調和がとれて美しいという。その質を表現するぴったりとした表現がないため、アレグザンダーは「名づけることができない」ということを概念名に採用した。そのうえでアレグザンダーは、その名づけえぬ質を生み出すためのルールを記述するために、パターン・ランゲージを考案した。さらに、内的な力の対立を解消・解放させる自生的で漸進的なプロセス提唱している。この質については、アレグザンダーの近著『*The Nature of Order*』でさらに深い議論が展開されている。

とこの道、どちらがよいですか？」というような質問を次々と聞かれました。[34]その結果は、会場の意見がどちらか一方に偏るのです。でも、なぜその道の方がよいのかと聞かれると言葉にはできない。言葉にはできないけれども判断はできる。二つ出されると、専門家でなくてもどちらの方がよいかという判断はできるのです。だから、ユーザー・インターフェースでも政策でも、経済システムであっても、自分でつくることはできなくても、どちらの方がよいかと聞かれたら、「こちらがよい」と誰もが判断することはできると思うのですね。

それならば、その言葉にできない思考のパターンをうまく言語化してシステムとして実現できたらどうだろう、と考えることもできるわけです。たとえば、先ほどの話で言うと、利用者の方に、明るい部屋にしたいと言われたら、「どの部屋も二面採光」というよいパターンがあると考えることができます。しかも、単に提示されたものを指さして「こちらがよい」と言うだけではなくて、「こんなものがよい」と具体的に説明することができるでしょう。そうなれば、プロでなくても参加することができる。

僕が最も納得したのは、アレグザンダーの『まちづくりの新しい理論』[35]のなかで監訳者の難波和彦さん[36]が書いている前書きです。

【江渡】あぁ、あの前書きは、とてもよいですよね。

【井庭】ええ、とてもわかりやすく解説されていますよね。

【中西】難波さんは「箱の家」シリーズ[37]という住宅をつくっておられますが、方法論にも興味を持たれている建築家です。その難波さんが自虐的に「方法論を考える建築家は二流だ」と言っておられる。それは、天に向かって唾を吐くようなものですが、これにはアンビバレントな思いがあると思うのです。

逆に言うと、方法論などなくて感覚的につくる建築家もなかにはいますし、ましてや、以前はユーザーと一緒に設計をすることは珍しかった。「このような設計でどうですか」と模型をクライアントに見せる方がオーソドックスだったわけです。でも、アレグザンダーはそうではなかった。みんながよいと思うものをどうすればつくれるのかを試行錯誤して、その最初の試みがコンピュータを使って形を合成するという方法だったわけです。[*38] パターン・ランゲージはその流れのなかで彼が辿り着いた一つの方法なのです。

アレグザンダーは、最終的には多くの人に「名づけえぬ質」をもつ町に住んでほしいと思っているのでしょう。「いきいき」とは、「全体の調和がとれている」とは、そういうことなのだろうと思うのです。以前、イギリスのチャールズ皇太子がアレグザンダーをロンドンに呼んでアドバイザーにしたことがありました。なぜそうしたのか。ちょうどその頃のイギリスはバブルで、斬新な建築が多く建てられて、ロンドンにあったそれまでの「名づけえぬ質」が損なわれてしまったと考えたからでしょう。その意味では、チャールズ皇太子もアレグザンダーの考え方に共鳴したのだと言ってよいと思います。[*39]

というわけで、僕がパターン・ランゲージに対して持つイメージは、時間を共有した、もしくは時間を超えた複数の人がコラボレーティブに一つのものを創造していく方法論ということですね。

【江渡】『禅とオートバイ修理技術』[*40] という本があります。アレグザンダーの思想で特に「名づけえぬ質」がわからない方は、この本を読んでみるとよいと思います。質（クオリティ）を中心概念として話が展開される、一つのドキュメンタリーのような本です。

質とは何だろうか？ 質とは量に変換できないものである。そうだとすると、質がよいと言うことはできても、そのよさを数値で示すことはできない。一〇〇とか二〇〇と言うことはできない。ただ「よい」としか言いようがないものを、対象としてどのように扱うのかという問題が出てきます。その問題を考えようとした哲学者は歴史的にもたくさんいて、同書のなかでも数多く紹介されています。

この本の主人公は、精神病を患って、息子とうまく関係を築けない男の人です。息子が何を考えているかわからないという話や、バイクに乗ってアメリカを横断する旅の話、記憶を喪失する話などがオーバーラップしながら物語が進んでいきます。平たく言うと、悲惨な目にあってしまった男の人の物語なのですが。

【中西】 僕もその本を読みましたが、僕はバイクに乗るので逆にあまり楽しく読めなくて……。うだうだ言ってないでバイクに乗れよ、って思いながら読みました(笑)。でも、この本が何をテーマにしているのかはよくわかりました。

たとえば、バイクの本や修理マニュアルを読んだら、バイクについてある程度はわかります。でも、バイクに乗って、箱根のワインディング・ロードを走って、「あぁ、気持ちがよい」と思っても、その気持ちをふだんバイクに乗っていない人に伝えようとするととても難しいのです。その気持ちを伝える言語がないのです。言語化できないことは、定量化もできない。何が「気持ちがよい」のかを伝えることはできない。仮にバイクにセンサーをつけて、どのように走ったから中西は「気持ちがよい」と言ったのかを研究するのは可能ですが、それがわかったからといって、僕が「バイクって気持ちがよいのだよ」と思う感覚を表現できているのかというと、そういうわけではないと思うのです。

言語化や定量化ができないものにどのようにアプローチするのか。そこが難しいですよね。アレグザンダーが取り組もうとしたのは、まさにその難しい課題なのだと思います。

■パターン・ランゲージをつくってわかったこと

【井庭】 これまでの話をまとめると、パターン・ランゲージとは、いきいきとしていて、全体的な調和がとれている「名づけえぬ質」を生み出すための方法だということでした。それでは、そのパターン・ランゲージをつくるとは、一体どのようなことなのでしょうか。中西さんも江渡さんも僕も、それぞれにパターン・ランゲージやそれに類するものをつくった経験があります。やはり、つくると理解が深まる、つくることで学ぶということがあると思うので、今度はその観点から話してみたいと思います。

【中西】 僕がパターン・ランゲージに類することをしたのは、『POST-OFFICE——ワークスペース改造計画』[*41]という本を書いたときだと思います。実際にオフィスをつくる仕事をしている方々のためのネタ帳のような本です。具体的な絵と抽象化された言葉、「何のために」という解説という、いくつかのレベルで解説しているので、ある意味そのまま彼らの仕事に適用しやすくなっていると思います。パターン・ランゲージは、使用する側がうまく使えばよいのですが、うまく使おうとしないとまったく使えない。面白いねと言われて終わる場合もあるでしょう。でも、さまざまな例文だと思って、うまくパターンを組み合わせられる人にはネタ帳として機能すると思います。

デザイナーが「こんなふうに使ってほしい」とトップダウンに考えてオフィスをつくっても、実際にはそのように使ってもらえません。逆に、もっとユーザー参加型でボトムアップに空間を使ってもらおうと自由度の高い空間設計をしても、なかなかうまくはいきません。ですから、トップダウンな設計とボトムアップな自由度のバランスがとても大事なのです。

空間設計には、トップダウンな意図とボトムアップの自由度のバランスのよい落としどころが必ずあると思います。都市や建築、オフィスについて言えば、巨匠が設計したものが必ずよいとは限らない。芸術作品としての観点だとまた異なる観方があると思いますが、機能性という観点からみれば、巨匠の建築が使いにくいこともありえます。携帯電話なら買い換えればよいのですが、都市や建築は価格と規模と耐用年数が違いますからね。失敗できない。それは都市や建築を設計する際の大きな問題です。

井庭さんに「ラーニング・パターン」（学習パターン）のランゲージについて質問したいのですが、学習方法は人によって異なることが多いじゃないですか。たとえば、江渡さんがよいと思う学習方法と僕がよいと思う方法は異なると思うのです。あと、学習する「場」をつくるという話と、個々の学習プロセスを共有するという話はまったく別のものだと思うのですが、そのあたりをどのように考えているのかを教えてもらいたいです。

【井庭】 僕たちがつくった「ラーニング・パターン」[*42]は、まず「学び方」（形＝フォーム）を言語化して、四〇個のパターンにまとめたものです。

前提として、学ぶテーマや学ぶことの意義は、自分で考えなければならないと思っています。それは、各自がやるしかない。でも、それとは別次元の問題として、学びの形（学び方）はもっと多くの人のあいだでシェアできるものだと考えています。人によって学び方が異なるのは、そのとおりだと思います。

でも、異なるといっても、重なり合う部分はあるはずです。そういう重なり合う部分をパターンにしています。

だから、パターンをつくるときに、どのような点に気をつけているのかというと、七人くらいのチームでつくって、複数のメンバーに個別の経験があって特に重要だと思うものをパターンにしていきます。ソフトウェア・パターンの分野に「**ルール・オブ・スリー**」という方針があります。それは、少なくとも異なる三つのケースで見られるものをパターンにしようという考え方です。僕らがパターンをつくるときにも、少なくとも三人くらいは実際に経験していて特に重要だと思うものをパターンにしています。厳密にカウントしているわけではないですけれども。アレグザンダーも、世界中の建築で見られるものを、彼の同僚と複数人でまとめています。

そのうえで、僕らがつくったパターン以外のパターンも存在するとは思っています。僕らにとっては、全体を構成する重要なパターンを選び、まとめたつもりですが、「これ以外は存在しないのか？」と問われれば、「ありうる」と答えます。僕らのつくったパターン・ランゲージは一つの体系としてまとまっていますが、他の可能性を排除するものではありません。アレグザンダーも『*A Pattern Language*』*43と言っていて、冠詞は「the」ではなく「a」（一つの、ある）をつけています。あの二五三個のパターン

ルール・オブ・スリー（rule of three）　パターン・ランゲージ制作におけるパターンの妥当性の一つの基準。そのパターンが記述している方法を、最低三つの異なる事例で見出すことができるときに、そのパターンが妥当であるとされる。ソフトウェアの分野でよく言われる。

は彼らなりの一つの体系ではあるけれども、それ以外のものを排除するものではないという気持ちの表れだと思います。

ですから、他の人がつくると、もう少し異なるラーニング・パターンができるだろうと思っています。もちろん、僕らのパターンと重なる部分も多いでしょうし、ニュアンスが違う言い換えのものも出てくるでしょう。そういう意味で僕らがつくったものは、僕らが捉えた全体を表す一つの体系でしかないという割り切りがあります。

そして、もう一つの質問の「場」については、こう考えています。学び方をシェアするといっても、各人がうまく学べるようになることで話が終わるわけではありません。ラーニング・パターンは、学び方を共有するコミュニティをつくることにもつながります。学校のなかで共有されていれば、その学び方が実現しやすい場になるはずです。たとえば、「ライバルをつくる」[*44]というパターンは、周りにライバルになり得る誰かがいなければ実践できません。しかし、このパターン・ランゲージを共有する人がいるコミュニティでは、ライバルになりうる人が出てくると思います。同じように、「学びの共同体をつくる」[*45]というときには、そういう気持ちをもったメンバーがいる方がうまくいきやすくなります。

そういう意味で、個人の学びを成長させるだけでなく、学びのコミュニティを形づくり、成長させることにもつながるのです。これは、物理的な意味での空間ではありませんが、学びの「場」をつくることに他なりません。

アレグザンダーのパターン・ランゲージも、個々の家をつくることと、町をつくることの二重性がありますよね。それと似ていると思います。個人の学びをつくることと学びのコミュニティ全体をつくることの両方が、ダイナミックに関係し合う「いきいきとして調和がとれた全体」の形成を目指しているのです。

ということで、いまの話をまとめると、まず、僕らは自分たちがつくったパターン・ランゲージ以外のパターンの可能性を排除するつもりはないということ。しかしながら、自分たちが捉えた全体を表すような一つの体系としてつくってはいるということ。そして、ラーニング・パターンは、一人ひとりの学び方のデザインを支援するとともに、学びのコミュニティの形成も支援するということ。そのあたりは自覚的に、意識してつくり込みました。

【江渡】僕は以前、中埜博さんが開いた、パターン・ランゲージをつくるワークショップに参加したことがあります。[*46] その方法論というかカリキュラムが、すごく参考になって面白かったのです。みんなで何かをつくるワークショップはだいたい楽しいものですが、その意味での楽しさだけでなく、そこから学ぶという意味でもう一段階メタな楽しさがあって。

たとえば、みんなで町を歩きます。スケッチブックとクレヨンが配られて、いくつか気になった場所をスケッチするのです。それを会場に持ち帰って、みんなのスケッチを壁に貼り出します。そうすると、だいたい傾向が見えてくる。要するにそこからパターンを発見することになるのです。気になった場所を出していくと、たとえば、「道の真ん中にすごく大きな木があって、いいなと思った」とか「この家は、家の前にベンチがあってよかった」といった意見をみんなで出し合って、それに名前をつけていきます。最初は「家の前のベンチ」という名前にしたりしますが、もう少し抽象化してみようとアドバイスをもらって、「話せる場所」という名前にしたりします。そのように、少しずつ洗練させていくのです。

　パターンは、いまの例のような小さいものと、中くらいのもの、大きいものの三種類に分類していきます。家の前のベンチは家よりも小さいので小に分類して、道の真ん中の大きな木は家との間の関係なので中に分類する。大は、たとえば「空の形がきれいだった」というようなものです。そうすると、中埜さんが仰ったのですが、大中小それぞれパターンは同じくらいの分量になるという傾向があります。参加者のなかには、小さい部分を選んでくる人もいれば、大きなものを選んでくる人もいます。足し合わせると、大中小がそれぞれ同じくらいの分量になることが多いのだそうです。そのように自然に分かれるのは、見ていて面白いなと思いました。

　大中小に分けたあとは、各々の共通項を結んでいき、そこに名前をつけて、そこからシナリオのようなものをつくります。このパターンとこのパターンを元にして、このように組み合わせると町を改善することができる、という提案に落とし込んでいくのです。それが、中埜さんのワークショップで体験したパターン・ランゲージをつくるプロセスです。

　アレグザンダーのパターン・ランゲージは本という体裁にまとめられていますが、町づくりや町の改善の現場で使うパターン・ランゲージは、最終的には提案書のような体裁になります。アレグザンダーのパターン・ランゲージに、自分で発見したパターンを加えて、「こうすると、町がよくなります」というストーリー（物語）にして、人を説得する際の材料として使います。実際に体験してみると、なぜアレグザンダーがこのようなパターン・ランゲージをつくったのか、なぜパターン・ランゲージが必要とされたのかがよくわかります。

【井庭】「自分たちのパターン・ランゲージ」をつくることは、アレグザンダーの本にも書かれている重要な観点ですよね。そういう話は、『パタン・ランゲージ』[*47]にも『オレゴン大学の実験』にも『パタン・ランゲージによる住宅の生産』[*48]にも出てきます。

■パターン・ランゲージの新しい可能性

【中西】いま江渡さんが紹介してくれた中埜さんのワークショップは、言語化できない「よい」「悪い」という感覚をピックアップして、それに名前をつけるということだと思いますが、野中郁次郎さん[*49]のSECI《セキ》モデル[*50]に近い話だと思います（fig 2-3）。暗黙知を「表出化」して「連結化」するところまでは進めるのですが、それを使って何かを創造することはとても難しい。野中モデルでいうと、それを「内面化」して「共同化」するというフェーズです。プロがプロたる所以は、連結されたナレッジが血となり肉となっているというところだと思うのです。

SECIモデルにしろパターン・ランゲージにしろ、パターンをみんなで集めて、言語化するところまでは進めると思うのですが、それを用いて設計ができるのは、その言語化された知識を何度も使って実践して内面化している人だと思います。だから、中埜さんがさらにワークショップを続けるとしたら、名前をつけたあとに、今度はみんなで実際に何度も設計をしてみないと、そのパターン・ランゲージが機能するかどうかの検証ができない気がします。でも、そうなると、プロやセミプロでないと、なかな

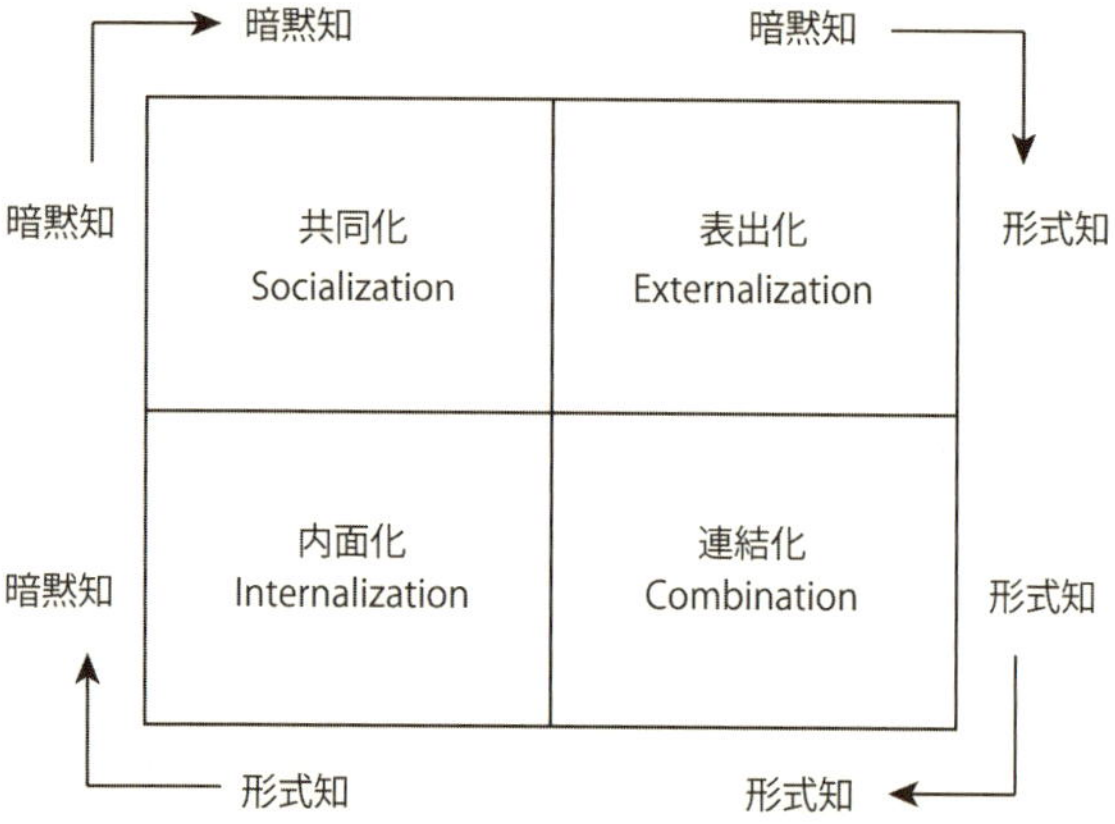

fig 2-3　SECIモデル（野中郁次郎、竹内弘高、『知識創造企業』、東洋経済新報社、1996年より）

かそこまで進めないようにも思ってしまいます。

学習に関して言えば、学生は学習のプロのはずで、自分たちでつくったパターンを実践できると思うのですが、町づくりについては、そこまでは言い切れない感じがしてしまいます。そのサイクルについて、井庭さんはどう捉えていますか？

【井庭】その点はすごく重要で、やはり実践による内面化は不可欠だと思います。それにも関わらず、パターンの内面化の方法については、まだしっかりとした議論や方法論がないのが現状です。アレグザンダーの建築の場合も、ソフトウェアの場合も、つくられたパターンをどう使うのかについては、深い考察がなされていません。

その一方で僕が気にしているのは、実践が大切だからといって、経験だけを重視するような放任主義にはならないようにしたいということです。経験をすることは大切なのですが、ただ自然な状態で経験をすることには、種類や機会の限界があります。つまり、ある人はたまたま経験する機会に恵まれるかもしれないけれども、他の人はその機会に出会えないかもしれない、ということです。経験依存の考え方には、そういう落とし穴があります。

そこで、僕はどうしたらパターン・ランゲージが経験の機会の枠を広げてくれるか、ということを考えます。パターンを知って世界の認識が少し変わることで、これまでやろうという発想さえなかったことを実践する機会を自ら生み出すことができるようになります。パターンが実践への機会と原動力を誘発すると言ってもよいでしょう。

その一つの機会として、僕はパターン・ランゲージを使った対話のワークショップを開催しています(fig 2-4)。たとえば、「学びの対話ワークショップ」では、ラーニング・パターンを使って自らの学びの経験を語り合います[*51]。学びについての経験を話していくなかで、個人として理解が深まっていくと同時に、コミュニティのなかでのコミュニケーションを生み出します。それによって、組織学習[*52]というかコミュニティ学習が起きます。

このワークショップで何を行うのかというと、まず四〇個のラーニング・パターンから、自分が経験したものをリストアップします。「パターン名」「導入文」「イラスト」、そして「状況」「問題」「解決」のところを読んで、具体的なエピソードを思い出せたら、自分が体験したパターンだと判断します。読んでピンとくるかどうかが大切です。次に、未経験のもののなかから、これから取り入れたいパターンを五つ決めてもらいます。そうやって、自分が経験したことのあるパターンのリストと、これから取り入れたいパターンが載っている紙をつくります。

そして、ワークショップの場では、その紙を持ち歩いて、いろんな人に話しかけます。これから取り入れたいと思うパターンを経験したことがある人を探すのです。そして、経験したことがある人が見つかったら、その人の経験談を聞きます。そのとき、そこで聞いた話の要点を、自分の紙に書き込んでいきます。それを一時間くらいやります。こうして、ワークショップの終わりには、自分がこれから取り入れたいパターンの経験談がたくさん集まることになります。

このワークショップをやると、いつも想像以上に盛り上がります。学生がやっても、研究者がやっても、エンジニアがやっても、ビジネスマンがやっても、いつも盛り上がります。国内でも海外でもです。自分の「学び方」の経験について語り合っているのにですよ！　そのようなテーマで盛り上がるなんて信じられないと思いますが、本当です。参加者の方も最初は半信半疑なのですが、終わってみると、みなさん「とても面白かった」と言います。

日常生活のなかで、学び方について話す機会はほとんどありません。しかも、見ず知らずの人と話すことはまずないでしょう。自分が学び方についてのこだわりや、他の人と違う経験を持っているという自覚もありません。でも、この対話ワークショップでは、パターンを通じて、自分の経験を捉え直し、他の人が知りたいこととのマッチングがされるので、目の前の相手に自分の経験談を話す意義が生まれます。自分が少し話すと、相手もメモを取りながら一生懸命聞いているし、「なるほど！」と面白がってくれる。そうなると、話す方もだんだん盛り上がってきます。しかも、それぞれ違う経験を持っているので、語り手にもなり聴き手にもなるという役割の交換も頻繁に起きます。だから、誰がやっても盛り上がるのです。

これは、パターン・ランゲージを、経験を捉え直すための「認識のメガネ」や「語りのメディア」、

fig 2-4　ラーニング・パターンを用いた「学びの対話ワークショップ」
（慶應義塾大学 SFC／国際学会 COINs カンファレンス）［井庭崇 撮影］

そして「対話のメディア」として使うことのよい例になると思います。パターン・ランゲージによって、自分自身の経験を捉え直し、それによって自分の経験を語り、他の人との対話を促進させるのです。このような使い方は、従来のパターン・ランゲージにはありませんでした。従来は、パターンに書かれた内容によって設計の実践知を伝達することに重きが置かれていましたが、このワークショップでは、パターンをきっかけとして新しい情報がそこで生成され、共有されます。このようにして、自分の新しい実践へと、パターンが背中を押してくれるのです。

【中西】ラーニング・パターンの根本には、「型をつくらないと迷子になってしまう」という考えが井庭さんの根っこにはあるんだろうなぁ、と思いました。先ほど、日本家屋にはモジュールがあって、ある程度パターンがあるという話をしましたが、やはりパターンがあると何がよいかというと、同じ時間を過ごす人同士で共有することも可能ですが、非同期的に時間を超えても知識を受け継ぐことができるということだと思うのです。

都市やプログラムに関して言えば、時を超えても誰かがうまく増改築してもらえることを期待して、パターンをつくっていると僕は理解しています。それに比べて、学習のパターンは、後世に受け継ぐこともさることながら、型がないとか、自分の型がよいのか不安になっている人たちが共有し合うためだということでよいのでしょうか。

【井庭】うーん、そういう不安をもつ人たちのためというわけでもないのですが……。

でも、言われてみれば、建築やソフトウェアは、時を超えて「受け継ぐ」ことがありますね。そう考えると、学びの場合には、自分のなかでの過去の経験から未来の経験に「受け継ぐ」ことがあるのだと思います。たとえば、大学に入ったばかりの一年生が大学でのこれからの学びを考えようとすると、白紙から考えがちです。でも、実は、これからの自分の学びは、高校時代や中学時代、もっと言えば小学校やそれよりももっと小さいときの経験の延長にある。小学校のときにピアノを習っていたときの経験が、これからの研究活動での学びに生きるかもしれない。そういう、自分のなかでの「連続性」のようなものを、ラーニング・パターンや、それを用いた対話ワークショップは気づかせてくれます。

その意味で、学びの場合には、過去の自分から未来の自分へと「受け継ぐ」ためにパターン・ランゲージを用いるのだと思います。対象が都市ではなく人なので、時間のスケールがまったく違いますが、受け継ぐことの本質は同じでしょう。成長している人は、二年前と三年後では「違う」人になります。過去の自分から未来の自分へと「受け継ぐ」。**パターン・ランゲージ3・0**と僕が呼んでいる、人間行為のパターン・ランゲージは、そういう継承を支援すると言ってよいと思います。

型については、共有する型がないとダメだというよりも、そういうものが支援になるという意識はあります。でも、パターン・ランゲージの場合には、大きな型にはめるのではなく、小さな「型のパーツ」のようなものを自分で組み合わせて使うことが支援されます。そのような小さな単位に分けられて、それらに名前がついていることが、パターン・ランゲージの強みだと思います。

アレグザンダーも指摘していますが、日本語や英語ではモノには名前がついていることが多いのですが、関係性にはあまり名前がついていません。そこで、そういう関係性に名前をつけると、明示的に指し示すことができるようになります。学び方の型に名前をつけることで、それを認識したり、考えたり、語ったりできるようになります。ラーニング・パターンでも、そのことが大切なのです。

ラーニング・パターンは、もともとは学び方の型を共有するためにつくったという経緯はありますが[*53]、でき上がってから「語りのメディア」や「対話のメディア」として使ってみたら、その方がしっくりきました。単にパターンの記述を読んで学ぶのではなく、パターンを用いて語ることで自分のなかに定着していくという使い方への発想の転換がありました。建築でもソフトウェアでも、これまでそのような使い方はされてこなかったので、先ほどのＰＬｏＰのカンファレンスでも、「新しくて面白い」と言われました[*54]。

そうやって考えると、アレグザンダーの建築のパターン・ランゲージも、「語りのメディア」や「対話のメディア」として使うことができると思います。自分が住んでいる町について語ったり、理想だと思う町について語るときに、『パタン・ランゲージ』のパターンで語るということができるでしょう。面白いと思いますよ。

■ 名づけることの重要性

【中西】 いま、やり方に名前をつけることのメリットについてのお話がありました。僕は『アイデアキャンプ——創造する時代の働き方[*55]』という本を書いたのですが、「アイデアを出すには、オフィスに籠《こも》っているよりは、外に出てワイワイやった方がいいよ」という方法に「アイデアキャンプ」という名前をつけました。「こうするといいよ」という方法にわかりやすい名前をつけただけですが、実は、ネーミングって大事なのですよね。「アイデアキャンプ」は、キャンプのように外に出かけて、道具もすべて持っていき、自分たちでその場をしつらえて考えようという趣旨で、キャンプという言葉を使いました。「アイデアキャンプ」には、「合宿キャンプ」[*56]「雑談キャンプ」[*57]などのバリエーションがあって、それらにも名前をつけています。

発想技法もいくつかあって、それらもある意味でパターンだと言えると思います。こうするとアイデアがうまく出せるという方法に名前がついている。たとえば「ブレイン・ストーミング」[*58]に近い方法に「ブレイン・ライティング」[*59]という方法があります。ブレイン・ストーミングが苦手なドイツ人たちが「僕らはワイワイやるのが苦手だから、黙ってブレストやろうぜ」と言って発明したのです。「ブレイ

パターン・ランゲージ3・0（pattern language 3.0） 人間行為（human action）のパターン・ランゲージを指す総称。「第三世代のパターン・ランゲージ」や、「タイプⅢ」と呼ぶこともある。このタイプのパターン・ランゲージには、ラーニング、プレゼンテーション、コラボレーション、教育、組織変革、社会変革などのパターン・ランゲージがある。この捉え方では、建築のように物理的なものをデザインの対象とするパターン・ランゲージを1・0、ソフトウェアや組織のような非物理的なもののデザインを2・0、人間行為のデザインを3・0とし、これらが移行ではなく加算的な発展をしていると捉える。デザインの対象の変化に伴い、デザインの特徴や、ランゲージの使い方も変化している。詳しくは、「パターン・ランゲージ3・0――新しい対象×新しい使い方×新しい作り方」（井庭崇、『情報処理』第五二巻、第九号、二〇一一年）、および「創造社会を支えるメディアとしてのパターン・ランゲージ」（井庭崇、古川園智樹、『情報管理』第五五巻、第一二号、二〇一三年）参照。

ン・ライティング」という名前がついていれば、正月に「七並べをやろう」「大富豪をやろう」と言うのと同じように、「ブレイン・ライティングをやろう」と言うことができる。それが、発想技法であり、発想のパターンです。

【井庭】「ブレイン・ストーミング」や「ブレイン・ライティング」という言葉があれば、どちらでやるかを話し合うことができますものね。

【中西】そうそう。ちょうど「七並べと大富豪、どっちをやる?」と友達に聞いているようなものですよね。行動パターンや進めるべきことに名前がついていると、チームで物事の進め方を共有しやすくなるメリットがあります。ゲームのようにルールが決まっていれば、より明確に共有できますね。

だから、複数の人で共有する方法に名前をつけるときには、イメージが湧きやすい名前にするのが大事だと思います。僕らも「アイデアキャンプ」というネーミングを思いついた時点で、何をするのかがクリアになったし、他の人に説明するときにも「アイデアキャンプです」と言えば、何をするのか伝えやすいし、相手の方も想像しやすくなったように思います。

【井庭】イメージが湧きやすい名前は本当に重要ですよね。僕らがパターン・ランゲージをつくるときにも、パターン名にはものすごくこだわります。本質をついていて、キャッチーで、新しい認識をもたらしてくれるもの。それを言えば、聞いた人にイメージが伝わって、魅力的だと思ってもらえる名前。そのとき、実際に口に出してみて、意味が伝わるもの。そういうネーミングにこだわります。

パターンをつくるときには、名づけのセンスが一つの肝なのですが、そのことは、これまでほとんど語られてきませんでした。僕はパターンを書くことは、歌の歌詞を書いたり、広告のコピーを書くのと同じようなセンスが必要だと考えています。だから、問題や解決の方法について明示的に書くということだけではないのですよね、パターンを書くというのは。

【江渡】そういう意味で気になるのは、アレグザンダーはパターン一つひとつの名前にすごく気を使っているわりには、「パターン・ランゲージ」という名前がそもそもよくないと思うんですよ。

【井庭】たしかに（笑）。どうしても、「ワン・パターン」のようなイメージがつきまといますよね。一般には、なかなか創造的なイメージにはつながらないので、いつも苦労しています。

【江渡】パターン間の有機的な接続のことを「ランゲージ」と言い換えているのですが、それもわかりにくいですよね。「パターン・ランゲージ」という名前づけ自体は、最悪だと思うのですよ。

【井庭】最悪とまで言いますか（笑）。僕は「ランゲージ」というのはよいと思っています。まさに言語の機能をもっているから。考えるためのビルディング・ブロックになるし、コミュニケーションのボキャブラリーにもなるので。ただ、やはり「ラーニング・パターン」というと、創造的でないイメージがどうしても拭えなくて、損している部分があると、いつも思っています。

どうしたら、うまい名づけができるようになりますかねぇ？

【江渡】名づけのセンスをよくする方法は、それほど簡単ではないですが、名づけの法則はいろいろありますよね。たとえば、アート作品をつくるとき、展覧会をやるときは、名前はきわめて重要です。そのような名前を考えるメソッドはかなりあるのですが、ほとんど先ほどのアイデアキャンプと同じですね。

みんなでさまざまな名前の案を出して、批評し合いながら、絞り込んでいく。最終的には「この名前はいいね」と収束します。僕がつくった作品や展覧会のタイトルもそのように決めました。

【井庭】よく知っている言葉を組み合わせて、新しい言葉をつくることがよくあります。「アイデアとは既存の要素の新しい組み合わせである」と言われるのと同じことです[*60]。要素としての言葉は普通の言葉でも、組み合わせが新しくて魅力的だと、よい名前になる。たとえば、「アイデア」と「キャンプ」という言葉は、それぞれはよくある言葉ですが、それを一緒に組み合わせて使うことはまずありません。この組み合わせはユニークです。そして、個々の言葉のイメージはわかるし、難しい言葉でもない。でも、それを組み合わせると、わかるようでわからない面白味がある。しかも「キャンプ」という言葉には、ワクワク感がありますよね。これが別の言葉だと、途端に普通になってしまう。たとえば……。

【中西】アイデア合宿。

【江渡】アイデア会議。

【井庭】うわ、それはすごく普通ですね（笑）。かといって、「アイデア・オープンスペース・ミーティング」というのも、なんだかパッとしない。そのあたりの絶妙なところを探っていくのが大切ですね。

【江渡】いま言ったようなプロセスを経れば、よい名前ができるとは思いますが、その大前提として、一定以上の参加者がいて、性別や年代にある程度のばらつきがあって、しかも各々がアイデアを出す能力があるということがありますよね。アイデアを出す能力は磨いていくしかない。結局、さまざまなアイデアを知っているということでしかあり得ません。だから、いろいろな本を読みましょう、ということですね。

【中西】身も蓋《ふた》もない（笑）。

【江渡】いろんな本を読みましょう。

【中西】以上（笑）。

【井庭】以上（笑）。

えっと……（笑）。でも、本をただ読むだけではだめですよね。読んでどうすればよいのですかね。あるいは、どう読めばよいのでしょう。重要なのは、言葉のもつ多義性や広がりに対するセンスを磨くことのような気がしています。

【江渡】端的に言うと、たくさん本を読みましょうの「たくさん」が、量的にも質的にも「たくさん」読みましょう、ということです。

個人的な趣味の話になってしまいますが、僕は文学が好きでたくさん読んでいます。ストーリーが明確な話以外でも、モダンな文学、実験小説も好きなのです。たとえばレーモン・クノーの『文体練習』[*61]。『文体練習』では、元となるある短いお話があります。お話というより、何の変哲もない日常風景の一部。ある人がバスに乗ったら、別のある人が乗ってきて、荷物を置いてこういうことになった、という話が二頁くらい書かれています。その元となるお話が、七四通りのさまざまな書き方で書き分けて表現されているのです。話の中身は単純ですが、それを文語体で書いたり、若者言葉で書いたりと、いろいろな方法で書き分けていくのです。これは、すごく面白かったですね。このような本も含めて、ありとあらゆる本を読みましょう、ということですが、なかなか難しいですよね。

■ 身体化と守破離《しゅはり》

【中西】「シンキングプロセスデザイン」[*62]という僕の授業でもネーミングが大事だという話をします。詩の話もしていて、『曖昧の七つの型』[*63]を書いたウィリアム・エンプソンや松本隆[*64]を取り上げています。エンプソンは、どのような表現をすると詩になるのかを言語学的に研究した人です。その七つの型を紹介したうえで、松田聖子やKinKi Kidsの歌をたくさん作詞している松本隆さんによる歌詞を紹介して、イメージを膨らませるための言葉の重ね方の話をします。

詩における「曖昧の七つの型」も、パターンなのだと思います。詩として成立した言葉の組み合わせのパターンを、エンプソンが形式化したわけです。ただ、それを実際に使って、詩を書けるようになるまでには、何度も練習をするしかありません。『アイデアキャンプ』でも、発想には練習が必要ですと何度も書いています。誰かが抽出してつくったパターンを自分のものにするには、練習するしかないのです。

僕がよく一緒に仕事をする本江正茂さん[*65]が、『アイデアキャンプ』を読んで、昔から野球が好きで野球の本もたくさん読んだけれども、結局カーブを投げられなかったことを思い出した、とブログに書かれていました。理論が書かれた本をたくさん読んだり、パターン・ランゲージをたくさん知っていても、それを知っていることと、それを実践できることには大きな溝があります。実際に自分で実践できるようになるには練習するしかないのです。

それで気になるのは、パターンを抽出した後のことなのです。パターンを使えるようになるには、練習をして形式知を身体のなかに暗黙知として取り入れていかないといけません。内面化しなければならない。頭のよい人は形式知として言葉にされた本をたくさん読んでしまうのです。でも、読んだだけでは実際にできるようにならないから、「これは合わない」といって別の本に行く。そして、次も「合わない」といって別に行く。あれも違うこれも違うと、耳年増《みみどしま》のようになってしまいがちです。知れば知るほど、練習ができなくなってしまうのです。恋愛マニュアルを読めば読むほど、恋愛ができなくなるということに近いのかもしれない（笑）。そのあたりが難しいなといつも思っています。

【井庭】たしかに、「知っている」ことと「できる」ことは違います。パターン・ランゲージを読んだからといって、「できる」ようにはなりません。そのあたりが、パターン・ランゲージがマニュアルやレシピと異なる点でもありますよね。パターンは、「できる」ようになるためのきっかけに過ぎない。直接「行動を変える」というよりも、「認識が変わる」ことで、行動が変わる」ことを目指して書かれています。でも逆に言うと、「行動を変えるために、認識を変えよう」ということでもある。このことは重要だと思っています。

さて、それでは今日の話を締めくくるにあたって、最後に一言ずついただけますか。

【中西】正直、僕も初めはパターン・ランゲージがよくわからなくて、辞書や例文集のようなものかと思っていました。例文を組み合わせただけでは小説が書けないのと同様に、『パタン・ランゲージ』のパターンを単に組み合わせるだけでは、素敵な町や家はつくれないですよね。ですから、それをどのように組み合わせるかという、もう一段階上の知識やセンスが求められると思います。ただ、パターンが抽出されていると安心というか、何かを考えるきっかけとしてはすごくよいのですね。『アイデアキャンプ』の本もそう思って書きました。

逆に言えば、型は型通りにやらないと意味がありません。中途半端にやるのは本当によくない。ですから、もしみなさんがアレグザンダーの『パタン・ランゲージ』や、井庭さんの「ラーニング・パターン」、もしくは僕の「アイデアキャンプ」を型だと思ったら、まずは型通りにできるようになってほしいのです。そうなるためには、まずは何度も繰り返し反復練習をして、何も考えなくてもできるくらいまで身体化させる。型を守ったうえで、そこから一回崩してみて、最後は離れる。「守破離《しゅはり》」ですね。*66 離れるというのは、自分なりの型を見出すことになるのだと思います。パターン・ランゲージは万能の道具ではありません。それをしっかりと認識して、日々練習を繰り返してほしいと思います。

【江渡】僕は、そもそもパターンと言われても守らないし、パターンを学ぶ気もないから、あまり僕には合わないと思いつつ、やはりアレグザンダーは面白いなと思って彼の本を読んでしまいます。アレグザンダーの生き様を見ていると、わりと破滅的な振る舞いをする人で、明らかに周囲の人に喧嘩ばかり売って生きてきたのだろうなぁと思います。本を読むだけだと、宗教家かと思うような美しいことが書いてあるのですが、本人はもっと世俗的なエピソードがたくさんある方で、そのギャップが面白い。僕はそこまでパンクになりきれないのですが、周囲に反対されても俺はやるぜ、といったところがアレグザンダーを面白いと思う理由です。だから、自分が信じる道があるのなら、それに向かって進んでいくのがよいと思っています。

【井庭】スティーブン・グラボーがアレグザンダーについて書いた本のなかで、彼のしていることを「建築におけるパラダイム・シフト」だと言っていましたが、本当はもっと広い意味でのパラダイム・

シフトをしようとしていると、僕は捉えています。[*67] だから、あちこちで衝突がある。思想的にも、現場的にも。それでも、これが大切だと思うことに真摯《しんし》に向き合い、そこに突き進んでいく。不器用な生き方に見えますが、とても魅力的です。

僕もアレグザンダーの本を読んで「よいことを言っているのに、この書き方ではうまく伝わらないよ」と思うことがよくあります。そのような点については、自分なりの解釈も交えながら、僕が説明し直したり補足したりして語るようにしています。今日の鼎談も、ある面ではそのような役割を担っていると思いますし、それを超えた新しい話やアイデアもたくさん出てきました。今日はとても有意義で面白かったです。どうもありがとうございました。

（了）

二〇一一年五月二三日（月）慶應義塾大学SFCにて

註

＊1　『パターン、Ｗｉｋｉ、ＸＰ――時を超えた創造の原則』（江渡浩一郎、技術評論社、二〇〇九年）。

＊2　クリストファー・アレグザンダー（Christopher Alexander：一九三六年～）　オーストリア出身のアメリカの都市計画家・建築家。カリフォルニア大学バークレー校名誉教授。パターン・ランゲージをはじめ、都市計画・建築における新しい設計方法を提唱・実践している。著書に、『形の合成に関するノート』（原著一九六四年）、『パタン・ランゲージ』（原著一九七七年）、『時を超えた建設の道』（原著一九七九年）、『オレゴン大学の実験』（原著一九七五年）、『パタン・ランゲージによる住宅の生産』（原著一九八五年）、*The Nature of Order, Book 1-4*, 2002-2005, *The Battle for the Life and Beauty of the Earth*, 2012など。

＊3　Christopher Alexander, *et.al., The Oregon Experiment*, Oxford University Press, 1975.『オレゴン大学の実験』（クリストファー・アレグザンダーほか、鹿島出版会、一九七七年）。

＊4　「どの部屋も二面採光」（Light on Two Sides of Every Room）『パタン・ランゲージ』No.159

＊5　Christopher Alexander, *Notes On The Synthesis of Form*, Harvard University Press, 1964.『形の合成に関するノート』（クリストファー・アレグザンダー、鹿島出版会、一九七八年）。

＊6　Christopher Alexander, *The Timeless Way of Building*, Oxford University Press, 1979.『時を超えた建設の道』（クリストファー・アレグザンダー、鹿島出版会、一九九三年）。

＊7　「なぜそんなにもＷｉｋｉは重要なのか」（江渡浩一郎『Mobile Society Review　未来心理』vol. 7, 五〇～五七頁、モバイル社会研究所、二〇〇六年）、および「Ｗｉｋｉの起源と進化」（江渡浩一郎、第一二三回ヒューマンコンピュータインタラクション研究会、二〇〇七年）など。

＊8　詳しくは、BoLeuf, Ward Cunningham, *The Wiki Way: Quich Collaboration on the Web*, Addison-Wesley, 2001.『Wiki Way――コラ

ボレーションツール Wiki』(ボウ・ルーフ、ウォード・カニンガム、ソフトバンクパブリッシング、二〇〇二年)参照。

＊9　Christopher Alexander, "A City is Not a Tree," *Architectural Forum* 122(1); 122(2), 1965.『形の合成に関するノート／都市はツリーではない』(クリストファー・アレグザンダー、鹿島出版会、二〇一三年)。

＊10　ウォード・カニンガム(Ward Cunningham:一九四九年〜)　アメリカ合衆国のソフトウェア・エンジニア。ソフトウェア分野にパターン・ランゲージを取り入れた一人。ウェブ上で文書の共同編集を可能とするコラボレーションツール「ウィキ」(Wiki)を生み出し、デザイン・パターンを共同編集できるようにした。また、ソフトウェア分野でのパターン・ランゲージのコミュニティであるヒルサイド・グループを立ち上げ、現在も行われているPLoPカンファレンスの生みの親でもある。エクストリーム・プログラミングの提唱や、アジャイル・ソフトウェア宣言などにも起草者としても名を連ねる。著書に『Wiki Way——コラボレーションツール Wiki』(二〇〇一年)。

＊11　ケント・ベック(Kent Beck:一九六一年〜)　アメリカ合衆国のソフトウェア・エンジニア。エクストリーム・プログラミングの主唱者の一人で、その考え方を広めた。プログラミング言語 Smalltalk の開発メンバーであり、アジャイル・ソフトウェア宣言の起草者の一人でもある。著書に『ケント・ベックの Smalltalk ベストプラクティス・パターン——シンプル・デザインへの宝石集』(二〇〇三年)、『XPエクストリーム・プログラミング入門——変化を受け入れる』(二〇〇〇年、第二版、二〇〇五年)、『XPエクストリーム・プログラミング実行計画』(二〇〇一年)、『テスト駆動開発入門』(二〇〇三年)、『実装パターン』(二〇〇七年)など。ベックは著書『XPエクストリーム・プログラミング入門』で、「私がソフトウェア開発に取り組み始めたとき、アレキサンダーが建築で奮闘した力の不均衡と同じものがそこに存在するのに気が付いた」と書いている。

＊12　Kent Beck & Ward Cunningham, "Using Pattern Languages for Object-Oriented Program," *OOPSLA* '87, 1987.

＊13　Erich Gamma, Richard Helm, Ralph Johnson, John Vlissides, *Design Patterns: Elements of Reusable Object-Oriented Software*, Addison-Wesley Professional, 1995.(『オブジェクト指向における再利用のためのデザインパターン』ソフトバンククリエイティブ、改訂版、一九九九年)。この『デザイン・パターン』は、エンジニア同士で設計の仕方を共有するためにまとめられたため、パターンの形式をとってはいるが、いきいきとした質を生み出すパターン・ランゲージとは異なると現在では認識されている。このあたりの違いについては、本書第4章参照。

＊14　ＸＰについては、Kent Beck, *Extreme Programming Explained: Embrace Change*, Addison-Wesley Professional, 2nd ed, 2004.『ＸＰエクストリーム・プログラミング入門――変化を受け入れる』（ケント・ベック、第二版、二〇〇五年、ピアソン・エデュケーション、二〇〇五年）参照。

＊15　テスト・ファースト（test first）　ソフトウェア開発において、プログラムをつくる前に、それをテストするプログラムを先に書くこと。これにより、これから作成するプログラムが行うべきことが明確になり、早く目的に適ったプログラムを作成することができる。

＊16　ペア・プログラミング（pair programming）　二人のプログラマーが一台のコンピュータを共有し、コミュニケーションを取りながら一緒に開発を行うソフトウェア開発方法。「ドライバー」と「ナビゲーター」という役割に分かれ、ドライバーがコーディングするのをナビゲーターが支援する。決められた時間が来た場合や、ドライバーが行き詰まったときには、役割を交代する。お互いに弱い部分を補い、相乗効果が生まれることから、一人ひとり別々に作業したものを合わせるよりも、品質やスピードが向上すると言われている。詳しくは、W.C. Wake, *Extreme Programming Explored*, Addison Wesley, 2001.『ＸＰエクストリーム・プログラミング　アドベンチャー』（ウィリアム・Ｃ・ウェイク、ピアソン・エデュケーション、二〇〇二年）、および、L. William, R. Lessler, *Pair Programming Illuminated*, Addison-Wesley Professional, 2002.『ペア・プログラミング――エンジニアとしての指南書』（ローリー・ウィリアムズ、ロバート・ケスラー、ピアソン・エデュケーション、二〇〇三年）等を参照。

＊17　テスト駆動開発（Test-Driven Development）　ソフトウェア開発プロセスの一つのスタイル。コーディングの前にテストケースを書き（テスト・ファースト）、そのテストをパスするように実装していくということをくり返す。小さく始めて少しずつ拡張していくという点に特徴がある。テスト駆動開発は、ケント・ベックによってエクストリーム・プログラミングの一つのプラクティスとして提唱された。

＊18　ペア・プログラミングでは、二人のプログラマーに対して別々に仕事を割り振る分業よりも、同じ仕事を一緒にやる方が質が高く生産的であるということが知られている。『ＸＰエクストリーム・プログラミングアドベンチャー』（ウィリアム・Ｃ・ウェイク、ピアソン・エデュケーション、二〇〇二年）や『ペアプログラミング――エンジニアとしての指南書』（ローリー・ウィリアムズ、ロバート・ケスラー、ピアソン・エデュケーション、二〇〇三年）参照。

＊19 『究極の会議』（鈴木健、ソフトバンククリエイティブ、二〇〇七年）。
＊20 リチャード・ガブリエル（Richard P. Gabriel：一九四九年〜） ソフトウェア・エンジニア、詩人。Lispプログラミングのエキスパート。Ph.D（コンピュータ・サイエンス）。著書に *Performance and evaluation of Lisp systems*, 1985（邦訳『Lispシステムの評価・活用法』）、*Patterns of Software: Tales from the Software Community*, 1996; *Writers' Workshops & the Work of Making Things: Patterns, Poetry*, 2002; *Innovation Happens Elsewhere: Open Source as Business Strategy*, 2005. また、ウォーレン・ウィルソン大学でクリエイティブ・ライティング（詩学）の美術学修士号を取得しており、詩集 *Drive On*, 2005を出している。
＊21 アラートン・ハウス（Allerton House） アメリカ合衆国イリノイ州にあるRobert Allerton Park and Conference Centerのこと。街から離れた場所にあり、自然が豊かで、建物もジョージアン・スタイルの趣きがある建造物。ここで、一〇年以上PLoPカンファレンスが開催されていた。二〇一三年の第二〇回のPLoPカンファレンスは、久々にアラートンで開催される。
＊22 ヒルサイド・グループ（The Hillside Group） 質の高いソフトウェア開発の方法の普及に取り組む非営利の教育的組織。アレグザンダーのアイデアをソフトウェア開発に活かそうと、ウォード・カニンガム、ラルフ・ジョンソン、グラディ・ブーチ、ケント・ベック、ジム・コプリエンらが集まったのが発端。山腹で定期的に集まっていたことから、ヒルサイド・グループと命名された。アメリカをはじめ、世界中のPLoPカンファレンスの開催・運営を行うほか、プログラム設計のパターン・ランゲージ（Pattern Languages of Program Design）の書籍シリーズを出している。詳しくは、http://hillside.net 参照。
＊23 ジョー・ヨーダ（Joseph Yoder） アメリカのソフトウェア・エンジニア。ソフトウェア分野でのパターン・ランゲージの普及・推進に取り組み、PLoPカンファレンスの開催をしているヒルサイド・グループの代表。アジャイル・ソフトウェア開発についてのコンサルティングや講演で世界を飛び回っている。
＊24 『ウェブ×ソーシャル×アメリカ――〈全球時代〉の構想力』（池田純一、講談社、二〇一一年）。
＊25 プラグマティズム（Pragmatism） 一九世紀末から二〇世紀にかけて、アメリカ東海岸を中心として打ち立てられた哲学で、認識論を中心として存在論、宗教論、教育論として展開された。創始者となるチャールズ・サンダース・パースは、認識を記号過程とし、科学的認識は実験を中心とした推論と検証の「探究行為の連鎖」であると捉えた。パースの考えを受けて、ウィリアム・ジェームズは「真理」の概念に着目し、実用的な結果という観点から考えを深めた。さらにジョン・デューイは、パースとジェームズの差異の総合化を試みた。初期のプラグマティズムの考え方は、後にクワイン、グッドマン、パト

ナム、ローティらの「ネオ・プラグマティズム」と呼ばれる思潮を生み出している。日本での入門・解説書には、『プラグマティズムの思想』（魚津郁夫、筑摩書房、二〇〇六年）、『アメリカ哲学』（鶴見俊輔、講談社、一九八六年）などがある。

＊26 「池田純一『ウェブ×ソーシャル×アメリカ〈全球時代〉の構想力』書評「壮大な奥行きの文化史」」（江渡浩一郎、『新潮』、二〇一一年六月号）。

＊27 禅（Zen） インドではもともと「瞑想する」ことを意味していたが、その後独特の意味が加わって、禅思想として認識されるようになった。禅思想は鈴木大拙によって欧米へ広く紹介され、思想的実践として西欧世界に影響を及ぼした。西欧で読まれた禅思想を理解するには、鈴木大拙による『禅と日本文化』（鈴木大拙、岩波書店、一九四〇年）、『禅』（鈴木大拙、筑摩書房、一九八七年）、『対訳　禅と日本文化』（鈴木大拙、講談社インターナショナル、二〇〇五年）、『禅学入門』（鈴木大拙、講談社、二〇〇四年）や、鈴木俊隆による『禅マインド　ビギナーズ・マインド』（鈴木俊隆、サンガ、二〇一二年）などがある。

＊28 タオイズム（taoism） 中国の戦国時代の後半から漢の初期の学派である道家《どうか》の思想・哲学のこと。老子が創始し、荘子が継承したと言われるため、老荘思想・老荘哲学とも呼ばれる。本来は「道家」と「道教」（道と一体となることで永遠の生命を獲得することが理想だとする中国の宗教で、儒教・仏教とならぶ中国の三大宗教の一つ）は区別されるべきであるが、西欧ではこれらが一緒になって「タオイズム」と呼ばれた。

＊29 老子（Lao-tzu） 古代中国の哲学者だとされる。老子が生きたとされる戦国時代は、本格的に鉄器が使われるようになり、農業生産が増大し、列国の抗争も激しくなった時代であった。その頃、孔子を祖とする儒家の賢者たちが進めていた「人為による統治」を、混乱の元凶として退け、自然の「自ずから然る」営みを大切にすべきだと唱えた。その天地造化の営みを、永久不変の「道」（タオ）と名づけたと言われている。

＊30 この点については、「パターンの可能性——人文知とサイエンスの交差点」（井庭崇＋江渡浩一郎＋増田直紀＋東浩紀＋李明喜、『思想地図β　Ｖｏｌ．１』、東浩紀編、合同会社コンテクチュアズ、二〇一〇年）で言及している。

＊31 オブジェクト倶楽部「アレグザンダー祭り——アレグザンダーを考える。パタン・ランゲージ、漸進的開発、そして生成の原則へ」（二〇一〇年一月開催）。組織パターンのジム・コプリエンや中埜博が講演した。

＊32 濱野智史（一九八〇年〜） 批評家。日本技芸リサーチャー。専門は情報社会論・メディア論。著書に『アーキテクチャの

生態系』（二〇〇八年）、『希望論——2010年代の文化と社会』（共著：二〇一二年）、『日本的ソーシャルメディアの未来』（共著：二〇一一年）など。『メディアを語る』（共著：二〇一二年）、『恋愛のアーキテクチャ』（共著：二〇一二年）、『前田敦子はキリストを超えた——〈宗教〉としてのAKB48』（二〇一二年）、『AKB48白熱論争』（共著：二〇一二年）、『平成史』（共著：二〇一二年）など。

＊33　中埜博（一九四八年〜）　合同会社CEST代表。コミュニティ・アーキテクト。カリフォルニア大学バークレー校環境設計学部建築学科大学院で、クリストファー・アレグザンダーに師事し、アレグザンダーの日本での建設プロジェクト「盈進学園プロジェクト」にも参加。アレグザンダーの考え方にもとづく町づくりを手がけている。著書に『パタンランゲージによる住まいづくり』（一九八八年）等。本書第1章と第4章で、アレグザンダーやご自身の考え・実践について語っていただいている。

＊34　ここで紹介されたそれぞれの写真は、Christopher Alexander, *The Nature of Order*, Book One, The Center for Environmental Structure, 2002の第二章に掲載されている。二枚の写真が並べられており、どちらの方が「いきいき」しているかが問われる。

＊35　C. Alexander, *A New Theory of Urban Design*, Oxford University Press, 1987.（『まちづくりの新しい理論』クリストファー・アレグザンダー、鹿島出版会、一九八九年）。

＊36　難波和彦（一九四七年〜）　建築家。工学博士。東京大学名誉教授。難波和彦＋界工作舎代表。代表作に「箱の家」シリーズがある。アレグザンダーの日本での建築プロジェクトである盈進学園東野高校の建設に参加し、『まちづくりの新しい理論』の監訳を務めており、アレグザンダーに言及する論考も多い。たとえば、新しいものでは「クリストファー・アレグザンダー再考」（難波和彦『10＋1』No.47、INAX出版、二〇〇七年）がある。ただ、アレグザンダーの考え方や方法をそのまま取り入れることはせず、「箱の家」シリーズの空間分化や、「建築の四層構造」というかたちで独自に発展・展開させている。著書に『建築的無意識——テクノロジーと身体感覚』（一九九一年）、『戦後モダニズム建築の極北——池辺陽試論』（一九九八年）、『箱の家に住みたい』（二〇〇〇年）、『難波和彦「箱」の構築』（二〇〇一年）、『箱の家——エコハウスをめざして』（二〇〇六年）、『建築の四層構造——サステイナブル・デザインをめぐる思考』（二〇〇九年）など。

＊37　箱の家（Box House）　家の内部空間を細かく区切って部屋をつくることをせずに、大きな箱のなかにいるようなつくりになっている住宅。部屋を区切らないことで、家族のコミュニケーションが誘発され、新たなつながりや関係をもたらす。必

要に応じて壁をつくって空間を区切ることも可能であり、住んでいるなかで徐々に住宅を成長させていくという点で、アレグザンダーの考えに近いと言える。また、箱の家は、都市住宅としてもつべき最低限の性能を最小限の物質によって実現しているという点も注目に値する。箱の家のコンセプトや実例について、『箱の家に住みたい』（二〇〇〇年）、『難波和彦「箱」の構築』（二〇〇一年）などを参照。

＊38 『形の合成に関するノート』（アレグザンダー）で紹介されている研究のこと。その内容については『パターン、Ｗｉｋｉ、ＸＰ——時を超えた創造の原則』（江渡浩一郎）でわかりやすく紹介されている。

＊39 アレグザンダーは一九九〇年にすでにチャールズ皇太子からメリー・ローズ博物館の設計を依頼されていた。九〇年代半ばからロンドンを拠点にコミュニティアーキテクトとして活動を開始した。このあたりの経緯については、「クリストファー・アレグザンダー再考」（難波和彦『10＋1』No.47、二〇九〜二一八頁、ＩＮＡＸ出版、二〇〇七年）で紹介されている。なお、チャールズ皇太子はイギリスの建築のヴィジョンを、The Prince of Wales Prince Charles, *A Vision of Britain: A Personal View of Architecture*, Doubleday, 1989.（『英国の未来像——建築に関する考察』チャールズ皇太子、東京書籍、一九九一年）という本にまとめている。

＊40 Robert M. Pirsig, *Zen and the Art of Motorcycle Maintenance: An Inquiry into Values*, 1974.（『禅とオートバイ修理技術〈上・下〉』（ロバート・Ｍ・パーシグ、早川書房、二〇〇八年）。

＊41 『ＰＯＳＴ－ＯＦＦＩＣＥ——ワークスペース改造計画』（岸本章弘、仲隆介、中西泰人、みかんぐみ、ＴＯＴＯ出版、二〇〇六年）。

＊42 ラーニング・パターン（Learning Patterns） ラーニング・パターンは、「創造的な学び」の秘訣をまとめたパターン・ランゲージ。慶應義塾大学ＳＦＣ井庭研究室　ラーニング・パターン　プロジェクト（代表：井庭崇）によって、二〇〇八年から二〇〇九年にかけて作成された。四〇個のパターンはすべて、ウェブ・サイト（http://learningpatterns.sfc.keio.ac.jp/）で公開されている。当初「学習パターン」という名称で公開していたため、「学習パターン」と呼ばれることもある。「プレゼンテーション・パターン」や「コラボレーション・パターン」など、シリーズの他の名称と合わせるため、現在は正式名称を「ラーニング・パターン」としている。略称は「ラーパタ」。

＊43 Christopher Alexander, Sara Ishikawa, Murray Silverstein, *A Pattern Language: Towns, Buildings, Construction*, Oxford University Press,

1977.(『パタン・ランゲージ――環境設計の手引』クリストファー・アレグザンダーほか、鹿島出版会、一九八四年)。

＊44 「ライバルをつくる」(Good Rivals) 『ラーニング・パターン』No.30

＊45 「学びの共同体をつくる」(Community of Learning) 『ラーニング・パターン』 No.28

＊46 中埜博さんが主催する「参加のまちづくり演習」のことで、初級編・中級編などが、これまでに何度か開催されている。

＊47 Christopher Alexander, Sara Ishikawa, Murray Silverstein, *A Pattern Language: Towns, Buildings, Construction*, Oxford University Press, 1977.『パタン・ランゲージ――環境設計の手引』(クリストファー・アレグザンダーほか、鹿島出版会、一九八四年)。

＊48 Christopher Alexander, *The Production of Houses*, Oxford University Press, 1985.(『パタン・ランゲージによる住宅の生産』クリストファー・アレグザンダー、鹿島出版会、二〇一三年)。

＊49 野中郁次郎(一九三五年〜) 知識経営理論を提唱した経営学者。一橋大学名誉教授、クレアモント大学ドラッカー・スクール名誉スカラー、カリフォルニア大学バークレー校経営大学院ゼロックス知識学特別名誉教授。カリフォルニア大学経営大学院(バークレー校)にてPh.D. 取得後、南山大学、防衛大学校、一橋大学、北陸先端科学技術大学院大学、一橋大学大学院教授等を経て現職。著書に『失敗の本質』(共著:一九八四年)、『企業進化論――情報創造のマネジメント』(一九八五年)、『知識創造の経営』(一九九〇年)、『アメリカ海兵隊――非営利型組織の自己革新』(一九九五年)、*The Knowledge-Creating Company: How Japanese Companies Create the Dynamics of Innovation*, 1995(邦訳『知識創造企業』、一九九六年)、『知識経営のすすめ――ナレッジマネジメントとその時代』(共著:一九九九年)『知識創造の方法論』(共著:二〇〇三年)、『イノベーションの本質』(共著:二〇〇四年)、『イノベーションの作法』(共著:二〇〇七年)、『イノベーションの知恵』(共著:二〇一〇年)、『流れを経営する――持続的イノベーション企業の動態理論』(共著:二〇一〇年)、『知識創造経営のプリンシプル――賢慮資本主義の実践論』(共著:二〇一二年)など多数。

＊50 SECI《セキ》モデル(SECI model) 野中郁次郎によって提唱された知識創造プロセスのモデル。知識変換の四つのモードである「共同化」(Socialization)、「表出化」(Externalization)、「連結化」(Combination)、「内面化」(Internalization)の頭文字を取って「SECI」モデルと呼ばれた。「共同化」では、経験を共有することによって、個人の暗黙知からグループの暗黙知を生み出す。「表出化」では、暗黙知が明確なコンセプトとして表される。そのとき、メタファーやアナロジー、コンセプト、モデルなどのかたちをとりながら、暗黙知が形式知へと変換される。「連結化」とは、コンセプトを組み合わせて一つの知識体系

をつくることである。そして、「内面化」は、形式知を暗黙知へと体化することである。このとき、書類、マニュアル、物語など言語化・図式化されたものの助けを借りて、メンタル・モデルやノウハウのかたちで内面化される。以上の知識変換が何度も生じることが、組織での知識創造において重要であるとした。詳しくは、『知識創造企業』（野中郁次郎、竹内弘高、東洋経済新報社、一九九六年）などを参照。

＊51　学びの対話ワークショップ（Experience Mining & Dialog Workshop with the Learning Patterns）　創造的な学びのパターン・ランゲージである「ラーニング・パターン」（学習パターン）を用いた対話型ワークショップ。参加者は、パターンを介して、お互いの経験について語り合う。二〇一一年より、慶應義塾大学SFC（湘南藤沢キャンパス）総合政策学部・環境情報学部（二学部合わせて一学年約九〇〇人）の初年次教育の一環として行われているほか、国内外の学会やカンファレンス、企業等で開催している。

＊52　組織学習（organizational learning）　環境の変化に対して組織の内部を変化させることによって適応し、また、逆に環境に働きかける能力を高めること。組織学習は、組織に属する個人の学習の寄せ集めではない。組織学習では、個人もメンタルモデルを変化させて学習するが、それだけにとどまらず、さまざまなレベルの組織単位での学習が生じる。その結果、組織のなかに知識・経験が蓄積され、構造や文化も変化していく。組織学習を引き起こすための方法として、「シナリオ・プランニング」などの方法がある。詳しくは、Peter Schwartz, *The Art of the Long View: Planning for the Future in an Uncertain World*, Crown Business, 1996（『シナリオ・プランニングの技法』ピーター・シュワルツ、東洋経済新報社、二〇〇〇年）、Arie De Geus, *The Living Company*, Harvard Business Review Press, 1997, 2002（『企業生命力』アリー・デ・グース、日経BP社、二〇〇二年）、Peter M. Senge, *The Fifth Discipline: The Art & Practice of The Learning Organization*, Crown Business, 2006（『学習する組織――システム思考で未来を創造する』ピーター・M・センゲ、英治出版、二〇一一年）参照。また、組織学習を社会システム理論的に捉えたものに、「コミュニケーションの連鎖としての組織と社会」（井庭崇『インターコミュニケーション』第五六号、二〇〇六年）がある。

＊53　ラーニング・パターン（学習パターン）は、もともとは慶應義塾大学SFC（湘南藤沢キャンパス）総合政策学部・環境情報学部で二〇〇七年に実施されたカリキュラム改定の際に、学生たちが自由度の高いカリキュラムのもとで「SFCらしい」学びを実現できるようにするための支援策として制作された。

*54 Takashi Iba, "Pattern Language 3.0: Writing Pattern Languages for Human Actions"（Invited Talk）, *the 19th Conference on Pattern Languages of Programs*（*PLoP2012*）, Arizona, USA, Oct., 2012.

*55 『アイデアキャンプ――創造する時代の働き方』（中西泰人、岩嵜博論、佐藤益大、ＮＴＴ出版、二〇一一年）。

*56 合宿キャンプは、アイデアキャンプを合宿形式で行うこと。『アイデアキャンプ』第三章参照。

*57 雑談キャンプは、オフィスのなかにある「オフィスらしくない場所」で雑談をすることによってアイデアキャンプを行うこと。『アイデアキャンプ』第三章参照。

*58 ブレイン・ストーミング（brain storming）　アレックス・オズボーンによって考案された集団発想法の一つ。場の雰囲気を萎縮させず、伸び伸びと多様なアイデアを出すことができるように、「判断の先送り」「自由な展開」「質より量」「組み合わせと改良」などのルールのもと、アイデアを出す。ブレイン・ストーミングについては、考案者による『創造力を活かす――アイディアを得る38の方法』（Ａ・オズボーン、創元社、二〇〇八年）のほか、『発想する会社！――世界最高のデザイン・ファームＩＤＥＯに学ぶイノベーションの技法』（トム・ケリー、ジョナサン・リットマン、早川書房、二〇〇二年）などでも重要な手法として取り上げられている。

*59 ブレイン・ライティング（brain writing）　アイデアの発散技法の一つ。ブレイン・ストーミングのようにアイデアを発言するのではなく、無言でアイデアを書き出していくという点に特徴がある。横に三つ、縦に六つのマス目を書き、このマスのなかにアイデアを書いていく。最初一番上の段の三マスに三つのアイデアを書き込み、五分経ったらその紙を隣の人に渡す。そして今度は、隣の人から回ってきた紙の次の段に、新しい三つのアイデアを書き込む。このように、すべての段のマスが埋まるまで紙を回していく。『ブレイン・ライティング――短時間で大量のアイデアを叩き出す「沈黙の発想会議」』（高橋誠、東洋経済新報社、二〇〇七年）などに詳しい解説がある。

*60 有名なものには、『アイデアのつくり方』（ジェームズ・Ｗ・ヤング、ＴＢＳブリタニカ、一九九八年）の「アイデアとは既存の要素の新しい組み合わせ以外の何ものでもない」（二八頁）という言葉がある。

*61 Raymond Queneau, *Exercices de style*, Gallimard, 1947.（邦訳『文体練習』レーモン・クノー、朝比奈弘治訳、朝日出版社、一九九六年、および『文体練習』レーモン・クノー、松島征ほか訳、水声社、二〇一二年）。

*62 「シンキングプロセスデザイン」は、慶應義塾大学ＳＦＣ（湘南藤沢キャンパス）で開講されている創造支援系科目（創造

技法科目―デザインと情報スキル）であり、中西泰人が担当している。

＊63 William Empson, *Seven Types of Ambiguity*, Chatto and Windus, 1930; 1953.（『曖昧の七つの型〈上・下〉』ウィリアム・エンプソン、岩波書店、二〇〇六年）。

＊64 松本隆（一九四九年～） 作詞家。元ロックバンド「はっぴいえんど」のドラマー。二〇〇〇曲以上の楽曲への詞の提供をしている、日本有数のヒットメーカーである。太田裕美「木綿のハンカチーフ」、イモ欽トリオ「ハイスクールララバイ」、寺尾聰「ルビーの指環」、松田聖子「赤いスイートピー」「ガラスの林檎／SWEET MEMORIES」、近藤真彦「スニーカーぶる～す」、薬師丸ひろ子「探偵物語／すこしだけやさしく」、氷室京介「魂を抱いてくれ」、C-C-B「Romantic が止まらない」、竹内まりや「SEPTEMBER」、KinKi Kids「硝子の少年」「ジェットコースター・ロマンス」「ボクの背中には羽根がある」など多数。

＊65 本江正茂（一九六六年～） 建築家。東北大学大学院工学研究科都市・建築学専攻博士課程修了、博士（工学）。現在、東北大学災害科学国際研究所准教授。著書に、『プロジェクト・ブック』（共著：二〇〇五年）など。

＊66 守破離（Shuhari） 茶道・武道・芸術等の修行における教え。まずは、師の型（流儀）を徹底して行い、その型を「守る」ことから始まる。そしてそれを極めたら、他流の型をも取り込みながら自分なりの型を見出し、それまで守ってきた型を「破る」。そして最終的には、それらの探究を通じて独自の道を拓き、型から自由になり「離れる」ことになる。

＊67 S. Grabow, *Christopher Alexander: The Search for a New Paradigm in Architecture*, Routledge&Kegan Paul, 1983.（『クリストファー・アレグザンダー――建築の新しいパラダイムを求めて』スティーブン・グラボー、工作舎、一九八九年）。

第3章

政策言語＝政策デザインの
パターン・ランゲージをつくる

竹中平蔵 × 井庭 崇

竹中平蔵（たけなか　へいぞう）

1951年生まれ。慶應義塾大学総合政策学部教授、慶應義塾大学グローバルセキュリティ研究所所長。経済学博士。一橋大学経済学部卒。日本開発銀行、大蔵省財政金融研究所主任研究官、ハーバード大学客員准教授等を経て、現職。2001年小泉内閣で経済財政政策担当大臣、2002年に金融担当大臣、2004年には郵政民営化担当大臣を兼務。2005年総務大臣。この間、2004年に参議院議員。2006年小泉内閣の解散とともに辞職。著書に『研究開発と設備投資の経済学』（1984年、サントリー学芸賞受賞）、『対外不均衡のマクロ分析』（1987年：共著、エコノミスト賞受賞）、『日米摩擦の経済学』（1991年）、『民富論』（1995年）、『経済ってそういうことだったのか会議』（2000年：共著）、『構造改革の真実——竹中平蔵大臣日誌』（2006年）、『闘う経済学——未来をつくる［公共政策論］入門』（2008年）、『改革の哲学と戦略——構造改革のマネジメント』（2008年：共著）など。

【井庭】今日は竹中平蔵先生にお越しいただきました。竹中先生は、みなさんご存知のとおり、ハーバード大学や慶應義塾大学で研究・教育に従事するというアカデミックな立場から、経済財政政策担当大臣や金融担当大臣、総務大臣など複数の大臣を歴任し、参議院議員も務められ、政策の現場に直接関わってこられました[*1]。今日は、竹中先生と「政策言語」をつくることを試みたいと思います。「政策言語」とは、別の言葉で言うと、「政策デザインのパターン・ランゲージ」です。政策デザインにおける実践知を共有するためのメディアをつくるということです。

パターン・ランゲージとは、問題発見・解決の実践知を言語化して共有するための方法で、もともとは建築の分野で提唱されたものです。この方法は、のちにソフトウェア・デザインの分野で大ブレイクして、さらに他のデザイン領域にも応用されています。パターン・ランゲージをつくるメリットは、デザインをする際の思考のビルディング・ブロックをつくり、コミュニケーションの語彙をつくることができるということです。今回竹中先生と一緒に取り組む「政策言語」、つまり政策デザインのパターン・ランゲージをつくるという試みは世界で初めての試みですが、僕はうまくいくと見込んでいます。

実は、僕は竹中平蔵研究室の出身です。学部三年生のときから博士課程まで研究の指導をしていただきました。とはいえ、僕は経済学や経済政策の研究はほとんどやっていません。僕が竹中先生から何を学んできたかというと、「問題発見・解決」の姿勢と、徹底した「分析」、そして、それを「わかりやすく説明する」ことだと思っています。最近はゆっくりお話しする機会がなかったので、ここ数年間、僕がどのようなことに取り組んできたのかについても紹介できればと思っています。それでは、今日はよろしくお願いします。

【竹中】みなさん、こんにちは。竹中平蔵です。今日は非常にチャレンジングな企画に呼んでいただいて、私自身もワクワクすると同時に、いったい何をやってよいのか、あまりよくわからないなと思いながらこの場に来ました（笑）。いまのご紹介にもありましたが、井庭さんは私のゼミに所属して、私がとてもできないようなことを、私を超えて新しい分野にチャレンジしてくれました。大変頼もしい若手の研究者だと、常に尊敬をしています。

二〇〇一年に私が小泉内閣に入って経済財政政策担当大臣になったときに、実は小泉さんからアイデアをいくつか求められて、そのとき井庭さんが出してくれた二つのアイデアがそのまま採用されました。メールマガジンとタウンミーティングです。[*2] 小泉内閣メールマガジン[*3]は、最終的には発行部数が二〇〇〜三〇〇万部で、一部の大新聞に匹敵する部数になりました。当時、ホームページをつくることは誰でも考えたことですが、井庭さんは「メルマガにしましょう」と言ったのです。二〇〇一年当時に、政府が総理大臣の名前でメルマガを発行するというのは非常に斬新なアイデアでした。もうひとつは、タウンミーティングです。[*4] 小泉内閣のときにタウンミーティングを行いましたが、そのアイデアを出してくれたのも井庭さんでした。

井庭さんは、研究会でも複雑系[*5]の考え方を取り入れて経済の問題を解決するというチャレンジングな試みをしてくれて、私にとっても刺激的な存在でした。今日はその井庭さんが、またチャレンジングなことをされるというので、私としては「素材」を提供して、それをどう「料理」してくださるのかは井庭さんにお任せしたいと思っています。

政策の仕事に実際に携わってみて考えたことがいくつかあります。それは、たとえばハーバード・ビジネススクールには、ビジネスのケースをつくって、そのケース・スタディを通してMBA（経営学修士）を取るというハーバード・メソッドがあります。[*6] それと同じことを政策でもできないかと、大臣をしながら考えていました。今日の話も、そのための突破口になるのではないかと期待しています。

今日のお題である「政策言語」とは、ケースから何らかのパターンを導きだすことだと思います。「政策デザインのパターン・ランゲージ」を引き出してくれることは、私としても大変ハッピーで、素材はいくらでも提供したいと思いますので、料理の方をよろしくお願いします。

【井庭】 ありがとうございます。いま、とてもなつかしい話をしていただきました。メールマガジンもタウンミーティングも、どちらも違う分野で行われていることをもってきて、新しい組み合わせをつくりだすということをしました。クリエイティブな発想の基本ですね。まさに、シュンペーター[*7]の言う「新結合」[*8]のようなことをしたわけです。

メールマガジンについては、一般の方々の政治への関心が薄れているなか、どのようにしたら政策についてのコミュニケーションを誘発し、生活の一部として感じてもらえるのか、を考えました。当時、イギリスではブレア首相がホームページで政策へのコメントを出していましたが、日本で同じことをしても、わざわざ見に行く人はほとんどいないだろうと思いました。そこで、普段から仕事や友人とのやりとりに使っている電子メールを使うのがよいのではないかと考えたのです。友達からのメールと並んで、内閣総理大臣からのメールがある――そういう状況をつくることができれば、政策や政治が、より身近な存在として認識されるようになるだろうと考えたのです。

タウンミーティングも同じように、政策についてのコミュニケーションをどう活性化できるかを考え、発想しました。人気のあるバンドは、全国ツアーをしますよね。一番ホットなときに東京だけでライブをしていたらファンは怒るわけで、北海道から九州まで全国ツアーをするわけです。一番売れているときこそ全国をまわる。同じことを政治家もすべきではないか、そう考えました。選挙のときに票を集めに行くのではなく、政策をつくっているときに、政策について話し合いに行くことが重要だと考えたのです。

今日の話も、政策についてのコミュニケーションを誘発するメディアとして「政策言語」をつくるという点で、それらと目的は近いと言えます。そして、他分野の考え方・方法を政策分野に取り入れ「新結合」させるという点でも共通点があります。パターン・ランゲージは、建築の分野で生まれ、ソフトウェアの分野で発展してきた方法です。それを政策の分野に使おうという人は、これまで誰もいませんでした。今日はそういう新しい創造ができればと思っています。

パターン・ランゲージをつくるということとは、問題発見・解決の知をまとめるということです。そのため、パターン・ランゲージの作成においては、個別ケースから抽象化して本質を突きつめていくことが求められます。しかも、そこで得られた本質にわかりやすく魅力的な「名前」（パターン名）を付けていきます。竹中先生はまさにそのようなことを普段からやっておられるので、「政策言語」をつくる最初のステップを一緒に踏み出すことができると確信しています。

■パターン・ランゲージと政策言語

【井庭】それでは、政策言語とは何かという点から始めたいと思います。そのためにはまず、パターン・ランゲージとは何かについてお話しする必要があります。パターン・ランゲージは、もともと建築の分野で一九七〇年代にクリストファー・アレグザンダー[*9]という建築家が考案したものです。アレグザンダーは、関連する三つの問題意識から、パターン・ランゲージの方法に行き着きました。

問題意識の一つ目は、近代化によって町や家が工業製品のように製造されていて、古きよき町が持っていた「質」、つまり、統一感や調和、美しさというものが損なわれてしまっているというものでした。時間の経過によって自然と成長してきた町に備わっている質をどうつくることができるのかを考えたのです。

二つ目は、デザインをする際に、「複雑さ」にどう対峙していけばよいのかということです。世の中が複雑になって多様化していくと、デザインをする際に本当に多くのことを考慮しなければならなくなります。そうした場合に一人ひとりのデザイナー、あるいはチームがどのようにその複雑さに対応していけばよいのか——どのように複雑性の縮減をしていけばよいのか——を考えなければならないというわけです。

三つ目は、町や家をつくるときに、そこに住む人たちが「参加」できるようにするためにはどうすればよいのか、ということです。現代では、町や家をつくるとき、そこに住むわけではない外部の専門家が設計をします。しかし、そういうやり方では、そこに住む人たちに本当にフィットするものをつくることはできないと、アレグザンダーは考えました。住む人たちも、単に「こうしてほしい」という要求を言うのではなく、つくるプロセスに本当の意味で関わっていくためには、それを可能とする工夫・仕組みが必要だというわけです。

この三つの問題意識から、パターン・ランゲージが考案されました。パターン・ランゲージは、古きよき町が持っていたような「質」を生みだすことを支援し、デザイン行為における「複雑さ」の問題を軽減し、住民たちが「参加」してつくることを支援するのです。

これらの問題意識を聞くと、僕はフリードリッヒ・ハイエク[*10]の考えに通じるところがあると感じます。社会の秩序を中央集権的に決めるのは、情報の観点からも複雑さの観点からも不可能であり、**自生的秩序**こそが大切だとした考え方です。ハイエクは経済学者・社会哲学者ですが、アレグザンダーは建築家なので、思想・理論をつくるだけでなく、実際にそのようなデザインを実践するための具体的な「方法」を生みだす必要がありました。

デザインすることの本質を突きつめていくと、その「状況」(コンテクスト)において生じる「問題」を「解決」することだと、アレグザンダーは考えました。つまり、デザインとは、問題発見・解決のことだと考えたのです。そこで、どのような「状況」(コンテクスト)でどのような「問題」が生じやすく、それをどう「解決」すればよいのかの知識を、ひとつのパターンとしてまとめ、それをたくさんつくって互いに関係づけました。それがパターン・ランゲージです。こうして、アレグザンダーは町づくりや建物のデザイン、すなわち問題発見・解決の知を二五三のパターンにまとめ、それを収録した本を出版しました[*11]。一九七〇年代後半のことです。

どのようなものがあるのかを、実際にいくつか紹介したいと思います。ここで紹介する最初のものは、「歩行路の形」[*12]というパターンです（fig 3-1）。道というと、現代の町では直線的なものがほとんどです。道の境界を表す二本の線が平行に続いていきます。このような形の空間は、パイプのように、中のものをとにかく外へ外へと送り出していくように働きます。そうすると道に留まりにくくなり、居心地が悪くなります。しかし、昔は道がそこまで整備されておらず、膨らんだりデコボコしたりしていたものです。実はそのような形の方が、ちょっと休憩したり、知人と話したりすることができ、町としてはいきいきすることにつながります。つまり、道の形を変えると、ゆるやかな公共性のようなものを促すことができるのです。これが「歩行路の形」というパターンです。

次に紹介するパターンは、「冒険的遊び場」[*13]です。これは、子どもたちが自由に遊ぶことができる場をつくるというパターンで、僕がすごく好きなもののひとつです。現代の公園のようにどんなに立派な遊具が提供されていたとしても、それが「与えられたまま」でしか使えない遊具では、子どもたちは想

自生的秩序（spontaneous order） 各構成要素が、全体を統括する何者かの指図を受けずに、自律的に振舞った結果、形成される秩序のこと。自生的秩序は、人の行動の結果ではあるが、意図や設計の結果ではない。例としては、言語や道徳などがこれにあたる。『法と立法と自由（一）――ルールと秩序』（一九七三）［ハイエク、春秋社、二〇〇七年］参照。また、より広い意味では、自然発生的・自発的に秩序が形成されることを指し、複雑系科学等でも研究がなされている。『自己組織化と進化の論理――宇宙を貫く複雑系の法則』（一九九五年）［スチュアート・カウフマン、日本経済新聞社、一九九九年］参照。

平行する直線による歩行路

絶えず歩行者を外へ外へと押し出す力が働いている。

ふくらみのある歩行路

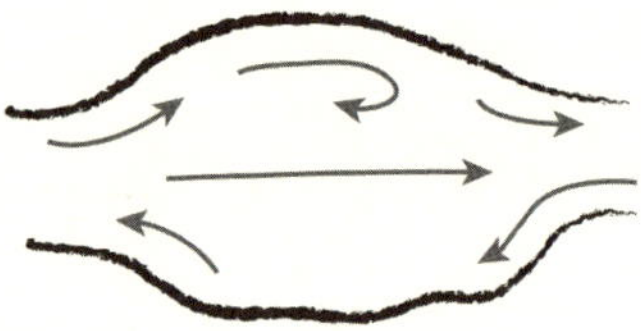

歩行者はただ通り過ぎることもできるが、ふくらみの部分で休憩したり、出会った人と話し込んだりすることができる。

fig 3-1 「平行する直線による歩行路」と「ふくらみのある歩行路」

像力を育むことができません。そこで、縄や石などいろいろなものを組み合わせて自分たちなりの「遊び」や「場」をつくることができる環境を用意します。そういう遊び方が許されている「冒険的な遊び場」があれば、子どもたちが想像力を駆使して自分たちの世界を構築し、想像力を豊かにすることができます。それこそが遊びがもたらす子どもたちの成長です。僕らも子どものときに、空き地に基地をつくったりしましたよね。そういうことができる場を、町のなかにきちんと設けようというパターンです。

最後に「公共度の変化」[*14]というパターンを紹介したいと思います。このパターンでは、人によってはオープンでいたい人もいれば、なるべくひっそりと暮らしたい人もいます。公共度に対する選好は人によって異なるため、町のすべてをオープンにしたり、すべてクローズドにしたりするのは極端な考え方だと言えます。町をつくるときには、そのような選好の多様性を考慮した設計にしよう、というのがこのパターンです。

このように、アレグザンダーがつくったパターン・ランゲージでは、どのような空間設計によって、どのように「いきいきとしたコミュニティ」をつくることができるのかが言語化されているのです。アレグザンダーは、デザインの最終目的は「形」(フォーム)であると言いました。[*15]建築家の彼にとっての「形」とは建築における空間的な形を意味します。僕は、フォームという言葉をもっと広く、「やり方」(フォーム)の意味に解釈して、人間が何かをつくったり実践したりするときのやり方のデザインにもパターン・ランゲージの方法が適用できると考えています。今日の話で言えば、政策をデザインする、つまり、いきいきとした社会をつくるためのやり方(フォーム)について、抽出して記述することができると考えるわけです。

【竹中】大変興味深い。パターン化することはとても有益であり、必要だと思います。そのうえで、疑問がひとつあります。たとえば、町をつくる・コミュニティをつくるという場合に、私が毎日暮らすような町をつくるのと、老後を過ごすリゾートのような町をつくるのと、違いますよね。つまり、コミュニティそのものにいくつかのタイプがある場合、その問題はこの枠組みのなかではどのように解決するのですか？

というのは、政策はすごく多様です。たとえば、不良債権の処理という政策と郵政の民営化という政策では、さまざまな意味でまったく異なるのです。その政策は、国会で決めなくてはいけないのか、国会で決めなくてもよいのかという点でも違っています。そのような問題が当然コミュニティにもあると思うのですが、この枠組みのなかではどのように整理されるのでしょうか。

【井庭】その問いには、「普遍的なものを書く」ということと「タイプごとに書く」ということの二つの答え方があって、パターン・ランゲージではその両方が採用されています。

まず、いろいろなタイプの町や政策があるとき、パターン・ランゲージでは、それらに共通する普遍的なものを記述していきます。普段暮らす町でもリゾートの町でも、よい町であるからには満たしているべき共通のパターンがあるはずです。たとえば、先ほどの「歩行路の形」というパターンは、どのような種類の町にも言えることでしょう。政策の例で言うならば、不良債権処理と郵政民営化が政策である以上共通している側面があるはずです。それをパターンとして書くわけです。パターンは抽象的に書かれるので、そのようなことが可能となります。

それとは別の方向として、それぞれのタイプごとにパターンを書くということもあると思います。たとえば、リゾートの町だからこそのパターンがあり、民営化だからこそのパターンもあるでしょう。それは、そのような種類のパターンとして書かれるわけです。そのパターンが用いられる領域や有効範囲を「状況」の項目に明示することができるので、タイプごとに書き分けることができます。

このように、タイプによらず普遍的に存在するパターンと、それぞれのタイプで見られるパターンを両方書いていくのです。

【竹中】 なるほど、よくわかりました。

【井庭】 多様性という話が出たので、人びとの選好の多様性についても触れておきたいと思います。人びとが多様な選好を持っているのは、紛れもない事実だと思います。だからこそ、外部の人が一方的に決めるのではなく、そこに住む人たちがどのような町にしたいのかを話し合いながらつくっていくことが重要になります。そのとき、専門家も入って議論しますが、そのようなコラボレーションを実現するための共通言語がほとんどないのが現状です。そこで、単に要求を言ったり批判したりするのではなく、パターン・ランゲージを共通言語として建設的な話し合いをしようというのが、アレグザンダーの提案なのです。自分たちにとっての「よいコミュニティ」とはどのようなものなのかをみんなで考えてつくっていく。多様性があるからこそ、パターン・ランゲージという共通言語が必要になるのです。

政策言語も同様です。社会のあり方や未来の方向性についての考えが多様だからこそ、それらを言語化して、コミュニケーションをとる必要があります。誰かに要求や批判を言うのではなく、自分たちで建設的な議論を積み重ねていくために、政策や社会について語り合うための共通言語が必要となります。しかも、実際に政策をデザインできるようになるためには、キーワードを共有するだけでは足りません。

そこで、実際につくることにつながる「デザイン」（問題発見・解決）の知を記述したパターン・ランゲージが重要になるのです。

いきいきとして多様性がありながら調和がとれている全体としての社会をどのようにつくるのか。そして、そのような社会を実現するための政策はどのようにつくればよいのか。さらには、人びとが自分たちで自分たちの社会や未来をつくることをどのように支援することができるのか。それらのひとつの答えとして、「政策言語」というパターン・ランゲージをつくりたいと思うわけです。

■ 政策言語のつくり方

【井庭】 政策言語を構成するパターンには、いくつかの種類があると考えています。アレグザンダーの建築のパターン・ランゲージが「町」「建物」「施工」の三種類に分かれるように、政策言語は「社会」「政策」「政策形成」などの種類に分かれることになると思います。

一つめの「社会」についてのパターンは、自生的でいきいきとしている社会の構造はどのようなものなのかについてのパターンです。二つめの「政策」についてのパターンは、優れた政策とはどのようなものかについてのパターンです。三つめの「政策形成」についてのパターンは、どのような政策形成プロセスがよいのかについてのパターンです。

これから竹中先生にお話を伺うなかで、パターンの要素となる「状況」（コンテクスト）、「問題」（プロ

パターンの種

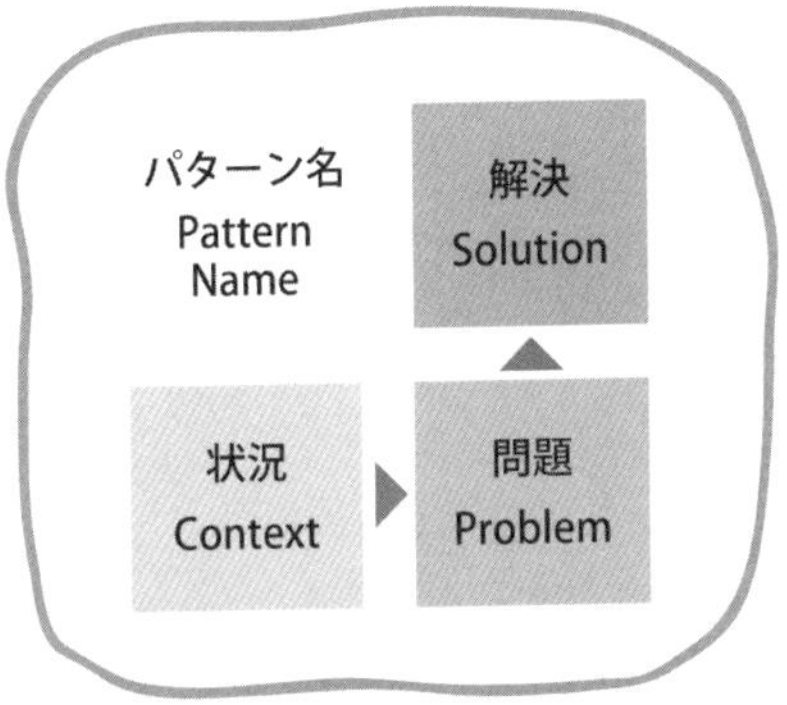

どのような「状況」（Context）で、どのような「問題」（Problem）が生じやすく、それをどのように「解決」（Solution）すればよいのか、というセットに「パターン名」（Pattern Name）をつける。

fig 3-2 「パターンの種」の構成要素

ブレム）、「解決」（ソリューション）を抽出して、書き出していきます。[*16] 最初からすべての項目が埋まるとは限りませんが、話を行ったり来たりしながら、最終的にはこれらの要素を揃えていくことになります。つまり、各パターンに、どのような「状況」でどのような「問題」が生じやすく、それをどのように「解決」すればよいのか、が記述されることになります。そして、これに「パターン名」（パターンの名前）を付けます。この「状況」「問題」「解決」と「パターン名」のセットが、政策言語のパターンの核となります。これの最低限のセットを僕は「パターンの種」と呼んでいます（fig 3-2）。

今回の対談では、パターンの種をつくることで終了となりますが、完全版の政策言語では、さらにいくつかの要素が加

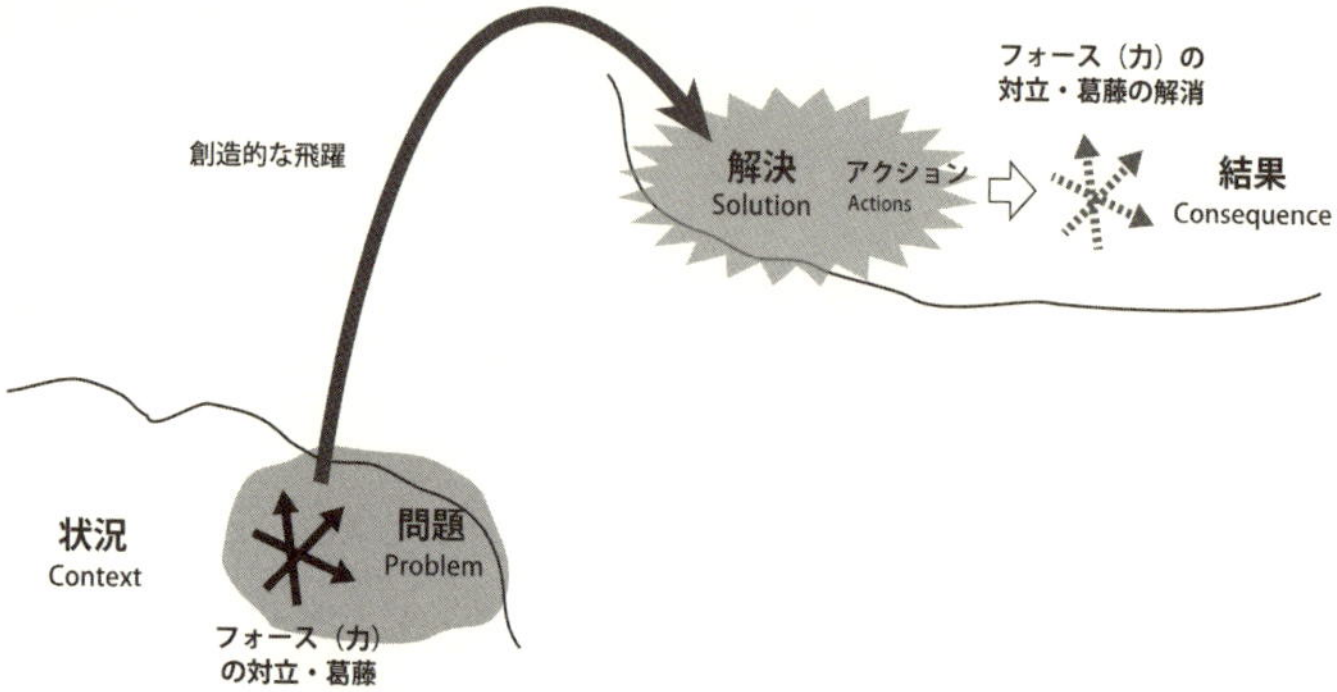

fig 3-3 「パターン」の構成要素のイメージ

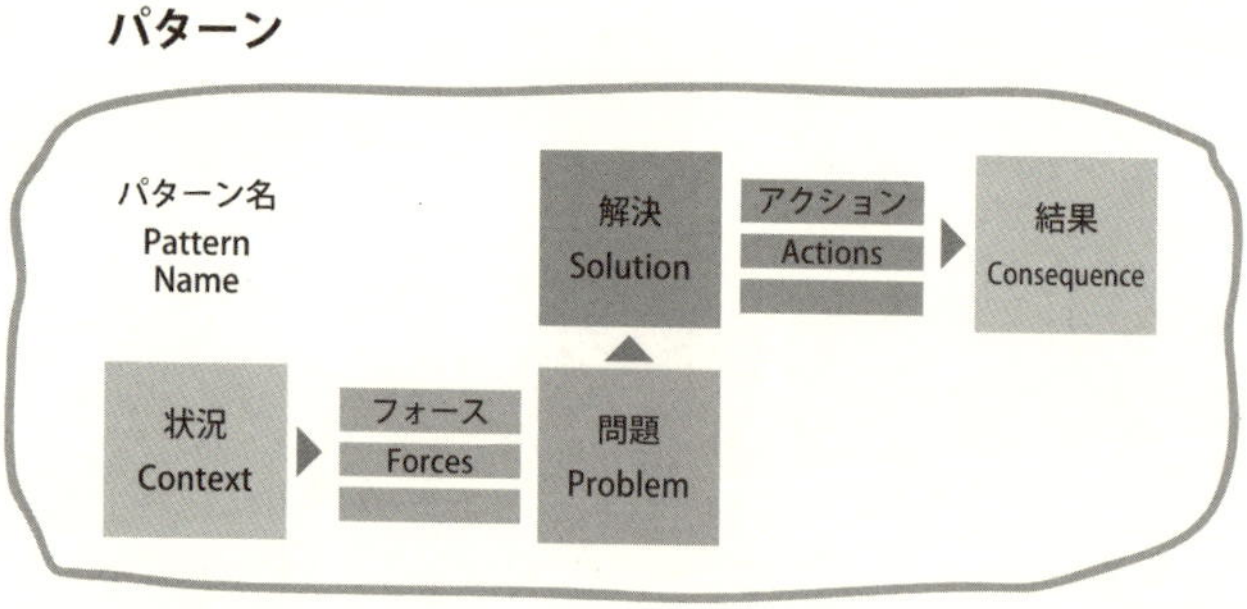

ある「状況」（Context）において、どのような力=「フォース」（Forces）が働いて「問題」（Problem）が生じるのか。そして、それをどのように「解決」（Solution）すればよいのかを、具体的な「アクション」（Actions）とともに示し、それがどのような「結果」（Consequence）を引き起こすのか。それに「パターン名」（Pattern Name）をつけたものが、パターン・ランゲージのパターン記述である。

fig 3-4 「パターン」の構成要素

わります(fig 3-3、3-4)。まず、「問題」に付随して、その問題を生じさせている背後にある力・法則について加えます。これは、パターン・ランゲージの用語では「**フォース**」(力)と呼ばれます。いくつものフォースが関係しているため、その問題の解決が難しくなっているというわけです。

そして、「解決」に付随して、その解決策をどのように実行するのかという具体的な方法の例を加えます。これを僕は「**アクション**」と呼んでいます。アクションは、あくまでも解決策をイメージしやすくするための例であって、このとおりにしなければならないということではありません。

さらに、その「解決」の結果、どのような状態・事態になるのかという想定についても加えます。これは「**結果**」(コンセクエンス)と言います。結果には、ポジティブなものと、ネガティブなものがあります。ポジティブな結果とは、問題が解決されたということです。ネガティブな結果とは、その解決によって新たに生じる状況・問題のことです。政策を実行したとき、その副作用として別の新しい問題を

フォース(force) ある状況で生じる《問題》の背後に働いている力のこと。《問題》の背後には複数の力が対立して存在しており、そこに緊張状態が生じるが、それらの力を無くすことは原理上できない。しかし、パターンの提唱する解決は、この力の対立を巧みに解消する。パターンの記述においては、フォースとして明示される場合もあるが、《問題》の文の一部に含まれることもある。

アクション(actions) 抽象的に書かれている「解決」を具体的にはどのように行えばよいのかの例。

結果(consequences) 「解決」が実践されるとどのような結果になると予想されるのか。結果には、問題が解決されるというポジティブな結果と、副作用によるネガティブな結果とがある。

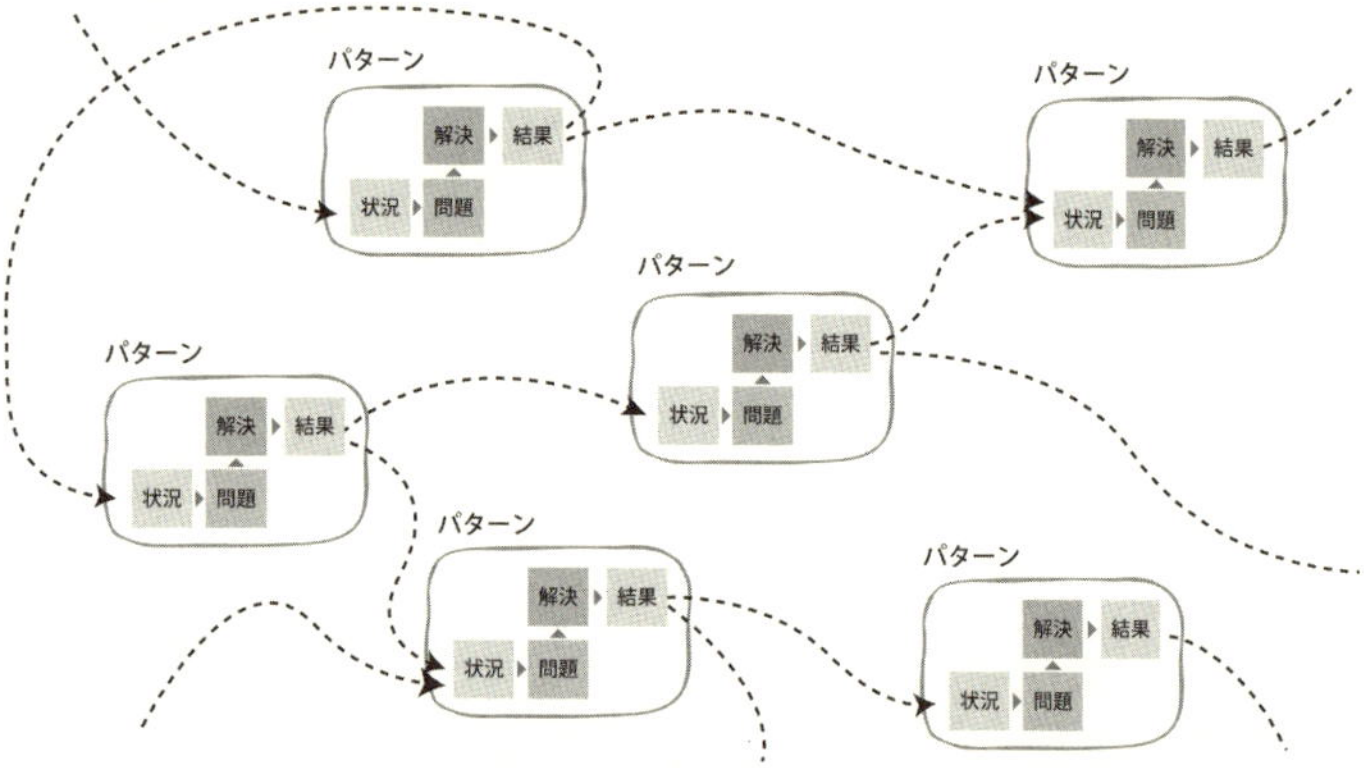

あるパターンを適用すると、新しい「状況」が生まれる。これには、「問題」が「解決」するというポジティブな側面もあれば、副作用によって新しい「問題」を引き起こすというネガティブな側面も含まれる。パターンの「結果」は他のパターンの「状況」につながっていくため、「結果」（Consequence）は「結果の状況」（Resulting Context）と呼ばれることがある。

fig 3-5　パターン・ランゲージにおけるパターン間の関係

生じさせてしまうことがあります。これが、ネガティブな結果です。ネガティブな結果は、別のパターンの「状況」につながっていきます。そうやって、個々のパターンがつながり、ゆるやかな体系をなしていくのです（fig 3-5）。

この「状況」「問題」「解決」というパターン形式で書いていくと、抜けている部分があると一目瞭然です。政策がもたらす「解決」だけでなく、その背後にある「問題」についても必ず明示しなければならなくなります。パターン名は、それだけ見ればスローガンやジャーゴンと似たようなものに見えてしまうかもしれませんが、それに付随して、「状況」「問題」「解決」が明示されるという点で大きく異なります。「それらしい解決策だけ主張していて、問題や状況について触れていないものは怪しいぞ」という目を持つことができるようになります。その意味で、政策言語をつくることは、政策デザインにおけるコミュニケーションを円滑にするだけでなく、政策についての鋭い目を養うことにもなるのです。

【竹中】いまの話、私がずっと考えてきたことと驚くほど重なるので、大変楽しみです。実は私も「政策デザインワークショップ」[*17]の授業で、「何が問題か?」（what's the problem?）、「解決策は何か?」（What's the solution?）、「どのような結果になるのか?」（what's the consequence?）と言います。政策とは、必ず何らかの問題があるからやるわけですね。問題がなかったら政策を行う必要はないわけです。

そして、お医者さんが治療をしたり、薬を与えたりするのと同じで、副作用の無い薬なんてありえません。必ず何かが起こる。その副作用が瑣細《ささい》なものであれば放っておいたらよいし、そうでない場合は別の解決策があるかを考える。別の解決策がないのであれば、生じる副作用を抑えるような薬も出さなければならない。そういうことを繰り返しながら考えていかなければならない。

そして何よりも政策は、民主主義という非常に特別なプロセスの合意形成を経ないと決定できません。どんなに素晴らしい解決策であっても、民主主義のプロセスを通さなければ、まったく意味がないのです。理想的な解決策を求めながら、非常にリアリスティックな解決策であることが求められる。

だから、いまの井庭さんの話はとてもピンときます。あとは、これから、どのようにつくっていくかですね。いくつか格言的に言われていることもあれば、わりと政治科学のプロセス論などで実証されていることもありますから、こういう考え方があるということを私の方からお話しして、それを整理していただくという進め方でどうでしょうか。

【井庭】そうですね、そうしましょう。

どのような政策がよい政策か

【竹中】はい。まず「どのような政策がよい政策か」とよく聞かれるのですが、私は最初に「わかりやすくシンプルな政策がよい政策だ」と言います。複雑な政策は、民主主義社会においては悪い政策だと思います。非常にきめ細かな基準がたくさんあると、そのことを多くの人は議論できないので、結局それがわかっている人たちだけが政策を牛耳って、結果的にその人たちの利害に歪められてしまいます。

いまの地方交付税の制度などがその典型です。地方交付税の配分基準なんて誰にもわからない。電話帳みたいな細かい配分基準があって、それをひとつずつ鉛筆をなめながら決めていて、各市長や県知事が総務省や自治省の役人に陳情することを繰り返しているわけです。複雑でよくわからないから一部の人びとだけのなかで成り立ってしまっているのです。だから、シンプルな政策は、やはりよい政策だと思うのですね。

他によく言われるのは、「ゴミ箱（garbage can）をひっくり返せ」ということです。政策を実行するとき、実は準備万端に状態を整えてから実行するということはほとんどないのです。多くの場合、急に問題が出てきて、即座に対応しなくてはならない。そのような場合には、近くにある「ゴミ箱をひっくり返せ」と言われます。そのゴミ箱のなかには、さまざまなエコノミストの案やシンクタンクの提言などが入っている。よいものも悪いものも混在している。あらゆるアイデアを引っ張りだして、参考になるものを探せ、ということです。

逆に言うと、アイデアのゴミ箱を常にたくさん持っていなければいけない。フロンティアの考えも、そのなかに入ってくるわけです。アイデアのごみ箱や素材をたくさん持つのは一つのポイントだと思います。

政策は、動き出すときは一気に動くのです。どんなに立派な政策であっても、社会のムードが高まらなければまったく動きません。たとえば、地震や災害に対する政策は、実際に地震や災害に直面しないとおそらく動かないのですよ。反対に、どこかで大きな地震が起きて、その直後に掲げたら即座に動きますよね。このことをかつて政策科学の専門家は「政策の窓」(policy window)がひらくと言いました[*18]。

不良債権処理のときも、それを実際に実行するかどうかについて、みんな最初は周囲の様子を見ています。最初は非常に低く雲が垂れ込めているような状況なのですが、どこかに小さな穴が空きそこから陽の光が見えて、あそこに向かって進むのだという状況に変わったら、今度は先を争うようにみんな動き出します。社会全体も動くのです。だから、公的資金注入のときも、当初はみんな状況がわからなくて、反対を唱えたりするのですが、実際に公的資金を注入し始めたら「もっとやれ」と風向きが一気に変わる。ですから、最初にどのように「政策の窓をひらく」のかが、実は政策を決めていくうえではとても重要です。

それと「政策の窓をひらく」にあたっては、当然のことですが、リーダーの役割が重要です。リーダーの情熱《パッション》が見えるかどうかが、政策を実行する際の重要なポイントになる。小泉さんは「郵政民営化のためなら俺は死んでもよい」と政治生命を賭けて、本当に周りの人にもそう見えたわけですね。リーダーの情熱に誰もが巻き込まれていったわけです。

このことについては、面白いアンケート調査があります。二〇〇五年九月一一日に郵政民営化の是非を問う総選挙があったのですが、その後に、ある政治学者がアンケート調査を行って、「あなたは郵政民営化に賛成ですか、反対ですか？」と訊きました。すると、賛成と答えた方が多いけれども、反対に比べてそれほど多いわけではない。しかし、選挙は圧倒的に賛成側が勝った。「ではなぜあなたは小泉さんの自民党に投票したのか？」と訊くと、「小泉さんがあそこまで言うなら、やってみたらよい」という答えが多数だったわけです。このように、トップが本気だというメッセージは、実はすごく重要なのです。

そのことと対になるのが「戦略は細部に宿る」という点です。以前、民主党の菅直人元首相は「強い経済、強い社会保障をつくる」と主張しましたが、このことには誰も反対しないですよ。「弱い経済をつくれ」「弱い社会保障をつくれ」と言う人は誰もいません。でも、強い経済をつくるにはどうしたらよいのかという、キーの部分が何もわからない。

「戦略は細部に宿る」という点のわかりやすい例は、不良債権処理の問題です。不良債権の処理というと、原則として不良債権をたくさん持っている銀行は反対しますが、一般の方は不良債権の処理に賛成するわけです。でも、不良債権の処理を実行するには具体的にどうしたらよいのかが、実は誰にもわからなかった。これは本当の話ですが、当時、私は日本の名だたる金融の専門家に訊いてみたのです。あでも、誰もわからないのですよ。そのときに誰が教えてくれたと思いますか。それは、実務家です。ある二人の実務家がよいことを教えてくれた。たとえば「不良債権がどれだけあるのかを計算し直すことだ」と言うので、「計算はきちんとしているでしょう?」と言ったら、「いや、ディスカウント・キャッシュフローという方法でどこも計算している」と言うわけです。「ところが、ディスカウント・キャッシュフローをするときに、割引率をどのくらいに設定するかによって額はかなり異なってくる。だから、割引率をどのように決めるかというガイドラインを厳しくつくればよい」と言うのです。それで、ガイドラインをつくった。それだけではなく、そのガイドラインを金融庁の検査マニュアルに反映して、それで検査する体制をつくったわけです。これはすべて実務の話です。この二つの方法があったから不良債権処理はできたのです。これは金融の専門家から出てきたのではなく、実務家から出てきた。これが「戦略は細部に宿る」の典型です。

ひとしきり素材だけ出させていただきましたので、井庭さんに料理をしていただきたいと思います。

【井庭】はい。「シンプルな政策」「ゴミ箱をひっくり返す」「政策の窓をひらく」「リーダーのパッションン」「戦略は細部に宿る」というお話がありました。これらは、そのままパターン名にしましょう。とてもわかりやすく、キャッチーです。「問題」や「状況」についてまだ明確にはなっていないものもあるので、いろいろと質問をしていきたいと思います。

■政策に関わるそれぞれの主体

【井庭】「ゴミ箱をひっくり返す」必要があるのは、政策は急につくらなければならなくなるからですね。それでは、「政策の窓をひらく」のはどうして必要なのでしょうか？

【竹中】解決しなければならない問題は常にたくさんあります。でも、すべてを解決することはできなくて、実際に何を実行するのかは自ずと決まってくるわけです。いま何をやらなくてはならないか、つまり何をまな板の上にのせるのかを決定することが重要なのです。

やらなくてはいけない政策はたくさんありますが、その多くはまな板の上にのらないのです。「まな板の上にのる」ということは、国会で審議されることでもあるし、マスコミでも議論されるし、世論調査をすれば国民の関心が高いということでもある。だから、いかに自分たちの政策をまな板の上にのせるか、そういう状況をいかにつくっていくかが重要です。「政策の窓をひらく」ためには、たとえば有力者が発言するとか、何か事件が起こったときにそれをプレイ・アップして、それをきっかけにして問題提起をするといったことが重要になるのです。

みんな、要するによくわからないのです。プレイヤーのなかに政策の内容がよくわからない人がいる場合には、誰かが方向性をきちんと示さないといけないのです。先ほどの不良債権の処理の話に戻りますが、誰もが処理しなければいけないように思うけれど、処理したらまた別の問題が生じるかもしれないと迷っているときに、誰かがリーダーシップを発揮して、不良債権処理のためには公的資金を注入する以外に選択肢がないという動きを生み出せば、多くの人がそちらの方向に流れていきます。

つまり、この世の中の仕組みとはことほど左様に、大部分の人が大勢についていくということなのです。誰に投票するのかを決めるときもそうです。誰が総理大臣としてふさわしいのかではなく、みんなが勝ち馬に乗ろうとしていくわけですよね。

【井庭】 なるほど。そうやって「政策の窓をひらく」のですね。たくさん問題があってよくわからないままでは政策を進めることはできないので、まな板の上にのせなければならない。小泉さんは、政策やアジェンダの設定がうまかったと言われていますが、それはたとえばどういうことなのでしょうか？

【竹中】 私が対応したひとつの例は、経済財政諮問会議[*19]という公開の場をつくって、そこで特別な利害に左右されない民間議員四人の声を合わせて、「この特別会計のシステムがおかしい」といったことを遠慮なく言うのです。すると、財務大臣は官僚の命を受けてそれに対して反論するわけですが、そのやりとりが公開されると「やっぱり改革しなければいけない」「財務省はすごく官僚的だ」というムードができます。そのムードが盛り上がった頃に、最後に総理に総理指示を出してもらうのです。

総理指示とは、安直な考えに見えるかもしれませんが、そういったムードを一気につくるということです。総理が指示した、しかも、財務大臣が反対している問題に指示を出すとなればマスコミにとってはバリューを持ちますから、世論が一気に流れる。すると、ある種の利害を持つ役人と、利害の無い民間人の対決となれば、心情的にも多くの国民は民間人の言う意見にシンパシーを持ってくれるわけです。その結果、国民の意見もそちらに傾くし、総理のリーダーシップも見えるし、非常によい流れができる。これは小泉内閣が採ったわかりやすい事例のひとつです。

【井庭】 なるほど。そういった流れをつくっていかないと戦略的アジェンダが決まっていかないという問題があるわけですね。

【竹中】そうです。

【井庭】その問題は、どうして生じてしまうのでしょうか。その背後にある状況とは、何なのでしょうか？

【竹中】「官僚主導」という言葉があります。基本的に日本では政策プロセスは官僚に牛耳られている。なぜか。政策を終身雇用の官僚が担っているからです。一言で言うと、政策の立案、遂行を終身雇用で行っているのです。これは公務員制度改革にもつながる問題ですよね。

私がよく例に挙げる不思議な言葉があります。次の日本語がわかる方いますか。「今日ようやくツルシが降りた。しかし、今日はオキョウだけ。このままではシメソウは二週間後か」。意味がわかる人、いないですよね。これは、霞ヶ関と永田町の人なら全員わかる言葉です。つまり、ジャーゴンなのです。ジャーゴンがこれだけ強いということは、一部の人がこのプロセスを独占しているということです。「シメソウは二週間後か」なんて一般の人はわからないですよ。私も大臣になって初めて知りました。これは「締めくくり総括質疑」の意味です。「シメソウ」というのです。締めくくり総括質疑をするということは採決を行うということです。だから、採決は二週間後という意味なのです。議論をいつまでもするのではなくて、採決すると多数の政党の意見が通るということですから。

結局、いまの井庭さんの質問に答えるとするならば、政治家や官僚は終身雇用制度に守られ、しかも人事の流動化が非常に少ない、ということです。つまり、一度、政治家や官僚になった人は辞めないわけですよ。政治家のメモワール（回想録）って、この国にはほとんどないでしょう。官僚のメモワールもほとんどない。終身雇用だからメモワールなんて書けない。だから、情報が外に出ない。

もうひとつは、政策に関しては民間には知恵がないということです。私が大臣になったとき、民間からよい意見を求めようと思いましたが、民間から知恵なんて出ないのです。なぜなら、政策は非常に複雑で、なおかつ終身雇用制度に守られた人びとがすべてを扱っているから、なおさらわからない。民間には知恵があるとよく言われます。経営や市場については民間に知恵があるのは確かですが、こと政策に関しては、残念ながら、いまの日本の民間によい知恵はあまりありません。

【井庭】なるほど。少し話が前後しますが、公開の場で徹底的に批判が出て、その問題に光をあて、それをリーダーがリーダーシップをもって進めていくということでしたよね。これに、パターン名を付けるとしたら、何がよいでしょうか？　公開の場で徹底的に批判があるようにして問題に光をあてて、そこにリーダーがトップダウンで進めるということを表すようなパターン名です。

【竹中】イメージとしては、水戸黄門が印籠《いんろう》を出す瞬間に似ていると思います。ウワーッと揉めたところで、総理がバーンと印籠を出すというね。

【井庭】なるほど。それはリーダーのトップダウンのところですよね。

【竹中】トップダウンのところです。

【井庭】「印籠」に加えて、もう少し、公開された場というオープンな雰囲気が入ってくるとよいですね、パターン名としては。

【竹中】そうですね。もめていなくてはならない。そして、誰にでも見える舞台上で印籠を出さなくてはならないのです。

【井庭】なるほど、それでは「舞台の上での印籠」という名前にすることにしましょう。なかなかよいですね。

それと、「リーダーのパッション」が見えるようにするというのは、政策とはそもそもよくわからない複雑なものだから、パッションが見えるようになった方がよいのですか？「リーダーのパッション」が見えるようになるということは、具体的に何を解決するのでしょうか？

【竹中】要するに官僚にしろ、企業組織にしろ同じですが、みんな常に自分が安全かどうかを考えながら行動するわけです。この政策に向かって自分は一生懸命走ってよいのか不安に思っている。そのときに、凄い勢いでリーダーが目標に向かって走っていたら、やがて誰もがそちらに向かうことになるだろう、そうなれば流れに乗り遅れてはいけないし、あわよくばリーダーを助けて論功行賞をもらいたいと思う人が出てくるわけです。リーダーはやはり全体の方向を示すわけです。

いま政治の現場で、実際に何が起こっているかと言うと、官僚たちはただ黙ってじっと政治家の様子を見ているのです。このリーダーは大丈夫か、強い意志を持って取り組んでいるのか、本当に結果を出せるのか、そういうことを見ている。その出発点になるのが、リーダーのパッションなのです。パッションがないと、何もできないですよね。

【井庭】なるほど。つまり、どんな政策を本当に実現してくれるのかが曖昧になりがちだということですね。

【竹中】そうです。だから、明確さと信頼感が重要だと思うのです。

【井庭】それが、「リーダーのパッション」が必要な理由ですね。

続いて、先ほどの「ゴミ箱をひっくり返す」ですが、「解決」には何と書けばよいですかね？　あらゆるものを取り入れることが重要なのでしょうか？　それともチェックするという機能が重要なのでしょうか？

【竹中】おそらく、幅広くチェックしろということだと思いますが、その言葉に秘められているもうひとつの重要な点は、問題は突然生じるということだと思います。私たちは、特に頭の整理のよい人であればあるほど、完璧な解決策が描けないと行動できないのですね。でも、ちょっと考えてみたらわかるのですが、世の中の問題で、完璧な情報を持って完璧な解決を得ることなんて、まずないのです。ほとんどは不完全な情報のなかで意思決定をしなければならないのです。私たちは不完全な情報しか持ちえないからこそ、あえて「ゴミ箱をひっくり返す」必要があるということなのだと思います。

【井庭】なるほど。不完全な情報のなかで判断をしなければならない、と。それは、幅広くチェックすると、問題に対する解決策のアイデアがあったり、情報があったり、データがあったりするということですよね？

【竹中】少なくともチェックリストはできますね。いろいろな観点からの議論がなされているので。政策には必ずメリットとデメリットがありますから、それを把握しておくことが重要です。

私の経験から言いますと、政策について、何が最良なのかという完璧な答えを持っている人はいません。たとえば、先ほどの不良債権の処理をどのように実行すべきかなんて、当初は誰にもわからなかったわけです。郵政民営化にもさまざまな方法がありますが、誰に話を聞いてもどのような政策が最良なのか、答えられる人はほとんどいませんでした。

だから、私たちは信頼できるコアのブレイン三、四人で、情報を集め、それにもとづいて自分たちですべての方策案をつくったのです。教科書に書いてあるような答えはどこにもない、ということの教訓かもしれないですね。

【井庭】なるほど。答えは教科書にはない。だからこそごみ箱にあるようないろいろな材料をかき集めて、自分たちで考えるしかないということですね。

【竹中】それぞれの問題について本当の意味で責任を持って答えられる専門家は、日本にはほとんどいないのです。それは、先ほどの話に戻りますが、政府のなかの仕事が一部の人に独占されていることに起因するのです。そして官僚はまた社会科学の専門家でもない。官僚でPh.D.(博士号)を持っている人は少ないですからね。彼らの多くは仕事には慣れているけれども、政策についての専門家ではない。一方で、研究者は、Ph.D.を持っていたとしても、実務には慣れていないし、情報も持っていないわけです。

【井庭】ふたたび、その問題につながってくるわけですね。

■ 戦略は細部に宿る

【井庭】先ほど話に出ていた、政策のヴィジョンが耳触りのよいスローガンでしかないという問題に対して、具体的な方法を示すというのは、「戦略は細部に宿る」ということと同じことなのでしょうか?

【竹中】 重なりますが、別の話でもあります。スローガンとアジェンダは違う。スローガンをアジェンダにしなければならない、という言い方がよいでしょうか。たとえば、「経済を強くする」というのはスローガンです。それを実現するために実際に何を実行したらよいのかを唱える。たとえば「法人税を半分にする」と言えば、それはアジェンダです。「郵政を民営化する」という言葉もアジェンダです。

【井庭】 なるほど。スローガンではなく、「具体的なアジェンダ」にする必要があるのですね。

【竹中】 そして、そのアジェンダを実現する段階で、たとえば法改正をしなければならない、別の財源を用意しなければならない、そういうときに「戦略は細部に宿る」ことを認識して全体の作戦を練らなければならないのです。

「戦略は細部に宿る」について、郵政民営化の例で申し上げると、こうなります。みなさんはおそらく、民営化には三通りあることをご存じではないと思います。三つのうちのどれにするかで、民営化の意味合いはまったく異なります。そこがわからないときちんとした法律はつくれない。

具体的に言いますと、三通りのうちの第一は、いわゆる特殊会社にするというものです。特殊会社とは、特別の法律によってつくられる会社です。NTTは特殊会社です。NTT法という法律がある、法律にもとづく会社なのです。ソニーやトヨタについての法律はありません。これらは、商法、会社法の一般法でつくられている会社ですね。でも、NTTにはNTT法という法律がある。なぜかというと、法律で公的な特別の使命を与えられた民間会社だからです。特別な使命とは、全国どこにでも電話線を引くという公的な使命です。その公的な使命を全うさせるために、国は民営化した後も三分の一の株式を持つことになっている。なぜ三分の一かというと、三分の二の賛成があれば商法の特別決議ができて、会社の目的を変えることが可能になってしまうからです。会社の目的を変えられたら困るから、それを阻止するために、国は三分の一の株式を持ち続けるのです。でも、法律があるということはそれを所管する役所があり、その役所の下に帰属することでもあります。役所は株式も持ち続けるから、下手をすると天下りの温床にもなるのです。

第二の民営化の方式は、農林中金のような形態です。農林中金も法律によってできているのですが、これに関しては特別な事情があって、政府は株式を持っていません。これは特殊なケースです。

第三の民営化は、いわゆる完全民営化です。一般の企業と同じようにする。ソニーやトヨタと同じようにするということです。

私たちは閣議で、郵政をこの三つ目の「完全民営化」にすることを決めたのです。ところが、法律にするときに官僚が何て書いてきたかというと「完全に民営化する」と。「完全民営化」と「完全に民営化」の違いはもうわかりますね。「民営化」には三種類あるから、その三種類のうちのどれかを「完全」にやれば、「完全に民営化」になってしまうのです。

【井庭】三つ目の「完全民営化」じゃなくてもよくなってしまう、ということですね。

【竹中】そうです。笑い話のような話ですが、これが「戦略は細部に宿る」なのです。国会会期中の多忙なときに、閣議ではなくて、持ち回りで閣僚がサインするやり方で文案が回ってきて、どさくさに紛れて通そうとしたのです。私のスタッフがそれを見つけて、私からすぐに小泉さんに電話して「これはだめです」と伝えました。小泉さん、「こんな姑息な真似をするな！」と烈火の如く怒ってね。

【井庭】いまの話を聞くと、本当に細部なのですね。一文字でまったく意味合いが変わってしまう。

【竹中】自分の利権がかかっている人たちがいるから、誰もが命がけでやるのですよ。

私たちの社会の政策は、基本的には立法行為の積み重ねです。私が若い頃から不思議に思っていたのは、なぜ東大法学部の人が政策をつくるのか、なぜ経済学部ではないのかということです。当時は不思議だったけれども、いまではよくわかります。結局、政策は立法行為の積み重ねだからです。そして、その部分で気を抜くと誤摩化されることもあるのです。怖いですよ、法律って。

【井庭】そうですね、とても気を抜けませんね。そうすると、戦略を細部まで詰めるというのは具体性に欠ける政策は遂行できないということではなく、ちょっとした違いでまったく違った政策になってしまうという意味合いの方が大きいのですね。

【竹中】そうです。だからその点はきちんと踏まえておかなければいけない。先ほど申し上げたように、不良債権の処理とは結局、ディスカウント・キャッシュフローで不良債権を計るときの割引率がキーなのです。ここで誤摩化される。ここは外してはならない。これは法律ではなく、戦略の部分ですね。

みなさん、ディスカウント・キャッシュフローって知っているでしょう。必ず教科書に出てきますよね。将来にわたるキャッシュフローの流列の割引現在価値を設けるわけです。それが、株価になり、資産になる。資産価値になるわけです。実際にその割引率を〇・一%変えれば、幾何級数だから、とんでもない差額が生じることになります。そういった細部のポイントをきちんと押さえることが大切です。リーダーになると、細部のすべてに気を配ることは難しくなります。けれども、この部分だけは絶対に自分で確認しなければというポイントを決めておかなければならないのです。

【井庭】なるほど、よくわかりました。「戦略は細部に宿る」ですね。

ところで、最初に出た話になりますが、シンプルでわかりやすい政策がよいというのは、政策が複雑になってしまうと、多くの人が理解できないものになってしまうからだということですよね？

【竹中】そうです。

【井庭】だから、民主主義社会では、わかりやすい「シンプルな政策」である方がよいということですね。

【竹中】ええ。複雑だと、国民が本当に関心を持てなくなるのです。地方分権の話もよい例ですね。みなさん、補助金の話なんてわからないでしょう？　三位一体の改革を行ったとき、補助金をどうするかという議論がありました。専門家や政治家を呼んで議論したわけです。専門家と称する人はついていけない。財政学の錚々《そうそう》たる研究者でも、補助金についてはよくわからないのです。それに対して、政治家は補助金に詳しい。それはなぜだかわかりますよね。自分の利益誘導の飯の種だからです。

これは、補助金の制度がいかに複雑で、それを扱う当事者だけにしかわからないようなものになっているかという話ですよ。この当事者は、官僚と、その恩恵にあずかっている族議員、そして実際に補助金をもらっている人たちです。「補助金はけしからん」と一般には言うけれども、実態がわからないから誤魔化されてしまうのです。

【井庭】他の国ではどうなのですかね。やっぱり、シンプルで力強い政策や制度になっているのでしょうか？

【竹中】補助金制度はいろいろな国にあると思います。ただ、日本は官僚が終身雇用のなかで政策を実行するので、その流れが固定化するわけです。普通は人が入れ換わって、政策も入れ換わる。でも、日本は人が入れ換わらないから、政策も入れ換わらず固定化する。その弊害は大きいと思います。

【井庭】今日何度も出てきている話ですね。政策をつくる人が固定化してしまっているということが、日本における政策デザインの問題の核心なのだとわかってきました。

さて、ここまでを振り返ると、出てきたのは、「シンプルな政策」「ゴミ箱をひっくり返す」「政策の窓をひらく」「リーダーのパッション」「戦略は細部に宿る」「舞台の上での印籠」「具体的なアジェンダ」です。

ここで一度、フロアの方からも質問を受けてみましょうか。はい、どうぞ。

【質問者】興味深いお話をありがとうございます。質問ですが、官僚の信頼を得るということについては、どのような工夫をされていますか？

【竹中】官僚は独自の利害を持っているのですが、日本では政策を実行しているのは官僚ですから、そこに圧倒的な行政情報の蓄積があります。だから、彼らの言いなりになってはいけないが、彼らの能力を活用しないと政策を実現できないという厳しい現実がある。そのときに官僚を味方につけるにはどうすべきなのか。

私が採った方法は、とにかく官僚とは異なる自分の情報源を持つことです。官僚とは異なる情報源があれば、官僚から非常に曖昧な情報が上がってきたときに、「それ、違うだろう」「もっとあるだろう」と指摘できるわけですね。それが二、三回積み重なると、官僚の方も「これは手強い」「妙に隠すと、こちらに被害が及ぶ」と思って、情報をきちんと上げてくれるようになります。

そして、大きな決断、たとえば、郵政民営化や公的資金の注入といった大きな決断をするときは必ず事前に総理の、トップの了解を取っておくこと。「これはトップも了解していて、全内閣でやることだから、安心して思い切りやれ」という状況をつくる。いずれにしても重要なことは、官僚は官僚で自らの目的関数があって、自分の影響力を最大化させたい、でも自分の安全は守りたい、そう思って行動しているということです。それを踏まえて、こちらも行動する。

もうひとつ官僚の話で重要なのは、無謬性《むびゅうせい》[20]の問題です。誰が見ても不良債権の処理をやらなくてはならない状況なのに、私が金融担当大臣になる以前になぜ二、三年もの間、滞っていたのかというと、理由はただ一つなのです。それは、それ以前にすでに大量の公的資金注入を行っていたことに関係しています。一九九七年、九八年に、不良債権処理のために公的資金を注入したときに、これで大丈夫だと金融庁が言っているのです。それなのに、また公的資金を注入することになると「前の政策が間違っていたんじゃないか」「お前が悪かったんじゃないか」と言われてしまう。つまり、自己否定しなければならないわけで、それができないから滞ったのです。

無謬性とは、いまあるものはすべて正しいという意味ですね。だから、政策の変更ができなくなってしまうのです。だから、無謬性から解き放ってあげるにはどうしたらよいのかというと、「過去のことは問わないから、いまやるべきことをやろう」と言うことです。

「過去のことが問題になっても、君たちはまったく気にする必要はない。総理と私で全部被る。総理と私の考えでやるのだから、君たちは免責だ」と言ったら、すごい勢いで公的資金注入の準備をして、彼らは完璧にやりましたよ。そういう意味での彼らのオペレーション能力の高さには優れたものがあります。こういう無謬性の問題も、ありますね。

【井庭】トップが「こうするのがよい」と言ってくれれば、その下にいる人たちは免責になって、過去に縛られずに動けるようになるわけですね。

【竹中】この問題は、官僚だけではなく、実は公認会計士にもあるのです。公認会計士も、自己資本が不足していると言うのを躊躇《ちゅうちょ》するわけです。なぜなら、半年前の決算のときには「問題ない」「適正だ」と結論を出しているからです。「前の監査が間違っていたんじゃないか」と言われることを恐れるわけですね。それに対しても、「事態は刻々と変わっているから、現在の時点での正しい判断をしていきましょう」と言う。これは公認会計士協会の会長にレターを出してもらいました。

みんな、根本では自分のことを考えている。これはやはり世の中の鉄則です。自分のことをしっかり考えることは、それはそれでよいことでもあります。責任を持ってくれるのであれば。

【井庭】いまの話はなんというパターン名がよいですかね。リーダーが過去は問わない、いまやるべきことをやろう、と明言するということですよね。

【竹中】「過去を問うな」というのはどうでしょう。

【井庭】たしかに「過去を問うな」ですね。ただ、パターン・ランゲージのパターン名は否定形ではなく、解決そのものを言い表した肯定的な名前を付けます。ですから、「問わない」ではなく、問わずにどうするのかを名前にしたいと思うのです。

【竹中】そうであれば、「いまをベストに」ということですよね。当たり前のことですが、政策とは、いまある何かを変えるのです。税率にしろ何にしろ、いまのものを変えるわけだから、いまのものにこだわり続けたら、何も変えられなくなってしまいます。

【井庭】そうですねぇ……あるいは「現時点での最善策」というのはどうでしょうか？　できれば名詞がよいのです。それでよいですかね？　「現時点での最善策」というパターン名にしましょう。

【竹中】この問題についても、政策をつくる人々が終身雇用であることと密接にかかわっています。人が変われば変えられるのです。人が変わらないから変えられない。先ほども言いましたが、この問題は、役人だけではなくて、民間企業でもあるわけです。民間企業でなぜ不良債権をあれだけ溜めてしまったのか。いまの相談役が社長のときにつくった不良債権だから、これを変えてしまうと相談役の顔を潰すことになるといって、みんななやらなかったわけですからね。

【井庭】やはり、人事の流動化がないこと、固定化していることは、根本的なところで問題を生むのですね。

■どういう順番で政策を打ち出すのか

【井庭】ところで、政策の順序についてはどうでしょうか？　不良債権の政策のあとに、郵政民営化を行ったわけですが、これは逆の順番ではだめだったのですよね？

【竹中】はい。これは一言で言えば、「リアクティブからプロアクティブへ」ということに尽きます。リアクティブとは要するに受け身です。プロアクティブとは積極的、能動的という意味ですね。つまり、リアクティブとは、たとえば、いま火事で家が燃えているとしたら、その火を消さなければならない。これが、リアクティブです。不良債権があるので、それを無くさなくてはならない。これも、リアクティブです。

プロアクティブは、いまの状況を積極的に変えていこうということです。先ほどの例で言うと、郵政民営化はプロアクティブです。リアクティブな課題は起こってしまった以上きちんと対応しなくてはいけないわけですが、リアクティブな課題をきちんと解決して、状況をある程度安定させたうえで初めてプロアクティブに課題に取り組むことができる。その順番はやはり大事です。

【井庭】そうでないと、世論の理解や支持が得られないということでしょうか？

【竹中】リアクティブな課題は基本的には緊急（アージェント）です。基本的には短期的に成果が出ます。だから、成果をまず見せるにはリアクティブな課題をきちんと解決するのがよいですよね。そして、プロアクティブな課題は大体、実際に効果が出るまでに時間がかかります。プロアクティブな課題とは枠組みそのものを大幅に変えることですから。時間がかかることを最初に行うのはよくないですよね。まずはアージェントな課題に取り組まなければならない。かつ、短期的に効果が出ることを先に行う。

これは私もよく使う言葉ですが、「アーリー・スモール・サクセス」（early small success：早めの小さな成功）をつくるということです。それをつくることによって、政策の体制そのものに求心力を持たせることはとても大切です。

第一次安倍内閣が発足したときも、安倍さんに、何か「アーリー・スモール・サクセス」をつくりましょう、と言いました。安倍さんは総理になってすぐ韓国や中国との外交で大成功したんですよね。比較的にアーリー・「ビッグ」・サクセス（早めの「大きな」成功）だったのです。ただ、そのために経済面における「アーリー・スモール・サクセス」をつくることを、結果的には怠ってしまった。そこが私は大きかったのではないかと思います。

みなさんがリーダーになったときもそうですよ。まず「アーリー・スモール・サクセス」をつくってみせるのは大事なことです。

【井庭】小さくても成功があれば、信頼が生まれますものね。

【竹中】そうです。ひとつ思いついたことを言っておきます。政策とは、安易な安定を目指してはいけないということです。むしろ、国論を二分するようなアジェンダを掲げている方が政策は進むということです。国論を二分するとは、強い反対論が出るということですね。でも、同じように強い賛成論も出る。その強い賛成論が積極的に政策を進めていく力になっていくわけです。対立するイシューがない場合、多くの人がその政策に対する関心を失ってしまいます。関心が失われると、その政策を推進する力は弱くなってしまいます。これは政策というより、政権の維持の話に近くなりますけれども。

【井庭】なるほど。国論を二分するような政策イシューを掲げる。

【竹中】よく「もめごとをつくれ」って言いますよね。もめごとをつくる方が長持ちする。

【井庭】「もめごとをつくる」方がみんなも注目するし、どちらにすべきかという議論がわき起こるわけですね。

【竹中】注目や関心が集まる。政策を実行するリーダーシップを発揮するには必要なことなのです。

【井庭】なるほど。政策に関する人びとの関心が無くなるという問題に対して、二分するようなイシューをつくるようにする。

【竹中】 いま話していることは、政策立案のプロセスの話に偏っていると思いますが、政策の中身に関して一番重要なのは、大きなところで間違えるな、という点ですね。私は「ＢｔｏＢ」（Back to Basic）と言っています。つまり、政策とは、先ほど申し上げたように、立法行為の積み重ねですから、総理大臣になっても一〇〇％自分の思いどおりにすることはできない。一〇〇点を目指しても絶対にできません。しかし、最低でも七五点は維持したい。それでは、どうしたら七五点を維持できるのか？ それは、些細なところには目をつむっても、大きなところでは間違わないということです。大きな原則を踏み外さないということです。

【井庭】 その背後には、ある程度細かいところに目をつぶるくらいのことはしないと、政策が通らないということがあるわけですか？

【竹中】 ステークホルダーがたくさんいますから、合意形成をするためには、一〇〇点満点の政策はなかなかつくれない。現実問題として、どこかで妥協しなければならないのです。そうは言っても、あまりに大きな妥協をすると、四〇点や五〇点になってしまう。それは絶対に避けなければならない。だから、ある程度の合格点を取るには、大きな原則を守らなければならないのです。

【井庭】 なるほど。それは「大きな原則を守る」というパターンにしましょう。

もうひとつだけ伺いたいのは、先ほどの質問にも絡むのですが、官僚や実務家のなかで協力してくれる人が出てきた場合に、そのネットワーキングをどのようにするのかということです。そのあたりは、どうでしょうか？

【竹中】最近一部で使われるようになりましたが、CPUをつくれ、ということだと思いますね。ここで言うCPUとは、コミュニケーション&ポリシー・ユニット（Communication and Policy Unit）です。これは大統領補佐官のように政策を考え、それを外部に発信していくブレイン集団のようなものです。総理の「CPUをつくる」ことが大切だと思います。

私たちも、小泉内閣のときにこれを実行しました。「ストラテジー・ミーティング」と呼んでいましたが、毎週日曜日の夜に、当時の官房長官の福田康夫さんと官房副長官の安倍さん、私、大臣があと一人か二人、それに諮問会議の民間議員を一人か二人入れて、ホテルで会合を開いていました。毎週、夜の九時から一〇時半くらいまで、用件があってもなくても開きました。そこで、今度の国会ではこのことが議題になる、諮問会議ではこれを議論すべきだ、これについてはあなたからあちらに言っておいてくれ、といった情報交換、共有をしました。まさに「CPU（コミュニケーション&ポリシー・ユニット）」が形成されていたわけです。

毎週日曜日に行っていたのですが、五年五ヶ月の間、いっさい新聞記者にバレなかった。なぜだかわかりますか。新聞記者は日曜日に休んでいるからです。日本の新聞記者はサラリーマンだという教訓ですね（笑）。ときどきホテルを変えて行っていましたが、安倍さんはこの会が五年五ヶ月漏れなかったのは奇跡だと言っていました。

政策を確実に進めていくためには、そういったCPUが必要です。本当の味方をつくっていくという意味でもね。強固なまとまりのある味方のグループをつくり、そこでストラテジーをいつも議論する。政府はやはり大組織なのです。大きな組織において、ひとつの方向にリーダーシップを発揮するには、そのような工夫がいるのです。[*21]

【井庭】なるほど、大きい組織のまま「つくる」ことはできないということですね。詰めた議論をしっかりしていくには、小さな核が必要だと。

【竹中】リーダーを支えるためのスタッフがとても重要だということですね。リーダーはとても孤独です。リーダーには非常に多くの情報が入ってきます。誤った情報も含めて、いろいろな情報が入ってくる。リーダーがきちんと機能するためには、大量の情報を精査するユニットが必要になります。最近の政治科学の分析でも、長続きした外国の政権はそういったユニットを持っていたという話があります。『13デイズ』[*22]というアメリカの映画を観たことがある人いますか。『13デイズ』の一三日間とは、キューバ危機の一三日間のことです。キューバ危機当時の大統領の首席補佐官オドネルの物語です。ソ連がどこまで情報を持っているのかがわからない状況のなかで、大統領と彼のユニットであらゆる事態に対処するという物語です。

ちなみに、この一三日間の攻防を政治学者が書いて、危機管理の有名なテキスト・ブックになっています。ハーバード・ケネディスクールの初代学長グレアム・アリソン[*23]の本です。

【井庭】『決定の本質』[*24]ですね。

【竹中】そうです。グレアム・アリソンはこの論文で博士号を取り、すぐにハーバード大学のテニュア（終身教授資格）を取って、そしてケネディスクールの学長になった。そのアリソンの研究も、まさに「CPU（コミュニケーション&ポリシー・ユニット）」の話ですね。

【井庭】これまでを振り返ると、「シンプルな政策」「ゴミ箱をひっくり返す」「政策の窓をひらく」

「リーダーのパッション」「戦略は細部に宿る」「舞台の上での印籠」「具体的なアジェンダ」「現時点での最善策」「リアクティブからプロアクティブへ」「アーリー・スモール・サクセス」「もめごとをつくる」「大きな原則を守る」「CPU（コミュニケーション&ポリシー・ユニット）」というパターンが出てきました。

■「よい社会」のパターン

【井庭】ここからは、社会の構造のパターンを考えていきたいと思います。竹中先生は、小泉内閣において構造改革を推進されてきたので、そこには、どういう形、どういう仕組みがよいのかという考えが含まれていると思います。そして、その背後には、なぜそれがよいのかという理由もあるはずです。それを、パターンの「状況」「問題」「解決」というかたちで明文化していきたいと思います。

具体的には、たとえば、郵政の話や地方分権の話になるのかなと思いますが、いかがでしょうか。

【竹中】どのような社会をつくりたいかという話になると、そこに価値の問題が出てきます。しかも問題の認識とは、状況によって異なるものだと思うのです。たとえば、失業率を例にとると、一九二九年に大恐慌が起きた後、一九三三年のアメリカの失業率は二五%でした。四人に一人が失業していたわけです。いまの日本は、五%台でも失業率が大変だと言われています。何が問題とされるのかは、そのときの状況によって変わってきます。

学術的にも何を問題と捉えるのかはさまざまです。ケインズ[*25]は、先ほどの失業率を問題だと考え、有効需要を高めなくてはならない、そのためにはこうしなければならないという処方箋を書くわけです。でも、同じときにシュンペーターは、不況は「おしめり」である、と言った。これは必要な調整プロセスであって、そんなことは気にしなくてよい。私たちにはもっと大事な問題がある、と言ったわけです。問題に対する認識がまったく異なる。ハイエクはそれに対する解決策はないわけではないが、政府がまとめて何かをやることの方がより危険だと言うわけです。

このように、問題の認識が異なる場合を、どう考えるのでしょうか？

【井庭】そうですね。たとえば、失業率が何％とは、そのままでは問題ではないというのはその通りです。だからこそ、どうしてそれが問題なのかということまで含めて、きちんと明言する必要があると思います。何を問題とするのかを明示せずに、解決策を議論するのではなく、問題が問題である所以を突きつめて考え、それも議論の対象にする。政策言語では、そのように考えます。ですから、あくまでも、ある政策による「解決」の背後にある「問題」認識は何か、それはどのような「状況」で生じると考えられるのかを書いていくことになります。

【竹中】格差の議論も、その典型かもしれませんね。そもそもそれが問題なのかどうか、という点でね。

【井庭】そうですね。政策言語のパターンを書くというのは、「問題だ」と言われていることに、どのような意味で問題なのかを考えるきっかけをつくるということでもあります。

よい社会の構造について、これがベストであるという唯一の答えはないと思いますが、それぞれの人が何を「よい」と捉えているのかを語るための共通言語がなければ、それについて考えたり、発想をひろげたり、語り合ったりすることはできません。だからこそ、それぞれの人が思い描いている「よさ」とは何かを言語化していく必要があるのだと思います。

そのときに、単に「こうあったらよい」という未来像ではなく、それをデザインの観点でブレイクダウンしたパターンとして記述する。そうすることで、パターンという小さな単位で再考したり、入れ換えたり、他の未来像を構成するパターンと組み合わせたりすることができるようになります。従来のパターン・ランゲージでも「パターンは仮説的なものである」と言われてきましたが、ここで作成するものはさらに仮説の色が強くなるでしょう。それでも、そういうことを記述・共有することは、さらなる議論のために必要不可欠だと思うのです。そういう前提のもとで語っていただければと思います。

【竹中】先ほど申し上げたように、ケインズが考える「状況」とハイエクが考える「状況」はまったく異なる。同じように、私が考える「問題」と、共産党のみなさんが考える「問題」は異なると思うのですね。しかし、そういった違いを前提としたうえで、あえて話を進めていくとすれば、私が考えたことのひとつは、日本の社会システムそのものをもっと現場重視にする必要がある、ということですね。

現場を信じて現場に任せることが、いまの私たちの社会をよくするためには重要だと思います。現場を信じるとは、民間でできることは民間でやればよいということです。そして、地方でできることは地方でやればよい。これは、現場を信じて現場に任せるということですね。それが、結果的に財政の効率化を生みます。任されれば一生懸命、自分の責任と権限において実行するからです。

価値観が多様ではない時代には、とにかくお腹をいっぱいにしようとか、テレビを普及させようとか、ある程度まで一定方向の価値観にもとづいてリソースを集中させることができたのですが、いまは価値観が非常に多様化しています。多様な価値観にもとづく時代では、それぞれが意思決定をするのがごく自然なことです。だから「民間でできることは民間でやろう」「地方でできることは地方でやろう」というメッセージはとても自然なことだと思うのですね。

その裏側にあるもうひとつの思想は、スマイルズ[*26]の『自助論』[*27]にもとづくものです。私はいまでも学生に必ずこの本を読みなさいと薦めています。みなさん読んでおられますか。「天は自ら助くるものを助く」という名文で始まる、あのスマイルズの『自助論』です。

スマイルズはイギリスのお医者さんです。彼はとても博識で、『自助論』では、世の中を進歩させてきた歴史上の人物たちのエピソードを綴っています。この本のポイントは、それらの人びとがいかに自分の努力で偉業を成し遂げたかということです。自助自立、自分たちの努力で物事を進めることは、いかなる時代の、いかなる国であれ、社会の成り立ちの基本だと私は思うのですね。

たとえば仮に、ここでみんなで船に乗っていて、船が難破して沈んだとしましょう。どうしますか？自助自立。自分で泳げる人は自分で泳いでもらわなければ困るのです。そして、本当に身体の弱い人、年を取っている人、子どもなど、弱い人だけを救命ボートに乗せるようにしないと、みんなが救命ボートに乗ろうとしたらみんな死んでしまうのです。残酷だけれども、これが社会の現実です。全員を助けたいが、実際には一部の人しか救命ボートに乗せることはできない。本当に助けを必要とする人に助けがいく社会が、私はよい社会だと思う。だから、大部分の人は自助自立でなければならない。私はこのことが社会の成り立ちの大原則だと考えています。

実は明治時代のリーダーたちはみなスマイルズの『自助論』を読んだと言われています。福澤諭吉[*28]も自助論に影響を受けていると言われます。「みんな助けてあげます」「困っている人はみんな言ってきなさい」という姿勢では、やはり社会の成り立ちを根本的に損ねて、本当に日本全体が沈んでしまう方向に向かってしまうと私は考えています。社会のあり方に関して、私はその『自助論』の原則だけは絶対に必要だと思うのです。

ただ、この考え方に対して、強く反対する人もいます。それは強者の論理で、その原則では実際には弱者は生きられないと言う。私はまったくそう思いません。日本という国は本来、自助自立の国だった。自助を誇りとしていた国だと思う。社会のあり方についての歴史観や哲学は本当に重要なので、リーダーたる人はそのことこそ語らなければならないと思います。

【井庭】みんなが助かるためには、みんなに「助け船」を出すわけにはいかない。でも、一部の人にしか「助け船」を出さないからといって、みんなが助からなくてよいというわけではまったくない。みんなで助かるために、泳げる人は自分で泳ぐ。これは、リソースは限られていて制約があるということを認識したうえでの現実的かつ理想的な考え方ですよね。これは、「自助自立」というパターンにしましょう。いまの自助自立の話は、現場を信じて現場に任せるということにもつながりますね。

■ 現場を信じて現場に任せる

【竹中】現場を信じて現場に任せる、これは地方でできることは地方で、という地方分権の話が一番よい例だと思います。いまの日本のシステムでは、私たちの税金のうち三分の二は国に払っています。残りの三分の一は地方自治体に払っています。だから、三分の二が国税、三分の一が地方税。国税の典型は所得税であり、法人税であり、消費税も大部分は国税です。地方には、たとえば、住民税、固定資産税、そして消費税の一部の五分の一だけが、地方に行く仕組みになっています。

ところが、実際に使うお金としては、国が使っているのは全体の約三分の一なんです。残りの約三分の二は、地方自治体が使っています。地方自治体が、たとえば、ゴミの収集や地方の道路の整備などに使っているわけです。そうなると、国税と地方税の負担と実際に使われている割合の辻褄が合いませんよね。実は国税として霞ヶ関に入る三分の一は、そこから地方に補助金や地方交付税としてトランスファーされている分なのです。つまり、私たちが国に払った税金の三分の一は、地方が使っていることになります。

いわゆる受益と負担が一致しないのです。負担は国に支払うが、受益は地方から受ける。受益と負担が一体になっていれば、私たちは細かく注文を付けられるし、国や地方自治体がおかしな政策を行ったら「おかしいじゃないか」「そんなろくでもないサービスで増税するとは何事か」と主張できるわけです。でも、いまは受益と負担が一致していない。それをきちんと一致させようというのが、地方分権の考え方です。

受益と負担を一体化させること、つまり、地方でできることは地方でやる。ところが、先ほど申し上げたように、いまは国から地方に補助金や地方交付税が行くときに、国が強い権限を持っているため、地方に自由がありません。それで地方は「国が縛っている」と批判するわけです。ところが、話はそれほど単純ではなくて、実は地方はそのおかげでとても楽をしているのです。だって、自らが税金を集めなくても、国から補助金や交付税をもらえるわけですから。

もうひとつは、地方は批判はしても、結局、国が権限を持って補助金や交付税をあげているのだから、最後は国が助けてくれるとどこかで思っている。最後は国が守ってくれるという安心感が彼らにはあるのです。だから、私たちが地方分権を行おうとしたときに、最後に反対してきたのは実は地方自治体なのです。地方自治体の大部分は地方分権をやりたくない。当然です。これは自由と責任の問題であって、責任を負いたくないからです。だからいま、地方分権はストップしてしまっています。

そこでいま必要なのは、自由と責任を明確にすることです。別の言い方をすると、国の仕事はすべて国がやり、地方の仕事はすべて地方がやる、ということです。その代わりに財源もすべて合うようにする。これが、自由と責任の明確化ということです。しかし、それに対していまの制度は、国の役人にも地方の首長にも非常に心地のよい制度になっているので、なかなか地方分権は進まないのです。

【井庭】 いまの話にあった「受益と負担の一致」と「自由と責任の明確化」は、同じ話として捉えてよいでしょうか？

【竹中】 同じ話ですね。コインの両面みたいな話ですよね。

【井庭】 わかりました。それでは、いまの話からは「現場の重視」と「受益と負担の一致」というパターンをつくることにしましょう。

あと、郵政民営化も、この「受益と負担の一致」に関係してきますか？　それとも、また別のことになりますか？

【竹中】郵政の民営化は、先ほど申し上げたようにいくつかの意味合いを持っています。だから、この話とは少し意味合いが違うと思います。

郵政の民営化をなぜ行わないといけないか。まずこれは行政改革の観点から行う必要があります。なぜなら、民間でできるからです。クロネコヤマトは民間でやっていますよね。ゆうちょは銀行ですが、銀行も民間でやっています。かんぽは生命保険ですが、生命保険も当然、民間でやっています。だから、民間でできることは民間でやればよいのです。それを国が行う必要はない。行政を簡素化する観点から、郵政民営化を行う必要がある。これが第一です。

第二の観点は、経営の観点からです。郵政の経営を放っておけば、間違いなく、第二の国鉄のように赤字に転落します。なぜなら、郵政は貯金で集めて国債で運用するという非常に特殊な銀行によって支えられていますが、そのようなビジネスモデルが成り立つわけはないのです。なぜなら、貯金も国債もどちらも安全資産だから、金利は一緒になるはずです。外国の成熟した金融市場を見ると、貯金の金利と国債の金利はほとんど同じです。だから、貯金で集めて国債で運用するという方式は、手数料がかかるだけで利益が出ない。

ところが、いまはたまたま利益が出ている。日本は預金の自由、金利の自由化が遅れて、預金金利の方が若干低いからです。ゼロ・コンマ%低くたって、ボリュームが三〇〇兆あるからそのゼロ・コンマ%の利鞘《りざや》で稼ぐことができる。それで生き残っているのです。でも、これが同じ金利になったら、そのビジネスモデルは成り立たないわけです。だから、安全資産ではなくて、リスクをとってもらわないといけない。

なぜいまは安全資産で運用しているのか。それは、国が行っているからです。国がリスクを取ると、リスクが顕在化したときに国民の負担になってしまうので、国の機関はリスクを取れません。それに対して、民間はリスクを取れるから、郵政は独立した民間の金融機関になって、利鞘《りざや》を稼いでくださいということです。それができないなら預金を集めないでくださいということ。民間として経営に責任を持たせましょうということなのです。

経営の観点からもうひとつお話しておきます。いま郵便の取扱量は年間約五％減っています。一部ダイレクトメールでカバーしていますが、それでも三％減っています。そりゃそうです。みなさん年賀状をあまり出していないですよね。電子メールでやるでしょう。電子メールの普及以来、郵便の取扱量は激減しています。もし今後も仮に年五％の割合で減り続けたら、あと八年くらいで半分になってしまう。八年で売り上げが半分になるとわかっている企業はどうしますか？　何か新しいことをやらないといけないのです。何か新しいことをやろうと思ったら、それにはリスクが伴うので、やはり民間でないとできません。国だとできないのです。

たとえば、海外に進出しようと思ったら民間が経営しないといけない。ドイツもイギリスもオランダも海外に進出するために郵政を民営化したのです。もし国営企業が海外に進出して、その国の信用を背景にビジネスをしたら、外国も黙っていないですよね。このような経営の観点が、民営化が必要な二つめの理由です。

第三の観点は、金融の観点です。いま私たちは一四〇〇兆円の資産を持っていますが、そのうちの約二割はゆうちょとかんぽにあるのです。つまり、私たちの資産の二割が国に入るのですよ。国に入って、国債で使われている。この私たちの大切な資産を、たとえば、中小企業の融資とか住宅ローンに使いたいじゃないですか。でも、それらに使おうと思ったら、リスクビジネスだから民間で行ってもらわなければ困るのです。つまり、この資産を国民が使えるようにして金融を活性化させるために民営化をしようという話なのです。

これは経済のロジックに適う動きなのです。「民間でできることは民間でやろう」ということに加えて、経営の観点からも、金融の観点からも理に適った政策なのです。

【井庭】なるほど。民間でできていることは民間でやる。しかも、リスクをとる必要があることは民間でなければできない。だからこそ「官民の境界」をきちんと引き直す必要があるということですね。

郵政の場合は民営化とともに分割もしたわけですが、分割はなぜ必要だったのでしょうか?

【竹中】たとえば、クロネコヤマトと東京三菱ＵＦＪ銀行はひとつの会社ではないですよね。なぜひとつの会社ではないか知っていますか。東京三菱ＵＦＪ銀行は、宅配業を営むことができないのです。これは法律で禁止されています。なぜ禁止されているのか。銀行業はリスク管理が重要な仕事です。リスク管理が重要なのに、別の仕事をして万が一そこで赤字が出たら、みなさんの大切な預金が守られない。だから、できないようになっているのです。このことを「リスク遮断」と言います。金融業におけるリスク遮断は世界中で認められた基準です。金融業は郵便事業とは別にならなければならない。

それに、そもそも銀行業の給与体系と宅配業の給与体系は違いますから、それを同じ会社にすること自体に無理があります。分割はごく自然な話です。民間になる以上、民間と同じ法律を適用しようということです。民間と同じ法律を適用すると、銀行法で銀行は兼務を禁じられているから、分割する必要が出てくるのです。

【井庭】なるほど、よくわかりました。

■日本のこれからの課題

【井庭】具体的な社会の構造について、他に何かありますでしょうか？

【竹中】実現していない政策なのですが、私は、いま日本が行う必要がある政策は労働市場改革だと思うのです。その話を少ししましょう。

「何が問題か？」（What's the problem?）と言うときに、いまは派遣労働など非正規雇用の問題が出てきますね。でも、みなさん、これは問題設定が完全に誤っているのです。

リーマンショックが起きて売り上げが減ったときに、多くの派遣の方々が解雇されました。いわゆる「派遣切り」です。これは事実です。だから「派遣はよくない」「派遣はもう認めないで全員正規雇用にしろ」といった方向に話が行くわけです。

でも、みなさん、派遣切りの本当の問題は何だと思いますか。派遣の方が解雇されることが問題ですか。まず、なぜこんな事態が生じたかというと、リーマンショックのような金融危機が起きたことが問題ですよね。だから、まずマクロ経済の運営がきちんとしていないことが問題なのです。

次に、正規雇用者だけが守られて、非正規の労働者にしわ寄せが及んだことが問題です。リーマンショックのような金融危機は起きない方がよいが、現実に起きてしまった。そのときは残念だけれども、職を失う人はやはりある程度出てきてしまいます。しかし、その職を失うことが、日本では非正規の労働者だけにしわ寄せが及んだことが問題なのです。同じ職場で同じような仕事をしていたとしてもです。つまり、同一労働・同一条件ではないことが問題なのです。だから、同一労働・同一条件にするための改革をしなければならないのですが、近視眼的に「派遣切りはよくない。全部正規雇用にしろ」という議論になってしまった。

この問題に関連する一九七九年の東京高裁の判例があります。どのような場合に被雇用者を解雇できるのかという解雇条件が示されています。普通は解雇してはいけないのですが、この判例において、四つの条件において解雇してもよい、となりました。でも、その四条件は、ほとんど実現不可能な条件なのです。だから、いまの日本では正規雇用者は原則として解雇できないのです。みなさんが社長だとしたら、正規雇用者は解雇できない。このことが日本の法律で決まっていたら、どうしますか。この法律が適用されない範囲の人を雇うしかないですよね。だって、いつ売り上げが変動するかわからないわけだから。そうやって、非正規雇用が増えてきたのですよ。だから、その根本から変えなければならないのです。正規も非正規もなく、同じようにリスクを分かち合ってもらわないと、アンフェアですから。

繰り返しますが、このような金融危機が起こったことがまず問題なのです。けれども起こってしまった以上は、その危機をみんなで分かち合うような労働市場に改革する必要がある。しかし、その改革は行われていない。これこそ「何が問題か?」（What's the problem?）の問題設定が誤っている例です。この問題も実は、第一次安倍内閣が発足したときに、小泉内閣からの引き継ぎ事項として、この労働市場改革を提案していたのですが、短命内閣になってしまってできませんでした。

【井庭】だからこそ、「解決」だけを議論するのではなく、「状況」に対する「問題」自体から捉え直し、議論しなければならないのですよね。

【竹中】私がこの件で教訓にしたいのは、インテリジェンスの高い日本のような社会で、なぜこれほど誤った情報を人びとが信じるようになったのかということです。「派遣はよくない」「派遣を増やした小泉・竹中が悪い」と毎日、ワイドショーで繰り返すわけです。しかし、これは一九七九年の判例からきているわけで、むしろ派遣や非正規雇用は九〇年代からずっと増えていたのが、小泉内閣時に経済が好転したときにはむしろ派遣・非正規の増加は止まったのです。だから、政策の中身というより、なぜこのような誤解が社会に蔓延したのかということに、私は社会科学者として大変興味があります。

【井庭】それは、やはりマスコミの問題が大きいのでしょうか。健全なジャーナリズムではなく、話題づくりのショーになってしまっているという。

【竹中】そうですね、メディアの問題が大きいし、日本人はすごく賢く物事を判断する場合もあれば、誤った情報に一気に染まってしまうこともありますから、これは政策を実際に行う場合の最大の問題になります。

【井庭】そうすると、状況や問題を正しく捉えて、政策を考えて判断する能力をどのように身に付けるのかが重要になってきますね。そのような仕組みや教育については、どうお考えですか？

【竹中】仰るとおりです。私はいま民間に戻って「ポリシー・ウォッチャー」[*29]を育てたいと思っています。ポリシー・ウォッチャーとは、どこでどんな仕事をしていても、政策の専門家である人のことです。

アメリカにはそういう人がいます。あるときはホワイトハウスで政策の仕事をし、それが終わったらプリンストン大学で税制の教授をやり、いまはブルッキングス研究所[*30]でポリシー・ウォッチをやっています、というような人ですね。

こういう政策の専門家をポリシー・ウォッチャーと言います。アメリカには何千人といるのですが、日本にはほとんどいないのです。日本になぜいないかというと、先ほどから繰り返しお話ししているように、永田町、霞ヶ関の政治家や官僚が終身雇用でずっと居続けるからです。

いまテレビで政策の評論をしている人は、政策の経験がほとんどない人です。実際の政策に精通していない人びとがコメントをすることも、日本社会の政策についての情報が歪んでしまう一因だと思います。

ただ、この状況をブレイクスルーする方法がないわけではありません。いま政府の政策情報は以前に比べてオープンになっています。経済財政諮問会議の議論は三日後には必ずホームページに出ましたし、日銀の政策決定会合の議論は四日後に必ず政府のホームページに出ます。一般の方であっても、政策情報を実際に知ることができる状況になりつつあるのです。しかし、情報は公開されているけれども、誰も見ていない。それをフォローする専門家がいないのです。それが政策情報に関する大きな問題点だとも思います。

【井庭】その意味で、政策をつくることへの閉鎖性や排除を無くす方向に持っていくのはひとつだと思いますし、そのような問題に携われるような専門家を育てることが大切だということですね。

【竹中】そういうことです。私は民間に戻ってから、日本経済研究センターで、各シンクタンクの若手エコノミストを集めて、ポリシー・ウォッチャーを育てる運動を始めています。細々とだけれども、少しずつでも、ポリシー・ウォッチの専門家が育つのは重要だと考えています。

【井庭】そういうとき、最初におっしゃっていたケース・スタディなどが重要になりますね。政策言語も、ただそれを読んで理解するのではなく、それをつくること自体が、政策についての感覚と能力を高めるための方法になるのではないかと思います。そのためにも、政策の現場の考え方や実際を知る必要があります。このあたりは、どうすればひらいていくことができるでしょうか？

【竹中】これは鶏と卵の関係ですね。官から民間に出る人がいないから外からはなかなか勉強しにくい、外の人は勉強しにくいからなかなか政府のなかに入れない、という悪循環があります。ただ、繰り返しますが、政府の情報はその気になれば入手できるのです。その情報を自身でターゲットを決めてきちんとフォローできればよいのだと思います。

本当は政府の政策情報をきちんとフォローする研究所があれば一番よいのですが、日本には政策研究所がない。アメリカのブルッキングス研究所やアメリカン・エンタープライズ研究所[*31]のような研究所があると本当はよいのです。日本のシンクタンクは金融会社の子会社に過ぎないので、独立したインディペンデントな政策研究所は日本には皆無です。したがって、当面は個人の努力でなんとかしていくしかないのですね。

【井庭】そうなると、政策言語が担うべき役割も大きいと感じます。政策についての目を養って、政策論議を支援する。そういうものとして政策言語をしっかりとつくり、展開していくべきだと思います。

■ 政策言語の可能性

【井庭】さて、今日出た話をざっと振り返ると、まず「シンプルな政策」から始まって、「ゴミ箱をひっくり返す」「政策の窓をひらく」「リーダーのパッション」「戦略は細部に宿る」「舞台の上での印籠」「具体的なアジェンダ」「現時点での最善策」「リアクティブからプロアクティブへ」「アーリー・スモール・サクセス」「もめごとをつくる」「大きな原則を守る」「CPU（コミュニケーション&ポリシー・ユニット）」「自助自立」「現場の重視」「受益と負担の一致」「官民の境界」「ポリシー・ウォッチャー」など、いろいろなものが出てきました（fig 3-6）。

これらはまだ「パターンの種」の段階なので、これを内容の面でも表現の面でも洗練させて育てていく必要があります。また、他のパターンももっともっと増やしていくことが必要です。それでも、今回は初めての試みとしてはうまく抽出できたのではないかと思います。

今回作成した政策言語は、どのパターンをみても、国家レベルの政策だけでなく、地方自治体や企業・組織などのガバナンスにも通じるものを抽出・記述できたと思います。たとえば、大学の運営についても、今回のパターンは当てはまると思うのです。その意味で、今回の政策言語は、広義の「政策」（policy）のデザインのパターン・ランゲージになっていると思います。

それでは、最後に、振り返ってみて感じたことなどがありましたら、お願いします。

【竹中】とても可能性を感じました。そのうえで井庭さんにぜひご提案したいのですが、「政策」という括りだと、少し広すぎるかもしれません。だから、たとえば経営、しかも企業再生というように具体的

【社会】

自助自立

現場の重視　受益と負担の一致　官民の境界

【政策】

シンプルな政策　大きな原則を守る　戦略は細部に宿る

【政策形成】

政策の窓をひらく　具体的なアジェンダ　もめごとをつくる

リーダーのパッション　舞台の上での印籠　現時点での最善策

ゴミ箱をひっくり返す　アーリー・スモール サクセス　リアクティブから プロアクティブへ

ＣＰＵ（コミュニケーション ＆ポリシー・ユニット）　ポリシー・ウォッチャー

fig 3-6　今回つくった政策言語のプロトタイプ・パターンの一覧

にテーマを絞って掘り出してみるのはどうでしょうか。企業再生についてのベスト・プラクティスを意識したワークは成果が出しやすいのではないかと思いました。

同じように、ターゲットが明確だという点で、選挙の問題に取り組むのも面白そうです。選挙についてのパターン・ランゲージ。これは意外とニーズがあると思いますよ。選挙はみんな、一種の個人技のようなものに依存しているところがあって、だから「小沢さんは選挙の神様だ」といった話も出てくるけれども、そうではなく、アメリカなどでは選挙を科学的に分析しているわけですね。

同じように、企業再生や選挙といったテーマに絞って、ぜひ井庭さんに料理していただければますます面白いかな、と思いました。

【井庭】 なるほど。ありがとうございます。何か具体的なテーマがあった方がよいというのは、そのとおりだと思います。しかも今回は、大臣という立場からの政策ということで、一番大きな範囲のものでした。もっとさまざまな立場、領域の政策言語がありうるでしょうし、それらが増え続けていくことに意味があります。

ふだんパターン・ランゲージをつくるときには、僕らもやはり、具体的な領域、具体的な経験から入っていきます。なので、政策言語をつくるうえでも、政策一般として漠然とつくっていくよりは、具体的なドメインを決めて考えていくのがよいと思います。

僕からは最後に、政策言語が政策デザインにおけるブレイクスルーにどのようにつながるのかについてお話しして、今日の対談を締めくくりたいと思います。

フリーマン・ダイソン[*32]という物理学者が、科学革命（パラダイム・シフト）の方法には二種類あると言っています。[*33] 概念によるもの（concept driven）と、方法・道具によるもの（tool driven）です。科学革命というと一般には、天動説から地動説への転換や、古典力学から量子力学の転換のように、概念・理論が大きく変わるという話が思い出されるわけですが、実は、方法・道具による科学革命の方が多いとダイソンは言います。つまり、顕微鏡ができて初めてミクロの世界が見えたり、望遠鏡ができて初めて遠くの世界が見えたりするように、方法・道具によってパラダイム・シフトが起きることが多いのです。

この分け方で言うと、政策言語も、方法・道具による変革を目指すものだと言えます。政策デザインの方法・道具を新しくすることによって、政策をめぐる状況やあり方を変えていく。政策言語で目指すのは、まさにそのような方法・道具による変革です。

今日はその試みの第一歩を竹中先生と一緒に踏み出しました。これは大きな一歩でしたが、まだ最初の一歩に過ぎません。政策デザインのパターン・ランゲージ「政策言語」は、これからもたくさんの領域で、たくさんのパターンが生まれ、共有され、洗練されていくことになると思います。その最初の一歩を、竹中先生と踏み出せたことをうれしく思います。今日は、どうもありがとうございました。

【竹中】ありがとうございました。

二〇一〇年一一月二七日（土）慶應義塾大学ＳＦＣにて

（了）

註

＊1　小泉内閣時代の経済財政政策とその政策形成プロセスについては、『構造改革の真実――竹中平蔵大臣日誌』（竹中平蔵、日本経済新聞社、二〇〇六年）、『改革の哲学と戦略――構造改革のマネジメント』（加藤寛、竹中平蔵、日本経済新聞出版社、二〇〇八年）、『闘う経済学――未来をつくる［公共政策論］入門』（竹中平蔵、集英社インターナショナル、二〇〇八年）などで詳しく紹介されている。

＊2　メールマガジンとタウンミーティングが小泉総理大臣の所信表明演説に盛り込まれた経緯については、『構造改革の真実――竹中平蔵大臣日誌』（竹中平蔵、日本経済新聞社、二〇〇六年）二九頁参照。

＊3　小泉内閣メールマガジン（Koizumi Cabinet E-mail Magazine）　小泉純一郎が内閣総理大臣を務めていた時期に内閣官房内閣広報室から発行されていたメールマガジン。二〇〇一年の小泉純一郎内閣総理大臣の所信表明演説において「積極的な国民との対話」の一環としてメールマガジンを発行すると表明した。小泉総理も「らいおんは～と」という、自身の近況や考えを伝えるコーナーを担当。二〇〇一年の創刊号は七八万部、最盛期には二二五万人以上の読者を抱え、読者から寄せられた意見・感想は四九万件に達したと言われている。二〇〇六年の内閣解散に伴い、第二五〇号が小泉内閣メールマガジンの最終号となった。内閣メールマガジンという方法は、その後の内閣でも引き継がれた。内閣メールマガジンのバックナンバーは、首相官邸のウェブサイトで読むことができる（http://www.mmz.kantei.go.jp/jp/m-magazine/）。

＊4　タウンミーティング（town meeting）　ここで言う「タウンミーティング」とは、二〇〇一年から二〇〇六年の小泉内閣時代に行われた閣僚と有識者と一般市民が対話する政治集会のこと。「小泉内閣の国民対話」というサブタイトルが付いている。二〇〇一年の小泉純一郎内閣総理大臣の所信表明演説において「積極的な国民との対話」の一環として打ち出され、第一回は青森県青森市と鹿児島県鹿児島市で実施された。小泉内閣時代は、全一七四回のタウンミーティングが行われた。当時の

タウンミーティングの様子は、書籍『構造改革でどうなる私たちの生活と経済――タウンミーティングの現場から』(実業之日本社タウンミーティング取材班、実業之日本社、二〇〇一年)に収録されているほか、各回のテーマ・登壇者・概要は、内閣府のウェブサイトで見ることができる(http://www8.cao.go.jp/town/)。なお、アメリカ合衆国のニューイングランド地方で行われていた「タウンミーティング」は、住民の大部分が集合して地域の施策等を議決する地方自治制度のことで、ここで言うタウンミーティングとは趣旨と仕組みが異なる。

＊5　複雑系(Complex Systems)　従来の線形的なシステムとは異なり、非線形で複雑な相互作用を含むシステムであり、生命・知能・社会の理解のために必要だと言われている。ただし、単にごちゃごちゃ込み入ったシステムなのではなく、「構成要素の振る舞いのルールが、全体の文脈によって動的に変化するシステム」である、というようにより特定化した定義もある。『複雑系入門』(井庭崇、福原義久、NTT出版、一九九八年)参照。

＊6　ケースメソッド(case method)　実際の事例を教材とした経営教育の方法で、一九〇〇年代初頭からハーバード大学が中心となって開発・改良してきた方法。当初ハーバード大学ロー・スクールで始まったものを、ハーバード大学ビジネス・スクールが経営の問題へと応用した。ケースメソッドによる学習では、教材を読み、グループディスカッションを行いながら、現実と同等の状況での意思決定の訓練を行う。

＊7　ジョセフ・シュンペーター(Joseph A. Schumpeter:一八八三〜一九五〇年)　オーストリア出身のアメリカ合衆国の経済学者。経済成長とその根本原理としてのイノベーション(革新)の重要性を指摘した。著書に、『理論経済学の本質と主要内容』(原著一九〇八年)、『経済発展の理論』(原著一九一二年)、『経済学史――学説ならびに方法の諸段階』(原著一九一四年)、『景気循環論』(原著一九三九年)、『資本主義・社会主義・民主主義』(原著一九四二年)、『経済分析の歴史』(原著一九五四年)など。

＊8　新結合(Neue Kombination)　ジョセフ・シュンペーターは、『経済発展の理論〈上〉〈下〉』(原著一九二六年)において、経済発展の根本には、「新結合」、つまりイノベーションがあるとした。シュンペーターは「生産をするということは、われわれの利用しうるいろいろな物や力を結合することである」としたうえで、「新結合が非連続的にのみ現れることができ、また事実そのように現れるかぎり、発展に特有な現象が成立するのである」とした。

＊9　クリストファー・アレグザンダー(Christopher Alexander:一九三六年〜)　オーストリア出身のアメリカ合衆国の建築家。

カリフォルニア大学バークレー校名誉教授。パターン・ランゲージを始め、都市計画・建築における新しい設計方法を提唱・実践している。著書に、『形の合成に関するノート』（原著一九六四年）、『パタン・ランゲージ』（原著一九七七年）、『時を超えた建設の道』（原著一九七九年）、『オレゴン大学の実験』（原著一九七五年）、『パタン・ランゲージによる住宅の生産』（原著一九八五年）、『*The Nature of Order, Book 1-4*』（二〇〇二～二〇〇五年）、『*The Battle for the Life and Beauty of the Earth*』（二〇一二年）など。

＊10 フリードリッヒ・ハイエク（Friedrich August von Hayek：一八九九～一九九二年） 独自の景気理論や、知識論にもとづく社会主義批判、法の下での政策原理などの業績で知られる経済学者・政治哲学者。社会主義経済における中央集権的な計画を批判し、法の下での自生的秩序の形成が重要であると説いた。主な著書に、『隷属への道』（原著一九四四年）、『個人主義と経済秩序』（原著一九四八年）、『自由の条件（一）～（三）』（原著一九六〇年）、『法と立法と自由（一）～（三）』（原著一九七三年、一九七六年、一九七九年）など。

＊11 Christopher Alexander, Sara Ishikawa, Murray Silverstein, *A Pattern Language: Towns, Buildings, Construction*, Oxford University Press, 1977.『パタン・ランゲージ――環境設計の手引』（クリストファー・アレグザンダーほか、鹿島出版会、一九八四年）。

＊12 「歩行路の形」（Path Shape）『パタン・ランゲージ』No.121

＊13 「冒険的遊び場」（Adventure Playground）『パタン・ランゲージ』No.73

＊14 「公共度の変化」（Degrees of Publicness）『パタン・ランゲージ』No.36

＊15 Christopher Alexander, *Notes On The Synthesis of Form*, Harvard University Press, 1964.（『形の合成に関するノート／都市はツリーではない』（クリストファー・アレグザンダー、鹿島出版会、二〇一三年）。

＊16 インタラクティブ・マイニング（interactive mining） パターン・ランゲージをつくるための「パターンの種」を、経験から掘り起こすマイニング方法のひとつ。経験を持っている人にアクティブなインタビューをしながら、その人が持つコツ（実践知）を掘り起こし、パターンの形式にまとめていく。

＊17 「政策デザインワークショップ」は、慶應義塾大学SFC（湘南藤沢キャンパス）で開講されている創造実践科目であり、竹中平蔵が担当している。

＊18 John W. Kingdon, *Agendas, Alternatives, and Public Policies*, Little Brown and Company, 1984. 2nd ed., Harper-Collins College

Publishers, 1995.

＊19 経済財政諮問会議（Council on Economic and Fiscal Policy） 経済全般の運営や財政運営、経済財政政策に関して、国務大臣や民間有識者等の意見を政策形成に反映させることを目的として、内閣府に設置された合議制の機関。二〇〇一年の中央省庁再編の際に設置された。小泉内閣では、新しい政策プロセスの要としての重要な役割を担った。

＊20 無謬性とは、理論や判断に間違いがないことを意味している。

＊21 CPU（コミュニケーション&ポリシー・ユニット）の役割や過去の事例については、『できる総理大臣のつくり方』（黒澤善行、黒澤武邦、鈴木崇弘、春日出版、二〇〇九年）で紹介されている。

＊22 『13デイズ』（Thirteen Days） キューバ危機を題材にしたサスペンス映画。監督ロジャー・ドナルドソン、主演ケビン・コスナー。二〇〇〇年公開。

＊23 グレアム・アリソン（Graham T. Allison：一九四〇年〜） アメリカ合衆国の政治学者。ハーバード大学ケネディスクール教授。キューバ危機を合理モデル、組織過程モデル、政府内政治モデルの三つのモデルで分析した著書『決定の本質――キューバ・ミサイル危機の分析』（原著一九七一年）では、対外政策決定論の必読文献として有名。ほかの著書に『核テロ――今ここにある恐怖のシナリオ』（原著二〇〇四年）など。

＊24 Graham T. Allison, *Essence of Decision: Explaining the Cuban Missile Crisis*, Little, Brown, 1971.『決定の本質――キューバ・ミサイル危機の分析』（グレアム・T・アリソン、中央公論社、一九七七年）。

＊25 ジョン・メイナード・ケインズ（John Maynard Keynes：一八八三〜一九四六年） イギリスの経済学者。著書『雇用・利子および貨幣の一般理論』（原著一九三六年）で、それまでの新古典派経済学とはまったく異なる経済学（マクロ経済学）の基礎を築き、「ケインズ革命」と呼ばれるほど大きな影響を経済学と経済政策の双方にもたらした。研究・教育に従事する一方で、世界大戦時には大蔵省で戦時経済の計画・立案なども行っている。著書に『平和の経済的帰結』（原著一九一九年）、『貨幣改革論』（原著一九二五年）、『貨幣論』（原著一九三〇年）、『雇用・利子および貨幣の一般理論』（原著一九三六年）など多数。

＊26 サミュエル・スマイルズ（Samuel Smiles：一八一二〜一九〇四年） イギリスの医師・著述家。著書に、『自助論』（原著一八五九年）、『向上心』（原著一八七一年）など。

＊27 Samuel Smiles, *Self-Help, with Illustrations of Character and Conduct*, John Murray, 1859. 序文の「天は自ら助くる者を助く」は特に有名。この本は一八七一年に『西国立志編』と題して翻訳・出版され、福澤諭吉の『学問のすゝめ』とともに広く読まれた。当時の日本で総計一〇〇万部ほど売れたと言われており、世界的にもベストセラーでロングセラーとなった。現在手に入る邦訳は『自助論』（サミュエル・スマイルズ、改訂新版、三笠書房、二〇〇二年）、『現代語訳　西国立志編　スマイルズ『自助論』』（サミュエル・スマイルズ、ＰＨＰ研究所、二〇一三年）など。

＊28 福澤諭吉（一八三五～一九〇一年）教育者、著述家。慶應義塾の創設者。幕末に蘭学者の緒方洪庵の適塾で学んだ後、江戸に下り、一八五八年に蘭学塾を創始した。その後、英学塾、近代学塾に転じ、そのときの年号をとって「慶應義塾」と命名することになった。慶應義塾の他にも専修学校（後の専修大学）、商法講習所（後の一橋大学）、伝染病研究所の創設にも尽力し、東京学士会院（現在の日本学士院）初代会長も務めている。著書に『学問のすゝめ』（一八七二～一八七六年、一八八〇年）、『文明論之概略』（一八七五年）、『西洋事情』（一八六六年、一八六八年、一八七〇年）、『福翁自伝』（一八九九年）、『福翁百話』（一八九七年）など多数。

＊29 ポリシー・ウォッチャー（policy watcher）政府の政策を監視し、分析・評価、提言を行う政策専門家。わかりやすい情報発信をすることで「よく知らされた国民」（Well informed public）を生み出すことも重視する。竹中平蔵の命名による言葉であり、自ら代表を務めるものに「既得権益とは無縁な経済対策に関する第一線の専門家集団」である「ポリシー・ウォッチ」がある（http://policywatch.jp）。

＊30 ブルッキングス研究所（The Brookings Institution）アメリカ合衆国ワシントンＤ.Ｃ.に本拠を構える政策シンクタンク。一九一六年にロバート・Ｓ・ブルッキングスによって設立された、国家レベルの公共政策を専門とする初めての民間機関。一九二七年に経済研究所（Institute of Economics）とロバート・ブルッキングス大学院（Robert Brookings Graduate School）を統合し、現在のかたちになった。研究者と公共政策を橋渡しする役割を担っている。現在の所長は、外交評論家であり、元アメリカ合衆国国務副長官のストローブ・タルボット。

＊31 アメリカン・エンタープライズ研究所（American Enterprise Institute: AEI）アメリカ合衆国ワシントンＤ.Ｃ.に本拠を構える公共政策系の独立非営利組織。一九三八年に前身となるアメリカン・エンタープライズ協会（AEA）が設立され、ウィリアム・Ｊ・バルーディが代表となった一九六二年に現在の名称に改名された。調査・研究の分野は、経済、外交・安全保障

政策、政治・世論、教育、健康、エネルギー・環境、社会・文化と広い。

＊32　フリーマン・ダイソン（Freeman J. Dyson：一九二三年～）　イギリス出身のアメリカ合衆国の理論物理学者。プリンストン高等研究所名誉教授。若くしてダイソン方程式を発表し、量子電磁力学の完成に大きく寄与したほか、宇宙物理学でも新しい考え方を提唱している。著書に、『生命の起原』（原著一九八六年）、『多様化世界』（原著一九八八年）、『科学の未来』（原著一九九七年）、『叛逆としての科学』（原著二〇〇六年）など。

＊33　Freeman Dyson, *Imagined Worlds*, Harvard University Press, 1997.『科学の未来』（フリーマン・ダイソン、みすず書房、二〇〇五年）第二章。

付　録

政策言語
（プロトタイプ・バージョン0.1）

井庭 崇 × 竹中平蔵

ここでは、政策デザインのパターン・ランゲージである「政策言語」（Policy Language）のパターンのプロトタイプを紹介する。政策言語は、政策をデザインする際の問題発見・解決の実践知を言語化したものである。政策言語の各要素（パターン）には、どのような「状況」（Context）においてどのような「問題」（Problem）が生じやすく、それをどう「解決」（Solution）すればよいのかということが書かれている。

このような政策デザインにおける問題発見・解決のコツを記述・共有することにより、政策デザインのためのひらかれた「ツール」（道具）となることが目指されている。現在の日本では、政策をつくるのはごく一部の人に限られており、それ以外の人びとは評価したり批判したりすることにとどまっているが、その状況を根本的に変えるため、政策のための新しいメディアの構築を試みたい。

本稿で提示するパターンは、竹中平蔵が小泉純一郎内閣時代に大臣として政策デザインに携わった経験を振り返り、それを井庭崇が抽出・記述したものである。そのため、ここで提示するものはある一人の大臣の実践知に限られており、今後これに加わるかたちで他の立場・領域のパターンがつくられることが期待される。その意味で、以下で示すものは、政策言語の（いまだ見ぬ）全体のなかの一部のパターンにすぎないということを、あらためて強調しておきたい。

今回作成した政策言語のプロトタイプは、全部で一八パターンある（fig 3-7）。それらのパターンが「社会」「政策」「政策形成」の三つのグループに分けて提示される。実際にパターンの内容を見るとわかるが、どのパターンも国家レベルの政策のみならず、地方自治体や企業・組織などにも通じる広義の「政策」についてのものになっている。そのため、政策言語は、国の政策にとどまらず、自治体や組織のなかでの政策のデザインの支援にもつながると考えられる。

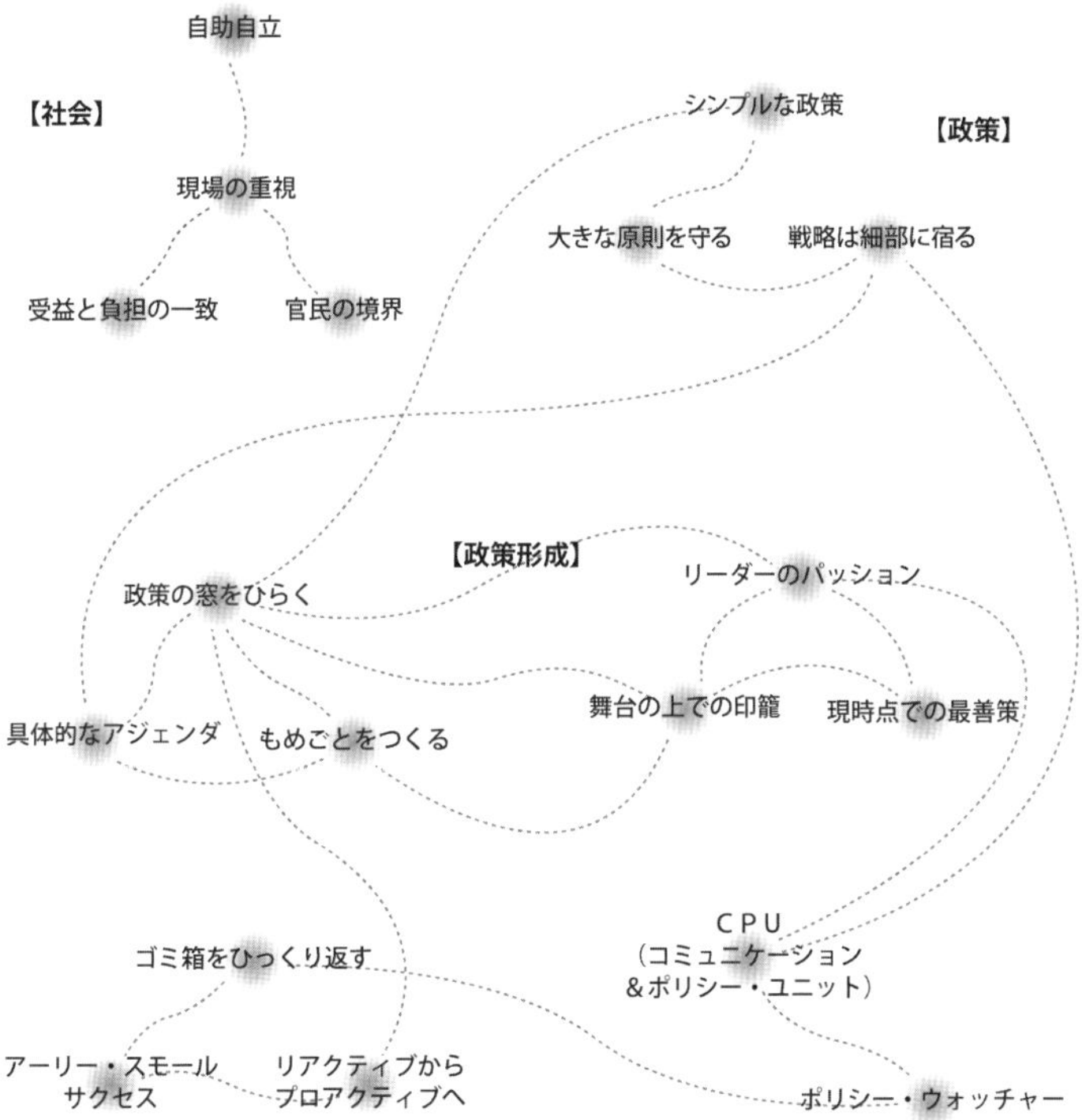

fig 3-7　政策言語（プロトタイプ・バージョン0.1）の全体像

■ 社会のパターン

どのような社会を目指すのかということについて、ここでは**「自助自立」**という原則から始め、**「現場の重視」「受益と負担の一致」「官民の境界」**を取り上げる。

「自助自立」（**Self-Help**）

［状況］　社会には解決すべき問題や課題がいろいろある。

［問題］　リソースは限られているため、全員を同じように助けることはできず、無理にそうすると全体が沈んでしまう恐れがある。

［解決］　自分でできる人は自分でやってもらい、本当に助けが必要な人を助けることを原則とする。「天は自ら助くるものを助く」というスマイルズの『自助論』のように、自分でできる人は自分でやっていくことを推奨するのである。

「現場の重視」（**Trusting People on the Spot**）

［状況］　生活水準が上がり、価値観が多様化している。

［問題］集中的な管理・運営では多様化に対応できず、非効率になる。これまで集中的な管理・運営が必要だったのは、効率的な資源配分によって全体を一律に底上げすることが目指されていたためであった。しかし、多様化したニーズや個性に対応するためには、集中的に対応することは難しく、効率も悪くなってしまう。

［解決］現場を信じて、現場に任せる。これにより、個々へのきめ細やかなサービスができるようになる。具体的には、民間でできることは民間でやり、地方でできることは地方でやるということである。それを実現するためには、「**官民の境界**」の明確化や、中央・地方の分担の明確化が不可欠である。そして、「**受益と負担の一致**」をさせることが、責任のある選択の仕組みづくりとして重要となる。

「受益と負担の一致」（Beneficiary Pays）

［状況］現場ごとに異なるサービスの提供が行われる。

［問題］サービスの費用の負担を全体で一元的に管理することは、受益と負担の歪みを生みやすい。まず、サービスの受益とその費用の負担が直接的に連動していなければ、負担を増やさずにさらなるサービスの提供を求める人が出てくるだろう。また、費用をまかなうための資金配分を行うところが権限の源泉となってしまう。

［解決］サービスの受益者と負担者を一致させ、責任のある選択を行う仕組みをつくる。具体的に言うならば、地方分権で権限委譲するとともに税源委譲も行い、受益と負担を一致させる。こ

れにより、より多くのサービスを求める地域では費用の負担が大きくなり、少ないサービスでよい場合には負担が小さくなるということが実現できる。このことは、自分たちで責任をもって選択できるようになる・選択しなければならなくなるということを意味している。

「官民の境界」（**Boundaries of the Government**）

［状況］行政が行う事業のなかで、民間でも行われているもの、あるいは行えるものがある。

［問題］サービス向上のためにイノベーションや資金運用が必要となっても、行政ではリスクを取ることができない。それは、リスクが顕在化したときにそれが国民の負担になってしまうからである。だからといってイノベーションや資金運用をしないままでは、最善ではないサービスや経営が行われることになる。

［解決］民間でもできる事業で、リスクを取るべきものは民営化する。たとえば、新しいサービス・事業を考える、資金運用をする、海外進出する場合などは、リスクを伴うので民間の組織でなければならない。こうして民営化することにより、自由度が増し、競争も生まれ、その産業・経済の活性化にもつながる。

■政策のパターン

よい政策とは何か、またそれをどのようにつくるのかについて、「**シンプルな政策**」「**大きな原則を守る**」「**戦略は細部に宿る**」を取り上げる。

「シンプルな政策」（Simple Policy）

［状況］政策は、民主主義的な合意形成のプロセスを経て実現される。

［問題］政策は複雑になると、多くの人にとって理解できない対象となり、関心をもてなくなってしまう。そうなると、現状では利害で歪んでいるような制度であったとしても、問題の解決が先送りされてしまう。

［解決］シンプルでわかりやすい政策にする。そのような政策は、議論がしやすくなり、実施も評価もしやすくなる。

「大きな原則を守る」（Securing Vital Point）

［状況］政策には、それに関するいろいろなステークホルダーがいる。

［問題］政策を通す合意形成のために大きな妥協をしてしまうと、政策を打つ効果がなくなってしま

う。一〇〇点満点の政策は難しいものの、四〇点や五〇点になってしまっては、政策をやる意味がなくなってしまう。そのような事態は避けなければならない。

［解決］些細なところで妥協しても、大きな原則を踏み外さないようにする。「ここは外せない」という点を明確にしておき、そこはしっかりと守り、政策が骨抜きにならないようにする。

「戦略は細部に宿る」（**Strategy is in the Details**）

［状況］政策は、法律行為の積み重ねである。

［問題］政策についてのちょっとした記述の違いによって、その政策で実現されることが変わってしまう。たとえば、民営化において、その記述を「完全民営化」とするか「完全に民営化」とするかで、まったく異なる結果になってしまう。政策をつくるための細部を知り尽くした人が、その政策の利害関係者である場合には、特に注意が必要である。

［解決］細部にまできちんと注意を払って政策の中身を詰める。単に理想的な青写真を書くのでなく、それを実現する細部についても戦略的に考えていく。リーダーはすべてに細かく目を通すことはできないが、「**大きな原則を守る**」ために重要な部分についてはしっかりと自分の目で確かめる。また、「**ＣＰＵ（コミュニケーション＆ポリシー・ユニット）**」によって多面的なチェックとつくり込みを行う。このようにして、その政策が制度設計や法律案の段階で骨抜きになることを避けるのである。

■政策形成のパターン

よい政策を実施するには、よい政策形成プロセスが不可欠である。まず、政策への関心を高め、建設的な政策論議を引き起こすことが重要であることが、**「政策の窓をひらく」「具体的なアジェンダ」「もめごとをつくる」**というパターンにまとめられている。次にリーダーの役割の重要性を指摘するものに、**「リーダーのパッション」「舞台の上での印籠」「現時点での最善策」**がある。また、政策をつくり始めるときや順序性の話については、**「ゴミ箱をひっくり返す」「アーリー・スモール・サクセス」「リアクティブからプロアクティブへ」**で言及されている。そして、政策をつくり評価するチーム・役割については、**「CPU（コミュニケーション&ポリシー・ユニット）」「ポリシー・ウォッチャー」**というパターンがある。

「政策の窓をひらく」（Opening a Policy Window）

［状況］解決しなければならない問題がたくさんあり、すべてを解決することはできない。

［問題］多数のプレイヤーの複雑な利害が絡み合い、政策はなかなか動かない。どのような政策がイシューとなり、どのような方向に進むのかは、容易には見通せず、誰もが動きだせない状況にいるのである。しかし、政策は必要なときに議論の俎上に乗せ、その後のプロセスに入っていかなければならない。

［解決］いまどの問題に取り組むべきなのかをはっきりとさせ、社会全体の流れをつくる。有力者の発言や出来事などをきっかけとして問題提起をすることで、それまで疑心暗鬼だった多数の

関係者が一斉に行動を始めるようになる。そうなると、状況は一気に動きだす。政策の窓をひらくためには、**「リーダーのパッション」**が重要になる。

「具体的なアジェンダ」(Practicable Agenda)

[状況] 政策は民主主義的な合意形成のプロセスを経て実現されるため、戦略的にアジェンダ設定を行う必要がある。

[問題] 単に注目を集めるだけで、具体的に実施できないようなアジェンダでは、政策の実現は達成できない。耳障りのよいスローガンは受け入れられやすいが、実現できないことも多い。理想論だけではなく、政策実現のプロセスを重視しなければならない。

[解決] スローガンではなく、実施可能性のある具体的なアジェンダを提示する。具体的に何をどのように行うのかを示すのである。たとえば、「経済を強くする」というスローガンではなく、「法人税を半分にする」とか「郵政を民営化する」というような具体的なアジェンダをつくり、提示する。このアジェンダを実現するときには**「戦略は細部に宿る」**ことを意識して戦略を練る。

「もめごとをつくる」(Stirring Up Trouble)

[状況] 政策は民主主義的な合意形成のプロセスを経て実現されるため、政策について人々の関心を確保しなければならない。

［問題］無難な政策に対しては、人々の関心は失われやすい。関心が失われてしまうと、後回しになったり、取り下げられたりする可能性が高い。
［解決］激しく賛否両論が出るようなアジェンダを掲げ、政策論議を湧き起こす。そうすることで多くの人の関心が集まり、反対論と賛成論の議論が展開される。対立や混乱を嫌う政策担当者は多いが、対立や混乱が目に見える方が人々の関心は高まり、政策論議は進む。最終的には、その議論のなかで出てきた賛成論が政策を進めていく力になる。

「リーダーのパッション」（**Passion of the Leader**）
［状況］それぞれの立場の人は、自分が安全かを考えながら行動している。
［問題］リーダーがどのようなことをやってくれるのか、本当についていってよいのかが判断できず、物事が前に進んでいかない。
［解決］リーダーが、「自分はこれを実現したい」という強い意志をもって、全体の方向性を示す。これにより、明確さと説得力、そして信頼感が生まれる。リーダーのパッションは、「**政策の窓をひらく**」ことにもつながる。

「舞台の上での印籠」（**Direction on the Stage**）
［状況］政策をつくるということが一部の人に独占されており、その人たちの利害に関わる政策をつくろうとしている。

［問題］　政策をつくる立場の人の利害に関わるため、政策は進まず、実現できない。
［解決］　公開の場で問題に光を当て、徹底的に議論・批判が出るようにしたうえで、リーダーのリーダーシップによって一気に進める。たとえば、小泉内閣時代の経済財政諮問会議における発言と、そのうえでの総理指示というやり方がこれにあたる。「**もめごとをつくる**」ようにして、人々の注目を集めたうえで、リーダーの指示を出すのである。

「現時点での最善策」（**Best Policy at the Moment**）
［状況］　政策をつくる人材の流動がなく、固定化している状況で、過去の意思決定や政策と逆方向の政策を打ち出そうとしている。
［問題］　過去の自分たちの非を認めることになってしまうため、その政策を受け入れることができず、政策プロセスが止まってしまう。たとえ新しい政策が現状に合っているとわかっていても、過去の自分たちの意思決定や政策を正当化するために反対せざるをえない。無謬性《むびゅうせい》へのこだわりを克服しなければ改革は行えず、現状維持のままとなってしまう。
［解決］　リーダーが「過去は問わない。今やるべきことをやろう」と打ち出すことで、担当者を過去の束縛から解放する。これにより、現状に合った政策を推し進めることができるようになる。

「ゴミ箱をひっくり返す」（**Overturning a Garbage Can**）
［状況］　解決すべき問題は突然やってくる。

［問題］準備万端な状態ではなく、不完全な情報で判断しなければならない。その問題について新たに調べるだけの時間は十分に取れず、教科書に答えはなく、答えられる人もほとんどいないのが実際である。

［解決］自分の手元にあるいろいろな材料、アイデア、データ、調査・分析結果、視点、発想などをかき集めて、それをもとに考える。集めた材料のなかに具体的な案はなくとも、幅広い観点からのチェックリストをつくることはできる。普段から、そのような情報をストックしておく必要がある。

「アーリー・スモール・サクセス」（Early Small Success）

［状況］政策は民主主義的な合意形成のプロセスを経て実現される。

［問題］いきなり大きな改革をやろうとしても、周囲や国民の支持を得にくい。特に最初は信頼を得るためにも、早めの実績が必要となる。

［解決］早めに小さな成功をつくり、政策の体制に求心力を持たせるようにする。そのためには、緊急の課題であり、効果がすぐに出る改革から取り組み、「**リアクティブからプロアクティブへ**」と進めるとよい。

「リアクティブからプロアクティブへ」（Reactive to Proactive）

［状況］緊急に対処しなければならない問題もあるが、長期的にみて取り組むべき改革もある。

［問題］新しい時代に向けての大きな改革は、いきなり実現しようとしても支持を得にくい。目の前に緊急に解決すべき問題があるのに、それをやらずに未来への投資をすることは支持を得にくい。

［解決］「リアクティブ」（受け身的）な改革から始め、その後「プロアクティブ」（積極的）な改革へと移る。まずは、過去から引き継いだ負の遺産をなくすリアクティブな改革を行い、短期的に効果を出す。これにより**「アーリー・スモール・サクセス」**をつくったうえで、前向きで攻めのプロアクティブな改革へと移る。たとえば、リアクティブな不良債権処理を行ったうえで、プロアクティブな郵政民営化を行うということである。

「CPU（コミュニケーション&ポリシー・ユニット）」（CPU：Communication & Policy Unit）

［状況］政策を進めるためには強いリーダーシップが重要であるが、リーダーは孤独な存在でもある。

［問題］リーダーが一人ですべてを処理することは不可能である。リーダーのもとには嘘の情報も含めて非常に多くの情報が入ってくるが、それをもとに意思決定をしていかなければならない。

［解決］リーダーと「志」を共有するメンバーによる「強固で小さなまとまり」（ホット・チーム）をつくる。このチームによってリーダーを支え、政策運営や政策コミュニケーションの戦略策定と後方支援を行う。

「ポリシー・ウォッチャー」（Policy Watcher）

［状況］政策をつくることを一部の人が独占しており、人材の流動がない。

［問題］政策における細かいことに熟知していないと、政策をつくることも正しく評価することもできない。そうなると、特定の利害をもつ人々に都合のよい政策がつくられたり、専門的な見地からのきちんとした政策論議を行うことができない。

［解決］いろいろな立場をとりながらも、専門的な見地から政策をフォローし、考えている政策の専門家を育てる。このようなポリシー・ウォッチャーが、政策を外からしっかりと評価し、必要な情報を広く一般に提供して健全な政策論議を展開するとともに、ときには政策をつくる立場としても活躍することが期待される。

第4章

パターン・ランゲージとネイチャー・オブ・オーダー

中埜 博 × 羽生田栄一 × 井庭 崇

中埜 博（なかの　ひろし）

1948年生まれ。合同会社CEST代表。コミュニティ・アーキテクト。カリフォルニア大学バークレー校環境設計学部建築学科大学院修了。クリストファー・アレグザンダーの日本での建設プロジェクト「盈進学園プロジェクト」に参加（1982〜1986年）。詳細は第1章の略歴を参照。

羽生田栄一（はにゅうだ　えいいち）

1960年生まれ。株式会社豆蔵取締役CTO、プロフェッショナル・フェロー。技術士（情報工学部門）。オブジェクト指向やソフトウェア工学の実践適用に関するコンサルティング、セミナー講師に従事し、後進の育成にあたる。アジャイルプロセス協議会前会長、IPA/SEC設計技術部会委員、情報処理学会ソフトウェア工学研究会パターンワーキンググループ主査、IPA ITアーキテクト・コミュニティ委員等を務める。著書に『ソフトウェアの匠』（2004年：共著）、『ソフトウェアパターン入門——基礎から応用へ』（2005年：監修）、『戦略マップによるビジネスモデリング』（2007年：共著）など。ソフトウェア工学に関する訳書多数。

【井庭】今日は「パターン・ランゲージとネイチャー・オブ・オーダー」というタイトルで、中埜博さんと羽生田栄一さんにお話をいただきます。

中埜さんは、クリストファー・アレグザンダーのもとで学び、日本でもアレグザンダーと一緒に活動された建築家です。アレグザンダーの著作の翻訳や紹介でも活躍されていて、今でもアレグザンダーと親交があります。羽生田さんは、情報システムの観点からパターン・ランゲージに入られ、特に開発プロセスに注目して探究・活動されています。僕は人間行為のパターン・ランゲージをつくってきました。このように、三人ともパターン・ランゲージに関わってきましたが、それぞれ立ち位置の違いがあります。

今日のタイトルにある「ネイチャー・オブ・オーダー」は、アレグザンダーの近著『*The Nature of Order*』[*1]から取りました。これは、『パタン・ランゲージ』[*2]以後の約三〇年間の彼の考え・思想をまとめた本です。全四巻シリーズで百科事典のような厚さの大著です。この本については日本ではまだほとんど知られていないので、今日はその概要と、それが自分たちの活動にどのようにつながっているのかについて語り合いたいと思います。どうぞよろしくお願いします。

【中埜】よろしくお願いします。以前、井庭さんにお招きいただいてお話させてもらいましたが[*3]、そのときから日本の状況が変わって、考えることも多々ありました。そういうお話ができたらよいなと思っております。

【羽生田】羽生田栄一です。株式会社豆蔵という、日本ではかなり珍しいソフトウェア・エンジニアリング（ソフトウェア工学）の会社を二〇〇〇年に立ち上げて、今はCTO（最高技術責任者）をしております。今日は『パタン・ランゲージ』や『*The Nature of Order*』といった、クリストファー・アレグザンダーのアイデアが現在の社会に与えるインパクト、そしてそこから私たちがどのようなことを学び、役立てればよいのかということをお話ししたいと思います。

■パターン・ランゲージの進化——建築、ソフトウェア、人間行為

【井庭】パターン・ランゲージは、一九七〇年代後半に建築の分野で提唱され、その後一九八〇年代後半にソフトウェアの分野に応用されました。そして、いま僕たちは人間行為のパターン・ランゲージをつくっています。この三五年ほどのあいだに、パターン・ランゲージにも進化がありました。ひとえに「パターン・ランゲージ」と言っても、対象も目的も変わってきているのです。まずはそのことについて、僕の方からお話ししたいと思います。

僕はこれまでのパターン・ランゲージの歴史を三つの世代で捉え、それを「パターン・ランゲージ1・0」、「パターン・ランゲージ2・0」、「**パターン・ランゲージ3・0**」と呼んでいます[*4]（fig 4-1）。パターン・ランゲージ1・0とは、アレグザンダーの建築のパターン・ランゲージが代表で、物理的なも

のをつくることのパターン・ランゲージです。パターン・ランゲージ2・0になると、ソフトウェアや組織、インターフェースなど、非物理的なものをつくることが支援されます。パターン・ランゲージ3・0になると、学びや教育、プレゼンテーション、コラボレーション、組織・社会変革など、人間行為が対象となります。いろいろな活動の「やり方」（形=フォーム）をつくるのです。「フォーム」という意味には、見た目の「形」だけではなく、球の投げ方のフォームというように、「やり方」という意味もありますよね。パターン・ランゲージ3・0では、そのような意味でのフォームについてのパターンが書かれます。

この対象の変化とともに、パターン・ランゲージの使い方も大きく変わってきました。もともとアレ

パターン・ランゲージ3・0（pattern language 3.0）　人間行為（human action）のパターン・ランゲージを指す総称。「第三世代のパターン・ランゲージ」や、「タイプⅢ」と呼ぶこともある。このタイプのパターン・ランゲージには、ラーニング、プレゼンテーション、コラボレーション、教育、組織変革、社会変革などのパターン・ランゲージがある。この捉え方では、建築のように物理的なものをデザインの対象とするパターン・ランゲージを1・0、ソフトウェアや組織のような非物理的なもののデザインを2・0、人間行為のデザインを3・0とし、これらが移行ではなく加算的な発展をしていると捉える。デザインの対象の変化に伴い、デザインの特徴や、ランゲージの使い方も変化している。詳しくは、「パターン・ランゲージ3・0――新しい対象×新しい使い方×新しい作り方」（井庭崇、『情報処理』第五二巻、第九号、二〇一一年）、および「創造社会を支えるメディアとしてのパターン・ランゲージ」（井庭崇、古川園智樹、『情報管理』第五五巻、第一二号、二〇一三年）参照。

グザンダーは、建築家と住人、つまり、「デザイナー」と「ユーザー」の断絶に橋渡しをするためにパターン・ランゲージを考案しました。これが、パターン・ランゲージ1・0の使い方です。ところが、パターン・ランゲージ2・0にあたるソフトウェアの世界では、まったく異なる目的でパターン・ランゲージが使われるようになりました。熟達しているエンジニアの発想やノウハウを学ぶために、エンジニアたちが読むものになったのです。言い方を換えるならば、熟達した「デザイナー」の実践知を、経験の浅い「デザイナー」が学ぶための手段に変わったのです。あまり知られていませんが、ここでパターン・ランゲージの使い手に「ユーザー」が入らなくなってしまいました。つまり、パターン・ランゲージ2・0では、デザイナーとユーザーの断絶に橋渡しをするのではなく、デザイナー同士の熟達度のギャップを埋めるために使われるようになったのです。

そして、パターン・ランゲージ3・0では、多様な経験を持つ人たちが自分たちの経験を語るために使われるようになります――「使われるようになる」というよりも、僕らはそういう使い方をしています。それぞれ異なる経験をもっていることから、お互いの経験について語り合い、共有するための手段としてパターン・ランゲージを使うのです。このとき、それぞれの人がもっている経験が多様であることが重要になります。熟達しているかどうかや、どのような立場の人かということは二の次の話になります。だから、専門家も素人も一緒になって対話をします。これがパターン・ランゲージ3・0の世界観です。

次に、デザインの特徴も変化してきました。アレグザンダーは建物は育てていくものだと強調しましたが、それでもなお、建築は「建てる前」と「建てた後」という事前／事後の「切断」があります。パ

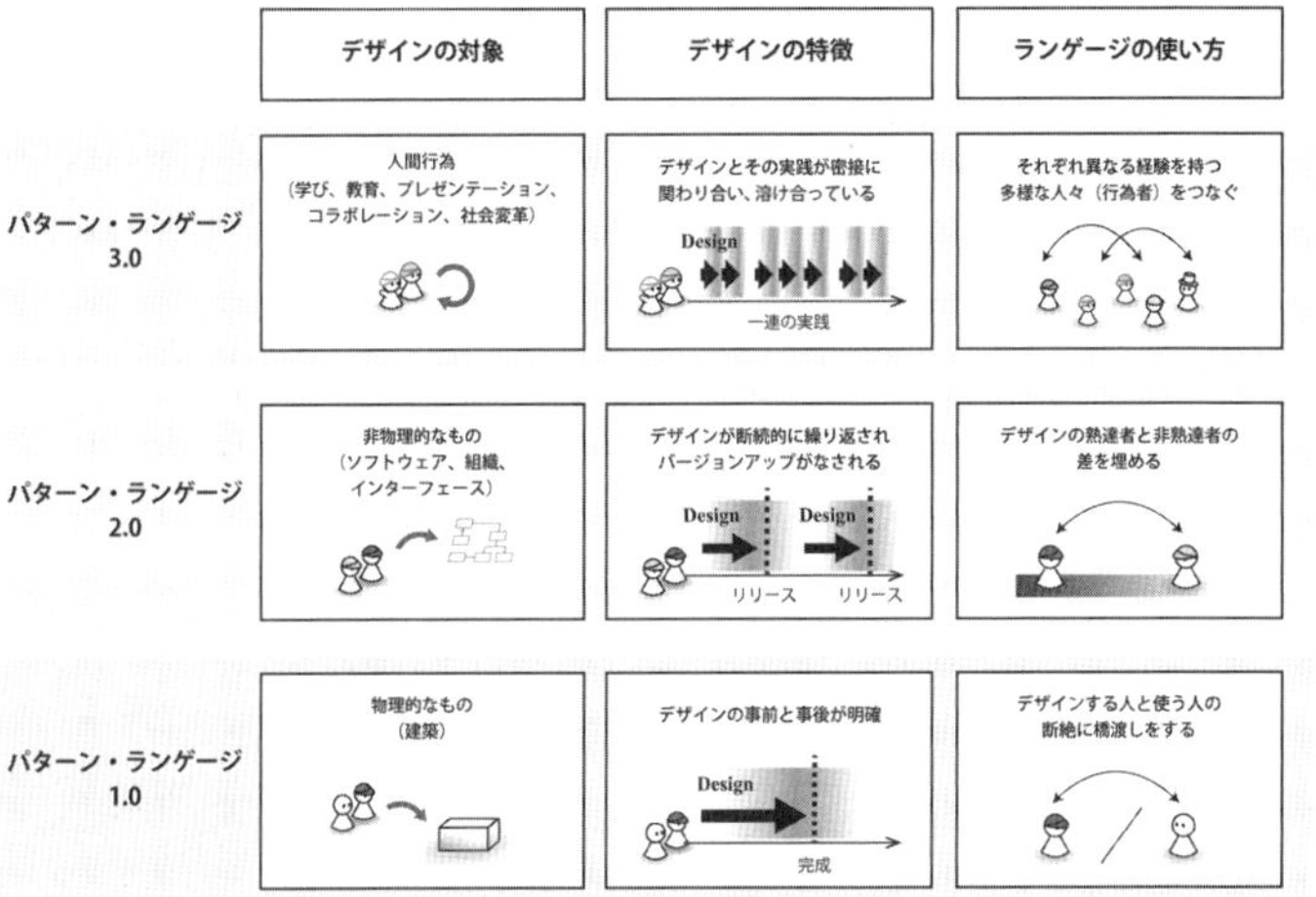

fig 4-1　パターン・ランゲージの3つの世代とその特徴

ターン・ランゲージ1・0の分野におけるデザインとは、そういうものでした。これに対して、ソフトウェアの場合は、バージョン・アップしてリリースするので、その度に何度もデザインされ直すことになります。パターン・ランゲージ2・0では、間隔をあけて何度もデザインがなされます。さらにパターン・ランゲージ3・0の人間行為の場合には、いつでもデザインが可能になりました。自分のやり方を一ヶ月ごとに変える、一週間で変える、一日で変える、一時間で変えるというように時間スケールはさまざまで、自分で決めることができます。しかも、デザインとその実践（実装）の関係が、より密なものになっています。これがパターン・ランゲージ3・0におけるデザインです。

　アレグザンダーがやりたかったのは、実はこのパターン・ランゲージ3・0のようなデザインなのではないかと、僕は考えています。建築ではどうしても物理的なものであることの限界によって、漸進的成長を実現するのは難しいのですが、人間行為であればそれが可能です。その意味で、一見すると人間行為のパターン・ランゲージはアレグザンダーの考えと程遠いと思われがちですが、彼が考えた思想の体現としては、建築やソフトウェアの場合よりも近いかもしれないと思っています。

パターン・ランゲージにもいろいろな種類があることを強調しておきたいと思い、以上の話をさせていただきました。この後は、パターン・ランゲージの進化――建築、ソフトウェア、人間行為――の順に、中埜さん、羽生田さん、僕という順番で、それぞれの経験や最近考えていることについて語っていくことにしましょう。それでは、中埜さんからお願いします。

■パターン・ランゲージをめぐるそれぞれの経験

【中埜】 こんにちは。私は、三〇年程前に学校法人**盈進**《えいしん》**学園東野高校**の建設で、アレグザンダーと一緒に設計・施工管理の仕事をしました。彼はパターン・ランゲージを提唱した人です。パターン・ランゲージにおいて、パターンを合成して一つの言語をつくることは、一つのプロジェクトをつくることと同義なのです。その意味で、パターン・ランゲージを「**プロジェクト・ランゲージ**」と呼ぶこともあります。

プロジェクト・ランゲージとは、具体的な一つのプロジェクトをつくることです。たとえば、盈進学園東野高校という学校をつくるというように、一つのプロジェクトをつくることを意味するのです。このときの建設記録が二五年ほど経ってようやく本になりました。『*The Battle for the Life and Beauty of the Earth: A Struggle Between Two World-Systems*』[*5]という本です。

学校竣工から一〇年後、私は早稲田大学でパターン・ランゲージの講義を三年くらい担当していたのですが、最近(二〇一二年)、その講義をしてほしいと、IT関係の方たちから依頼されまして、パターン・ランゲージ塾を開催しました。ITの方々が建築から学ぼうというのです。

その塾を開催したときに、とても不思議な体験をしました。この演習では、町歩きをして、そこからパターンを引き出し、そこで発見されたよいパターンを使ってもう一度町をランゲージ化し、町をイ

盈進学園東野高校(Eishin school) 一九二五年創立の盈進学園(盈進初等学校)を設立母体として、一九八五年に埼玉県入間市の高台につくられた学校。クリストファー・アレグザンダーが日本で建設したキャンパスとして有名。このキャンパスの建設プロジェクトについては、アレグザンダーの最新刊 Christopher Alexander, *The Battle for the Life and Beauty of the Earth: A Struggle Between Two World-Systems,* Oxford University Press, 2012 で詳細に語られている。

プロジェクト・ランゲージ(**project language**) 個別の現場におけるパターン・ランゲージ。「時を超えた」普遍性をもつパターン・ランゲージと区別するために、使われることがある。「これからのみんなのことば、みんなのかたち」(本橋正成、羽生田栄一、懸田剛、『情報処理』第五二巻、第九号、一一四二〜一一五〇頁、二〇一一年)参照。

メージとして再生するという試みをしました。これは、一つのエッセンスとしての、たとえばiPS細胞[*6]から新しい生命を生むことができるかという試みと似ていると思います。パターン・ランゲージからコミュニケーション・ランゲージをつくるという井庭さんの試みも同じようなことです[*7]。

そのとき、不思議な結果が出てきました。同じパターンを使ったのに、グループによってまったく異なる「形」が出てきたのです。建物ですから「形」として結果が出てくるわけです。そのときに出てきた形の一つは、細かく分散した町で、小さな丘の上に分かれて住む集落のようなものでした。もう一つの形は、そこを大きく開発して、一〇階建てのビルを建て、屋上庭園をつくるというものでした。分散した集落と高層のビルは、形としてはまったく異なるわけですが、面白いことに両方とも同じパターンを使って考えられたのです。同じパターンから、まったく異なる結果が出たのです。

そのとき、実は参加者の多くの方が仰った意見として、「予定地にあんなに大きな建物が建ったらおかしい、敷地の状況や景色にふさわしくない」という直感的なコメントでした。理論的には村落でも高層ビルでも可能だし、悪くはないのですが、高層ビルの方は明らかに多くの参加者の直感では納得のいかないものでした。だから、この結果から考えなければならないのは、この違いはどこから生まれるのかということです。

この違いはたいした問題ではなく、個人的な意見の違いに過ぎないでしょうか？　僕はそうではないと思います。何か本質的な違いがそこにはあるはずです。その違いを生じさせる原因が何かをはっきりさせないと、同じパターンを使ったとしても、さまざまなプロジェクト・ランゲージができてしまい、とんでもないものができてしまう恐れがあるということです。

そう考えると、パターン・ランゲージの奥に、もう少し本質的な何かがあるのではないか。それはパターン・ランゲージの生成結果を支配する価値意識のようなものではないかと思えてきたのです。その価値観が一体何なのかということを、アレグザンダーは近著『*The Nature of Order*』のなかで論じています。

今日はみなさんに一つだけ理解してもらいたいことがあります。パターン集がありますね。パターン集とは、要素の関係性がルール化されたものです。それから、それを組み合わせて一つのストーリー（物語）をつくりあげること、これをパターン・ランゲージと言います。パターン・ランゲージをつくる、一つのストーリー（物語）にする作業を進めていくときに、それが本当によいものであるのかの判断をしなければなりません。それは、あなた自身が判断するのです。パターン・ランゲージをつくるみなさんが、自分のなかで判断しなければならないのです。

自分で選択・判断ができるためには、自分が何者であるのかがわからなければならない。『*The Nature of Order*』には、そういうことが書かれています。つまり、自分のなかにそういう選択・判断ができるシステムを持ってこそ、よいものと悪いものとを区別できるのです。そのようなシステムとしての価値観がパターン構造の深層に存在するのです。ですから、パターンは、表面的には「現象」として発見されますが、実は「文化」や、自分のなかに深く内在化されているインフラとしての「価値判断基準」でもあるのです。それをアレグザンダーは「**センター**」という別名で呼びました。そのセンターズ（複数のセンター）からパターンが出てくる、とアレグザンダーは言います。

センターからパターンが抽出され、さらに、パターンをランゲージ化するプロセスが必要です（これはセンターを構造化するプロセスにもなります)。それが頭のなかで行われるわけですが、自分の内部からの声に忠実に構造化できないと、よいパターン・ランゲージはできません。その「よい」パターン・ランゲージとは、『時を超えた建設の道』[*8]に出てくる「**名づけえぬ質**」を生み出すことができるランゲージ(物語)ということです。「名づけえぬ質」については、『時を超えた建設の道』の第二章に説明がありますが、みなさん、読んでもすぐにはわからないと思います。僕も最初はよくわからなかった。この「名づけえぬ質」については、その時点ではアレグザンダー自身もうまく定義できなかったのではないかと思います。[*9]

僕が申し上げたいのは、パターン・ランゲージには、質のよいものと悪いものがあるということです。言い換えれば、抽象的な言い方になりますが、「命」(life)の存在するものと、命の存在しないパターン・ランゲージがある。この差を明確にするために「**センタリング・プロセス**」という生成プロセスを導入しなければなりません。これは最終的にクオリティに到達するためのプロセスが存在するということです。

一九六〇年代に出版された『禅とオートバイ修理技術』[*10]という本があります。非常に奇妙な本ですが、この本にははっきりと「バイクを修理することは、一つのクオリティをつくり出すことだ」と書かれています。一つのパターン・ランゲージをつくることも同じで、いきいきとした一つのクオリティに到達しなければならない。今日、僕はこのことだけを終始一貫して申し上げるつもりです。

【井庭】 とても重要なご指摘、ありがとうございます。単に「状況」「問題」「解決」というパターン・ランゲージの形式で書かれていればよいのではなく、「名づけえぬ質」を生むものでなければならないというのは、とても重要ですね。この点は強調してもし過ぎることはないと思います。

それでは次に、羽生田さん、お願いします。

【羽生田】 ＩＴの世界でも、パターンはかなり普及しています。正確に言うと、「パターン」が普及しているのであって、「パターン・ランゲージ」の方はそれほど知られていないのが現状です。ＩＴの世界

センター（center）　いきいきとした質を持つ「全体」の「構成要素」（the building blocks of wholeness）のこと。「中心」と訳されることもある。センターもまた一つの「全体」であり、その内部にセンターを持つという再帰性がある。ただし、センターがセンターである所以は、それを構成する要素に依るのではなく、それが構成する全体に依る。つまり、全体がなければセンターはない、ということを意味している。アレグザンダーは、複数のセンターが互いに関係して強め合うやり方を「一五の基本特性」（the fifteen fundamental properties）としてまとめている。これらの概念や特性についてはアレグザンダーの近著『*The Nature of Order*』で提唱・解説されている。

名づけえぬ質（Quality Without A Name: QWAN）　素晴らしい町や建物が持っている「いきいきとした質」のこと。そのような質は、一つの全体としての存在に宿り、生命・活気に満ち、調和がとれて美しいという。その質を表現するぴったりとした表現がないため、アレグザンダーは「名づけることができない」ということを概念名に採用した。その上でアレグザンダーは、その名づけえぬ質を生み出すためのルールを記述するために、パターン・ランゲージを考案した。さらに、内的な力の対立を解消・解放させる自生的で漸進的なプロセスにも着目し、実践している。この質については、アレグザンダーの近著『*The Nature of Order*』でさらに深い議論が展開されている。

でパターンはどのように取り上げられているのか。それは、「**デザイン・パターン**」という名称で、再利用しやすいアーキテクチャをもつソフトウェアをつくりだすためのノウハウの記述として普及しています。

『デザイン・パターン』[*11]という本には、二三個のパターンが書かれています。初学者の人は、Ｊａｖａなどのプログラミング言語を学んだ次のステップとして、設計のノウハウを学ぶためにこの本を読むのです。そして、「コンポジット・パターン[*12]を使えばツリー構造の階層的なオブジェクトを共通のインターフェースを与えてコンポーネント化できる」ことを勉強して、「複雑なオブジェクトの再帰的なつながりをつくりたいから、コンポジット・パターンをここに適用しよう」と考えることができるようになるわけです。

それはそれで意味はありますが、他方で、そのソフトウェアは何を目指すのか、どのようなユーザーがどのような環境で使うのかを想像しないまま、エンジニアの技術的な基準のみでデザイン・パターンが適用されてしまいます。それでは、まさにいま中埜さんが言われたように、悪いパターン、「いきいき」していないソフトウェアになってしまいます。そうならないようにするにはどうすればよいのかを、ＩＴの世界でも考え始めています。

一つの指針としては、デザイン・パターンを構成する、よりクリエイティブでより根源的な「デザイン・プリンシプル」(設計原理)[*13]をエンジニアがしっかりと学び、身体化する。ソフトウェアの設計・開発ではここだけは押さえないと美しくならない、という身体感覚を持つということです。ソフトウェアの世界では、ユーザーと環境、デザイナーの三層の関係がきちんと折り合いがつくようになる感覚をもとう、そして、その原則に従っていないソフトウェアをコードで見たときには「何か違う」と思うように、感覚を研ぎ澄ませなさい、と教えられます。

それが「デザイン・プリンシプル」で、その感覚を身につけた人であれば、デザイン・パターンを知

センタリング・プロセス（Centering Process）　あらゆるスケールにおいて全体性を生み出すプロセス。いきいきとした質をもつ全体は、多くの「センター」からなる構造になっているが、それを生み出すためには、センターをつくったり強めたりすることを繰り返し行わなければならない。センターはそのなかに小さなセンターを内包しており、また、大きなセンターの一部でもある。そして、同じレベルでも周囲のセンターと関係している。これらのセンターを分化させていくプロセスが、センタリング・プロセスである。センタリング・プロセスについては『まちづくりの新しい理論』（クリストファー・アレグザンダー、鹿島出版会、一九八九年）と『クリストファー・アレグザンダー――建築の新しいパラダイムを求めて』（スティーブン・グラボー、工作舎、一九八九年）で触れられており、『*The Nature of Order*』でも「構造保全変容プロセス」（Structure-Preserving Transformations）として説明されている。

デザイン・パターン（design patterns）　ソフトウェア設計において頻繁に生じる問題への解法を、パターン・ランゲージの形式で記述したもの。パターン・ランゲージの考え方は、ケント・ベックとウォード・カニンガムによってソフトウェア分野に導入された後、一九九四年に出版されたエリック・ガンマらの書籍『オブジェクト指向における再利用のためのデザインパターン』で広く知られるようになった。デザイン・パターンは、ユーザー参加を可能とするためではなく、巧みな設計ノウハウをエンジニア間で共有するために用いられた。

らなくても、自分の力でよいアーキテクチャを組み上げられるでしょう。その意味で、デザイン・パターンとデザイン・プリンシプルは、どちらをベースにしてもデザインはできますが、根源的なソフトウェアのあり方（プリンシプル）がまずあって、それが適用された結果を整理したものがパターンだ、という理解をしています。

ＩＴの世界には、アレグザンダーの思想に影響されたもので、デザイン・パターンの次に出てきたのが「アジャイル・プロセス」（**アジャイル・ソフトウェア開発**）という考え方です。建築の世界に**マスタープラン**があるのと同じように、ソフトウェアの開発にも要件定義[*14]が決まっていて、それを受け取ってから一番よい設計のあり方を定義し、それに基づいて各コンポーネントを実装して、最後にテストして納品するという、いわゆるウォーターフォール型[*15]のプロセスが一般的です。でも、そのようなプロセスでは、本当のユーザーの気持ちはわかりませんし、ユーザーにとって役に立つ快適なシステムはつくれません。

そもそもユーザーからなぜそのような要求が出たのか、どのような気持ちがその要求の背後にあるのかをどうすれば知ることができるでしょうか？　文章で与えられたものを読み下して、そこから設計に落としていくだけでは、本当の意味でユーザーの役に立つソフトウェアにはなりません。だから、もっと現場に入っていきましょう、施主の人たちがどのような環境で何の目的でソフトウェアを使うのかをきちんとフィールドワークして理解しましょう、と言われるようになってきました。

最初から一〇〇％のマスタープランをつくるのは原理的に不可能であると了解したうえで、本当にやりたいこと、ファースト・プライオリティは何かを決めて、まずはそれをつくる。次に、そこからフィードバックを受けて、セカンド・プライオリティを付け加えていくという反復型のプロセスでつくっていきます。そうすることで、プログラマーも、ユーザーの気持ちがだんだんとわかってきます。「それならば、こんな技術を使うことができて、もっと別な機能もできますよ」「なんだ、この仕掛けは

アジャイル・ソフトウェア開発（agile software development） 変化する状況に機敏に対応・適応しながら、迅速にソフトウェアの開発を目指す開発方法論の総称。事前に詳細な開発計画を立て、開発の各フェーズでしっかりとした文書を作成する「重量（ヘビー・ウェイト）」型とは異なり、短い期間での反復（イテレーション）による開発によって、現実世界で生じた変更にすばやく適応する「軽量（ライト・ウェイト）」型の開発を行う。アジャイル（agile）とは「俊敏な」「機敏な」という意味。よく知られたアジャイル・ソフトウェア開発手法には、エクストリーム・プログラミング（XP）、スクラムなどがある。二〇〇一年には、軽量ソフトウェア開発手法に携わっていたケント・ベック、ウォード・カニンガム、ジェフ・サザーランド、ケン・シュエイバー、マーティン・ファウラー、アリスター・コーバーンなど一七人が集まり、「アジャイル・ソフトウェア宣言」（Agile Manifesto）がまとめられている。

マスタープラン（master plan） 全体的な方向づけのための計画のこと。アレグザンダーは『オレゴン大学の実験』のなかで、従来の一般的な「コミュニティの将来の成長を明細に記し、土地利用、用途、高度など、地域ごとの建設内容を定めるための多様な性質を規定するマップ」を含む固定的なマスタープランでは、一つの「全体」を生みだすことはできないと指摘し、代わりに、マスタープランの役割を果たす、六つの原理による生成的なプロセスを提唱した。その生成的なプロセスで重要な役割を担うのが、パターン・ランゲージである。

不要ですね」と建設的な提案も行えるようになります。こうして現場と開発者が一体感をもって製作プロセスを進められるようになれば、もっといきいきとしたソフトウェア開発ができるようになるでしょう。ユーザーが開発に参加できたり、開発者が現場に踏み込んだりできるようなソフトウェア開発を目指そうということです。

このアジャイル・プロセスの考え方の根源を辿っていくと、アレグザンダーの「**アーキテクト・ビルダー**」という考え方に辿り着きます。つまり、丹下健三[*16]のような偉い人が「これだ！」とトップダウンでマスタープランを提示するのではなく、アーキテクトでもあるし、現場での泥臭いニーズのヒアリングも地道に行って、現場の問題点もわかったうえでそれをデザインに反映していく大工さんのような仕事もする。アーキテクトの仕事もするし、ユーザーの近くで開発を動かしていくビルダーの仕事もする。「アーキテクト・ビルダー」という中間的な存在ですね。そのような位置づけの存在が、ソフトウェアの開発にも必要であることがわかってきました。

ただ、実際にはユーザーや施主に参加してもらうのはなかなか難しくて、ユーザー側の言っていることはなかなか理解しにくいものです。反対に、ＩＴの専門用語も、ユーザーや施主にはなかなか説明しにくい。そのときに、両者のあいだをブリッジする「つなぐ言葉」ができればうれしい。それを物語として共有しておけば、施主の要望を実現するために「ＩＴの世界には、このようなコンポーネントやフレームワークがあります」「今ではこんなモバイル技術があるので、それを組み合わせれば、こんなことができます」とコミュニケーションを円滑にすることができます。最終的な着地点はわからなくても、大きな方向性だけ共有し、そこはブレないようにできるのです。そのためにパターン・ランゲージが使

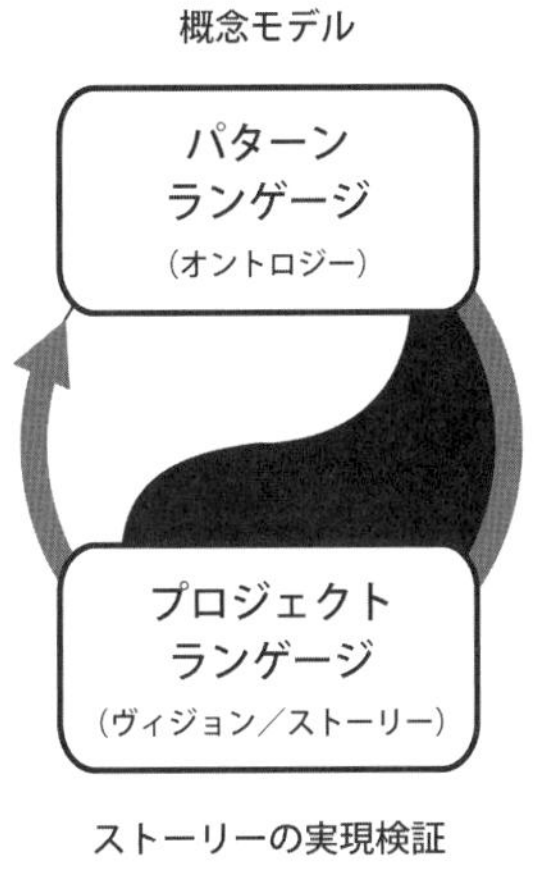

fig 4-2　パターン・ランゲージとプロジェクト・ランゲージ

えるのではないかと考えています。このことは、アジャイル・プロセスで開発している人びとの共通認識になりつつあることは確かです。

　パターン・ランゲージには、基本的には二つのタイプがあると私は考えています。一つには、町をつくる、建物をつくるときに、「大通り」や「中庭」というように、一種の共通の語彙としてみんなで共有するパターン・ランゲージです。AI（人工知能）やITの世界で「オントロジー[*17]」と呼ばれるものです。そのオントロ

アーキテクト・ビルダー（architect-builder）　建築家と施工者の両方の職能を兼ね備えた人のこと。現代の建設プロセスでは、設計段階と施工段階は明確に区別され、建物を設計する人と施工する人が分業して担当するのが一般的である。これに対してアレグザンダーは、よい建物をつくるためには、設計と施工を分離せず、現場で住人と密接に関わりながら、設計・施工を柔軟に行う存在が必要だと考えた。それがアーキテクト・ビルダーという新しい職能である。アーキテクト・ビルダーは、パターン・ランゲージを地域ごとに修正・適応させる役割も担っている。詳しくは、『パタン・ランゲージによる住宅の生産』（クリストファー・アレグザンダー、鹿島出版会、二〇一三年）参照。

ジーを共有したうえで、「中庭は、自分はこんな庭にして、こういう楽しみ方をしたい」という個別のヴィジョンがあるはずです。それが、中埜さんと私が「プロジェクト・ランゲージ」と呼ぶものです。

アレグザンダーの二五三個のパターンからなるパターン・ランゲージは、よい町をつくるためのオントロジーですね。それらを語彙として用いて物語を紡ぎ出した結果を記述する、それがプロジェクト・ランゲージです。概念モデルとストーリーを行ったり来たりして、プロジェクト・ランゲージで出てきたパターンに普遍性が見つかり、これは世界中で適用できると判断されれば、それをパターン・ランゲージの方に組み込み、登録していく仕組みが必要だと思います。

概念モデルとして普遍性のある「パターン・ランゲージ」と、それをストーリーとして物語化した「プロジェクト・ランゲージ」の二つを往ったり来たりするなかで、町づくりやITのプロジェクトが進められていく、そのような使われ方を思い描いています（fig 4-2）。

【井庭】なるほど、大変興味深いです。オントロジーのところについては、僕の言葉でいうと「認識のメガネ」[*18]に対応しますね。概念モデルとしてのパターン・ランゲージと、それを個別のストーリーにしたプロジェクト・ランゲージの二つの視点が重要だということですね。わかりやすい整理をありがとうございます。

それでは今度は、僕が自分の経験とそこから考えたことをお話ししたいと思います。僕はこれまで、創造的な学びのための「ラーニング・パターン」[*19]、創造的プレゼンテーションのための「プレゼンテーション・パターン」[*20]、創造的コラボレーションのための「コラボレーション・パターン」[*21]などをつくってきました。それらがどのような意図でつくられたのか、そしてどのように社会に寄与していくと考え

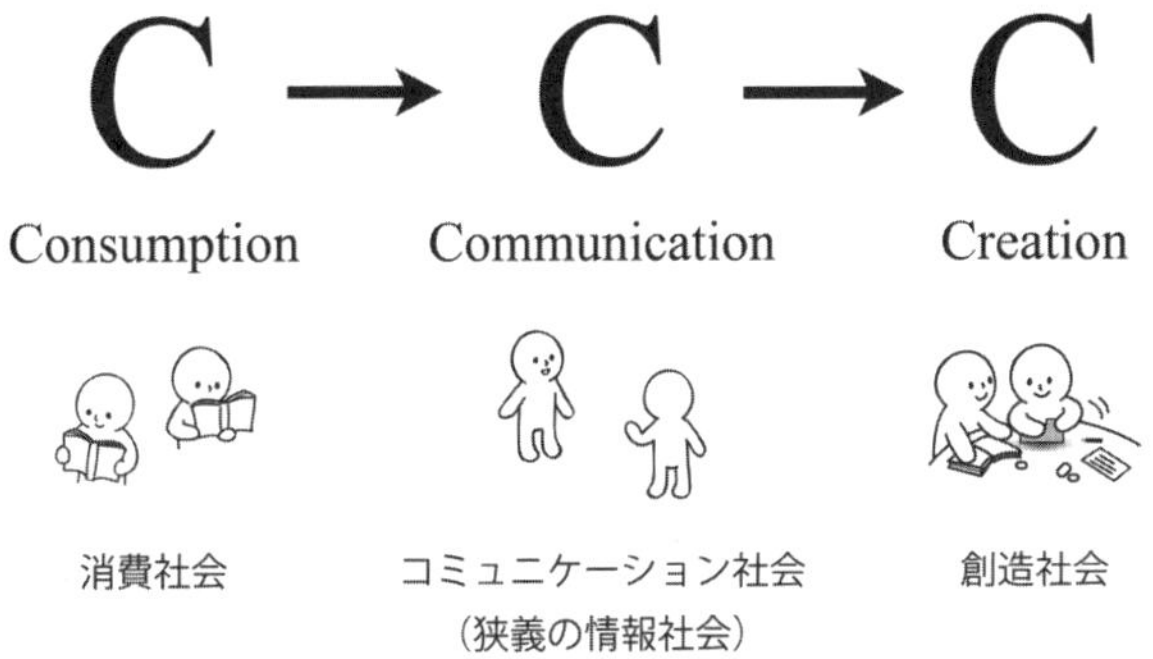

fig 4-3　時代変化の３つのC

ているのかについて、お話ししたいと思います。そのためには、まず、僕が時代の変化をどのように捉えているのかについて、お話しする必要があると思います。

　僕は今の時代の変化を、三つのCに象徴させて捉えています。C→C→Cという流れです（fig 4-3）。一つめのCはConsumption（消費）、次はCommunication（コミュニケーション）、そして最後はCreation（創造）です。つまり、時代の変化を、「消費社会」から「コミュニケーション社会」（狭義の情報社会）、そしてこれからの「**創造社会**」（クリエイティブ・ソサエティ）という流れで捉えているのです。*[22] ここで注目しているのは、人びとが普段の生活のなかで何に関心を持ち、何に時間を割いているのかということです。あるいは、何が豊かさを象徴するのかということです。

　アメリカでは一九二〇年代以降、日本では戦後、物やサービスを消費することが豊かな生活・人生であるという「消費社会」がありました。そして、九〇年代半ばからの情報化によって、コミュニケーションに重点が置かれる「コミュニケーション社会」に移行しました。いわゆる情報社会です。

人びとがインターネットや携帯電話を用いてコミュニケーションをとることに関心を持ち、多くの時間を使っている社会です。そしてこれからは「創造社会」、つまり何かを「つくる」ということが生活のなかで大きなウェイトを占めるようになると、僕は見ています。

これまでも「つくる」ということは、企業・組織のなかで仕事としてなされてきたわけですが、ここで言いたいのは、「つくる」ことがパーソナルな領域で日常のなかにごく当たり前に埋め込まれるようになるということです。

たとえば、最近、パーソナル・ファブリケーション[*23]が話題になっていますが、個人レベルでのものづくりが可能になりつつあります。これまで工場で大量生産するためにあった大型の機械が、個人で買って使えるくらいの大きさと価格になってきました。コンピュータが大型のものからパーソナルなものに変わったように、ものづくりの装置もパーソナルなものになる。これがパーソナル・ファブリケーションの考え方で、ファブラボ（FabLab）[*24]の活動やメイカーズ（MAKERS）ムーブメント[*25]で広く知られるようになりました。

あるいは近年、仕事以外の時間を使って、新しい場づくりや仕組みづくりに携わる人が増えています。[*26]仕事が終わった後の夜や休日を使って企画・運営をしたり、そのための仕組みをつくるのです。そして、あちこちでボトムアップのソーシャル・イノベーション[*27]が起きつつあります。これも、生活のなかに「つくる」ことが入ってきている例だと言えるでしょう。

このように、創造社会とは、自分たちで自分たちのモノ、認識、仕組みをつくる社会です。そして、それは自分たちで自分たちの未来を創造することにつながります。もはや、誰かがつくったものを消費するだけでも、それについてコミュニケーションをとるだけでもありません。「つくる」ということに主眼が置かれ、そのことが豊かな生活・人生を象徴するようになるのです。

このような創造社会において特に重要なのは、創造的な学び、創造的プレゼンテーション、創造的コラボレーションだと、僕は考えています。「つくる」なかで自分を磨き成長させる、つくったものを他の人に見せて刺激し合う、仲間と一緒に「つくる」、そういうことが重要になり、その能力が求められるようになると考えられます。これらは、未来をつくるための基本スキルと言ってよいと思います。

この重要な三つの力の育成と実践を支援するために、それに対応するパターン・ランゲージがあるとよいと考え、それぞれに対応したパターン・ランゲージをつくりました。つくることによって学ぶという創造的な学びを支援するための「ラーニング・パターン」、聴き手の発想や発見を誘発する創造的プレゼンテーションを支援するための「プレゼンテーション・パターン」、自分たちなりの方法をつくり、自分たちも成長しながら複数人で成果を生み出す創造的コラボレーションを支援するための「コラボ

創造社会（Creative Society）　人びとが、自分たちで自分たちのモノ、認識、仕組みなどをつくる社会。井庭崇は、「消費社会」「コミュニケーション社会（狭義の情報社会）」の次に来る社会像として「創造社会」を位置づけ、その社会においては、パターン・ランゲージが重要なメディアとなるとした。詳しくは『プレゼンテーション・パターン——創造を誘発する表現のヒント』（井庭崇、井庭研究室、慶應義塾大学出版会、二〇一三年）、および「創造社会を支えるメディアとしてのパターン・ランゲージ」（井庭崇、古川園智樹、『情報管理』第五五巻、第一二号、二〇一三年）参照。

	Consumption →	Communication →	Creation
	消費社会	コミュニケーション社会 （狭義の情報社会）	創造社会
Learning	Learning 1.0 教わる	Learning 2.0 話す	Learning 3.0 つくる
Presentation	Presentation 1.0 マスコミの視聴	Presentation 2.0 発信	Presentation 3.0 創造の誘発
Collaboration	Collaboration 1.0 命令・管理	Collaboration 2.0 調整	Collaboration 3.0 育成

fig 4-4　各時代におけるラーニング／プレゼンテーション／コラボレーション

レーション・パターン」です。

創造的な学び、創造的プレゼンテーション、創造的コラボレーションが求められる理由は、時代の変化と密接に結びついています（fig 4-4）。それぞれの時代に求められている学びを、三つのCの時代に対応させて、「ラーニング1・0」「ラーニング2・0」「ラーニング3・0」と呼ぶことにします。ラーニング1・0は、教科学習のように教わって学ぶという学び方です。これまで、多くの学校でとられてきた学びのスタイルです。ラーニング2・0は、話すことで学ぶという学び方です。最近、いろいろな対話や交流をするためのワークショップが行われるようになっています。そして、ラーニング3・0は「つくることによる学び」です。多くの作家や芸術家、実践家がやっているように、何かを「つくる」過程で人はいろいろなことを学びます。このような学び方を、「クリエイティブ・ラーニング」（creative learning）と呼んでいます。

同じように、プレゼンテーションも1・0から3・0

まで考えることができます。プレゼンテーション1・0は、消費社会におけるプレゼンテーションで、マスメディアなどによって一方的に流される情報を消費するというものです。プレゼンテーション2・0は、コミュニケーション社会におけるプレゼンテーションで、プロジェクターでスライドを映しながら発表して質疑応答をするというものです。プレゼンテーション3・0では、単に聴き手に伝達することではなく、聴き手の新しい発想や発見を誘発するようなプレゼンテーションになります[*28]。

コラボレーションも、時代の変化とともに1・0から3・0にシフトしていきます。コラボレーションという言葉は、語源的には「ともに」(co)「働く」(labor)ということです。ともに働くやり方としては、コラボレーション1・0は命令・管理型でした。コラボレーション2・0では、コミュニケーションをとりながら調整して仕事を進めるようになります。そして、コラボレーション3・0では、取り組む方法や自分たち自身を育成しながら「ともに働く」ようになります。

このように、消費社会、コミュニケーション社会、創造社会への移行に伴い、学びもプレゼンテーションもコラボレーションも、1・0から3・0へとシフトしていくと考えています。このとき、その移行を支援するパターン・ランゲージがあれば、社会の変化を促進することができるでしょう。コミュニケーション社会に移行するためにインターネットや携帯電話などのメディアが必要だったように、創造社会への移行を促し、加速させるメディアが不可欠です。その一つが、パターン・ランゲージだと、僕は考えています。

これからの時代が創造性に関係することも、パターン・ランゲージという方法が適している理由になっています。事細かにマニュアルやハウツーの枠にはめていくという方法は、創造社会にはそぐわないと思います。パターン・ランゲージであれば、いまの自分を肯定し、それをベースとしながら、小さい単位にまとめられたヒントを少しずつ取り入れて、自身を成長・拡張させていくことができます。

このような考えのもと、ラーニング・パターン、プレゼンテーション・パターン、コラボレーション・パターンをつくってきました。これらはすべて、パターン・ランゲージの世界では新しい領域である「人間行為のパターン・ランゲージ」ということになります。

■パターン・ランゲージをつくる・使う

【井庭】それでは、これまでの話を踏まえながら、パターン・ランゲージをつくるということ、そして使うということについて話していきたいと思います。

【羽生田】概念モデルとして普遍性があるパターン・ランゲージと、それをストーリーとして物語化したプロジェクト・ランゲージという話に関係して、プロセスをもう少し踏み込んで整理したのが「Wプロセス2・0」です。これは私と本橋正成さん[*29]でつくったものです。

新しい町やコミュニティを立ち上げたいと思っているとき、その現場には、これは絶対に残したいなと思うものがあるものです。それはソフトウェアのシステムの場合も同じです。そういったものをしっかりとフィールドワークして、パターンとして構造化していくプロセス。それらを組み合わせて、新しいヴィジョンにまとめ、優先順位をつけて、自分たちの町をこのようにしたいという希望を整理していく。パターン・ランゲージの場合、マスタープランは存在しませんが、現時点で自分たちはこういうものがよいというヴィジョンがあるはずです。それを実際に現場に赴いて、「**原寸設計**」でそのヴィジョンと現場の実情が合うようにすり合せを行います。そして並行してお金の目途もつけて、実際の製作に入っていくプロセスを考えます。

このようなプロセスでパターンの素を発見するのは、フィールドワークをして、素直な気持ちで現場が訴えかけてくる言葉を集めていくということです。これを「現象学的態度」と言います。そうして集めた言葉たちを構造化していき、自分たちなりのヴィジョンをつくり、それを使って実際にものづくりをする。これは一種のブリコラージュとも呼べる活動で「身体知的態度」と言います。その後、それが本当にそのコミュニティに受け入れられたのかをもう一度確認、診断し、場合によっては修正・修復する。これを「集合知的態度」と言います。

このプロセスを「診断」「施工」「修復」というかたちで整理できるのではないか。そう考えてまとめ

原寸設計（full-size drawing）　杭やロープ、旗、段ボール、チョークなどを使って、現場で原寸大で設計をしていくという設計の方法。図面上での設計とは異なり、その土地の特徴や自分の空間的な感覚も加味しながら設計を行うことができる。『パタン・ランゲージ』のNo.212「隅の柱」やNo.221「自然なドアと窓」では具体的に原寸設計の方法が示されている。また、盈進学園の事例は『*The Battle for the Life and Beauty of the Earth: A Struggle Between Two World-Systems*』に、バークレーでの住宅建設の事例は『*The Nature of Order*』第二巻の付録で紹介されている。

たのがこの「Wプロセス2・0」です。これはKJ法[*30]をつくった川喜田二郎さん[*31]が「Wプロセス[*32]」と呼んだ方法をバージョン・アップしたものです（fig 4-5, fig 4-6）。フィールドワークをして、そこで得たデータを虚心坦懐に見る。川喜田さんの言葉でいえば「データをして語らしめる」。私たちの言葉では「診断」であり「質的調査」とも呼ばれます。そこから、これは本当に自分たちがしたかったことだ、これとこれを組み合わせて抽象化するともっとよいパターンになる、といったことを発見する「アブダクション[*33]」というプロセスがあります。これが先ほどお話しした現象学的態度です。

そして、パターンの素を見つけたら、それをベースに自分たちの物語をヴィジョンとして定義します。この作業についてはチームで行います。その後、その物語がある程度整理できたら、ファースト・プライオリティのものを見つけて、実際の現場に赴いて、プロトタイプをつくります。これが、身体知的態度に相当します。プロトタイピングをして現場で確認し、うまく当てはまるか、ズレているところがあるかについてフィードバックをもらいます。コミュニティ全体で確認し合い、場合によっては修正・修復する。そしてそれがコミュニティのなかになじんで暗黙知化するというのが、集合知的態度です。

現象学的態度、身体知的態度、集合知的態度、この三つがうまくループするようにする。これはデザイン思考[*34]のプロセスと似ているのですが、デザイン思考よりも進んでいるのは、「診断」と「修復」というプロセスが組み込まれていて、より継続的かつ持続的なプロセスになっているという点です。デザイン思考は、かなり短期的な資本主義的な発想から抜け切れていない感がありますが、われわれのこのプロセスの方がこれからの持続的社会をまわしていくという点で役に立つのではないかと考えます。単純に使いやすくて売れる製品を迅速にリリースするのではなくて、少しずつ浸透させていくという「集

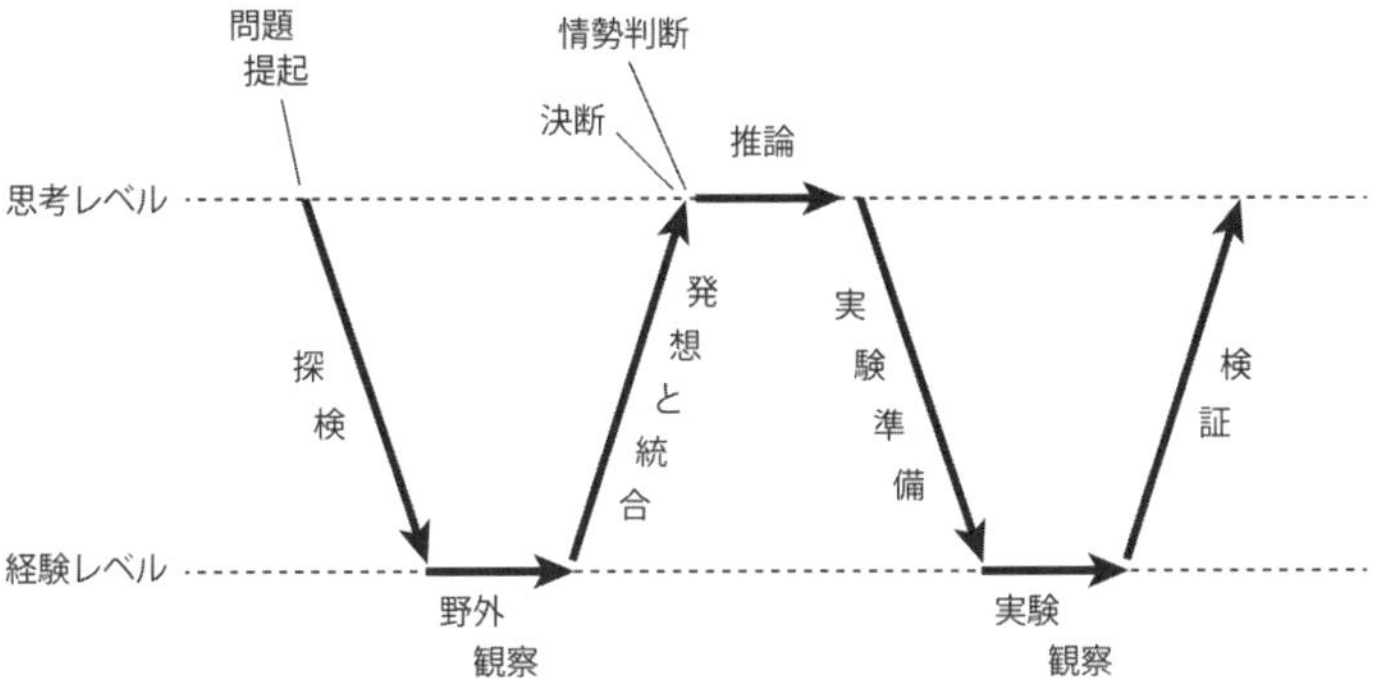

fig 4-5　Wプロセス（川喜田二郎著『発想法』および『続・発想法』のW型問題解決モデルの図をもとに作成）

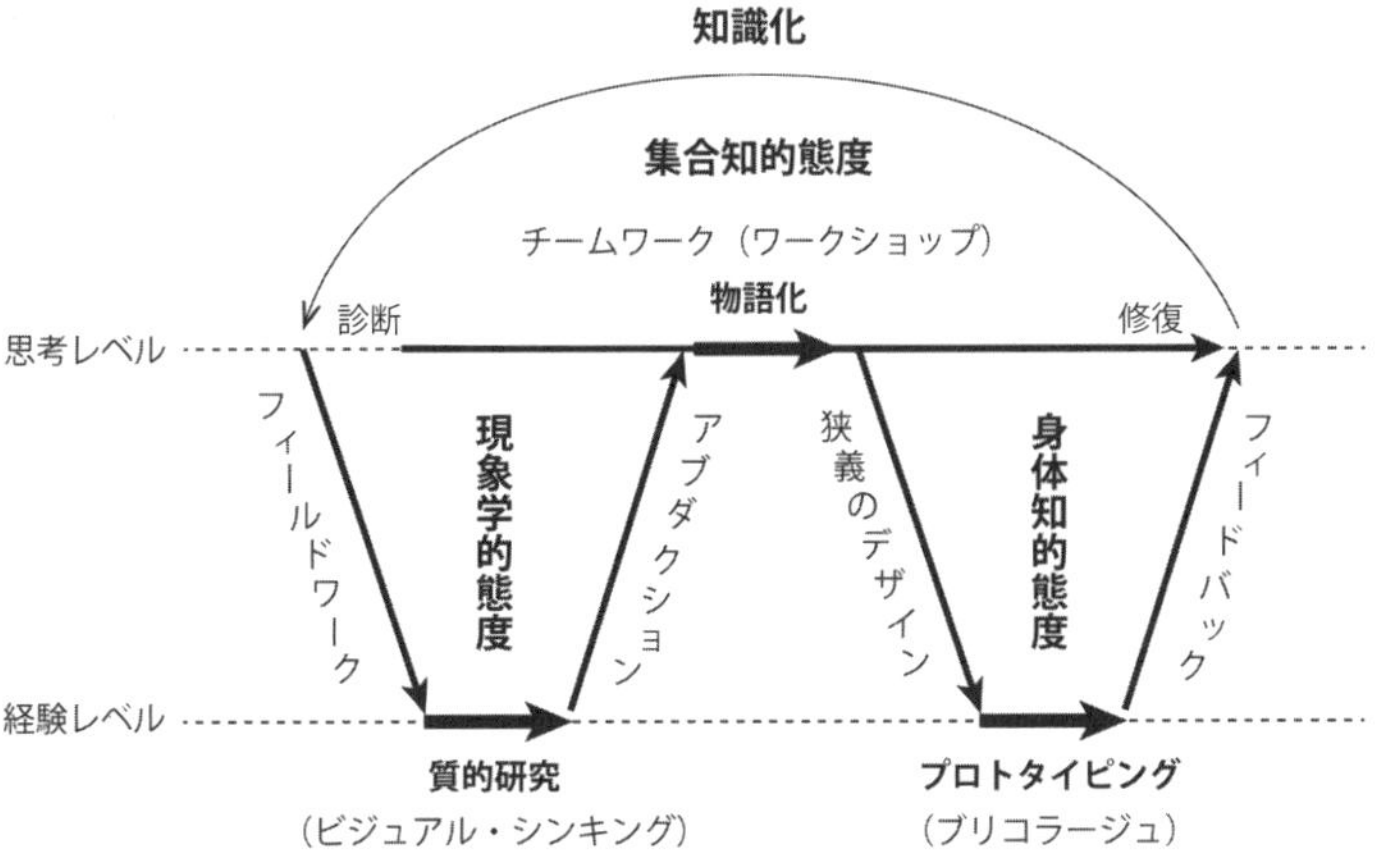

fig 4-6　Wプロセス2.0（川喜田二郎のW型問題解決モデルをベースとして、羽生田栄一が大幅改訂）

合知的態度」も考えられているし、そのなかでわかったことを修復につなげていくことも組み込まれています。

このプロセスを、私たちは「Wプロセス2・0」と呼んでいるのです。[*35] 現象学、身体知、集合知という三つが、アレグザンダーの思想をもとに私たちが整理した「パターン・ランゲージを通しての参加型の変革プロセス」の一つの説明になっていると思います。

【井庭】面白いですね。川喜田二郎さんの創造性に関する考えに通じていながら、デザイン思考とも関係があり、U理論[*36]などにも関係しているように見えます。

【羽生田】先ほどの井庭さんのパターン・ランゲージの進化の話に結びつけると、パターン・ランゲージについて、アレグザンダーはもとからその三つを全部含めて考えていたのだと思うのですね。ただ説明のスタイルとして、最初は、住民と建築家を中心に語った。その意味で言うと、図のWの左半分のフィールドワークの部分、住民たちが何を考えていて、どんなことをしたいのかをきちんと捉える点がかなり強調された。反対に、ITの世界でのデザイン・パターンは、ものをつくるときのノウハウを整理しようと、Wの右半分にフォーカスしていて、左側の現象学的態度はあまりありませんでした。

井庭さんのパターン・ランゲージの捉え方は、いろいろな人の体験を共有する、そしてフィードバックを受けるという点で、Wの特に上のラインに近いのかな。ただ、現象学的態度とセットになっていると思うのです。このWプロセスのどのあたりにフォーカスした活動かによって、パターン・ランゲージ1・0、2・0、3・0の進化も捉えることができるかなと思いました。

【井庭】たしかに、パターン・ランゲージ1・0、2・0、3・0といっても、それは上書きされていくのではなく、重なって加わっていくものだと思います。その意味では、もともと弱かった部分に重点が移されると捉えることも可能です。アレグザンダーのイメージは、やはりパターン・ランゲージ3・0の世界のような「対話のメディア」だったと思いますしね。

【中埜】コンピュータのソフトウェアも、バージョンが高いものが低いものを含んでいるので、互換性がありますよね。それと同じことが、井庭さんの言われるパターン・ランゲージのバージョンにもあると思うのです。だからパターン・ランゲージ3・0は、パターン・ランゲージ1・0も含んで、何らかの互換性をもっていると思っています。

先ほど井庭さんが言っておられましたが、専門家を排除しているわけではないのです。基本的には、パターン・ランゲージ3・0では素人の人たちが力を持つわけで、いろいろな人が個性を発揮できるけれども、専門家も必要なのです。それは役割として、専門家の質を利用する必要がある。そのときの専門家とは、お産婆さんに似ていると思います。生む本人の苦しみを和らげてあげて、一緒に生み出すということです。最終的には、全員が産婆さんの役割をするのです。みんなで赤ちゃんを生むのを助けあうということ。それによってみんなで生み出すということです。

【井庭】そうですね。お互いに助け合いながら、一緒に生み出す。僕はそういう役割の人を「生成的な参加者《ジェネレイティブ・パーティシパント》」（generative participant）と呼んでいます。[*37] それは専門家か素人かという分類とは違う軸の見方です。生成的に参加するかどうか、そここそが重要です。

【中埜】みなさん、今日の話のなかで、「センター」「パターン」「パターン・ランゲージ」「プロジェクト・ランゲージ」「アーキテクト・ビルダー」「センタリング・プロセス」「生成的」といった複雑な言葉がたくさん出てきますが、これらはアレグザンダーや僕らが考えた、理解を手助けするための新・造語です。どうしても古い既存の世界観が新しい世界観を許容する過程では、このような変わった新・造語を使って会話をしなければならないのです。[*38] ここまで話してきたような一般の個人と専門家の関係から、全体的にみんなで新・造語を共有し合うような関係に変わっていかなければならないでしょう。井庭さんの研究も含めて、それらの言葉がすべて共有され、みんなが理解していくことが必要だと思うのです。

【井庭】そうですね、それらは必要があって生まれてきている概念であり、言葉です。そういうふうに、これまで言及しなかった物事に新・造語を考え、名づけていくということが不可欠です。

今の話の流れでいうと、「生成的」(generative) という言葉と感覚は、みんなもっと深く理解する必要があると思っています。パターン・ランゲージは「生成的」であることがとても重要です。パターンは方法の記述・共有という利便性の側面が強調されがちですが、生成的なメディアであるという点にもっと注目が集まるべきだと思います。

生成的であるとはどういうことか。一つ一つのパターンが「名づけえぬ質」につながる貢献をして、結果として「いきいきとした質をもった全体」を生み出すということです。そのためには、パターンは質を生み出すように書かれていなくてはならないし、それを生み出すことができる実効性・実践可能性をもっていなければならない。

パターンをいくら足し合わせても「全体」にはならないのですが、複数のパターンによって生成したものは「いきいきとした全体」となります。その意味で、パターンが単品であるのではなく、相互に関係しあって一つの体系をなしているというのは、とても重要なことです。それらが生成的に作用する結果、一つの「いきいきとした全体」を生み出すことにつながるのです。

たとえば、コラボレーション・パターンをつくるときには、いきいきとしたコラボレーションを生み出すかどうかをひたすら考えました。単に、コラボレーションに必要なことを分析して記述していっても、それは観察結果としては意味がありますが、必ずしも生成的ではありません。生成的でないパターンをたくさん集めたところで、コラボレーションをいきいきとさせることはできないのです。大切なのは、そのパターンが「名づけえぬ質」を生成するのに寄与するかどうかです。そのような目で精査して取捨選択し、チューニングしていく必要があります。

そのために、僕らがパターン・ランゲージをつくるときには、全体を意識しながら部分を調整するということをしています。出来上がりつつあるパターンを集めて体系化して全体像をつくるのですが、その全体像をもとに個々のパターンを大胆につくり変えていきます。僕はこのプロセスを「**ホリスティック・マイニング**」と呼んでいますが、単なるボトムアップではないという点は重要です。トップダウン

ホリスティック・マイニング（Holistic Mining）　パターン・ランゲージをつくっているときに「パターンの種」になるものを掘り起こすマイニング方法の一つ。複数人で、自分たちがもっている実践的なコツを徹底的に挙げていき、それをまとめて全体像をつかんだうえで、個々のパターンに切り分けて「パターンの種」を得る。このアプローチは、全体と部分の調整・修正を往ったり来たりしながらつくるので、ホリスティック（全体論的）なアプローチである。

につくるのではないことは明らかですが、逆に単純なボトムアップでもないのです。完全なボトムアップにしてしまうと、部分の寄せ集めのようになってしまって「全体性」が生まれません。だから、全体と部分を往ったり来たりしながらつくっていくことが不可欠なのです。

ボトムアップなプロセスでつくってきた全体像を見たときに、うまくいっている側面もあれば、決定的に欠落していると思う側面もあります。たとえば、コラボレーション・パターンで最初に全体像をつくったときには、真面目な面は十分に表現できていましたが、成果に対するワクワクを生む面が抜け落ちていると感じました。その部分を補強しないと、このパターン・ランゲージは生成的にはならないと感じたのです。そこで、ごく初期の段階で話題にのぼってはいたけれども途中で消えてしまった「パターンの種」を復活させました。その分、似たような側面について書いているパターンを統合したり整理したりして減らしました。

こうして、パターンを加えたりまとめたりしたうえで、全体像をつくり直して、再度生成的になっているかどうかをチェックします。パターンをつくることは、このような往ったり来たりを含むプロセスであって、直線的なプロセスではないのです。つまり、第二フェーズに入ったから第一フェーズには戻れないというような類いのプロセスではないということです。全体と部分の複眼思考、これがとても大切になります。

【中埜】 それには、全体性を実現するために部分と全体を「修復」するパターンの導入という考え方も必要ですね[*39]。全体のなかでもう一度見直して、異なる部分が入ってくることも当然あります。盈進学園でも敷地のセンターとパターン・ランゲージの整合性という問題が、原寸設計というプロセスのなかで起こりました。意見を交わし、模型（モデル）でチェックし、パターンの順番を変えたり、全体と部分の調整のあいだで、往ったり来たりしました。[*40] そのような生みの苦しみがなければ、新しいものは創造できないとすら思えてならないのです。

【井庭】そうですね。そういう全体と部分の往ったり来たりを繰り返すなかでつくっていくというのは、創造の本質だと言えるでしょう。

■語りのメディア・対話のメディアとしてのパターン・ランゲージ

【井庭】パターン・ランゲージ3・0に関連して、パターン・ランゲージの新しい使い方について、少しお話しさせてください。ここ数年、パターン・ランゲージを用いて対話のワークショップを行ってきました。大学や学会、社会人の集まりなど累計で三〇〇〇人以上が参加しています。多くのケースでラーニング・パターンを用いますが、その他にもプレゼンテーション・パターンやコラボレーション・パターン、ジェネレイティブ・ビューティー・パターン[*41]などを使ったワークショップも開催しています。

対話のワークショップでは、まず準備として、三〇〜四〇くらいあるパターンをざっと読み、自分が経験したことがあるものをリストアップします。そのうえで、未経験のパターンのなかから、これから自分が取り入れたいと思うものを五つほど選びます。それらを一枚の紙に書いてもらいます。

そして、ワークショップのときには、自分が取り入れたいパターンを経験している人を探します。会

fig 4-7　慶應義塾大学総合政策学部において約450人で行った対話ワークショップ（2013年 4 月）［井庭崇 撮影］

場にいる他の参加者にランダムに話しかけていくのです。そして、取り入れたいパターンを体験している人がいたら、その体験談を聴きます。これを時間が許すかぎり行います。やることはとてもシンプルなのですが、実際にやってみると、とても盛り上がります。予想外の盛り上がりに、参加者だけでなく主催者側も驚きます。

この対話ワークショップは、現在、慶應義塾大学ＳＦＣ（湘南藤沢キャンパス）の総合政策学部・環境情報学部に入学した全一年生、約九〇〇人が入学後すぐに受けています（fig 4-7）。ラーニング・パターンを使って、自分の学び方について語り、他の人の学び方を聴くなかで、自分のこれからの学びについて考えるのです。ここでの「学び」とは広い意味でとっているので、単に勉強のことだけではなく、スポーツや音楽、趣味や社会活動などにおけるスキルアップや知識獲得などを含みます。

大学だけでなく、他にもソフトウェア・エンジニアの集まりやデザイナーの集まり、ビジネスマンの集まりや小学校の先生の集まりなどでも、同様のワークショップを行ってきました。ラーニング・パターンの英語版を用いて海外でも開催しています。スイスとアメリカで行いましたが、どちらも盛り上がりました。[*42] 組織変革のパターン・ランゲージである『*Fearless Change*』[*43] のパターンを用いて自分の経験を語り合うワークショップを開催したこともあります。

このように、パターン・ランゲージは自分たちの経験を振り返り、語り合うためのメディアとして用いることができます。これはまったく新しい使い方だと思いますし、有効性も実感しています。国際学会でも、「とても新しくて、面白い」と高い評価を得ています。[*44]

この「語りのメディア」「対話のメディア」としてのパターン・ランゲージを考えるとき、僕の頭にあるのはウォルター・オングの『声の文化と文字の文化』[*45] という本です。この本では、人類の歴史のなかでもともとは話し言葉であった言葉が、六〇〇〇年前に文字が導入されてからは文字偏重になってしまったことが指摘されています。そして、文字が生まれる前の「声の文化」には「文字の文化」に移行して失われてしまった重要な特徴があったといいます。それはレトリックなどを用いながら、即興的に物語を紡ぐという力です。

声の文化では、文字の文化の特徴である「一字一句正しく書く」という「リテラシー」ではなく、どんどん人を巻き込んでいきながら即興で物語を編みあげていくという「**オーラリティ**」が重視されていました。僕は、パターン・ランゲージのこれからについて考えるときにも、このオーラリティの考え方の関係を考えていくべきではないかと考えています。

【羽生田】たしかに、ソフトウェアの世界のパターン・コミュニティのなかにパターン・リーディングというスタイルで、一度書き下したパターンを朗読してみんなで確認するというやり方は存在していますが、それもあくまでも完成度の高い「詩」の朗読・鑑賞という近代的な枠組みでの位置づけで、即興的な語りではありません。

【井庭】パターン・ランゲージの可能性を考えるときには、このオーラリティや「声の文化」を踏まえるといろいろ見えてきます。というのは、パターン・ランゲージは、ランゲージ（言語）と言いながら、これまで文字によるドキュメンテーションだけにこだわってきたからです。つまり、文字ではない「声」としてのパターン・ランゲージの特徴についてはほとんど考えられてこなかったのです。僕が考えるパターン・ランゲージの生成的な機能は、リテラシーよりもオーラリティの力に近い。だから、オーラルな（語りの）言語としてのパターン・ランゲージに強く可能性を感じます。

これまでのパターン・ランゲージはものすごく記述的で、詳細に書くことが重要視されてきました。実際に数えてみたのですけれど、英語版のアレグザンダーのパターンだと七〇〇ワードくらいで、**ギャング・オブ・フォー**（Gang of Four）の『デザイン・パターン』では、一パターンあたり二〇〇〇ワードくらいあります。ソフトウェアのパターンになると――パターン・ランゲージ2・0になると――独学でも学べるようにするために詳細に書くことになるので、文章が長くなるのです。

【羽生田】そして、ソースコードもたくさん入っている。

【井庭】そうです。一〇〇行近いソースコードが入っていたりします。これに対して、僕らがつくっているラーニング・パターンは、一パターンあたりだいたい二〇〇ワードくらいです。とてもシンプルです。ジェネレイティブ・ビューティー・パターンは、一〇〇ワードを切ります。
そんなわけで、ソフトウェア系のPLoP《プロップ》カンファレンスに、僕らのパターン・ランゲージを持っていくと、「なんでこんなに文章が少ないの?」「具体例を加えて、文章を書き足そう」というアドバイスをもらいます。僕の考えとしては、具体例は対話の場面で口頭で聴くことが大切だと思っているので、そういう語りを引き出したいからこそ、文字ではあえて詳細を書いていません。そのことを何度も言って、ようやく理解してもらえるという感じです。

言い換えるならば、僕らがつくるパターン・ランゲージでは、文字で書かれたドキュメントだけでは完結しないようにつくっているのです。あえてそのようにつくっています。その方が、語りや対話を引

オーラリティ（orality）　人類が文字を使用し始める前の時代に人びとがもっていた、口頭でのコミュニケーション能力のこと。文字が無い時代の「口承文学」の語り部たちは、定まった物語を記憶して再生していたのではなく、物語のパターン（型）をいくつももっており、それを即興で組み合わせることで物語をその場で紡いでいたという。文字が発明されてからは、文字の読み書き能力である「リテラシー」が重視されるようになり、オーラリティへの関心は弱まってしまった。ウォルター・オングによれば、映像の時代である現代は、第二のオーラリティの時代だという。詳しくは、Walter J. Ong, *Orality and Literacy*, Routledge, 1988.『声の文化と文字の文化』（ウォルター・J・オング、藤原書店、一九九一年）参照。

ギャング・オブ・フォー（Gang of Four : GoF）　ソフトウェアの分野におけるパターン・ランゲージの普及につながった書籍『オブジェクト指向における再利用のためのデザインパターン』の著者、エリック・ガンマ、リチャード・ヘルム、ラルフ・ジョンソン、ジョン・ブリシディースの「四人組」を指す呼び名。

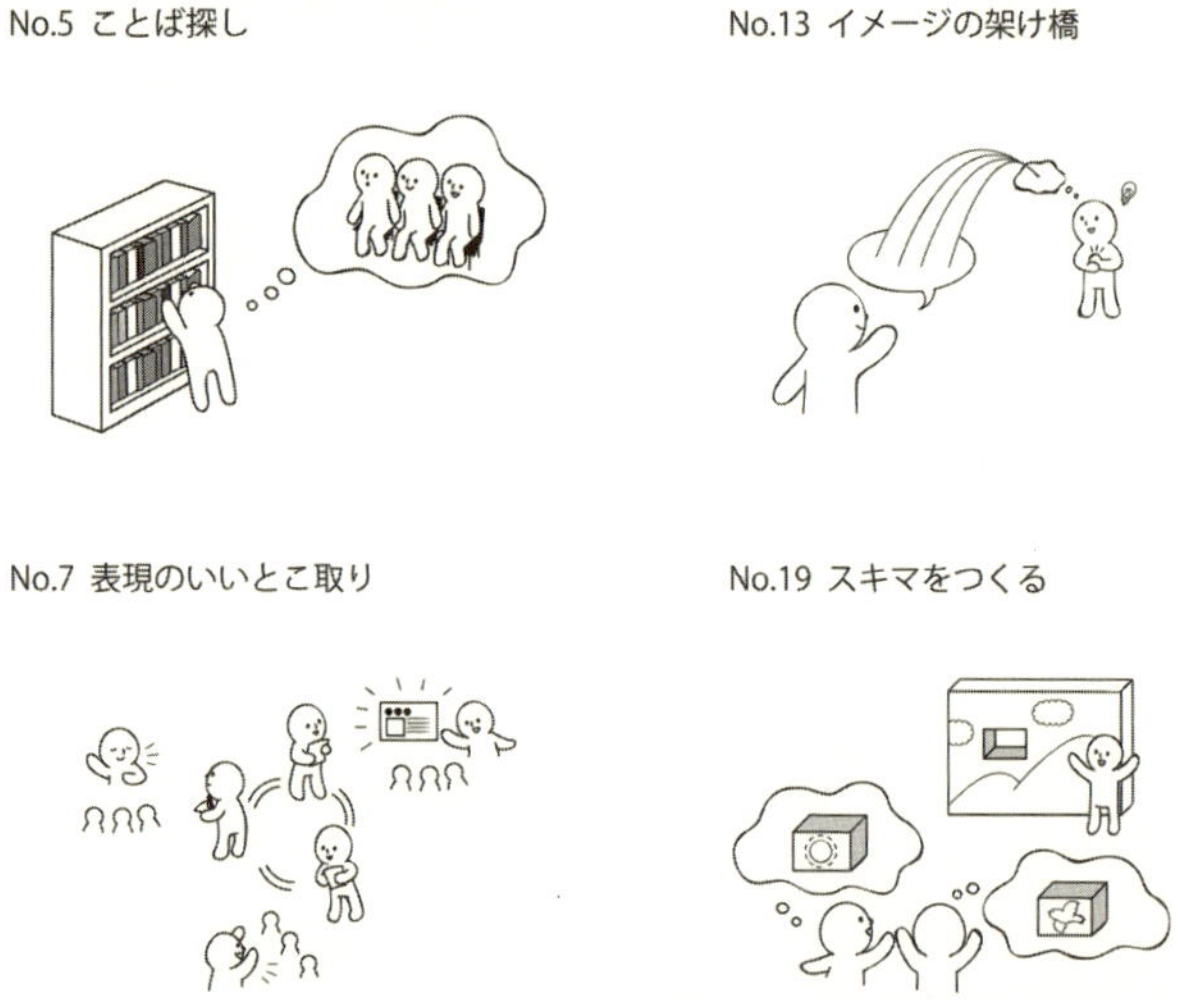

fig 4-8　プレゼンテーション・パターンのイラストの例（『プレゼンテーション・パターン——創造を誘発する表現のヒント』より）

き出すからです。その方が、生成的だと考えるからです。プレゼンテーション・パターンで言う「スキマをつくる」[*46]ためなのです。この僕らのスタイルは、ソフトウェア・エンジニアであり詩人でもあるリチャード・ガブリエル[*47]が「新しいジャンルを生み出している」と絶賛してくれているのですが、まだまだ少数派です。

プラクティカルな面でもメリットがあります。もし一パターンあたり二〇〇〇字で書かれたパターン・ランゲージを用いて対話ワークショップをやろうとしたら、準備にやけに時間がかかって、やる気を失くしてしまうかもしれません。あるいは、すでにそこに十分な経験談が書かれていることから、わざわざ自分の経験談を語る意味はないと感じてしまうかもしれません。だから、重要なことは書かれているけれども、具体例が十分でない方がよいのです。僕らが目指しているのは、文字に書かれたパターンを読んで独学で学ぶためのメディアではありません。語りや対話を引き出すためのトリガーとなるパターン・ランゲージをつくりたいと思っています。

そう考えているからこそ、僕らはなるべくシンプルな記述を心がけています。もちろんシンプルだからといって、簡単に書けるわけではないのです。そのことはよく誤解されるので、あえて強調しておきますが、シンプルにするほどつくり込みは大変になります。でも、そのシンプルな記述こそが、パターン・ランゲージ3・0の使い方に見合うパターン表現のあり方だと思うのです。

【中埜】 いまの井庭さんの話に関係しますが、実際にプロジェクト・ランゲージをつくるときには、パターン一つ一つの長い説明を読んで理解するなんて悠長なことは言っていられません。そのためにも、僕は「形」が非常に重要だと思っています。井庭さんたちのつくるパターンのなかに、かわいいキャラクターが悩んだり、考え込んだり、飛び回っているものがありますね（fig 4-8）。あれを見るだけでパターンの言いたいことがシンボル的にわかります。

私たちが「形」を認識する能力は、言葉よりも重要だと思っています。パターン・ランゲージが建築から始まったことからもわかるように、「形」ということにつながるのです。私はこの「形」をもう少し広げて、人間集団の行動類型としての「形」を考えたいと思っています。そういう行動の「形」が存在すると思うのです。

パターンとは、ある二つの力（フォース）のぶつかり合いの矛盾を解決する、問題を解決するためのものです。ところが、問題を単に解決するというだけではなくて、もっと創造的にジャンプして解決す

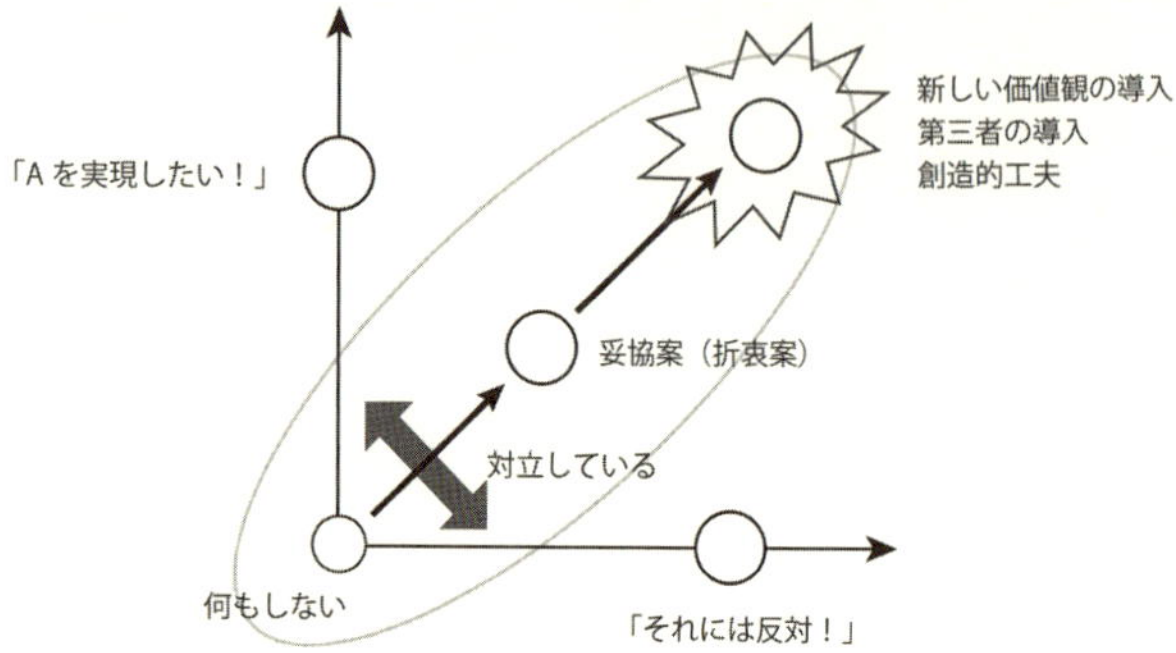

fig 4-9　2つの力の矛盾を創造的に解決するパターン

るものを求めるのがパターンです。このとき、その生み出すための時間とプロセスが、パターンのなかで示唆されています。そして、さらに重要なのは、解決方法を出すときに、新しい価値観も導入されるということです（fig 4-9）。

たとえば、一つのみかんを二人で分けるとしますね。二人で分けるのだから、どちらか一方が食べてしまったら、不満が残ります。では、一つのみかんを二人で半分にして、半分ずつ食べようと考えたとします。これは妥協案ですね。両方ともに利益があるので、これはこれでよい解決方法だと思いますが、妥協のパターンです。

それよりさらによいパターンは何かというと、それには創造的なジャンプが必要で、時間と価値観の変化が必要です。そのみかんの種を土に植えて、収穫してみんなで食べる。どうですか。これは、妥協案のパターンから見ると、時間的な流れ、プロセスの流れ、そして第三者的な価値観の流れが入り込んでいますね。二人はいますぐにはみかんを食べることはできないけれども、しばらく待つことで、みんなで分けることができる。[*48]その方がよいという価値観を共有することが、このパターンでは要求されます。だから、パターンそのもののなかに、時間的な流れがあるということです。これが、実はコンテクストなのです。

みなさんは、パターンの書式の三本柱である「問題」「解決」「コンテクスト」を知っていると思いますが、そのなかの「コンテクスト」が一番大切なのです。「状況」や「問題条件」「環境」などと訳されるのですが、どれもぴったりこない。基本的には「コンテクスト」とは、パターンとパターンがどのように自立しつつ、相互に関係しているのか、そしてそのためには、パターン自身がどのようにジャンプをして、さらによい解決につなぐことができるのか、というリンクのことです。

【井庭】「コンテクスト」（状況）は、「解決」や「問題」に比べるとどうしても軽く扱われてしまいがちですが、とても大切ですね。パターンを書いているときに、コンテクストを書くのが一番難しくて、全体が見えてきた最後の方にならないとうまく書けないというのは、まさにそういう理由からなのですね。

【中埜】そうなのです。あるパターンが存在するためには、大きなパターン、小さなパターン、あるいは同じくらいの大きさのパターンがある。見ていくと必ず上にも下にもパターンがあります。それをつなぎ合わせる作業をしなければならない。その作業をすることがコンテクスチュアリズム、つまり、まわりに適応させる作業です。物語がパターンをつないでいくときに、このリンクが立体的に重なり連なることで、よいランゲージになります。

たとえば、映画の脚本の書き方を例にしてみましょう。いろいろなエピソードがあって、それをただつなげただけでは、よい脚本にはなりません。けれども、そのエピソードの最初の方に一つのポイントを置いておく。そのときには見逃してしまうようなヒントを置いておく。しばらく話が展開した後で、

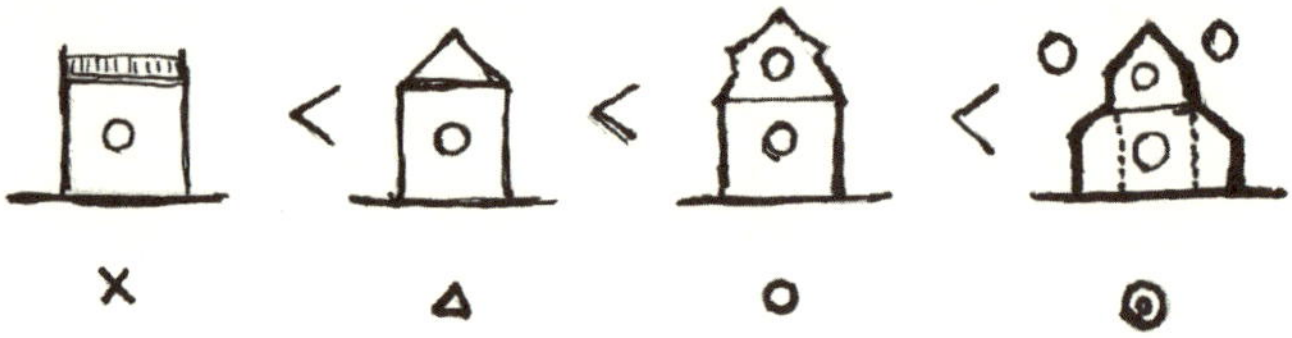

fig 4-10　いくつかの屋根のスケッチ

最初に出てきたささやかなポイントが、最後にもう一度、別の意味をもって登場する、そのような脚本にします。観客はそこで「ああ、あれはそういう意味だったのか」と初めて深く理解することになります。そうなると、本当に素晴らしい脚本になったりする。一つのコンテクストが重点を明快にするように連なることによって、よりよいものが生まれます。それが「質」を生み出すということなのです。

■ 普遍的・間主観的・個別的なパターン・ランゲージ

【中埜】 この絵を見てみてください（fig 4-10）。建物の絵があって、建物には×や△や◎がついていますね。これは僕が印をつけたものです。私たちは、ある何かについて、よいものか悪いものかと問われたときに、感じ方は人によって違うのだから、答えを言うのは難しいと思いますよね。「みんな価値観が違うから、よい・悪いなんて決められない」と言うかもしれません。

でも実は、事実としての価値とそのよさは一致しているのです。一致しているとはどういうことか。たとえば『パタン・ランゲージ』に「守りの屋根」[*49]というパターンがあります。このパターンの存在によって、私たちは初めて屋根の価値観を発見できるようになります。一番左の家には屋根がない。三番目の家には、屋根に窓がついています。それは屋根のなかに屋根裏部屋があるという証拠です。そうすると、これには「屋根裏を使うことができる」という「守りの屋根」の価値が出てくるわけです。四番目の家には窓がついているうえに、さらに小さな部屋が横についていて、それには「カスケード状の屋根[*50]」や「アルコーブ[*51]」など、さまざまなパターンが含まれています。一番右の◎にまでもっていったときに初めて、「守りの屋根」の強さが出てくるのです。

最後の◎の家、これは普通の家です。ある意味平凡な家です。普通の人のもつ感覚のよさというのは、実はここなのです。本当に普通に、誠実に、自己に忠実に考えてよいと思えるものは、やはり「事実」なのです。私たちは、便宜的にはそれを文章化したり、図式化したりする必要はあるかもしれません。しかし、少なくとも私たちはわかっているのです。自分のなかで無意識ではあっても、わかっているのです。

問題は、そのように感じたことを確信できないということです。私たちはよいものを見る能力を持っています。でも、それをずっと人生のなかで削り取られてきてしまっている。ですから、このように学校で井庭さんがパターンを引き出して「こういうものはよいね」と言いながら、みんなで確信して数を増やしていく作業が必要です。これからはそのような作業をもっと行わないといけないと私は言いたいのです。

実はこの問題は、今回の東北の大地震の後の——私が関わっている地域の問題ですが——非常に大きな日本全体の問題でもあると思います。ここではっきりと申し上げたいのは、パターンには、よい・悪いがある。それを見抜くためには、パターンの数を数えなければならない。あるいは、センターの数を数えなければならない。あるいは、センタリング・プロセスが存在するかを調べなければならない。このような一つの診断基準を設けることによって価値を数量的に計れるように、システムとして認知されなければならないと切に思います。

被災地では、長い物には巻かれろといったトップダウンの決定を黙認する悪い病弊が顕在化してきています。誰も自分の確信を語ることができないし、またそれを承認できる基準がないのです。それが、早急な復興の妨げになっています。

【井庭】数量的に導入するというのは、どのような感じですか。そのあたりが、一見するとパターン・ランゲージの思想と離れているように聞こえます。僕らがあるパターンをよいと思うのは、決して統計的に見て多くの人が実践しているからではありません。統計的に有意だからパターンに起こしているのではないですよね。僕らがラーニング・パターンやプレゼンテーション・パターン、コラボレーション・パターンなどをつくるときには、自分たちが大切だと感じることを突き詰めていくわけです。いまの中埜さんの話は、途中までは共感していたのですが、最後の数量化という点で、少しわからなくなりました。

【中埜】私たちは大量のパターン集を持っています。そのパターンのいくつかを結び合わせることで自分なりの物語をつくります。その物語をつくったときに、シンプルで単純でわかりやすく、重合するようにします。重合化するということは、複雑さが増えてはダメなのです。結果としては、単純なもので表現していかなければならない。多くのパターンが一つの単純な形として凝縮していることです。それは、いわゆる数量化、統計的数値のことではありません。

たとえば、これはよい例かどうかわかりませんが、茶室で使う茶道の茶杓《ちゃしゃく》という道具があります。抹茶をすくう竹の曲がったものです。いろいろな形がありますが、あんなに細い一本の竹でも、手で持ちやすい機能、抹茶の適切な量をかき取る機能、その粉茶を落とさないで運べる機能、バランスよく安定して置ける機能、そして、品のよい色や形、そういった多様な機能を備えています。

その意味で、パターン・ランゲージを使うときに陥る最初の間違いは、たくさんパターンを使って複雑に「物語」をつくればよいのだと思ってしまうことです。ですから、僕はよくこう言うのです。「パターンはたくさん使う方がよい。でも、パターンをたくさん使っても、一つの単純なものに重合化させることが重要だ。でも、実はそれが一番難しい」と。

【井庭】よくできたデザインはシンプルになる、ということですね。

【中埜】ある意味では、ごく当たり前のことですけれども。

【井庭】複雑にはせずに、重ね合わせていくことですごくシンプルになっていくわけですね。なるほど。ここで重なり合いの話が出てくるのですね。

【中埜】ですから、それが隠された数値になるのです。単純にいえば、多くのパターンがシンプルに表現されているということかもしれません。

芸術作品は複雑なものではないのですね。実は単純でわかりやすいから、私たちの心に響くわけです。それは、決して芸術家の持っている個人的な能力だけに頼るものではない。私たちが一般的に日常に知っている美しさの方が、芸術家が個人で持っている才能よりも、実は単純で美しいわけです。それをはっきりと訴えるべきなのです。

そうしないと、私たち一人一人の小さな意見や素人の意見がいかに重要か、いかに素人が玄人を超えた深いものを持っているかを理解できない。そのことをきちんと言わないと、私たちは自信を持って判断することができません。単純でわかりやすいパターンを多く持つものとは、とてもシンプルで、普通なのです。当たり前のことなのです。

【羽生田】そのシンプルな方向性をめざすのはよいのですが、先ほど仰っていたメトリクスとして使いましょうという話があったのが気になるのです。

【中埜】センターには、一五の幾何学的な特徴がありますね。センターの「一五の基本特性」とはある形の関係性を示しています。あれは、一つ一つのセンターのなかに非常に多くのパターンが入っているのです。表面的には、単純なのですよ。渦巻きになっていたり、ボンボンと繰り返して並んでいたり、実はそれは多くのパターンを複雑に組み合わせることによって出てくる形なのです。ですから逆にいえば、パターンを知らなくても、センターの特徴である「一五の基本特性」をはっきりつかんだ方が、早くパターンに到達する場合もあります。

私が扱っているのは建築ですから、視覚的な形があるので、わかりやすい。羽生田さんや井庭さんが取り組んでいるプログラムや人間集団の場合は複雑にはなりますが、チームワークやリーダーなど、ある意味の人間集団の「形」が存在しています。それを、幾何学的特徴としてメトリクスのように扱えるかもしれません。今はまだわかりませんけれども。

一番重要なのは、それをはっきりと見抜かなければならないということです。私が言いたいのは、人間集団のパターンとして、きちんとつかむ方法がある、しかもそこには、日本的な発想や文化が重なっている、ということです。

【羽生田】 私はメトリクスという観点で捉えることには、やはり少し危惧があります。パターン・ランゲージには、まず語彙の体系としてのパターン・ランゲージがありますね。アレグザンダーが示した二五三パターンは、社会的にも洗練されて共有化された間主観的な共通言語として定着するのではないかと思います。ただ、そのパターン・ランゲージをもとにした、個人やグループのヴィジョンとしてのプロジェクト・ランゲージは、わりと個人の強い思い入れが反映されたり、その場を自分はこんなに愛しているといった、かなり現象学的でパーソナルな言語になると思うのですね。このパーソナルな言語が他者にも理解されて、実際にその建築の施工のためにお金が動くような段階にまで持ち込めるように、役所やその建築現場で働いてくれる方々に伝えるところまで持っていけないと、パターン・ランゲージとしては役に立たないでしょう。ですから、このプロジェクト・ランゲージが、その個人の単なる思い入れではなく、妥当性があって、きちんと他者と共有できる価値にもとづいたものとして提示できるレベルにまでつなげる必要があると考えています。

その意味でも、パターン・ランゲージは、「ランゲージ」であることが重要なのです。その問題領域を共通に表す語彙のセットが、少しずつ皆に使われるようになっていく。まだパターン・ランゲージとして存在していないときに、誰かが「これは『守りの屋根』だ」と言い出して、「自分はこの『守りの屋根』という言葉で、すごくその夜も安心して寝られるし、その朝起きたときに、今日も一日頑張れるぞと思える」という、その家の構造を象徴的に表したキータームだと他の人にも伝われば、これはすご

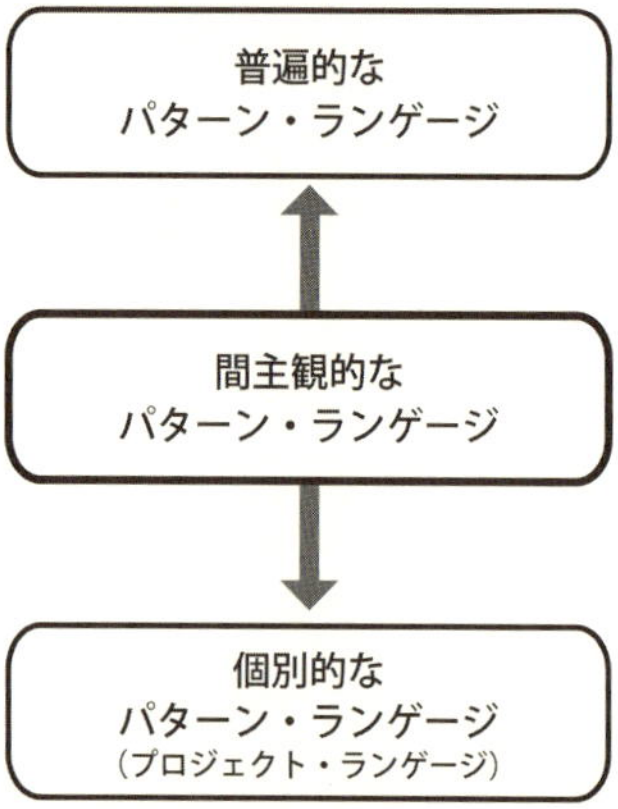

fig 4-11　パターン・ランゲージの三層構造

くよい言葉だし、概念としても、人類はおそらく古代の頃から皆こんな思いを持っていただろうから、これをパターンにしよう、ということになる。個人のヴィジョンとしてのパターン・ランゲージから共通化されて、一般意志[*52]になっていく。そのプロセスのなかで、普遍的なパターン・ランゲージに昇格していくプロセスが必要なのではないでしょうか。

【井庭】すごく面白くて重要なので、羽生田さんが先ほど示されたプロジェクト・ランゲージとパターン・ランゲージの二つが縦に並んでいる図（fig 4-2）を拡張したいと思います。僕は、アレグザンダーが言う「時を超えた」パターン・ランゲージという普遍的なレイヤーと、個別のプロジェクト・ランゲージのあいだに、もう一レイヤー必要だという気がするので、それを入れた三層構造で表してみたいと思います（fig 4-11）。

中間の層を、間主観的なパターン・ランゲージとしましょう。普遍的なパターン・ランゲージ、間主観的なパターン・ランゲージ、個別的なパターン・ランゲージ（プロジェクト・ランゲージ）。パターン・ランゲージをこのような三層構造で捉えると、わかりやすくなると思います。パターン・ランゲージをつくるときには、真ん中のレイヤー、すなわち間主観的なレベルのパターン・ランゲージを目指して、そこから普遍性を追求したり、個別の現場に合わせてプロジェクト・ランゲージ化したりする。

僕らがつくったラーニング・パターンやプレゼンテーション・パターン、コラボレーション・パターンは、間主観的なレベルのパターン・ランゲージだと思います。これを足がかりに、いろいろな国・地域、いろいろな年代、いろいろな時代に共通するものに洗練されていけば、より普遍的なレベルのパターン・ランゲージになっていくでしょう。逆に、個々の学校や職場などの現場に合わせたプロジェクト・ランゲージをつくるのもよいでしょう。

パターン・ランゲージをつくるときには、まずは真ん中を狙い、上の普遍的なものに昇華させたり、下の個別的なランゲージにしたりという戦略を採るとよいと思います。

【羽生田】 言語学的な観点でのパターン・ランゲージの捉え方を若干補足させていただくと、「ピジン語」[*53]と「クレオール語」[*54]という言語の見方があります。ある地域にスペインやイギリスが植民地化を進めていったときに、現地語を話す第一世代の住民が、商売や生活のために、現地語の文法の上に片言のスペイン語や英語の単語を織り交ぜて話す言語がピジン語です。それに対し、その子どもや孫たちが親世代のピジン語を進化させて、元々の現地語ともピジン語とも、英語やスペイン語などの植民支配国の言葉とも異なる、ある種の普遍性をもった文法に従って、語彙は現地語と植民者語から借りてきて話す言葉がクレオール語と言われます。

この観点からすると、もともとの各現場の問題領域で話していた言葉に対して、アレグザンダーのパターン・ランゲージを少しだけ学び、片言で使い始めたプロジェクト・ランゲージの状態がピジン語の段階、それをもう一度見直し洗練させてプロジェクトを超えて流通できるようにある種の普遍性をドメインごとに獲得させた井庭さんの「プレゼンテーション・パターン」や「コラボレーション・パターン」などはクレオール語の段階に来ている、といえるのではないでしょうか。いずれにせよ、このピジン／クレオールという概念装置は、パターン・ランゲージの学習プロセスや新たなパターン・ランゲージを生み出し普及させていくうえで、非常に強い示唆を与えてくれるはずです。文化侵略という負の側面も見据えつつ、今後の大きな研究テーマになっていくと思います。

【井庭】なるほど。言語は世界を見るための「窓」だと言われます。僕の言い方だと、「認識のメガネ」です。そういう言語がそのまま共有されて普及するということだけでなく、その後の発展・展開まで見る視点は面白いですね。普通、僕らがパターン・ランゲージが普及している状況としてイメージするのは、つくった言語がそのまま活用されている場面です。でも、いま羽生田さんが指摘されたピジン語やクレオール語という段階まで含めて、その後の世界をイメージするのも大切かもしれません。

■「センター」という重要概念

【井庭】先ほど中埜さんが仰っていた「パターンの数を数えなければならない」「センターの数を数えな

ければならない」「センタリング・プロセスが存在するかを調べなければならない」という話ですが、少しわかってきました。『*The Nature of Order*』で、アレグザンダーは「degrees of life」（いきいきとしている度合い）について考えることが大切だと何度も強調しています。

ここでいう「いきいきとしている」とは、生物学的な意味で「生きている」ということではなく、もののパワーが感じられる状態を意味します。たとえば、海辺で波が飛沫をあげているときや、勢いよく燃えている炎などは、いきいきとしています。生物の場合も、いきいきとして元気な状態と、元気がない状態とがあります。アレグザンダーは、建物や空間にも「いきいきとしている」度合いがあると考えます。僕のテーマでいうならば、学びやプレゼンテーション、コラボレーションにも「いきいきとしている」度合いがあります。

中埜さんが仰る「数えなければならない」とは、この「degrees of life」を把握するということなのですね。たしかに、それは大切です。

このあたりの話を理解するためには、アレグザンダーの近著『*The Nature of Order*』の内容を踏まえる必要があります。ここからは、この『*The Nature of Order*』の話に入ってみたいと思います。この本は四巻組の大著で、内容もとても濃厚です。いま中埜さんが中心となって翻訳をしているのですよね？

【中埜】『*The Nature of Order*』の邦訳は、まもなく第一巻が出ます。*55

【井庭】 そうなれば、『*The Nature of Order*』の考え方も日本でもっと吟味・議論されるようになるでしょうね。現段階ではまだほとんど知られていないのが現状です。そこで、ここで『*The Nature of Order*』の主要概念について紹介することにしましょう。まずは、僕なりの解釈をお話したいと思います。

ある物事をみるときに「全体」を想定した場合に、その全体を構成している要素は何かを考えます。たとえば、いきいきとしたコラボレーションができているチームがあるときに、その「いきいきとした質」をもつ全体は何によって構成されているのか、ということです。普通は全体を部分に分けて理解しようとします。しかし、全体を分割して部分に分けてしまうと、「いきいきとした質」は消えてしまう。たとえば、チームを構成する人に分解したとすると、チームとしての「いきいきとした質」は失われてしまうでしょう。「全体」を分解した「部分」に分けて捉えるのではダメだということです。

そこで、別の方法で捉えようと考えます。そのものの部分ではなく、「いきいきとした質」が何で構成されているのかに着目するのです。そのような要素には名前がなかったので、アレグザンダーは「センター」と呼びました。センターは、いきいきしたと質を生み出す要素です。いくつものセンターが相互に関係して強め合って、一つの全体を生み出しています。

部分があって全体があるのではなく、全体があってセンターがあるという向きで捉える点が重要です(fig 4-12)。センターとは、全体があったうえで、ある種の求心性を持つもののことだと言えます。円の中心（センター）は円が無ければ存在しないのと同じように、全体がなければセンターはない。部分や要素というと、全体よりも先に存在するかのようにイメージされてしまうのですが、アレグザンダーはそう思われないために、センターという新しい呼び方を考えたのだと思います。

しかも、部分や要素というと、それと外部との「境界」が問題になります。しかし、センターという語が秀逸なのは、センターはあくまでも求心的な何かを指すのであって、境界は非常にあやふやなまま

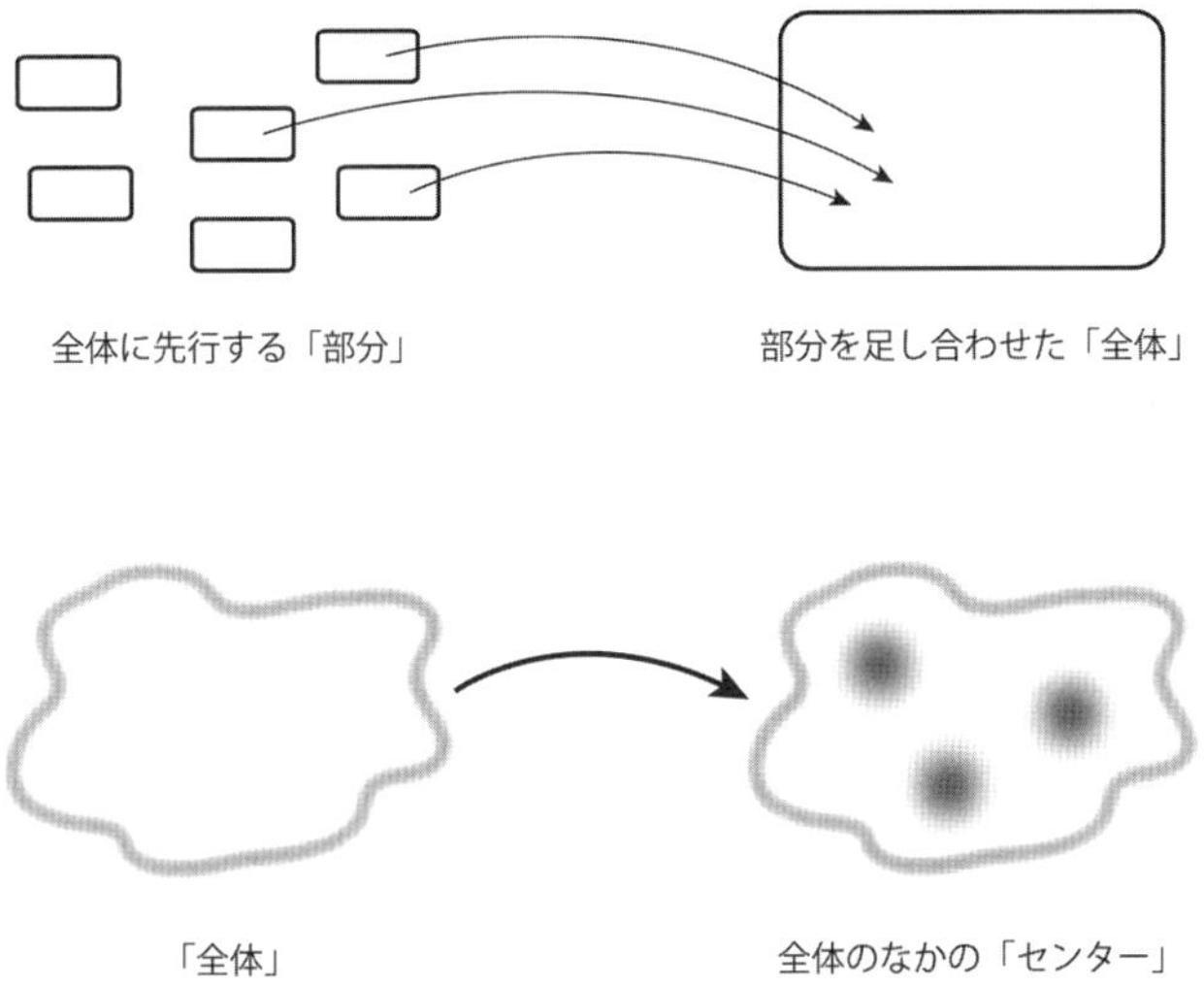

fig 4-12　部分を足し合わせた全体（上）と、全体のなかのセンター（下）

で許される言葉だということです。つまり、センターの求心的な特徴こそが重要であり、周囲との境界はぼやけているのです。

たとえば、「池」について考えるとき、実はどこが「池」の境界かはよくわかりません。水までが池なのか、それとも水を囲っている岩までが池なのか、なんとも曖昧です。しかし、たしかに池はそこに一つの存在としてあるわけです。池が庭全体を構成する重要な「センター」だというときは、池の境界がどこにあるかは問題ではなくなり、庭における池の存在こそが重要です。このように、センターはあくまでも全体のなかでの存在として捉えられるのです。

同じように、いきいきとしたコラボレーションをしているチームは、そのいきいきとした質を生み出すいくつものセンターを持っています。これは、コラボレーションのなかで存在するものであって、あらかじめ所与のものとして存在するわけではありません。コラボレーションを離れて、人や環境が重要であるという話にはならないのです。あくまでもコラボレーションのなかでの要素がセンターになります。

【羽生田】センターとは、井庭さんが言われたように、まず全体を一回措定します。それに対してセンタリング・プロセスを適用します。すると、この全体を一言で表すシンボルは一体何だろうと考えると、一つ大きなセンターが浮かび上がってきます。その全体性に対する一つの大きなシンボルであるセンターを見極めると、今度はそのセンターの「地」になっていたところに、またいくつかのセンターが見えてきます。このように、センタリングという考え方を順番に適用していく。すると、徐々にその全体を構成するものが見えてきます。センターという実体がそこにあるわけではありません。センタリング・プロセスのステップごとに、段階的にフォーカスされて浮かび上がってくる、エリアをシンボリックに表す、何らかのアテンションできる認知対象が存在するということだと思います。

なので、生物を考えるときに、分子から始まって細胞になって……というのではなく、最初に何か一つ全体性を伴ったシステムの元（きっかけとなる勢いやプロセス）があって、それがだんだん分化・組織化されていって、センターが徐々にそれぞれのエリアごとに浮かび上がって詳細化されていくというイメージだと思います。

【井庭】実際に、生物も最初は一つの細胞から分裂して分化していくわけですからね。一つの全体から始まるわけです。

【中埜】『弓と禅』[*56]という有名な本があります。弓には基本的に的に当てるという目標があります。ところが、『弓と禅』のなかで、先生はお弟子さんに的に当てる方法をまったく教えない。ただ作法とか、力の入れ方とか、呼吸法なんかを教えて、的に当てるという目標に対する方法を教えないのですね。著者は何年間もそのように教えられ、苛立って「できない」と思ったときに初めて的に当たったのです。そのときに初めて彼は気がつきます。自分の存在と弓と矢と的と道場とが一体化することによって初めて弓が的に当たるということに気づくのです。

つまり、先ほどの羽生田さんのお話に引き付けていえば、弓というものの「全体」のなかに「弓道」があります。でも、弓道とは、弓を的に当てるという部分に特化できません。弓道における作法や呼吸法、弓道に対する尊敬の念、空気を読むということ、それらすべての経験も含めて一体化して、区切りのない連続した一体として感じられたときに、弓が的に当たるということが成立する。その見方も、センターという考え方とつながっています。弓を引くという行為も一つのセンターなのです。しかし、そのセンターは一つでは成立しない。弓道も、そういう存在の仕方なのです。

【井庭】『弓と禅』はとても有名で、スティーブ・ジョブズ[*57]も愛読していたと言われていますね。センターの概念は、中埜さんは普段どのように説明されていますか？

【中埜】すべてのシステムが絡み合って一つのものをつくったり、一つのものになったりするということとの「実体としての存在」を、僕らはセンターと呼んでいます。センターとは、やはり一つの「実体」なのです。これを「パターン」と呼んでもよいと思います。パターンがパターンを組んで、その全体を別のパターンが組み込んで、またそれを別のパターンが組み込むというように、パターンもセンターと同じ構造をしています。

ところが、センターという概念には、パターンでないものも含まれています。たとえば、井庭さんが例に挙げられた池のようなものです。そうすると、センターの方が、バージョンが高いと言えます。ただし、パターンは誰にでもわかる「機能」で説明されます。その機能を、繰り返し生成する方法の道具として使えるので、パターンはとても便利です。

では、「センターとしての実体」はどのような方法で認識すればよいのか。羽生田さんが言われるように、それが全体性を持って一体となっていることが重要になります。センターを説明するのに全体性が出てきて、全体性を説明するのにセンターが出てきて、往ったり来たりの構造になっています。つまり、センターとは、独自に存在するものではなく、それを包含している全体をも含んで、一つのセンターになる。センターの存在の仕方で認識するしかない「実体」なのです。そのような見方です。だから捉えにくいし、わかりにくいかもしれません。

【井庭】わかりにくいですが、とても重要な概念ですよね。しかも、このセンターの概念は、システム理論と照らし合わせてみるとさらに興味深いと感じます。アレグザンダーのいう「全体」と「センター」の関係は、ニクラス・ルーマン[*58]の社会システム理論[*59]における「システム」と「要素」の関係に似ていると、僕は考えています。システムは要素で構成されますが、要素はシステムのなかでのみ要素ということができる。システムと要素の円環的な関係がある。

ここでいう要素は物質的な基盤をもつ「モノ」ではなく「出来事」であって、生成した途端に消滅してしまう。だから、システムは自身が存在し続けるためには、要素を絶えず生み出し続ける必要があり、その生成的な作動の連鎖こそが、システムの存在の本質になっています。このような円環的でダイナミックな仕組みを「オートポイエーシス」[*60]と言います。自分で自分自身を生み出すシステムという意味の造語です。

このオートポイエーシスのシステム理論は、生物学の分野で細胞や神経システムの理論として提唱されたものです。アレグザンダーはこれとは別の文脈で、似たような捉え方に行き着いたと見ることもできます。このあたりの関係性について考えて、さらに概念を発展させていくのは、かなり魅力的です。

【中埜】生物は、まさに全体とセンターの仕組みで成り立っています。たとえば、生物の世界では、分子があって細胞があって組織があって器官がある。これらはそれぞれ独立しているという観方もあるわけです。しかしながら、どれを切り離しても器官にはならない。それぞれの部分は、全体のなかでしか機能できない。そのようなものがセンターであるということなのです。

とはいえ、私たちはセンターを簡単には捉えられないので、センターを繰り返しつくり出す道具として、パターンを使うのです。たとえば「守りの屋根」というパターンがあれば、「守りの屋根」というセンターがあるとわかります。そして、「守りの屋根」単独ではだめで、いろいろなパターンが折り重なり、関わりあって、「守りの屋根」というセンターが強くなることも、わかります。一つ一つが、他のものと関わりあうことによって全体を構成するような性質を持つ「実体」をセンターというのです。

【井庭】全体が部分から成り立つとき、どうしても部分の方が先に存在していて、部分が組み合わさって全体がつくられるというイメージをもってしまいます。そういう「先行して存在する安定的なもの」という先入観を取り払うためにも、アレグザンダーは「センター」という新しい呼び方を使ったのでしょう。しかも、はっきりとした境界をもつのではなく、求心的な存在として捉えるという見方です。

fig 4-13 『*The Nature of Order*』第1巻で紹介されている写真「A tree, a road, a bicycle, and a cyclist」(Magnum Photos, Inc. © 1962 Henri Cartier-Bresson)

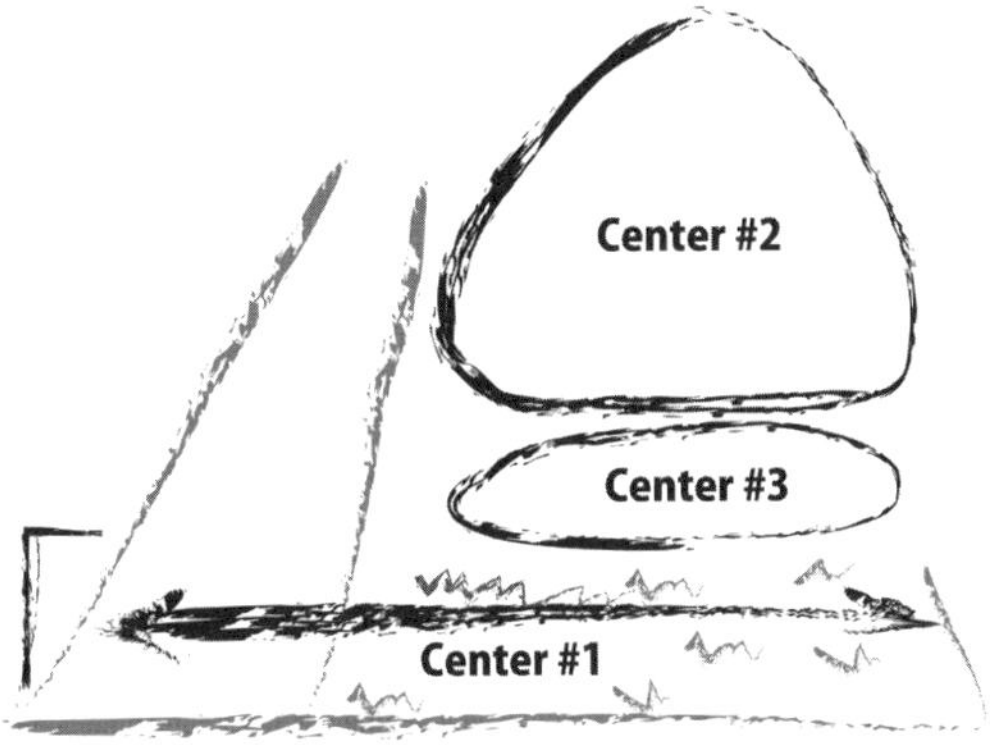

fig 4-14　この写真の情景における３つのセンター（『*The Nature of Order*』第１巻 p.92の図を参考に作成）

このことをもう少し理解しやすくするために、『*The Nature of Order*』で紹介されている一枚の写真を紹介したいと思います[*61]（fig 4-13）。写真のこの空間、すごくよい感じの空間だと思いませんか？　この写真に何が写っているのかと問われれば、普通なら「道端に大きな木があってそこに自転車を停めた人が昼寝をしている」と答えると思います。つまり、モノとしての要素とその状況の説明です。これが一般的な認識だと思います。

アレグザンダーの視点はこれとは違っています。彼は、まず道よりも広い幅の広がりがあることに注目し、それからドーンと大きな木の存在感に注目します。そして、その木の下に一つの空間ができていると捉えます（fig 4-14）。これが、モノの要素ではなく、センターで捉えるということです。

今後、『*The Nature of Order*』を読む人のために、一つ助言をしておきたいと思います。先ほど中埜さんが仰ったように、一つのセンターはその内部にいくつかのセンターを持ちます。あるいは、そのセンターは他のセンターと関わりながら、より大きなセンターを構成します。つまり、あるセンターは視点を変えると全体になり、全体は視点を変えるとセンターになるのです。そのため、同じことを指し示しているのに、「センター」（center）と「全体」（whole）という言葉が入れ換わって使われることがあります。それらは視点のレベルが違うだけなのです。このことを理解しておかないと、『*The Nature of Order*』の文や図を読むときに混乱するので、それを忘れないようにしてください。

ところで、ひとえにセンターといっても、いきいきとした全体にとって重要なセンターと、取るに足らないセンターがあると、アレグザンダーは言います。[*62] なので、重要なセンターに特に注目して記述し、名前をつけて把握できるようにしたものが、パターン・ランゲージのパターンだということができます。いきいきとした質、つまり「名づけえぬ質」を生み出すセンターに名前をつけて強調したものが、パターンなのです。

センターのなかにセンターがあったり、他のセンターと関わりながらより大きなセンターを構成したりするのと同じように、パターンも他のパターンと関係を持ちます。『パタン・ランゲージ』のなかで、大きなパターンに小さなパターンが含まれ、他のパターンと関連しているのは、そのためです。

■「いきいきとした質」を生み出す一五の基本特性

【井庭】『*The Nature of Order*』のなかの重要な内容に、センターがお互いを強化する「**一五の基本特性**」

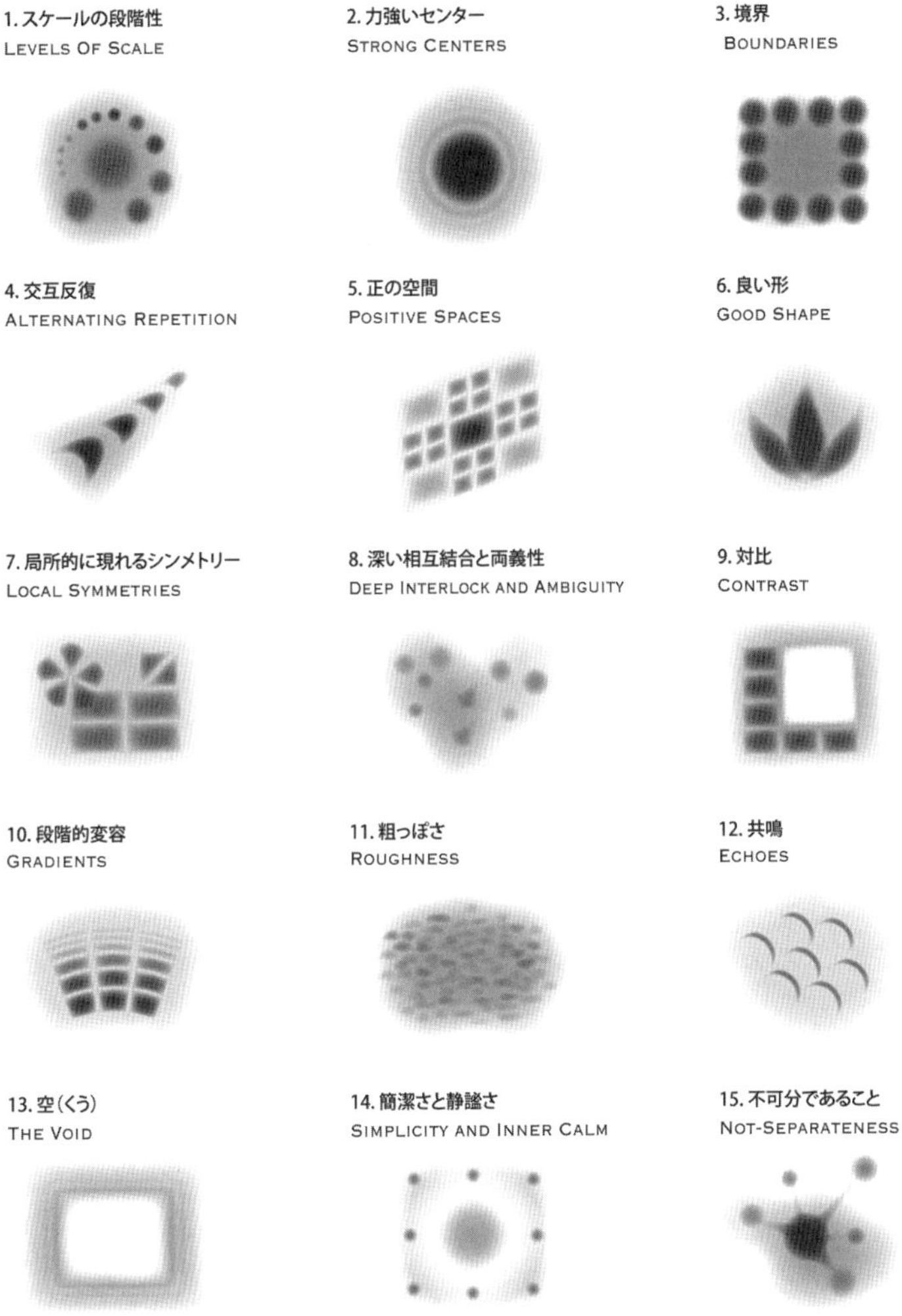

fig 4-15　15の基本特性のイメージを模式的に表現したもの［井庭崇 作成］

があります。この図（fig 4-15）は、アレグザンダーの説明をもとに、僕なりに可視化してみたものです。あくまでも僕の現段階での解釈にすぎませんが、少しでも理解しやすくなればと思って描いてみました。

一五の基本特性とは、一つの全体を構成するセンターたちがどのように関わり合うことで強さを増しているのかを、一五種類の関係性で捉えたものです。センターは、ただばらばらに存在しているのではなく、互いに強め合うことがあって、そうするときに全体がいきいきとします。そのようなセンター同士の関係性のあり方には、一五種類くらいあるというのが、一五の基本特性の話です[*63]。

たとえば、いろいろなレベルのセンターが全体のなかに存在しているときはいきいきとするという特性があります（スケールの段階性：Levels of Scale）。とても強いセンターや（力強いセンター：Strong Centers）、周辺の境界を囲むような形のセンターがあるときにも（境界：Boundaries）、いきいきとします。少しずつ形を変えて繰り返すと、いきいきとします（交互反復：Alternating Repetition）。まったく同じものの繰り返しでは「死んだ秩序」を生むのですが、少しずつ変形しながら繰り返される場合にはいきいきとするのです。また、空間自体が意味をもって周りに影響を及ぼすようなポジティブな空間や（正の空間：Positive Spaces）、形がよいものも（良い形：Good Shape）、いきいきとした感じを強化します。

完全に左右対称で上下回転しても同じだというような全体的なシンメトリーではなくて、部分にシンメトリーを含んでいるような場合にもいきいきとした感じが増します（局所的に現れるシンメトリー：Local Symmetries）。二つのまったく異なるものが重なり合うようなところも重要です（深い相互結合と両義性：Deep Interlock and Ambiguity）。

光と陰、強弱のように、コントラストがあるときにいきいきとした感じが増します（対比：Contrast）。

徐々に弱まっていくようなグラデーションがあるときや（段階的変容：Gradients）、細かく見ると秩序がないラフな感じのとき（粗っぽさ：Roughness）、こだまのような変化と展開があるときにもいきいきとします（共鳴：Echoes）。木漏れ日がつくる模様のように、すべてが均質に秩序立てられているのではなく、ラフな感じがある場合には、自然な美しさを生みますよね。中空の隙間や（空《くう》：The Void）、シンプルさとそこに静寂があることも重要です（簡潔さと静謐《せいひつ》さ：Simplicity and Inner Calm）。あとは、一つ一つのセンターが分離されているのではなく、つながっていることも不可欠です（不可分であること：Not-Separateness）。これが、一五の基本特性の僕なりの解釈です。

【中埜】これらのセンターの特性は、一個一個独立しているように見えますが、相互依存性があります。たとえば、「深い相互結合と両義性」とは、ある要素とある部分が一つに重なり合って一つの部分をつ

一五の基本特性（the fifteen fundamental properties）　いきいきとした全体を構成する複数のセンターが、お互いに強め合う関係の仕方を整理・分類したもの。その特性とは、スケールの段階性（Levels of Scale）、力強いセンター（Strong Centers）、境界（Boundaries）、交互反復（Alternating Repetition）、正の空間（Positive Space）、良い形（Good Shape）、局所的に現れるシンメトリー（Local Symmetries）、深い相互結合と両義性（Deep Interlock and Ambiguity）、対比（Contrast）、段階的変容（Gradients）、粗っぽさ（Roughness）、共鳴（Echoes）、空（The Void）、簡潔さと静謐さ（Simplicity and Inner Calm）、不可分であること（Not-Separateness）の一五の特性である。詳しくは、『*The Nature of Order*』第一巻参照。なお、本書で採用した訳語は、中埜博の翻訳によるものである。

くっているわけですね。ですから、これは中間体がある二つの要素の結合体になることによって中央が強いセンター（力強いセンター：Strong Centers）になる場合もあるし、一つの全体としてラフな一体のものである（粗っぽさ：Roughness）ともいえます。このように、いろいろな特徴として、他の性質を持ち合わせて成立している。だから、このように区切られて、特性の部分で見るのはすごく難しいのです。

　これら一五の基本特性は、基本的には一つの形の幾何学的な「性質」を表していますが、同時に、このようなものを生み出す「方法」として考えなさいという意味合いも含まれています。たとえば、「空」とは、真ん中が空いているという、空間的に何も機能しない隙間みたいな空間がないと、全体としてのまとまり（センター）ができないということですね。

　建築の話で言えば、茶室の床《とこ》の間《ま》はまさにこの「空」なのです。みなさんは床の間をテレビの置台だと思っているかもしれませんが（笑）、床の間はかつてはとても重要な空間で、その原型は茶室にあります。茶室の小さな部屋に、凹みのように床の間があって、その床の間の奥に掛軸が掛かっています。千利休[*64]という有名な茶道の創始者がいますが、彼のつくった茶室は現存しています。その茶室を見学して驚いたのですが、床の間がまるで洞窟のようにつくってあったのです。掛け軸がぽっかりと開いた洞窟のような中空宇宙に浮かんで見えるのです。その小さな宇宙空間に浮かんだ掛け軸に書かれたメッセージを参会者が鑑賞することによって「あぁ、よい季節だ。人生の一瞬だな」と感じたり考えさせたりするセンターになっています。床の間は空洞ですから、掛軸が重い景色となって茶室の参会者に深い意味をもたらします。ですから、茶室にとっては、あの床の間はセンターなのです。非常に大きなセンターになります。

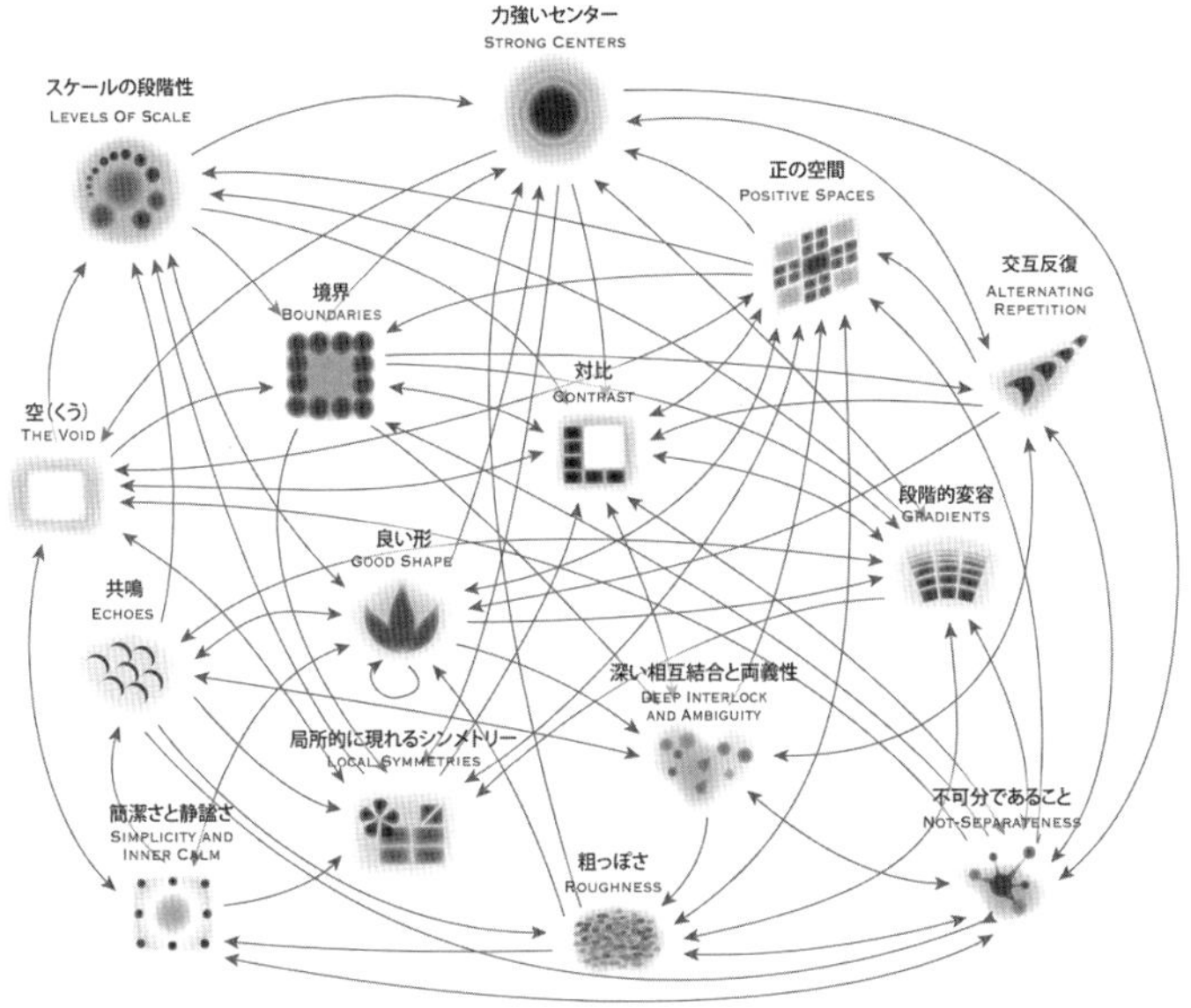

fig 4-16　15の基本特性間の依存関係のネットワーク（『*The Nature of Order*』第1巻p.238の表の情報をもとに井庭崇が作成）

【井庭】なるほど。その例は、とてもわかりやすいですね。その空間の存在が、全体にとって重要だということですね。

これらの特性がどのように関係しているのかも可視化してみました（fig 4-16）。この図は、アレグザンダーが書いた特性間の関係についてのマトリックス[*65]の内容をネットワークとして可視化したものです。

【中埜】これ、マトリックスが矢印で表されている。

【井庭】はい、マトリックスでも方向性が明示されていたので、それが矢印で表されています。

僕は、なんとかしてアレグザンダーの言わんとすることを理解したいと思っているので、こうやっていろいろと表現を変えてみながら、アプローチしています。

【中埜】このネットワーク図で、「簡潔さと静謐《せいひつ》さ」から矢印が出ていますね。これは基本的には複雑なパターンの組み合わせだとしても、最終的には、できるかぎり静かで単純な性質を持ったものを生み出すように努力しなさいという一つの指示と考えるべきです。このように、一五の基本特性には、変移していくプロセスの意味も含まれているわけですね。

【井庭】この一五の基本特性は、抽象的なままにしておいても意味がなくて、具体的な形に結びつけていくことが大切です。僕が最近考えているのは、この一五の基本特性で学びやプレゼンテーション、コラボレーションを考えるということです。これらは僕らがつくったパターン・ランゲージのテーマですが、それぞれのパターンに対応するセンターがあって、それらが互いに強め合いながら、いきいきとした質を生み出すのだと思うのです。

もう一つ可視化したものがあるので、それもお見せしたいと思います。『The Nature of Order』の第一巻には、一五の基本特性が『パタン・ランゲージ』の二五三個のパターンのどれに関係するのかが書かれています。*66 それを可視化してみたのが、この図（fig 4-17）です。思いのほかごちゃごちゃしてしまいましたが、一つの特性が複数のパターンに関係していることや、一つのパターンが複数の特性に関係していることの全体像を掴むことができると思います。僕がしたいと思っているのは、これと同じような図を、ラーニング・パターンやプレゼンテーション・パターン、コラボレーション・パターンについても描いてみることです。

実は、教育について、アレグザンダーのこの一五の基本特性で捉えようという試みが、ヨーロッパの

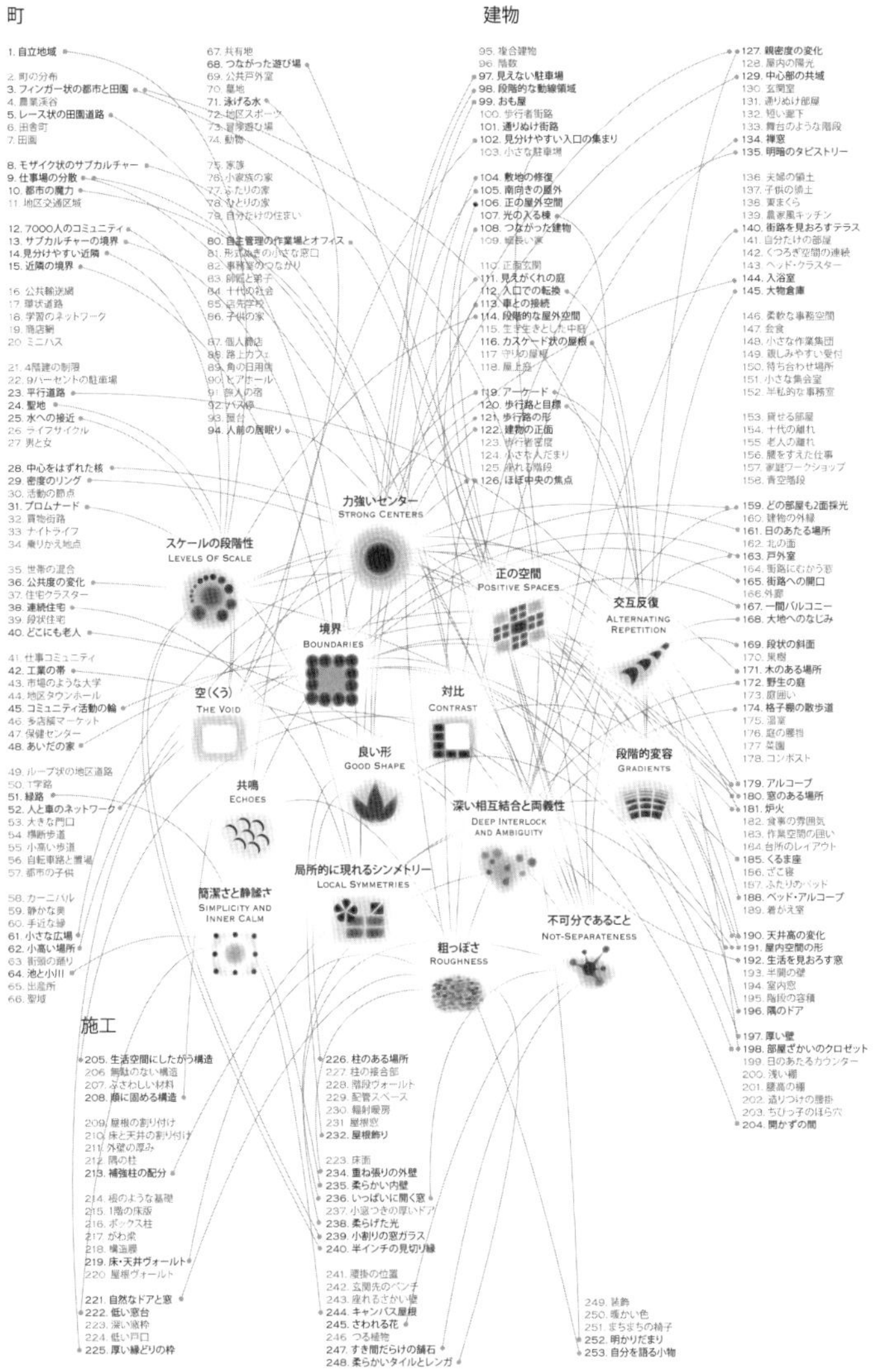
町
1. 自立地域
2. 町の分布
3. フィンガー状の都市と田園
4. 農業渓谷
5. レース状の田園道路
6. 田舎町
7. 田園
8. モザイク状のサブカルチャー
9. 仕事場の分散
10. 都市の魔力
11. 地区交通区域
12. 7000人のコミュニティ
13. サブカルチャーの境界
14. 見分けやすい近隣
15. 近隣の境界
16. 公共輸送網
17. 環状道路
18. 学習のネットワーク
19. 商店網
20. ミニバス
21. 4階建の制限
22. 9パーセントの駐車場
23. 平行道路
24. 聖地
25. 水への接近
26. ライフサイクル
27. 男と女
28. 中心をはずれた核
29. 密度のリング
30. 活動の節点
31. プロムナード
32. 買物街路
33. ナイトライフ
34. 乗りかえ地点
35. 世帯の混合
36. 公共度の変化
37. 住宅クラスター
38. 連続住宅
39. 段状住宅
40. どこにも老人
41. 仕事コミュニティ
42. 工業の帯
43. 市場のような大学
44. 地区タウンホール
45. コミュニティ活動の輪
46. 多店舗マーケット
47. 保健センター
48. あいだの家
49. ループ状の地区道路
50. T字路
51. 緑路
52. 人と車のネットワーク
53. 大きな門口
54. 横断歩道
55. 小高い歩道
56. 自転車路と置場
57. 都市の子供
58. カーニバル
59. 静かな奥
60. 手近な緑
61. 小さな広場
62. 小高い場所
63. 街頭の踊り
64. 池と小川
65. 出産所
66. 聖域
67. 共有地
68. つながった遊び場
69. 公共戸外室
70. 墓地
71. 泳げる水
72. 地区スポーツ
73. 冒険遊び場
74. 動物
75. 家族
76. 小家族の家
77. ふたりの家
78. ひとりの家
79. 自分だけの住まい
80. 自主管理の作業場とオフィス
81. 形式ぬきの小さな窓口
82. 事務室のつながり
83. 師匠と弟子
84. 十代の社会
85. 店先学校
86. 子供の家
87. 個人商店
88. 路上カフェ
89. 角の日用品
90. ビアホール
91. 旅人の宿
92. バス停
93. 屋台
94. 人前の居眠り
建物
95. 複合建物
96. 階数
97. 見えない駐車場
98. 段階的な動線領域
99. おも屋
100. 歩行者街路
101. 通りぬけ街路
102. 見分けやすい入口の集まり
103. 小さな駐車場
104. 敷地の修復
105. 南向きの屋外
106. 正の屋外空間
107. 光の入る棟
108. つながった建物
109. 細長い家
110. 正面玄関
111. 見えがくれの庭
112. 入口での転換
113. 車との接続
114. 段階的な屋外空間
115. 生き生きとした中庭
116. カスケード状の屋根
117. 守りの屋根
118. 屋上庭
119. アーケード
120. 歩行路と目標
121. 歩行路の形
122. 建物の正面
123. 歩行者密度
124. 小さな人だまり
125. 座れる階段
126. ほぼ中央の焦点
127. 親密度の変化
128. 屋内の陽光
129. 中心部の共域
130. 玄関室
131. 通りぬけ部屋
132. 短い廊下
133. 舞台のような階段
134. 禅窓
135. 明暗のタピストリー
136. 夫婦の領土
137. 子供の領土
138. 東まくら
139. 農家風キッチン
140. 街路を見おろすテラス
141. 自分だけの部屋
142. くつろぎ空間の連続
143. ベッド・クラスター
144. 入浴室
145. 大物倉庫
146. 柔軟な事務空間
147. 会食
148. 小さな作業集団
149. 親しみやすい受付
150. 待ち合わせ場所
151. 小さな集会室
152. 半私的な事務室
153. 貸せる部屋
154. 十代の離れ
155. 老人の離れ
156. 腰をすえた仕事
157. 家庭ワークショップ
158. 青空階段
159. どの部屋も2面採光
160. 建物の外縁
161. 日のあたる場所
162. 北の面
163. 戸外室
164. 街路にむかう窓
165. 街路への開口
166. 外廊
167. 一間バルコニー
168. 大地へのなじみ
169. 段状の斜面
170. 果樹
171. 木のある場所
172. 野生の庭
173. 庭囲い
174. 格子棚の散歩道
175. 温室
176. 庭の腰掛
177. 菜園
178. コンポスト
179. アルコーブ
180. 窓のある場所
181. 炉火
182. 食事の雰囲気
183. 作業空間の囲い
184. 台所のレイアウト
185. くるま座
186. ざこ寝
187. ふたりのベッド
188. ベッド・アルコーブ
189. 着がえ室
190. 天井高の変化
191. 屋内空間の形
192. 生活を見おろす窓
193. 半開の壁
194. 室内窓
195. 階段の容積
196. 隅のドア
197. 厚い壁
198. 部屋ざかいのクロゼット
199. 日のあたるカウンター
200. 浅い棚
201. 腰高の棚
202. 造りつけの腰掛
203. ちびっ子のほら穴
204. 開かずの間
施工
205. 生活空間にしたがう構造
206. 無駄のない構造
207. ふさわしい材料
208. 順に固める構造
209. 屋根の割り付け
210. 床と天井の割り付け
211. 外壁の厚み
212. 隅の柱
213. 補強柱の配分
214. 根のような基礎
215. 1階の床版
216. ボックス柱
217. がわ梁
218. 構造膜
219. 床・天井ヴォールト
220. 屋根ヴォールト
221. 自然なドアと窓
222. 低い窓台
223. 深い窓枠
224. 低い戸口
225. 厚い縁どりの枠
226. 柱のある場所
227. 柱の接合部
228. 階段ヴォールト
229. 配管スペース
230. 輻射暖房
231. 屋根窓
232. 屋根飾り
223. 床面
234. 重ね張りの外壁
235. 柔らかい内壁
236. いっぱいに開く窓
237. 小窓つきの厚いドア
238. 柔らげた光
239. 小割りの窓ガラス
240. 半インチの見切り縁
241. 腰掛の位置
242. 玄関先のベンチ
243. 座れるさかい壁
244. キャンバス屋根
245. さわれる花
246. つる植物
247. すき間だらけの舗石
248. 柔らかいタイルとレンガ
249. 装飾
250. 暖かい色
251. まちまちの椅子
252. 明かりだまり
253. 自分を語る小物
力強いセンター
STRONG CENTERS
スケールの段階性
LEVELS OF SCALE
正の空間
POSITIVE SPACES
交互反復
ALTERNATING REPETITION
境界
BOUNDARIES
空(くう)
THE VOID
対比
CONTRAST
良い形
GOOD SHAPE
段階的変容
GRADIENTS
共鳴
ECHOES
深い相互結合と両義性
DEEP INTERLOCK AND AMBIGUITY
局所的に現れるシンメトリー
LOCAL SYMMETRIES
簡潔さと静謐さ
SIMPLICITY AND INNER CALM
不可分であること
NOT-SEPARATENESS
粗っぽさ
ROUGHNESS

fig 4-17　15の基本特性とアレグザンダーのパターン・ランゲージとの関係（『*The Nature of Order*』第１巻第５章の記述をもとに井庭崇が作成）

若手研究者の呼びかけで始まろうとしています。近いうちにそのようなテーマのカンファレンスも開かれる予定です。世界の最先端では、徐々に『*The Nature of Order*』の概念・理論にもとづく研究が始まりつつあります。先端を行こうとするならば、パターン・ランゲージだけでなく、『*The Nature of Order*』の考えを理解することも必要なのです。

【羽生田】それに関連して、みなさんに一冊紹介したい本があります。『*The Nature of Order*』のセンターという考え方がまだ難しいと思われている方がいると思うのです。私のおすすめは、アレグザンダーの『まちづくりの新しい理論』[*67]という本です。この本は、実は『*The Nature of Order*』の一九七四年のマニュスクリプトを引用しながら、『*The Nature of Order*』のエッセンスをかなり詳しく書いています。しかも、センタリングのプロセスについても、サンフランシスコ・ベイエリアの町づくりの例を使って、具体的なステップを説明しています。ですから、非常にわかりやすい。薄い本なので、まずはこれがおすすめです。

【井庭】よいですね。この本で「中心」と訳されているのが「センター」です。「成長する全体」という言葉なども、『*The Nature of Order*』よりもわかりやすいかたちで具体的に説明されています。僕のおすすめは、この本の建築の事例を読みながら、自分の関心のあるテーマに置き換えて読んでいくという読み方です。僕の場合は、たとえば、コラボレーションに置き換えて読んでみる、ということです。そうすることで、建築分野以外の人にとっても、示唆に富んだ本になるでしょう。

■パターン・ランゲージの背後にある東洋のシステム理論

【羽生田】ITの世界は、まだまだデザイン・パターンの段階で、次のステップに踏み込んでいないので、これからやらなければならないことがたくさんあると思っています。デザイン・パターンは、エンジニア同士のコミュニケーションのための言語でしかありません。ソフトウェアを提供するお客様やエンドユーザーの考え、そして、彼らがソフトウェアで解決したいと思っている現場の問題状況に踏み込んで、そこにパターン・ランゲージを適用するということを、これから進める必要があると考えています。

さらにその次のステップとして、もっといきいきとした、本当に使っていて楽しいと思えるようなソフトウェアをつくるためのランゲージがあると思います。いきいきとしていて、使っていて楽しいし、自分とソフトウェアとが一体感をもって使えるという感覚を生み出すにはどうすればよいのか。そのことはまだ、ITの世界ではパターン・ランゲージというかたちでは語られていません。

ソフトウェアは、もともとプログラミング言語ですから、言葉とは切っても切れない関係にあります。ですから、パターン・ランゲージという考え方は、教育の場をきちんとつくっていけば、ITの世界にももっと普及していくのではないかと思います。

それから、センタリング・プロセスについても、アジャイル・ソフトウェア開発をしている人びとが増えているので、両者を融合した開発方法が考えられると思います。現場のなかで問題を一緒に考えながら、大事なところを実際につくっては試し、フィードバックを受けながら、徐々にシステムを進化させていくような、センタリング・プロセスと合致する次世代のアジャイル・ソフトウェア開発の方法を構築できるのではないかと思います。

それからエンジニアのあり方も変わると思います。これまでは、要件定義をする人、全体のアーキテクチャを考える人、コーディングする人、テストする人といった役割分化がありました。でも、本当に現場の人と一緒に考えて、一緒に手を動かして開発できるようになるためには、要件を一緒に考えられなければいけないし、全体の設計も、テストも一緒にできなければならない。したがって、アーキテクト・ビルダー的なエンジニアを育てていく必要があると思います。

一方で、今までのＩＴの世界では、お客さんもまた、お金さえ払えば丸投げでよいと当たり前のように思われてきました。けれども、本当によいシステムを必要とするなら、自分たちも開発に積極的にコミットしていかなければならない。ユーザーや施主側も、現場での原寸設計に立ち会って、本当に使いたいシステムはこういうものだと考えを伝えていかないと、本当によいソフトウェアはできません。

【井庭】 今の話は、まさに建築の世界でアレグザンダーが問題だと考えた構図そのものですよね。それをパターン・ランゲージを用いたプロセスによって変えようとした。まさにそのような変革がＩＴの世界にも必要だということですね。

【羽生田】 アレグザンダーは、西洋の数学や科学の理解可能な言葉づかい・文法・思想のもとに、東洋的な思想の発想をうまく取り込もうとしてきたように思います。その意味では、彼はかなり稀有な存在だと思います。

ＩＴの世界では、カウンター・カルチャーは「ハッカー」というかたちで存在しました。[*68] 実は、彼らこそがITの世界にパラダイムの変化を起こしてきたのです。たとえば、アラン・ケイ[*69]は、それまでのメインフレームのコンピュータを倒して、パーソナル・コンピューティングという考え方を打ち立てました。別のハッカーは、大企業のみがソフトウェアを生産して売るという従来のあり方に対して、自分たちで使いたいシステムを自分たちでつくるという考え方を打ち出し、いまではその考えはかなり浸透してきています。実際にそのようなソフトウェアは、品質も良く、市販の製品以上に良いパフォーマンスをすることが理解され始めています。日本のエンジニアもそのような開発のコミュニティに参加して、自分たちで世界的なソフトウェアの開発に貢献するというカルチャーも少しずつ広まってきています。

アレグザンダーの思想は、西洋の思想の観点から東洋的な思想の発想を取り込むという点でも興味深いですし、ITの世界でハッカーと呼ばれるカウンター・カルチャーのような側面ももっているようで面白いですね。カウンター・カルチャーで、私が注目しているのはグレゴリー・ベイトソン[*70]なのですが、彼の思想がアレグザンダーの思想の根底にも流れ込んでいるのではないかと思います。特にシステムやコミュニケーションに対する捉え方、学習に対する捉え方などが、アレグザンダーの住民参加型の町づくりのプロセスという考えに入り込んでいるように思います。

【井庭】 アレグザンダーはベイトソンから影響を受けていると思います。実際、『*The Nature of Order*』でも、関連する重要な考え方として参照されています[*71]。ベイトソンのパターンの研究や、自我を超えた精神（マインド）という考え方[*72]との関係性はもっと探ってみたいところです。

現代社会の根本的な問題をベイトソンの発想で乗りこえていくという発想は、モリス・バーマンの『デカルトからベイトソンへ――世界の再魔術化[*73]』で論じられています。この本は、現代社会が抱えている根本的な問題をデカルト的なパラダイムに起因するとみて、それを世界への「参加」を中心としたベイトソン的なパラダイムへと転換することを提唱する本で、僕もその考えに影響を受けました。そこで論じられている構想と、アレグザンダーの見ている未来とのつながりを考えるのもとても重要だと思います。

実は僕がこの『デカルトからベイトソンへ』を知ったのは、羽生田さんの紹介によってでした。いろいろな分野の思想を軽やかに飛び回って参照しながら、それをソフトウェア開発の実践に落として考えている羽生田さんから、僕はいろいろな刺激を受けています。

【羽生田】最近は『論語』[*74]に凝っています。『論語』の冒頭の一節に、「学びて時にこれを習う、また喜ばしからずや」という一文があります。これは、『論語』の学而篇《がくじへん》の冒頭の節で、『論語』の中の論語、小論語と呼ばれている箇所です。この部分は、従来「物事を学んだらときどき復習をする、何と喜ばしいことか」と解釈されてきたのですが、どこか嘘っぽいなと、みなさんも思うのではないでしょうか。復習なんて楽しくないよ、と。私もずっとそう思っていました。

私は、この部分は「学」と「習」に対する解釈がきちんとされていなかったことに根本的な原因があると考えています。「学」とは、与えられたものを学び取るという意味です。それに対して「習う」とは、自分の身体感覚になるまで自然なものとして身につけるという意味です。つまり、学ぶとは頭で知る、習うとは身体のなかで血肉化するということだと思うのです。

そう考えると、「学」と「習」とは根本的に異なる考え方で、学ぶ、教えを受けることはもちろん必要だけれども、何かに絞って学ぶというプロセスを辿ると、ある人に、あるいは、あるパラダイムに拘束されてしまって自由度を失う危険性がある。「学びて思わざれば、則ち罔《くら》し」と孔子[*75]も言っています。これは、教えを受けただけで、自分自身で考えないのであれば、生きた知識にはならないし、真理に到達することもない、という意味です。だから、学は危険だよと、孔子は『論語』で言っているわけです。そうはならずに、自分が全体が見えている状態で、融通無碍《ゆうずうむげ》に習った事柄を使える状態になる、それが「習う」ということです。そう考えると、『論語』は、学習に対する新しい示唆を与えてくれます。

それからもう一つ面白いのは、『論語』の文章のなかには、再帰構造[*76]、私たちの言葉でいうとセンタリング・プロセスがたくさん仕込まれていることです。たとえば、「知るということ」と「知らないということ」を区別できることが「知る」ことだとか、「誤った」のに「それを誤ったままにしておく」ことがまさに「誤っている」ことだとか。こういう考えが、数えると一〇いくつも出てくるのです。

つまり、孔子は「学習」を固定的には捉えていなかったということです。フィードバック・ループ[*77]を含んだ再帰的で段階的な過程として、「学ぶ」「知る」「礼を重んじる」「仁を重んじる」「和を重んじる」といったことを捉えていたのです。その意味で、孔子はとてもシステム論的な人なのですね。孔子は、東洋で最初のシステム論者だったと言えるかもしれません。

【井庭】面白いですね。『論語』は東洋のシステム理論だというわけですね。学習についての理論の点でもベイトソンの論に通じるところがありますね。

【羽生田】そうなのです。さらに驚くべきことに、システム理論のキーパーソンであるノーバート・ウィーナー[*78]は、サイバネティクス[*79]の理論を発表する前に、中国に半年ほど滞在して精華大学[*80]で『論語』に触れていた可能性があると言われています。ですから、このような再帰的な考え方、フィードバック・ループの考え方が、孔子から来ている可能性があるのです。これは東京大学東洋文化研究所の安冨歩さん[*81]が言われていることです。とても斬新で、少し眉唾に感じるかもしれませんが、そういう考えもありうるのです。

孔子が目指した社会とは、みんなが互いに学び合う社会です。自分自身が自由なポジションで、自分と接している人からの教えを受け、自分も自分の考えを相手に伝え、互いに学び合う。そして、そのよい部分を自分の身体にきちんと定着させていく。そうして社会をよりよい方向に改善していこう、そのようなかたちで社会が成り立つのが理想だと主張しているのが『論語』だと思います。

それに対して、孔子が死んでから、儒学[*82]というかたちで『論語』を固定的に捉えて、偉い君子が言ったことを小人たちが「よい教え」として受け止めて、その教えに従って固定的な秩序を構成するのがよいという、まさにアレグザンダーが言うところの「死んだシステム」としての社会が、儒教の目標とする社会になってしまいました。儒教は『論語』の教えとはまったく逆の考え方になってしまったように思います。

もう一つ、『論語』の思想のなかに「中庸《ちゅうよう》」という大切な言葉があります。この言葉は「何事もほどほどに、よくも悪くもない中間くらいがよい」という意味だと理解されがちですが、これは誤りです。「中庸」の本当の意味は、動的な環境のなかで絶えず事態の変化に適応して、常に過不足なく適切な措置を取り続けるということです。常に診断をし続けて、おかしいと思うところは誤りを直しなさいという意味なので、まさにアレグザンダーが言うところの「診断」と「修復」の思想そのものなのです。「中庸」という教えは、実はそのような意味なのです。

『論語』の教えのように、みんなで学び、みんなで習うという「学び」の方法は、発表会を開いたり、井庭さんがなさっているように「パターン・ランゲージ」を定義した冊子をつくって、みんなに配って意見をもらうといった「実践」を通して、社会にひらいていくという意味があるのですね。やがて機が熟して、言葉の本当の意味が自然と身に付いていることに後から気づく。これが、「学びて時にこれを習う、また喜ばしからずや」の意味するところです。復習するのは楽しいなんて言っているわけではない。孔子は、その社会に属するメンバー全員が常に学習し続けるプロセスをまわし続けよう、そのような「学習する社会」にしていこう、と言っているのです。

もう一つ大事なことは、「朋あり遠方より来る、また楽しからずや」という一文です。学習するには仲間がいないといけない。お互いに学習のプロセスを共有し、高め合っていくということです。『論語』は革命的と言いますか、いま読むと本当に心に染みる思想をもっているなと感じます。[*83]

【井庭】面白いですね。アレグザンダーは西洋的な思想に、東洋的な思想を取り込んだけれども、それは彼の好みや偶然の産物ではなく、どうやらその思想の上流を辿ると合流する地点があったのだ、ということですね。その意味では、突飛なことを言っているのではなく、新しいかたちでの復活だということもできます。

「学習する社会」という言葉もよいですね。まさにラーニング・パターンで僕らが期待している社会の姿でもあります。ピーター・センゲ[*84]たちの「学習する組織」（ラーニング・オーガニゼーション）[*85]という言葉はあったけれども、「学習する社会」（ラーニング・ソサエティ）というのは、あまり言われてこなかった考え方ですね。

【羽生田】エンゲストローム[*86]の活動理論[*87]という理論があります。そこでは真ん中に「主体」と「対象」があって、その活動をするための「道具」が上にあり、それに従うべき「ルール」が左下に、そして対象の右にその活動がどのような「組織」のなかで成り立っているかを定義するような三角形のダイアグラムで社会の見方が示されています（fig 4-18）。

この考え方を使って、今後の「学習する社会」はどうあるべきかを考えることができます。ITの世界では、これまではソフトウェア会社がソフトをつくって、企業内情報システムとして動かしていた。つまり、開発・流通・消費というパラダイムにもとづいて、最低限のテストはするけれど、プログラマーと呼ばれる人びとは、社会のなかでも特に重んじられてもいないし、ユーザーも、そのソフトを使うことで嬉しいといった感情を持つわけでもない。SNSなど、ITを利用する人びとは多いけれども、それでもなお、社会のなかでいきいきとした状態で使いこなされているわけではないように感じます。

それに対して、先ほどお話したアレグザンダーのセンタリング・プロセスに対応するアジャイル・プロセスと、パターン・ランゲージが根づいて実践されるようなIT社会とはどのような構造になるのか。まず、PDCAサイクル[*88]で、常にそのソフトウェアの問題のある部分や、環境とうまく適合していない部分を診断しては修復していくアジャイル・プロセスが中心にあります。そして、創意工夫のためのツールとして、パターンが、常に市民プログラマーに利用され、使いやすく役に立つソフトウェアがセルフビルドでつくられていく。そのソフトウェアが、コミュニティのなかではいつでも参照したり、鑑賞できるような環境が整っている。さらに、パターン・ランゲージを用いたワークショップを通して、ITに慣れていない人びとがITを使って新しい問題解決の方法を学ぶことができる。そのような社会、

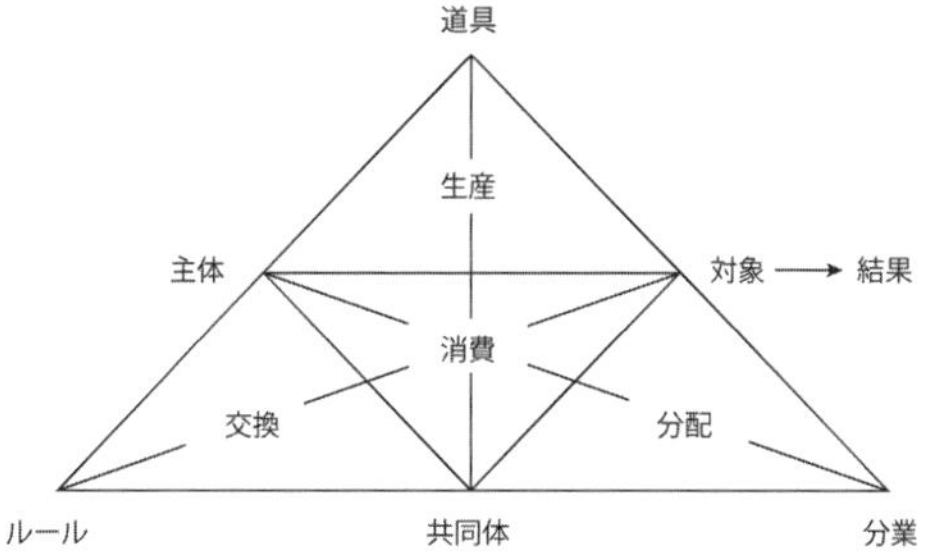

fig 4-18　人間の活動の構造（エンゲストローム著『拡張による学習』より）

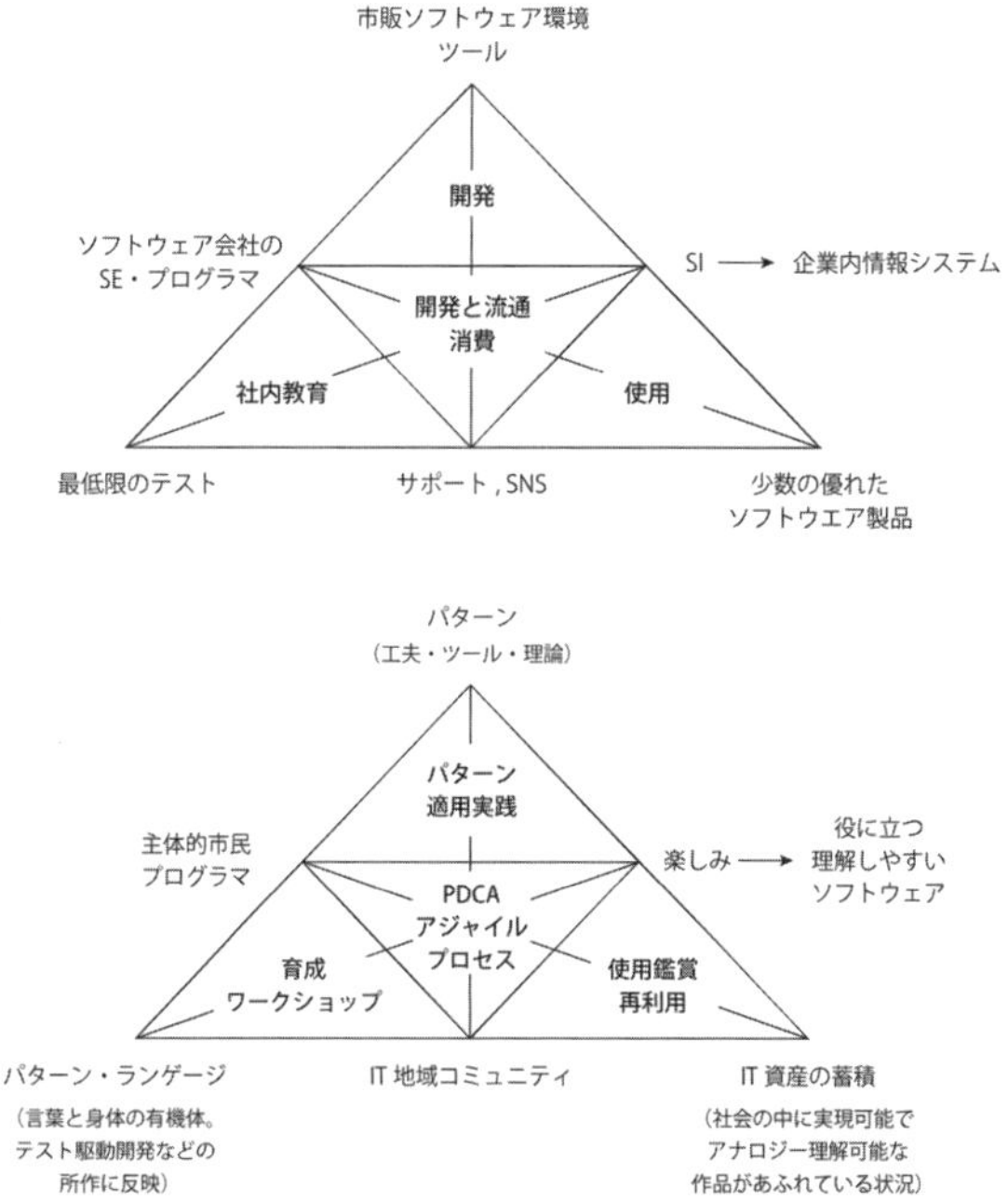

fig 4-19　活動理論の枠組みで考えた「これまでの IT の世界のモデル」（上）と IT 自立型中世社会モデル（下）

組織、地域コミュニティが理想的なのではないか（fig 4-19）。

そのような内容について、「一つの希望としてのIT自立型中世社会モデル——パターン・ランゲージ、アジャイル・プロセスと宮崎駿的ユートピア」という論文を書きました。[*89] アレグザンダーが考えていた社会は、ITの観点で整理すると、このようなイメージになるのかなと思います。

【井庭】 ものすごいタイトルの論文ですね（笑）。僕にとっては魅力的なキーワードばかりですが。

いま羽生田さんが仰った問題は、他の分野でも見られると思います。たとえば、教育です。何をどのように教えるのかがガチガチに固定されていて、現場ではそれをただ実行するだけになってしまっています。アーキテクト・ビルダーの考え方が必要なのは、教育もまさに同じだと思います。

アレグザンダーは建築の設計をするアーキテクトと、施工をするコンストラクターが分離していることを問題視して、アーキテクト・ビルダーの考え方を提唱しました。先ほども話に出てきましたが、アーキテクト・ビルダーとは、アーキテクチャをつくり換えながら、現場で実際につくり込む作業を行う人のことです。

この問題は、現在、教育の分野に起きている問題と同じです。カリキュラムや教育の方針を決めるアーキテクトと、現場で教える教員が完全に分離しているのが現状です。現場で目の前にいる学生・生徒に合わせて、授業やカリキュラムを柔軟に変えていくことが実際問題として非常に困難な仕組みになっているのです。

だから、アーキテクト・ビルダーの存在は、教育においてもすごく重要です。一律に平等であることが重要であるとか効率的でなければならないとか、そのような考えが強すぎて目の前にいる学習者や状況に合わせた柔軟な教育の実現ができないのは本末転倒です。根本的な仕組みから変えていかなければならないと感じています。

■Aシステムと Bシステムの戦い

【中埜】それに関連して、今度は僕が問題提起をしたいことがあるのですが、よいですか。
【井庭】はい、もちろん。どうぞ。
【中埜】ちょっと難しい問題で、みなさんが賛同してくれるかどうか、わかりません。でも、言わせてもらいたいと思います。

『ロビンソン・クルーソー』[*90]の話は、みなさんご存知ですよね。みんな、『ロビンソン・クルーソー』は、彼が孤島に行って一生懸命努力したサバイバルの話だと思っているかもしれませんが、実はそう単純な話ではありません。実は、ロビンソン・クルーソーがお父さんに「お前は、冒険したり行き当たりばったりの仕事をしたりしていないで、真面目に働いて商いをしていくのが一番よい」と言われたあとに、父に逆らって冒険に出て行くというお話です。

彼の船は難破してしまい、彼のみ命が助かったときに初めて、神に感謝することを覚えます。それだけでなく、彼は孤島で時間を記録することを覚えていくのです。記録して日記に残すこと、そして最後にはその採算表をつくるのです。バランスシート、つまり自分のどこがよかったかどこが悪かったかという客観的な反省シートです。つまり、思いつきの暴れ者の冒険家であったロビンソン・クルーソーが、孤島で自分がすることが一体どんな意味を持っているのか、どこがよくてどこが悪いのかを内省化することによって、それを一つのバランスシートとして見たときに、孤島で暮らすことにもプラスがあると採算をとるのです。

これは大塚久雄さん[*91]が言っていることなのですが、ロビンソン・クルーソーの話とは、このような精神がなければ資本主義はできない、ということを言いたかった話なのです。

つまり、経営の思想、運営の思想です。お金を儲けるのではなくて、きちんと保険をかけて、それだけの計画を立て、「時は金」なのだから時間を整理して、バランスシートをつくって管理して、所有権を決めて支配する。そのような禁欲的な行動をとらないと資本主義はできないというのが、ロビンソン・クルーソーのお話なのです。[*92]

資本主義はもともとはそういった禁欲的な考え方から生まれてきたのに、いつのまにかお金が中心になってしまったのはなぜなのかを、私はセンターの理論で考えることができると思っています。かつて、人間と人間のあいだには物々交換の時代がありました。その物々交換における交換共通価値として、貨幣がつくりだされました。お金をつくることによって、人間はまったく別の価値のものを手に入れることができます。そして、それが欲しいという欲望を覚えるわけです。別の物を買うことができるという欲望に移り変わる。そして国というものを通じて、お金を中心にしてすべてが動くようになっていく。そのときに、人間のなかに考え方の逆転が起こってくるわけです。それまでは人間と人間の関係であったのに、貨幣と人間の関係に置き換わって、貨幣が中心にあり、それがすべてを支配するかのような逆転現象が起こります。資本主義はその逆転現象に陥っているのです。

先ほどお話した禁欲的な考え方や倫理観がなければ資本主義が成り立たないことは、マックス・ヴェーバー[*93]の議論などをとおしてよく知られた事実です。この事実は、基本的にはパターンに影響します。実はパターンが出てくるときや発見の段階で、このような近代の合理的精神を当たり前に捉えられることを無意識に承認してしまっています。

私たちは、一方でお金を中心とする社会で、商品あるいは市場性を踏まえて考えています。また一方でもっと禁欲的な倫理観のもとに、経営とか運営を考えなければならない、お金を持つことは第二義と考える価値観も持っています。本当は、後者が資本主義の原点です。この価値観の違いによってパターンの選択レベルが変わってしまうことも、反省する必要があると思います。

私たち、一人ひとりの心が社会をつくっていて、それ自体が支配の集合体をつくっているのです。この事実は、私たちがこれから人間集団行動類型（パターン）を選択していくときには、どうしても避けられないと思います。

それではなぜ、パターンの選択にとって価値観の反省が重要であるかを説明させてください。たとえば、私たちは公共性をもった「町づくり会社」をつくって、町づくりやお店づくりをしようと思っています。「町づくり会社」とは、お店の経営者と出資する人を分けて調整する会社のことです。基本的には、お金を持っていないのでお店ができないけれど経営力があるという人を集めて、お金を持っている人が資本を投資して、その経営者を助けるという仕組みです。つまり、資本主義の根本的な原型の考え方なのです。

この元の考え方をすることによって、町を修復し、育てていくパターンを生み出していくわけです。「町を活性化する」ということは、人がたくさん集まり、イベントがたくさんあって、お金が活発に動き、賑やかになることだという考え方があります。しかし、なぜそれが活性化した町なのかと問うべきです。なぜ人が集まったり、物が売れたり、お金がもうかると、よい町なのでしょうか？　それは、そこで多くの多様な体験、交換、コミュニケーションなどの人間交流ができるようになるからです。そのことの方が大切なのです。お金が中心ではないのです。

ほとんどの今までの日本の政策・経済現象の判断基準は、このお金中心の考えになってしまっています。これは過ちです。この過ちに陥っている全体が一つの完全なシステムになっていることが恐ろしいのです。すべてがお金中心のシステムで、完全に完成しているシステムです。

このような資本主義のシステムを、アレグザンダーは新しい著作のなかで「**Bシステム**」と呼んでいます。そして、「**Aシステム**」が、それに対抗する考え方、つまり禁欲主義や近代合理主義的精神の生まれてくる直前の中世の考え方です。資本主義の近代合理主義は非常に優秀な精神でしたが、金銭や経済が人間を支配するシステムをつくりだして、また悪いことに、そのシステムがそれを強化する無感情で機械的な人間集団による支配機構をつくり出してしまったのです。

けれども、それは過ちなのです。何が過ちなのかに、いま私たちは気づき始めています。私は中世の時代の人間関係や、歴史文化をそのまま復活させようと言っているのではありません。その時代の人間的な喜びや、よい質の空間を修復・復活させることが重要だと言っているのです。

みなさんが、京都や奈良の町や、ヨーロッパの古い町に行ったときに、とても不思議な、歴史の質を感じると思います。ところが、いま東京のどこに行っても、表面的にはみんな同じような町並みです。全国的にも、よい質の空間は失われ、均質な町並みになってきているのです。*94

【井庭】 その「Aシステム」「Bシステム」という話が書かれているのが、アレグザンダーの最新刊『*The Battle for the Life and Beauty of the Earth: A Struggle Between Two World-Systems*』ですね。通称『*Battle*』と呼ばれている本です。

この本では、日本でアレグザンダーがつくった埼玉県入間市にある盈進学園東野高校の建設をめぐる

Bシステム（System-B）「生成的システム」（generating system）もしくは「生産システム」（production system）のあり方の一つで、効率性やお金、権力、コントロール等を重視するシステムのこと。そのようなシステムでは、生産する場のコンテクストにはほとんど関心をもたず、厳格に定めた設計図に従ってあらかじめ用意されている部品を組み合わせて生産がなされる。アレグザンダーは、現代社会のこのような機械的な生産システムに対して、「Aシステム」による生産の重要性を強調する。詳しくは、『*The Battle for the Life and Beauty of the Earth: A Struggle Between Two World-Systems*』参照。

Aシステム（System-A）「生成的システム」（generating system）もしくは「生産システム」（production system）のあり方の一つで、その土地の健全さと、そこに住む人びとや動植物の幸せを重視するシステムのこと。そのようなシステムでは、生産における一つ一つの決定を、状況の全体性にもとづく人間の判断によって行い、少しずつ生産していく。これにより、有機的な秩序を生み出すことができるという。この考え方については『*The Battle for the Life and Beauty of the Earth: A Struggle Between Two World-Systems*』を参照。アレグザンダーがAシステムによって生み出した事例については、『*The Nature of Order*』第三巻を参照。

〝バトル〟が描かれています。当時、日本のゼネコンの方式とすごく戦いがあった。そういうことを綴った、ある意味で衝撃的な本でもあります。中埜さんは、アレグザンダーとともに、この建設に携わったのですよね？

【中埜】 はい。そのときに学校の施工方法を検討したことで、「CM方式」（コンストラクション・マネジメント方式）[*95]が出てきたのです。先ほど羽生田さんが指摘したアーキテクト・ビルダーに似ているのですが、実際に使う人が、つくりながら、調整しながら完成させていく組織が必要なのです。

アレグザンダーは、それをゼネコンにやってほしいと言ったわけです。でも無理でしょう。ゼネコンは、決定された設計図に基づいて一括で注文を受けて、一括でつくるのですから。アレグザンダーの製作プロセスでは、設計図が次々と変わっていき、つくり方もそれに順じて変わっていきます。それで費用が変わっていくと、ゼネコンでは一括で請け負えないわけですから、不可能なわけです。そこで、アレグザンダーは、新しい方式を考えたのです。それをコーディネートする中間組織をつくるという方式です。つまり、オープンブック（原価公開）でコストを出して、それをコーディネートする中間組織に委託します。そこで承認されたものを発注し、つくっていきます。承認されなければ改良を加えていきます。そのような中間組織に発注を委託するCM方式が提案されました。

この本に書かれていますが、アレグザンダーがCM方式を出したときに、五大ゼネコンはそれを潰そうとありとあらゆる工作をしてきたのです。日本では新しいパラダイムが出てくると、こぞって非難して潰しにかかるということが起きる。

AシステムとBシステムとは、AパラダイムとBパラダイムだと思えば、わかりやすいでしょう。A

システムという新しいパラダイムが生まれて、古いものを無益化しようとするときに、既存パラダイムのBシステムは、それを潰しにかかる。そしていまは、既存のものが勝ってしまうことの方が多いのです。いまの状況のままでは、パラダイム・シフトは非常に難しいのです。

震災復興をめぐるAシステムとBシステム

【中埜】私が今日なぜこの問題をうるさく言うのか。実は、私はここ二年以上、東北に関わっています。大震災からもう二年の月日が経とうとしています。でも、実際、住宅の建設はほとんど進んでいません。多くのご老人が亡くなっています。自殺者もたくさんいます。寒い冬でも、狭い仮設住宅で肩を狭めて生きているのです。

そのような状況がありながら、復興は進まない。なぜ進まないのか？　それは、復興を進めているグループがBシステムの考え方を適用しているからです。たとえば、お金を出すにしても、誰がどのように使うのかという計画をきちんと立てて、請求書、領収書がなければ一銭も出ないときがあるのです。国からお金も出ないと見切って、住んではいけないと言われている地域に自分たちで建物を建てて住み始めている人もいます。これはお金がある人です。お金がない人は、仮設住宅にひっそりと暮らして、精神的に追い詰められています。だから、いまこそ私たちはAシステムとBシステムの違いを認め、復興を進めるために、Aシステムへの転換を図らないといけないのです。

山や土地を持っている地主が、自分たちの土地を二束三文の価格で使ってよいと言っているのに、役所はその土地を高いお金で買い取って、造成して高いお金で被災者に売るという考えです。それが法律です。そうしなければ、平等・公平・機会均等・均質が保てないわけです。つまり、役所のなかには、Bシステムの考え方が染み込んでいるのです。

平等であること、民主的であること、公平であること、均質であること、全国共通であること、どの言葉をとっても、悪くはないですよ。ちっとも悪くはない。公平も平等も正しいことです。でも、その言葉が感情抜きに機械的に使われたときには、恐ろしい破壊の言葉になります。ですから、私たちは同じ言葉を使い、同じパターンを使いながらも、結果的にまったく相容れない価値観のものを生み出してしまっている可能性があります。ですから、それを見分ける能力を持たないと、危険なのです。パターンを学ぶことは、その見分ける能力を身につけることであり、それが第一歩になると思います。

実はアレグザンダーも本のなかで、Aシステムの人もBシステムの人も「公平」「平等」という同じ言葉を使うけれども、その意味はまったく異なると述べています。盈進学園建設事業のなかで生じた戦いは、そのような深いレベルでの戦いだったのです。

【井庭】なるほど。Bシステムとは異なるAシステムをどう実現するのかが問われているわけですね。

【中埜】アレグザンダーはすごく抽象的に言っていますけれど、実は具体的なのです。津波に襲われた人びとの状況で、私はセンターとセンタリングを考えています。たとえば、東北は緑に溢れたよい環境の観光地です。役所がいま唯一行っていることは、その海岸線に沿って防潮堤をつくることです。八メートルの高さの防潮堤を岬に建てて津波を跳ね返そう、減災しようというわけです。それは少しは時間稼ぎになるかもしれませんが、安全ではありません。想定を超える津波が来ないとは言い切れないのです。そんな防潮堤をつくって景観をすべて破壊してしまってよいのか。何百億というお金を使って、いままさに住まいづくりよりも先に進めようとしているのです。

これを見てください（fig 4-20）。これはついこの前（二〇一二年一〇月）の写真ですよ。よく見たらわかるけれども住宅は全然ないのです、何もないのです。残っている建物もすべて焼けているのですから。これは大槌という町です。気仙沼も、陸前高田も同じです。まったく何もないのです。ここに僕たちの集会室があります。この集会室には水が二階まで行ったのですが、この一階の水に浸かった場所を、みんなの集会室にしています。

生々しい被災状況のなかで被災者が言うのは、「ここから墓場に行きたくない」「ここから火葬場に行くのは嫌だ」「どこか安心して住める住まいがすぐ欲しい」と。そう言っているのです（fig 4-21）。しかもそれについてのパターン・ランゲージは、すでにできています。これは私たちがつくったパターン・ランゲージです（fig 4-22）。たとえば「菜園が欲しい」、それから「作業所が欲しい」というパターンが出ています。

【井庭】これは、三・一一の後に現地で直接ヒアリングしてつくったのですね。

【中埜】そうです。このパターンには一見すると不思議に思うことがたくさんあります。たとえば、菜園です。なんで菜園なのだろうと、みなさん思うかもしれない。でも、実は菜園があることによって町のコミュニティが支えられるのです。自分の家で自家菜園をつくって、大根がたくさんできたら隣に配ることで、近隣とのつながりができます。ですから、菜園が欲しいというのは、贅沢でも何でもなくて、

fig 4-20　3.11から1年半が過ぎた岩手県大船渡市大槌町の風景

fig 4-21　被災地での個人面接のヒアリングで得られた心の声

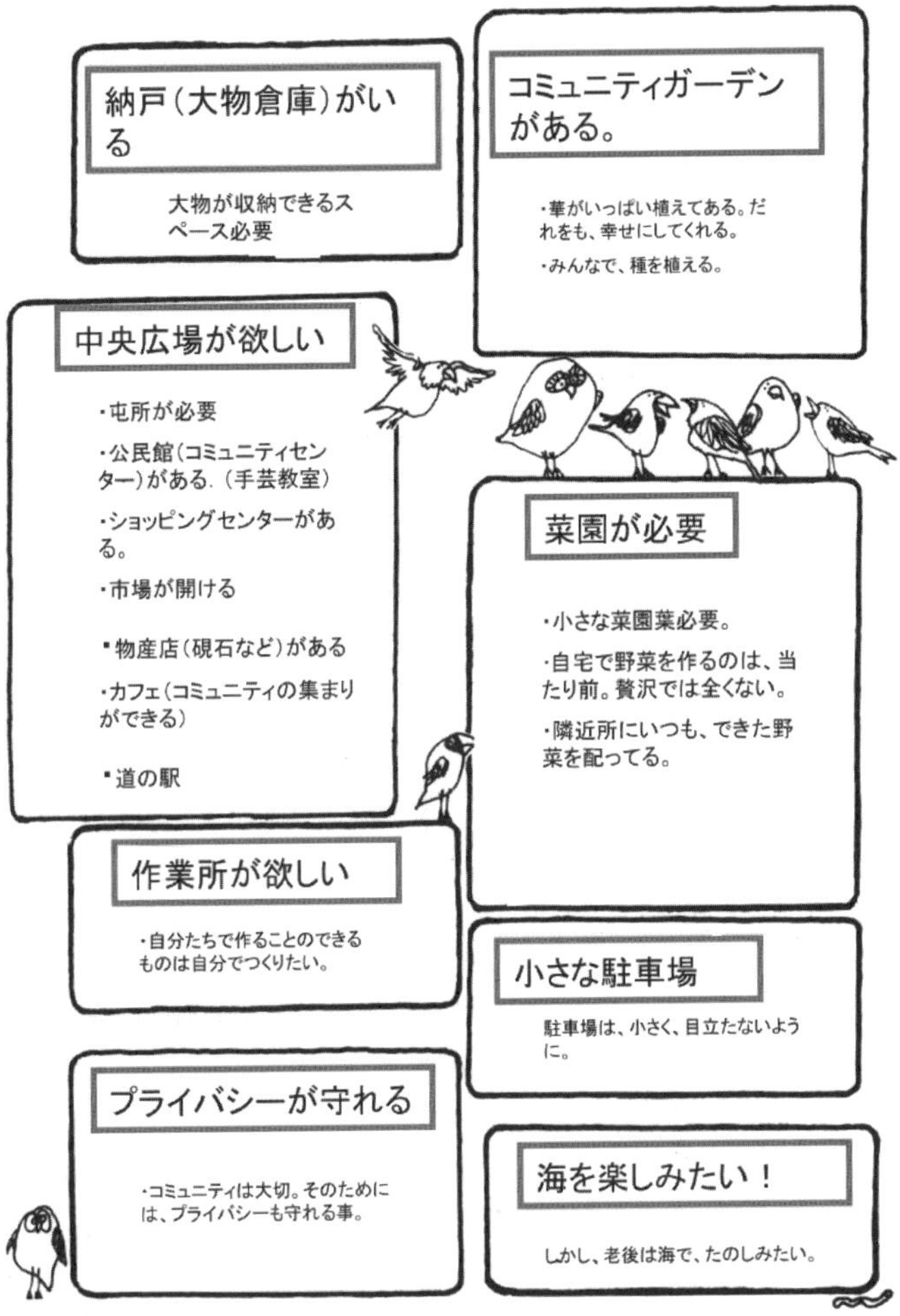
納戸(大物倉庫)がいる
大物が収納できるスペース必要
コミュニティガーデンがある。
・華がいっぱい植えてある。だれをも、幸せにしてくれる。
・みんなで、種を植える。
中央広場が欲しい
・屯所が必要
・公民館(コミュニティセンター)がある.(手芸教室)
・ショッピングセンターがある。
・市場が開ける
・物産店(硯石など)がある
・カフェ(コミュニティの集まりができる)
・道の駅
菜園が必要
・小さな菜園葉必要。
・自宅で野菜を作るのは、当たり前。贅沢では全くない。
・隣近所にいつも、できた野菜を配ってる。
作業所が欲しい
・自分たちで作ることのできるものは自分でつくりたい。
小さな駐車場
駐車場は、小さく、目立たないように。
プライバシーが守れる
・コミュニティは大切。そのためには、プライバシーも守れる事。
海を楽しみたい!
しかし、老後は海で、たのしみたい。

fig 4-22　ヒアリングをもとにつくられたパターン・ランゲージ

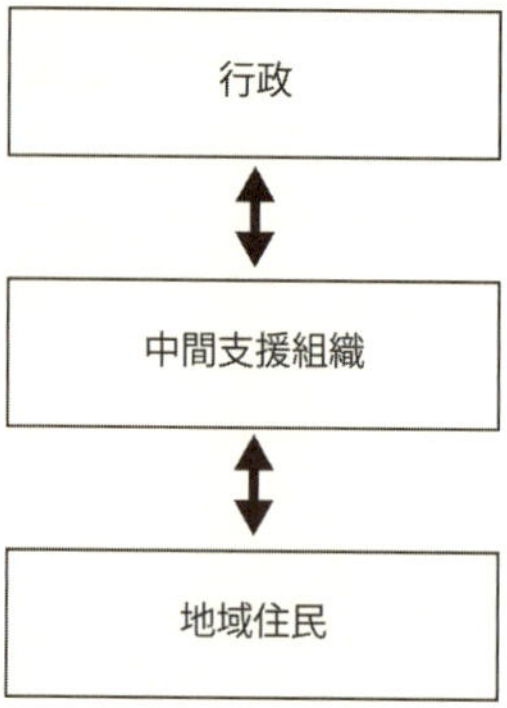

fig 4-23　行政と地域住民の間に位置する中間支援組織

被災地での生活ではコミュニケーションを生み出すツールとして必要なのです。ところが、今の役所はこれを認めません。自分の土地で勝手にやれという話になってしまう。

それで、私たちが提案したいのは、行政にお金を出してもらって、そのお金を使って土地を購入し、被災者に使わせてあげる支援をする中間支援組織です。その中間支援組織に行政が委託すればよいのです。つまり、三層レイヤーの真ん中をつくってあげればよいわけです（fig 4-23）。いまは、中間に被災者と行政を結ぶ組織がないのです。中間にそれをつなぎあわせる組織があれば、被災者はその組織に自分たちの要望を自由に言えるし、その中間組織は、被災者からいろいろな意見を聞いて、役所と調整することもでき、お金の管理や用途の整理もできます。土地だけ持っている人も、自分たちの条件を出すことができます。だから、早急にこのような中間支援組織をつくって、彼らに管理を委託するのがよいのです。

Ｂシステムのパラダイムには、市民やユーザーに無条件で委託するという考え方がないのです。役所は権威を守るのに必死だとしか思えません。その結果、東北の復興が遅れているのです。役所は既存のシステムで進めることだけを肯定しているし、それしか認められない。被災者のなかには、自分たちで家や道をつくる能力や、土地を造成する能力を持つ農家の人びともいるのに、彼らに委託することはしない。許さないのです。

役所の人びともサボっているわけではないのです。むしろ忙しい。先ほどお話した八メートルの防潮堤もつくらなければいけないので。ただ、私はそれはまったく無駄だと思うのですが、毎日毎夜、寝ないで頑張っているわけです。役所の方で、疲れきって亡くなられた人もいます。努力をされていることは理解しています。でも、その人たちがいまのBシステムのパラダイムを変えて、役所がすべてを行う支配機構から、住民に任せて、住民自身が責任を持った行動をとれる組織への委託を承認するシステムへの転換を実現すれば、復興は大きく動き出すと思います。

このことは別の災害被災地ではすでに言われていたのです。新潟中越地震でも最初に言われたのは、このことでした。しかし、何度も被災しても、私たちはこのパラダイム・シフトを実現できなかった。だから、いまこそ実現しなければならないと、私は言っているのです。システムを変えるには、莫大な労力がかかるのはよくわかります。しかし、勇気を持って実行する人が一人でもいればよいのです。もし私が提案したことを役所の誰かが実行すれば、希望が生まれるのです。被災者自身がその土地に「原寸設計」でロープを張って、お年寄りの方々に「この土地に、おばあちゃんが住むんだよ」と言ってあげるだけでも希望が生まれるのです。

ですから、私たちはすぐに被災者の方々に希望を与えられるような中間支援組織をつくって、彼らの希望の灯にしたいと考えています。これは、民間主導の「町づくり会社」として発足させます。行政には頼らず、民間の組織をつくろうと考えています。私たちは、既存のBシステムをすぐに変えることはできないから、私たち自身でつくりだしていこう。そのような公共的な思想を民間のなかでつくろうということです。

この具体的な話にこそ、アレグザンダーの「センター」の考え方が関係するのです。被災者も中間支援組織も役所も、それぞれセンターです。そして、センター同士が助け合って、より大きな一つのセンターになることによって、さらに強力なセンターになるわけです。

【井庭】 なるほど。人・組織それぞれがセンターであり、それらが関わり方次第で、より大きな強いセンターを構成できる。固定的な役割ではなく、柔軟な役割の適応ということも、それでわかりやすくなります。先ほど言ったとおり、センターは全体に先行する「部分」ではなく、全体のなかで初めてセンターになります。つまり、それが全体のなかでどのような役割を果たすべきかは、全体のなかで定義されるということです。あらかじめ固定的に決まっているわけではないのです。

ところが、役所はこうあるべきだという予め決められた固定的な役割概念を持ち込み、それを含む全体をつくろうとすると、齟齬《そご》が出てきてしまう。全体のなかで必要とされる役割と、あらかじめ規定された役割が異なるために、全体をつくること自体を否定しなければならなくなるからです。そうすると、全体を生み出すことはできなくなり、あらかじめ決められた役割を粛々と続けることになる。役所がBシステムの縛りのなかで役割の変更ができないのであれば、中間支援組織という新しいセンターをつくり、それによってひとつの全体を生み出すことになるわけですね。

アレグザンダーや中埜さんは、盈進学園の建設のときに、まさにそのような中間組織をつくって、Bシステムのなかで A システムの方法を実践したのですよね。そのような工夫こそ、いま求められていることなのでしょう。

【中埜】 先ほど羽生田さんが仰ったように、パターン・ランゲージの最も優れた能力は、パターン・ランゲージをつくることによって、理念としてのユートピアをつくることができるという点です。そのユートピアから見て、今の現実が理念とどのように異なるのかを診断できる。診断すれば、どこを修復しなければならないのかがわかります。ここが重要なのです。私たちは、理念と現実との差を見ることによって、直すべき箇所を見出し、「修復」作業を始めなければならないのです。

【井庭】 パターン・ランゲージは一つの理想を描くことが大切だというのは、僕も同感です。僕らがパターン・ランゲージをつくるときにも、最後にはそのことを考えます。「こういうことが理想だよね」「こういうことが、よいね、美しいね」と思うものをパターンとして書くことに意味があります。だから、僕はよく「パターンは経験的であり、規範的である」と言います。単に「こういうことがよくある」ということを書けばよいのではなく、「こうあるべきだ」というものを書くという側面もあって、この経験と規範の両面を持っていることがパターン・ランゲージの重要な点だと思います。

ラーニング・パターンは、よくある学び方をただ経験的に記述したものではないし、プレゼンテーション・パターンも、うまいプレゼンテーションの単なる分析ではありません。コラボレーション・パターンも、よくあるコラボレーションの姿をまとめたわけではないのです。そこには、このような学びがよい、こんなプレゼンテーション、コラボレーションがよい、という規範的な面、つまり理想的な姿が描かれています。

宮崎駿さんが、彼のアニメに出てくるようなピュアで勇敢な少年・少女は現代にはいないという批判に対して、そういうレベルのリアルを描きたいのではなくて、こうあってほしいと思う理想を描くのだと言っています。[*96] それが映画の役割だということを言っていて、すごく共感します。僕はパターン・ランゲージに同じことを感じています。

【中埜】 私としては、そのようなパターン・ランゲージの考え方は、井庭さんのように一生懸命取り組んでいらっしゃる方がいて、羽生田さんのお話にあったようにＩＴのグループが懸命に取り組んでいるという状況もある今がパラダイム・シフトの運動を起こすのに一番よいチャンスだと思っています。ここでパラダイム・シフトが起こらなかったら、永遠にこの体制は変わらないと思う。Ｂシステムから転換できずに、日本人の不幸はこの先もずっと続くように思います。ですから、何度も言うように、ここで変えなければならないのです。

センタリングとは、別名「**構造保全変容プロセス**」と言います。「構造保全変容展開プロセス」とも言いますが、長いから僕は「センタリング・プロセス」と呼んでいます。構造保全変容とは、いまある構造のよい部分は守りながら、変化させるべき部分を見出して、そこを変えていくことです。その作業がいまとても重要です。僕が先ほどお話した中間支援組織の「町づくり会社」もその試みです。つまり、いまのゼネコンとか施工体制、官僚体制のなかでも、そのような組織の設立は認められるわけです。認めるだけではなく、それを支援してもらえれば、民間がつくり出した公共団体として、民間の役所のようなかたちで動くことができるし、みんなが助かるわけですね。ですから、この中間支援組織の活動はなんとしても進めていこうと思っています。

いまのBシステムのパラダイムが危険だと、私たちは直感としてはわかっているのです。しかしながら、それに対して警戒心を持ったり、先ほどの『論語』ではないですが、一歩下がって反省する意識を持ったりしないかぎり、パラダイムは破れません。ですから、パラダイム・シフトを起こすためには、いまある構造のなかで、それを利用しながらも、それを変えていくこと。それともう一つは、何を見たときでも、同じ言葉を使っていても、実は無意識のうちに自分や社会に危険をもたらしているかもしれない。そのことをしっかり自覚して、物事のよし悪しを見分ける能力を磨いていくことが必要だと思います。

構造保全変容プロセス（Structure-Preserving Transformations）　そのときどきの構造に執着しながら、定められたルールに従って変容をくり返すこと。これにより、全体性を保ったまま、まったく新しい構造を生み出すことができる。アレクザンダーは、このような構造を守りながら変容を繰り返すプロセスを理解することで、生物の新しい形態の創出や、芸術における創作、建築上の発明などを理解できるようになると考えた。構造のなかには目に見えない潜在的なものも内包されているため、新しい可能性や新しい組合せをその度ごとに生み出すことができる。一五の基本特性は、構造保全変容プロセスの結果であるとともに、構造保全変容プロセスの種類を名づけたもの（一五の変容：Fifteen Transformations）でもあるという。詳しくは、『*The Nature of Order*』第二巻の第二章と第三章参照。

■アレグザンダーから日本へのメッセージ

【井庭】実は、三・一一以降に中埜さんが、クリストファー・アレグザンダーに会いに行って、彼から日本へのメッセージをもらってきてくれました。五分くらいの映像なのですが、アレグザンダー自身が僕たち日本人に向けて語った言葉です。それをここで紹介したいと思います。これはいつの映像でしたっけ?

【中埜】二〇一一年の九月くらいですかね。その短いメッセージのなかで語っていることは、ものすごくささやかなことです。でも、ささやかなことなのだけれども、そのささやかなことを徹底してやるならば、こういう全体の理想像の一つに近づくのだよ、ということを言っています。

【井庭】それでは、見てみましょう(fig 4-24)。

【アレグザンダー】中埜さんが、私に何か短いスピーチをしてほしいと言ってきました。彼が感じているのは、今回の地震や津波によって、いま日本が大変な状況に直面しているということです。中埜さんの話では、日本人はこの災害で大きく自信を失い、どのように復興すればよいのか、道を見失いかけているということでした。

実は、これは日本だけのことではないのです。アメリカも同じです。いまだはっきりと口に出す人はいないのですが、英国も同じ状況です。多くの国々で、人びとが同じような失望感にとらえられています。「失望感」という言い方は、決して大げさではありません。問題は、「では、どうすればよいのか」

fig 4-24　日本へのメッセージを語るクリストファー・アレグザンダー（2011年撮影）

です。

私はずっと長い間、あるものを求めてきました。美しさ（beauty）とは何か、そして、正しさ（good）とは何か、ということです。とても子どもっぽい問いに聞こえるかもしれませんが、私ももう十分年をとりましたし、そう言われても一向に構いません（笑）。

私の助言は、何かを決定するとき、何かの行動をするとき、何かをつくり出すときにはいつも、それが本当に「内なる美しさ」（inner beauty）に裏づけられているのかと問うことです。どのような行動でも、物でも、発言でも、絵でも、詩でも、すべてのことにおいて——老人をバスに乗せるために手伝っているときでも——、そこには「内なる美しさ」があるはずであり、あなたはそれに貢献しているかを問うのです。

この問いを真剣に問うならば、すべてに変化が起こります。

もちろん、これを初めて聞いたときには、「それに何の意味があるのだろう?」と疑問に思ったり、「そんなことは馬鹿げている」と一笑にふしたりする人もいるでしょう。

しかし、本当の美に直面するならば、まず、あなた自身が変わります。そして、それを見た人びとや、それについて考えた人びとが変わるでしょう。そのとき、新しい道が拓けるのです。

これは単純なことですが、大変、力があります。なぜなら、これは心の底から生まれてくるものだからです。日本語でいう「こころ」からです。ですから、この助言は、とてもささやかなことですが、あなた自身の人生を変えるでしょう。

あなた方には、世の中のいたるところにある小さな美しさを見つける努力をしてほしいのです。ちょうどいま、私たちがこの台所で「あの木の枝と葉の間からの木漏れ日が美しい」と話していたように。

それは、大げさなことではありません。大いなることなのです。

もしあなた方が生き方を変え、そのような景色やしぐさ、人生で起きる小さな感動的な出来事をいつも探し求めるのであれば、それらはすべてつながります。

しばしば、お金がとても醜い方法でそれを切り離そうとしてくるかもしれません。しかし、あの緑の樹々の葉の木漏れ日の存在は、そのようなものでは揺らぎません。

私から伝えたいのは、そのことです。ありがとう。

＊このメッセージは、中埜博が、二〇一一年九月にアレグザンダー教授の英国の自宅に、『*The Nature of Order*』の翻訳

などの打ち合わせのために訪問した際に、日本人に対しての励ましのメッセージとして収録したもの。中埜博による日本語訳をもとに、井庭崇が改訳した。

【中埜】 アレグザンダーが言っていたのは、いまの日本に必要なのは、津波などの特殊な状況はあるけれども、それはイギリスでもアメリカでも形は異なるが全世界的に同じような困難な状況になっている。困難に直面したときに、私たちにできることは何か。それは、私たちの心の底から感じられる小さな美しさを大切にして、その物事を少しでも大切にする方向へ行動しなさい。私たちはつねに美しいものを生み出している、生み出していくことに貢献すること、そうすることによって自分も変わり、それを見た人も変わり、それを見た人が誰かに伝えることで変わる。小さな動きが大きな動きに変わる、そのきっかけとなる行為になるはずだから、自分が本当に美しいと感じる気持ちを大切にして行動してほしい。それは、木漏れ日の美しさを美しいと思うことであり、それは、お金とか地位や名誉には何の関係もない、絶対に侵されない一つの存在なのだということです。

【井庭】 よさとか美しさを、いまの近代社会では思考や判断基準から削ぎ落してきたところがあって、そこをもう一度問おうということですよね。そのときに、よさとか美しさとは、単なる個人の主観なのではなく、間主観的なものや、より普遍的なものに通じているということをあらためて見直してみよう、と。だから、あきらめずにその大切さについて語り、そのような世界をつくっていくことが大切ですね。

【羽生田】 アレグザンダーは、よさとは何か、美しさとは何かを一〇代の頃に追求しようと決意して、建築学科に入ったわけです。そして実は、建築の世界ではそういうことをまったく問題にしていないことに愕然として、自分で美の理論を打ち立てなければならないと考えたわけです。それから何十年間もずっと同じ問題を探究し続けているのですよね。

【井庭】よさとか美しさとは価値であり、その価値判断を自分たちの手に取り戻そうということですね。興味深いのは、アレグザンダーは『*The Nature of Order*』で、「科学」や「客観性」の重要性を何度も強調していることです。彼の言う「科学」や「客観性」は、新しい意味の「科学」や「客観性」です。いま、科学や客観だといわれているものは、かなり狭く矮小化されて捉えられているというわけです。

パターン・ランゲージをつくることは、詩や小説をつくることに似ていると、僕は感じています。決して、実証科学という意味での客観性はないけれども、普遍的な真理や本質をえぐり出して描くという営みです。

僕がアレグザンダーに共感するのは、彼は建築家であり、「つくる」という観点が絶えず入っているところです。世界の秩序形成の原理を「読み解く」だけでなく、そういった「いきいきとした質」をもつ秩序をどのように「つくる」ことができるのかを考えている。そこが、いままでの理論家・思想家とは大きく異なる点で、そこにブレイクスルーにつながる大きな可能性を感じるのです。

【中埜】僕たちはよい絵を見たり、よい音楽を聴いたり、自分の大好きな映画を見たときに感動するわけですよね。涙を流したりして。そのときに自分に問うてみてください。いったい私は何ゆえに感動したのか。私の心のなかの何がこの作品のどこに深く共鳴したのか。本当に心から感動するものと、みんながよいと言うからよいと思ったものとはまったく違います。自分のなかにある価値判断のシステムについて問うてみる作業をぜひ始めてほしいですね。

【井庭】今日は多岐にわたる内容でしたが、深いところまで話ができてよかったです。中埜さん、羽生田さん、どうもありがとうございました。

（了）

二〇一二年一二月八日（土）慶應義塾大学SFCにて

註

＊1　Christopher Alexander, *The Nature of Order, Book One – Four*, The Center for Environmental Structure, 2002-2005. 第一巻『ザ・ネイチャー・オブ・オーダー　建築の美学と世界の本質——生命の現象』（クリストファー・アレグザンダー、鹿島出版会、二〇一三年）

＊2　Christopher Alexander, Sara Ishikawa, Murray Silverstein, *A Pattern Language: Towns, Buildings, Construction*, Oxford University Press, 1977.『パタン・ランゲージ——環境設計の手引』（クリストファー・アレグザンダーほか、鹿島出版会、一九八四年）。

＊3　本書第1章の対談のこと。

＊4　「創造社会を支えるメディアとしてのパターン・ランゲージ」（井庭崇、古川園智樹、『情報管理』第五五巻、第一二号、八六五～八七三頁、二〇一二年）、および「パターンランゲージ3・0——新しい対象×新しい使い方×新しい作り方」（井庭崇『情報処理』第五二巻、第九号、一一五一～一一五六頁、二〇一一年）、Takashi Iba, "Pattern Language 3.0: Writing Pattern Languages for Human Actions"（Invited Talk）, *the 19th Conference on Pattern Languages of Programs*（*PLoP2012*）, Arizona, USA, Oct., 2012.

＊5　Christopher Alexander, *The Battle for the Life and Beauty of the Earth: A Struggle Between Two World-Systems*, Oxford University Press, 2012.

＊6　ｉＰＳ細胞（人工多能性幹細胞：induced pluripotent stem cells）　身体のさまざまな器官になる能力をもつ細胞のこと。これまでにも、受精卵によって万能細胞（ＥＳ細胞）をつくることは技術的に可能であったが、受精卵を壊すことから生命倫理的な問題があった。山中伸弥らは、皮膚細胞から万能細胞を人工的につくり出すことに成功し、再生医療への応用が期待されている。研究の中心となった山中伸弥は、二〇一二年にノーベル医学・生理学賞を受賞。最初の文字が小文字の「ｉ」になっているのは、音楽プレイヤー「ｉＰｏｄ」のように普及してほしいという思いが込められている。

＊7　アレグザンダーも、パターン・ランゲージが伝統的文化構造の記述に適切であると述べている。『*The Nature of Order*』第二

巻、三四四頁参照。

＊8 Christopher Alexander, *The Timeless Way of Building*, Oxford University Press, 1979.『時を超えた建設の道』（クリストファー・アレグザンダー、鹿島出版会、一九九三年）。

＊9 『*The Nature of Order*』第一巻では定義をしている（一四四〜二四二頁）。

＊10 Robert M. Pirsig, *Zen and the Art of Motorcycle Maintenance: An Inquiry into Values*, 1974.『禅とオートバイ修理技術〈上・下〉』（ロバート・M・パーシグ、早川書房、二〇〇八年）。

＊11 Erich Gamma, Richard Helm, Ralph Johnson, John Vlissides, *Design Patterns: Elements of Reusable Object-Oriented Software*, Addison-Wesley Professional, 1995.『オブジェクト指向における再利用のためのデザインパターン』（Erich Gamma, Richard Helm, Ralph Johnson, John Vlissides, ソフトバンク・クリエイティブ、改訂版、一九九九年）。

＊12 コンポジット・パターン（Composite pattern）『デザインパターン』一七五〜一八六頁。

＊13 デザイン・プリンシプル（design principle）については、Robert C. Martin, *Agile Software Development, Principles, Patterns, and Practices*, Prentice Hall, 2002.『アジャイルソフトウェア開発の奥義——オブジェクト指向開発の神髄と匠の技（第2版）』（ロバート・C・マーチン、ソフトバンククリエイティブ、二〇〇八年）、および、Martin Fowler, *Refactoring: Improving the Design of Existing Code*, Addison-Wesley Professional, 1999.『リファクタリング——プログラムの体質改善テクニック』（マーチン・ファウラー、ピアソンエデュケーション、二〇〇〇年）を参照。

＊14 要件定義（requirements definition） ソフトウェアの開発において、どのような機能を実現するのかを明確にすること。「どのように」つくるのかを決める設計・実装に先立って、顧客が望む機能や性能を踏まえて「何を」つくるのかを明らかにすることが必要となる。多くの場合、要件定義書が作成される。

＊15 ウォーターフォール型（waterfall model） ソフトウェア開発プロセスにおける古典的で一般的な開発モデル。開発プロジェクトを「分析」「設計」「実装テスト」「運用」などのいくつかの工程に分割して、順に行っていく。各工程での成果物（ドキュメント等）をしっかりと定義し、それを元に次の工程が実施される。滝で水が上から下に流れるように進み、原則として逆戻りしないことから、この名称がつけられた。最初の要件定義のズレによって、期待と異なるシステムができ上がるリスクや、状況の変化に対応しにくいという問題が指摘されている。

＊16　丹下健三（一九一三～二〇〇五年）　建築家。国内外で活躍し、世界でも認知された日本人建築家の一人。広島平和記念資料館、旧東京都庁舎、東京オリンピック国立屋内総合競技場（代々木体育館）、山梨文化会館、日本万国博覧会会場マスタープラン・お祭り広場、東京都新庁舎など多数を手がけた。実践のみならず、建築における創造の論理を探究し、建築論においても後の世代に大きな影響を与えた。新設された東京大学工学部都市工学科で教鞭を執る一方で、丹下事務所では建築設計のプロダクション制を導入し、磯崎新、黒川紀章、槇文彦など数多くの人材を育成・輩出した。著書に『人間と建築――デザインおぼえがき』（一九七〇年）、『都市と建築』（一九七〇年）、『丹下健三――一本の鉛筆から』（一九八五年）など。

＊17　オントロジー（ontology）　もともとは哲学で「存在論」を意味する言葉であるが、人工知能や情報科学の分野では、意味や概念を扱うときに必要となる体系的な知識記述のことを指す。人工的なシステムを構築するときに、体系づけられた基本概念・語彙として用いられる。詳しくは、『オントロジー工学』（溝口理一郎、オーム社、二〇〇五年）等を参照。

＊18　パターン・ランゲージのパターンを知ることで、これまで見えてこなかったものが見えるということで、「認識のメガネ」というメタファーを用いている。「創造社会を支えるメディアとしてのパターン・ランゲージ」（井庭崇、古川園智樹、『情報管理』第五五巻、第一二号、八六五～八七三頁、二〇一二年）八七一頁、および『プレゼンテーション・パターン――創造を誘発する表現のヒント』（井庭崇＋井庭研究室、慶應義塾大学出版会、二〇一三年）一〇五頁参照。

＊19　ラーニング・パターン（Learning Patterns）「創造的な学び」の秘訣をまとめたパターン・ランゲージ。慶應義塾大学SFC井庭研究室　ラーニング・パターン　プロジェクト（代表：井庭崇）によって、二〇〇八年から二〇〇九年にかけて作成された。四〇個のパターンはすべて、ウェブ・サイト（http://learningpatterns.sfc.keio.ac.jp/）で公開されている。当初「学習パターン」という名称で公開していたため、「学習パターン」と呼ばれることもある。「プレゼンテーション・パターン」や「コラボレーション・パターン」など、シリーズの他の名称と合わせるため、現在は正式名称を「ラーニング・パターン」としている。略称は「ラーパタ」。

＊20　プレゼンテーション・パターン（Presentation Patterns）　聴き手の発想や発見を誘発する「創造的プレゼンテーション」の秘訣をまとめたパターン・ランゲージ。慶應義塾大学SFC井庭研究室プレゼンテーション・パターン　プロジェクト（代表：井庭崇）によって、二〇一一年に作成された。三四個のパターンはすべて、ウェブ・サイト（http://presentpatterns.sfc.keio.ac.jp/）で公開されている（カタログ版）。このカタログ版とは別に、書籍版『プレゼンテーション・パターン――創造を誘発

する表現のヒント』（井庭崇＋井庭研究室、慶應義塾大学出版会、二〇一三年）では、より詳しい説明がなされている。略称は、「プレパタ」。

＊21　コラボレーション・パターン（Collaboration Patterns）「創造的コラボレーション」の秘訣をまとめたパターン・ランゲージ。慶應義塾大学ＳＦＣ井庭研究室コラボレーション・パターン　プロジェクト（代表：井庭崇）によって、二〇一二年に作成された。三四個のパターンはすべて、ウェブ・サイト（http://collabpatterns.sfc.keio.ac.jp/）で公開されている。略称は「コラパタ」。

＊22　「創造社会を支えるメディアとしてのパターン・ランゲージ」（井庭崇、古川園智樹、『情報管理』第五五巻、第一二号、八六五〜八七三頁、二〇一二年）。

＊23　パーソナル・ファブリケーション（personal fabrication）　ものづくりを大規模な工場での大量生産として行うのではなく、個人レベルの小規模な設備で、自分たちのものを自分たちでつくる、ということ。コンピュータのパーソナル化になぞらえて言うと、「ものづくりのパーソナル化」といえる。詳しくは、Neil Gershenfeld, *Fab: The Coming Revolution on Your Desktop - from Personal Computers to Personal Fabrication*, New edition, Basic Books, 2007.『Fab――パーソナルコンピュータからパーソナルファブリケーションへ』（Neil Gershenfeld、オライリー・ジャパン、二〇一二年）、および『FabLife――デジタルファブリケーションから生まれる「つくりかたの未来」』（田中浩也、オライリー・ジャパン、二〇一二年）参照。

＊24　ファブラボ（FabLab）　デジタル工作機器を利用する機会を地域に提供するラボの世界的なネットワーク。ファブラボの「ファブ」という言葉は、「ファブリケーション」（FABrication：ものづくり）と「ファビュラス」（FABulous：愉快な、素敵な、楽しい）という語からとられているという。「まなび」（Learn）、「つくり」（Make）、「わかちあう」（Share）ことで、ものを「つくる人」と「使う人」の極端な分断を修正する。詳しくは、『FabLife――デジタルファブリケーションから生まれる「つくりかたの未来」』（田中浩也、オライリージャパン、二〇一二年）、および、Neil Gershenfeld, *Fab: The Coming Revolution on Your Desktop - from Personal Computers to Personal Fabrication*, Basic Books, 2005.『Fab――パーソナルコンピュータからパーソナルファブリケーションへ』（Neil Gershenfeld、オライリージャパン、二〇一二年）参照。

＊25　Chris Anderson, *Makers: The New Industrial Revolution*, Trade Paperback edition, Random House Business Books, 2012.『MAKERS――21世紀の産業革命が始まる』（クリス・アンダーソン、ＮＨＫ出版、二〇一二年）。

＊26　このような動きに関係があるものに、『人生が変わる2枚目の名刺――パラレルキャリアという生き方』（柳内啓司、クロスメディア・パブリッシング、二〇一三年）や『「キャリア未来地図」の描き方』（原尻淳一、千葉智之、ダイヤモンド社、二〇一三年）などがある。

＊27　ソーシャル・イノベーション（social innovation）　社会問題に対して、社会や組織のあり方を変えるような新しい方法・戦略・概念・アイデア・組織のこと。近年、ソーシャル・ベンチャーと呼ばれる新しいビジネスアプローチによって、ソーシャル・イノベーションが生み出されることが増えている。詳しくは、David Bornstein, *How to Change the World: Social Entrepreneurs and the Power of New Ideas*, Updated Edition, Oxford University Press, 2007.『世界を変える人たち――社会起業家たちの勇気とアイデアの力』（デービッド・ボーンスタイン、ダイヤモンド社、二〇〇七年）等を参照。

＊28　創造的プレゼンテーションについては、『プレゼンテーション・パターン――創造を誘発する表現のヒント』（井庭崇＋井庭研究室、慶應義塾大学出版会、二〇一三年）参照。

＊29　本橋正成（一九七〇年～）　合同会社カルチャーワークス共同代表／東京工業大学。場の空気のパターン、パターンの作り方・使い方のパターン、災害に強いまちづくりのパターン、汎用プロセスとしてのパターン・ランゲージから見たデザイン方法論整理などに取り組んでいる。共著に「これからのみんなのことば、みんなのかたち――パターンランゲージからプロジェクトランゲージへ」（本橋正成、羽生田栄一、懸田剛、『情報処理』第五二巻、第九号、一一四二～一一五〇頁。二〇一一年）など。

＊30　ＫＪ法（KJ method）　川喜田二郎によって考案された空間的な収束技法。フィールドワークやブレイン・ストーミングで得られた定性データ（アイデア）を、一つずつカード（付箋）に書き出し、「近い」と感じるもの同士の距離を近づけて再配置していくことで、徐々にまとまりをつくっていく。つかみどころのないデータ群をボトムアップで組織化することで、データにもとづく全体像を把握できるとともに、そこから新しい発想や発見を得ることができる。個人で行うこともあるが、複数人の共同作業として行われることが多い。詳しくは、『発想法――創造性開発のために』（川喜田二郎、中央公論社、一九六七年）、および『続・発想法――ＫＪ法の展開と応用』（川喜田二郎、中央公論社、一九七〇年）参照。

＊31　川喜田二郎（一九二〇～二〇〇九年）　民族地理学・文化人類学者。理学博士。東京工業大学名誉教授、および川喜田研究所理事長。アジア各地での長期的研究をもとに「野外科学」の方法論を確立したほか、創造的問題解決の方法としてＫＪ法

を考案した。著書に、『鳥葬の国――秘境ヒマラヤ探検記』（一九五七年）、『パーティー学』（一九六四年）、『発想法――創造性開発のために』（一九六七年）、および『続・発想法――KJ法の展開と応用』（一九七〇年）、『創造と伝統――人間の深奥と民主主義の根元を探る』（一九九三年）、『野外科学の方法――思考と探検』（一九七三年）、『ひろばの創造――移動大学の実験』（一九七七年）、『素朴と文明』（一九八七年）、『野性の復興――デカルト的合理主義から全人的創造へ』（一九九五年）など多数。

＊32　W型問題解決モデル（W-style problem-solving model）　川喜田二郎によって提案された問題解決過程・探究過程のモデル。「探検」「野外観察」「発想と統合」「推論」「実験準備」「実験観察」「検証」という七つの過程に分けられ、それらを「思考レベル」と「経験レベル」との関係性のなかで配置されると、Wの文字のようなかたちになることから、W型と呼ばれる。詳しくは、詳しくは、『発想法――創造性開発のために』（川喜田二郎、中央公論社、一九六七年）、および『続・発想法――KJ法の展開と応用』（川喜田二郎、中央公論社、一九七〇年）参照。

＊33　アブダクション（abduction）　チャールズ・サンダース・パースによって提唱された、「演繹」（deduction）と「帰納」（induction）に次ぐ第三の推論。アブダクションは、観察結果をもとに、それを説明する仮説を形成する方法・論理的操作である。詳しくは、『アブダクション――仮説と発見の論理』（米盛裕二、勁草書房、二〇〇七年）にわかりやすい解説があるので、そちらを参照してほしい。

＊34　デザイン思考（design thinking）　イノベーションを生み出すための方法論。アメリカのデザイン・ファームIDEOによって広く普及し、スタンフォード大学等が教育に取り入れている。詳しくは、Tom Kelley, Jonathan Littman, *The Art of Innovation: Lessons in Creativity from IDEO, America's Leading Design Firm*, Crown Business, 2001.『発想する会社！――世界最高のデザイン・ファームIDEOに学ぶイノベーションの技法』（トム・ケリー、ジョナサン・リットマン、早川書房、二〇〇二年）、Tim Brown, *Change by Design: How Design Thinking Transforms Organizations and Inspires Innovation*, HarperBusiness, 2009.『デザイン思考が世界を変える――イノベーションを導く新しい考え方』（ティム・ブラウン、早川書房、二〇一〇年）、および、『デザイン思考の道具箱――イノベーションを生む会社のつくり方』（奥出直人、早川書房、二〇〇七年）等を参照。

＊35　この内容については、「Wプロセス」という言葉は使われていないが、「これからのみんなのことば、みんなのかたち――パターンランゲージからプロジェクトランゲージへ」（本橋正成、羽生田栄一、懸田剛、『情報処理』第五二巻、第九号、一

一四二〜一一五〇頁、二〇一一年）にまとめられている。

＊36　Peter M. Senge, et. al., *Presence: Human Purpose and the Field of the Future,* Crown Business, Reprint ed., 2008.『出現する未来』（ピーター・センゲほか、講談社、二〇〇六年）、および C. Otto Scharmer, *Theory U: Leading from the Future as It Emerges: The Social Technology of Presencing,* Berrett-Koehler Pub, 2009.『U理論——過去や偏見にとらわれず、本当に必要な「変化」を生み出す技術』（C・オットー・シャーマー、英治出版、二〇一〇年）。

＊37　生成的な参加者（generative participant）については、Takashi Iba, Chikara Ichikawa, Mami Sakamoto, Tomohito Yamazaki, "Pedagogical Patterns for Creative Learning," *The 18th International Conference on Pattern Languages of Programs*（*PLoP2011*）、2011参照。

＊38　これは、トーマス・クーンの言う「パラダイム・シフト」が起こるときに避けることができない事態である。Thomas S. Kuhn, *The Structure of Scientific Revolution,* The University of Chicago Press, 1962.『科学革命の構造』（トーマス・クーン、みすず書房、一九七一年）参照。

＊39　詳細は、Christopher Alexander, et.al., *The Oregon Experiment*, Oxford University Press, 1975.『オレゴン大学の実験』（クリストファー・アレグザンダーほか、鹿島出版会、一九七七年）第五章、第六章参照。

＊40　*The Battle for the Life and Beauty of the Earth* の一七八頁を参照。

＊41　ジェネレイティブ・ビューティー・パターン(Generative Beauty Patterns)　「いきいきと美しく生きる」秘訣をまとめたパターン・ランゲージ。慶應義塾大学ＳＦＣ井庭研究室と株式会社カネボウ化粧品との共同研究プロジェクトであるジェネレイティブ・ビューティー・パターン　プロジェクト（代表：井庭崇）によって、二〇一一〜二〇一二年にかけて作成された。四八個のパターンを収録した冊子は、二〇一二年に東京ミッドタウンで開催された SFC Open Research Forum 2012 にて配布されたほか、ウェブ・サイト(http://www.generativebeauty.jp/)で公開されている。略称は「ジェネパタ」。RinkoArao, AyanoTamefusa, Megumi Kadotani, Kaori Harasawa, Shingo Sakai, KeishiSaruwatari, and Takashi Iba, "Generative Beauty Patterns: A Pattern Language for Living Lively and Beautiful," *the 19th Conference on Pattern Languages of Programs*（*PLoP2012*）, Arizona, USA, Oct., 2012

＊42　Takashi Iba with EriShimomukai, Mami Sakamoto, KoMatsuzuka, Yosuke Yanao, "Experience Mining and Dialogues with a Pattern Language for Creative Learning," workshop, *International Conference on Collaborative Innovation Networks 2011*（*COINs 2011*）、Switzerland, 2011, Takashi Iba with EriShimomukai, Mami Sakamoto, "Experience Mining and Dialogues with a Pattern Language for

Creative Learning," , *2nd Asian Conference on Pattern Languages of Programs*（*AsianPLoP2011*）, Japan, 2011, および Takashi Iba, Eri Shimomukai, Sumire Nakamura, TaichiIsaku, and AyanoTamefusa,"Dialogue Workshop using the Learning Patterns," *the 19th Conference on Pattern Languages of Programs*（*PLoP2012*）, USA, 2012.

＊43 Mary Lynn Manns, Linda Rising, *Fearless Change: Patterns for Introducing New Ideas*, Addison-Wesley Professional, 2003.『Fearless Change アジャイルに効く アイデアを組織に広めるための48のパターン』（Mary Lynn Manns、Linda Rising、丸善出版、二〇一四年）

＊44 Takashi Iba, "Pattern Language 3.0: Writing Pattern Languages for Human Actions"（Invited Talk）, *the 19th Conference on Pattern Languages of Programs*（*PLoP2012*）, Arizona, USA, Oct., 2012

＊45 Walter J. Ong, *Orality and Literacy*, Routledge, 1988.『声の文化と文字の文化』（ウォルター・J・オング、藤原書店、一九九一年）。

＊46 「スキマをつくる」（Triggering Blanks）『プレゼンテーション・パターン』No.19

＊47 リチャード・ガブリエル（Richard P. Gabriel：一九四九年〜） ソフトウェア・エンジニア、詩人。Lisp プログラミングのエキスパート。Ph.D（コンピュータ・サイエンス）。著書に *Performance and evaluation of Lisp systems*, 1985（邦訳『Lisp システムの評価・活用法』）、*Patterns of Software: Tales from the Software Community*, 1996; *Writers' Workshops & the Work of Making Things: Patterns, Poetry*, 2002; *Innovation Happens Elsewhere: Open Source as Business Strategy*, 2005. また、ウォーレン・ウィルソン大学でクリエイティブ・ライティング（詩学）の美術学修士号を取得しており、詩集 *Drive On*, 2005を出している。

＊48 この方法は、『平和的手段による紛争の転換――超越法』（ヨハン・ガルトゥング、平和文化、二〇〇〇年）からヒントを得た。

＊49 「守りの屋根」（Sheltering Roof）『パタン・ランゲージ』No.117

＊50 「カスケード状の屋根」（Cascade of Roofs）『パタン・ランゲージ』No.116

＊51 「アルコーブ」（Alcoves）『パタン・ランゲージ』No.179

＊52 一般意志（Volont gnrale） ルソーの政治理論における「政治体を導く意志」のことで、『社会契約論』のキー概念。特殊な利害をもつ個々人の意志の総和ではなく、国家がもつ単一の意志のことを指す。その表現が法であり、主権とは一般意志の

公使である。このルソーの概念を、思想家の東浩紀が創造的に解釈し、『一般意志2・0——ルソー、フロイト、グーグル』（東浩紀、講談社、二〇一一年）を書いたことからも、日本で広く認知される概念となった。

＊53　ピジン語（Pijin Language）　すでにある言語を母国語として話す能力を持っている人のコミュニケーション戦略から生まれた補助的な言語のこと。植民地などで、二つの言語が接触するときに生まれる。ピジン語の定義で重要なのは、その言語を母語として話す人がいないこと、語彙や文法構造をもっていること、および、ピジン語とその原言語は互いに通じないということである。ピジン語を使い始めた世代の子どもたちは、その言語を母語として習得することになる。そのような事態を「クレオール化」と呼び、クレオール化した言語を「クレオール語」と呼ぶ。詳しくは、Mark Sebba, *Contact Language: Pidgins and Creoles*, Palgrave Macmillan, 1997.『接触言語——ピジン語とクレオール語』（マーク・セバ、きこ書房、二〇一三年）等を参照。

＊54　クレオール語（Creole language）　植民地などで二つの言語が接触することで生まれたピジン語を母語として使用されるようになった場合の呼び名。もともと「クレオール」という言葉は、カリブ海域や、南アメリカの植民地で生まれた本国人と区別される白人を意味していた。そこから、植民地で生まれたヨーロッパ語らしき言葉を指すようになり、現在の意味に変化してきた。英語はアングロ・サクソン語がクレオール化したものであり、フランス語はラテン語がクレオール化したものだという。詳しくは『クレオール語』（ロベール・ショダンソン、白水社、二〇〇〇年）や、Mark Sebba, *Contact Language: Pidgins and Creoles*, Palgrave Macmillan, 1997.『接触言語——ピジン語とクレオール語』（マーク・セバ、きこ書房、二〇一三年）等を参照。

＊55　『ザ・ネイチャー・オブ・オーダー　建築の美学と世界の本質——生命の現象』（クリストファー・アレグザンダー、鹿島出版会、二〇一三年）。

＊56　Eugen Herrigel, *Zen in der Kunst des Bogenschiessens*, 1948.『弓と禅』（オイゲン・ヘリゲル、福村出版、改版、一九八一年）。

＊57　スティーブ・ジョブズ（Steven P. Jobs：一九五五〜二〇一一年）　アップル社の創業者の一人。一度アップル社を離れたときには、ワークステーションのネクスト社や、アニメーション・スタジオのピクサー社を設立した。その後アップル社に復帰し、CEOとして携帯型音楽プレーヤー「ｉＰｏｄ」、スマートフォン「ｉＰｈｏｎｅ」、タブレット型デバイス「ｉＰａｄ」など、新しいコンセプトのヒット商品を次々と世に送り出した。ファンを魅了するプレゼンテーションにも定評があり、Carmine Gallo, *The Presentation Secrets of Steve Jobs: How to Be Insanely Great in Front of Any Audience*, McGraw-Hill, 2009.『スティー

ブ・ジョブズ　驚異のプレゼン――人びとを惹きつける18の法則』（カーマイン・ガロ、日経ＢＰ社、二〇一〇年）という本も出ている。また、二〇〇五年にスタンフォード大学の卒業式で行ったスピーチ（Commencement address）が有名。スティーブ・ジョブズの生涯については、Walter Isaacson, Steve Jobs, Simon & Schuster, 2011.『スティーブ・ジョブズ　Ｉ・Ⅱ』（ウォルター・アイザックソン、講談社、二〇一一年）で紹介されている。

＊58　ニクラス・ルーマン（Niklas Luhmann：一九二七〜一九九八年）　ドイツの理論社会学者。ビーレフェルト大学社会学部教授。タルコット・パーソンズ以降試みられなかった社会学のグランドセオリーとしての社会システム理論を構想した。もともとは法律学出身で、行政実務にも携わった経験をもつが、社会学的探究ではその領域にとどまらず、経済、政治、法、学術、教育、芸術、宗教、マスメディア、愛等、幅広い領域の分析を行った。ハーバード大学でパーソンズに師事したこともあり、パーソンズの枠組みを発展的に継承している部分もある。きわめて多作であるが、代表的な著書には、『社会システム理論』（一九八四年）、および『社会の社会』（一九九七年）がある。個別のテーマ・領域については、『信頼』（一九七三年）、『情熱としての愛』（一九八二年）、『エコロジーのコミュニケーション』（一九八六年）、『社会の経済』（一九八八年）、『近代の観察』（一九九二年）、『社会の法』（一九九三年）、『社会の芸術』（一九九五年）、『マスメディアのリアリティ』（一九九五年）、『社会の教育システム』（二〇〇四年）、『社会の科学』（二〇〇九年）、『社会の政治』（二〇一三年）、『社会の宗教』（二〇一六年）など多数。没後、ビーレフェルト大学での講義録として、『システム理論入門』（二〇〇二年）、『社会理論入門』（二〇〇五年）があり、用語集として『ＧＬＵ――ニクラス・ルーマン社会システム理論用語集』（二〇一三年）も出版されている。

＊59　社会システム理論（Social Systems Theory）　社会をシステムとして捉える理論。アメリカのタルコット・パーソンズによる理論や、ドイツのニクラス・ルーマンによる理論が有名。社会システム理論の入門的解説としては『社会システム理論――不透明な社会を捉える知の技法』（井庭崇編著、宮台真司、熊坂賢次、公文俊平、慶應義塾大学出版会、二〇一一年）を参照してほしい。

＊60　オートポイエーシス（autopoiesis）「オート」（自己）と「ポイエーシス」（制作）からなる造語であり、システムが自分で自分自身をつくり上げる事態を指している。生物学者のウンベルト・マトゥラーナとフランシスコ・ヴァレラによって提唱され、社会学者ニクラス・ルーマンによって精緻化された。ルーマンによる定式化を踏まえると、オートポイエティックな

システムとは、次のようなシステムのことである。――システムを構成する要素が、生成してすぐに消滅してしまう「出来事」であり、その出来事の連鎖としてシステムが形成されている。システムは自らの要素をつり続けることで、自分自身を生み出し続けることになる。

＊61 『*The Nature of Order*』第一巻の九三頁に掲載されている。

＊62 重要なセンターとそうでないセンターがあるという話は、『*The Nature of Order*』第一巻参照。

＊63 ちょうど一五種類なのかということについては、アレグザンダー自身が補足している。一六個だったり一四個だったりすることはあるかもしれないが、だいたいそのくらいの数だという。『*The Nature of Order*』第一巻、二四一～二四二頁参照。

＊64 千利休（一五二二～一五九一年）安土桃山時代の茶人で、侘茶（わびちゃ）の大成者。千家流の開祖。堺の商家の生まれで、若くして茶の湯に親しみ、武野紹鴎（じょうおう）に師事した。紹鴎は「侘茶」の祖である村田珠光の「不足の美」に禅思想を取り込み、茶の湯の簡素化に努め、精神的充足を追究した。利休はさらに侘びの対象を茶道具だけでなく、茶室の構造など茶会全体の様式にまで拡大し、改革に取り組んだ。こうして、利休は「これ以上何も削れない」という極限まで無駄を削ることで、侘茶を大成させた。織田信長、豊臣秀吉の茶頭（さどう）として仕えたが、最期は秀吉の命で切腹したと言われている。

＊65 『*The Nature of Order*』第一巻、一二三八頁。

＊66 一五の基本特性のそれぞれと個別パターンとの関係については、『*The Nature of Order*』第一巻第五章の各節の最後で触れられている。

＊67 C. Alexander, *A New Theory of Urban Design*, Oxford University Press, 1987.『まちづくりの新しい理論』（クリストファー・アレグザンダー、鹿島出版会、一九八九年）。

＊68 『ウェブ×ソーシャル×アメリカ――〈全球時代〉の構想力』（池田純一、講談社、二〇一一年）。

＊69 アラン・ケイ（Alan Curtis Kay：一九四〇年～）アメリカのコンピュータ・サイエンティスト。一九六〇年代に、理想的なコンピュータ像として「ダイナブック」の構想を発表し、パロアルト研究所においてパーソナル・コンピュータの原型となる「ＡＬＴＯ」を開発したことから、「パーソナル・コンピュータの父」と呼ばれている。オブジェクト指向プログラミング言語・環境である「Smalltalk」の開発を手がけ、コンピュータはメディアを生み出す「メタ・メディア」であるという概念

を提唱したことでも有名。現在は、子どもの学びを支援するコンピュータ環境の研究開発に取り組む非営利団体 ビューポインツ・リサーチ・インスティテュートを設立・主宰している。自らの行動原理・哲学とも言える「未来を予測する最善の方法は、自ら未来をつくるということである」(The best way to predict the future is to invent it.) という言葉が有名。

＊70 グレゴリー・ベイトソン(Gregory Bateson：一九〇四～一九八〇年) 自然界や認識におけるパターンや関係性について学際的に研究した人類学者・システム理論家。サイバネティクスの概念を取り入れて個人・社会・生態系を含むシステムを研究し、《精神》(Mind) の概念を提唱した。ほかにも、分裂症についてのダブル・バインド理論を構築し、統語失調症をコミュニケーションの見地から説明したほか、進化や生物発生における情報の理論や認識論の体系化で大きな影響を及ぼしている。唯物論的・機械論的発想を超える科学的思考法の実践者として注目されている(たとえば、Morris Berman, *The Reenchantment of the World*, Cornell University Press, 1984.『デカルトからベイトソンへ——世界の再魔術化』モリス・バーマン、国文社、一九八九年)。著書に、Gregory Bateson, *Steps to an Ecology of Mind*, New edition, University of Chicago Press, 2000.『精神の生態学(改訂第2版)』(グレゴリー・ベイトソン、新思索社、二〇〇〇年)、Gregory Bateson, *Mind and Nature: A Necessary Unity*, New edition, Hampton Press, 2002.『精神と自然——生きた世界の認識論(普及版・改訂版)』(グレゴリー・ベイトソン、新思索社、二〇〇六年)など。

＊71 『*The Nature of Order*』第一巻の一〇七頁の註一参照。

＊72 Gregory Bateson, *Mind and Nature: A Necessary Unity*, Hampton Press, 2002.『精神と自然——生きた世界の認識論』(グレゴリー・ベイトソン、新思索社、二〇〇六年)、および Gregory Bateson, *Steps to an Ecology of Mind*, The University of Chicago Press, 2000.『精神の生態学』(G・ベイトソン、新思索社、二〇〇〇年)。

＊73 Morris Berman, *The Reenchantment of the World*, Cornell University Press, 1984.『デカルトからベイトソンへ——世界の再魔術化』(モリス・バーマン、国文社、一九八九年)。

＊74 『論語』(LúnYǔ) 主に孔子の言論を中心に記録・編集した書物であり、儒教の代表的な経典である「四書」の一つ。儒教の開祖である孔子の思想を伝えるものとして、中国伝統思想の根幹となり、後世に大きな影響を与えた。日本には応神天皇の時代に伝来したと言われる。二〇編で構成され、その内容は社会的な存在としての個人のあり方や、国家政治にかかわる道徳・倫理などに関するもので、人間愛の「仁」や、規範の「礼」を重んじた。なお、「学而」(学而第一)などの編の名前

は、各編の最初の二・三文字から採られており、それだけで意味をなす言葉ではない。

＊75　孔子（Kǒng zǐ：紀元前五五一年〜紀元前四七九年）　中国の春秋時代の思想家。若くして学に目覚め、積極的に古典を学んだ。そのとき学んだ古典に示されていたのは「精神的に調和がとれ、社会的にも秩序が保たれている」理想的な世界であったが、孔子が生きていた社会は不調和で混乱していた。そこで、正しい姿を取り戻して社会秩序を立て直すために、四〇歳頃に中国最初の私立の高等教育機関を設立した。その後、魯に仕え、政治においても活躍することになったが、政治的な対立から弟子たちとともに亡命生活を余儀なくされた。その際、諸侯に歴遊して、自らの理想を説いてまわった。晩年、時代が変わって魯に戻ってからは、教育に専念することになった。名の知れた弟子が七〇数人、教えを受けた者が三〇〇〇人にのぼるということで、当時としては破格の規模の教育者であった。孔子の教えは、弟子たちによって編纂された『論語』にまとめられている。

＊76　再帰（recursion, recurrence, reflection, reflexivity）　自分自身へふたたび戻ってくる関係性のこと。たとえば、再帰的定義とは、ある事柄の定義の記述に、それ自身への参照が含まれているような定義のことを指す。あるいは、プログラミングにおいて、自分自身を呼び出す関数のことを再帰的な関数という。他にも、社会学において、対象に対する言及がその対象自体に影響を及ぼす場合を再帰的であるという。英語では、分野によっていくつかの言葉が割り当てられているが、日本語ではどれも「再帰」と訳されている。

＊77　フィードバック（feedback）　ある系（システム）の出力を入力側に返すこと。そこで戻された情報を、システムの振る舞いの制御・調整に利用する。出力の誤差を小さくするようにすれば、システムの振る舞いが安定する（ネガティブ・フィードバック）。逆に、誤差を増幅させるようにすると、初期状態とは異なる秩序が形成されることにつながる（ポジティブ・フィードバック）。ノーバート・ウィーナーによって、サイバネティクスの中心概念の一つとして取り上げられ、広く知られるようになった。ウィーナーは、人工と自然のシステムに共通する原理として、普遍的な制御構造であるとした。

＊78　ノーバート・ウィーナー（Norbert Wiener：一八九四〜一九六四年）　アメリカの応用数学者。マサチューセッツ工科大学（MIT）教授として研究・教育に従事。サイバネティクスの創始者として知られる。早くから英才教育を受け、一四歳でハーバード大学大学院に進学し、一八歳で博士の学位を得ている。不規則な現象を扱う統計的手法やコンピュータの基本原理の研究などを手がける一方、計算・通信・自動機械などの観点から人間や社会を論じた。著書に、Norbert Wiener,

Cybernetics or Control and Communication in the Animal and the Machine, Second edition, The MIT Press, 1965.『サイバネティックス——動物と機械における制御と通信』(ノーバート・ウィーナー、岩波書店、二〇一一年)、Norbert Wiener, *The Human Use of Human Beings: Cybernetics And Society*, New edition, DaCapo Press, 1988.『人間機械論——人間の人間的な利用』(ノーバート・ウィーナー、みすず書房、一九七九年)、Norbert Wiener, *Invention: The Care and Feeding of Ideas*, New edition, The MIT Press, 1994.『発明——アイディアをいかに育てるか』(ノーバート・ウィーナー、みすず書房、一九八四年)など。

＊79 サイバネティクス(cybernetics) ノーバート・ウィーナーによって提唱された、通信と制御の観点から機械や生物を理解しようとするシステム理論。サイバネティクスという言葉は、ギリシャ語で「(船の)舵をとる者」という意味から来ている。ウィーナーの『サイバネティクス』(一九四八年)参照。

＊80 精華大学(Tsinghua University) 中華人民共和国北京市にある大学。各界に多数の人材を輩出している。

＊81 安冨歩(一九六三年〜) 東京大学東洋文化研究所教授。理論経済学、東アジア史、力学系、理論生物学、人類学、環境問題などの分野を遍歴しながら、「創発」や「生きる力」について考えている。現在、サイバネティクスと東洋思想を踏まえた「社会生態学」という新しい学問の創設に取り組んでいる。著書に『「満州国」の金融』(一九九七年)、『貨幣の複雑性』(二〇〇六年)、『生きるための経済学』(二〇〇八年)、『経済学の船出——創発の海へ』(二〇一〇年)、今を生きる親鸞』(二〇一一年:共著)、『原発危機と「東大話法」——傍観者の論理・欺瞞の言語』(二〇一二年)、『生きるための論語』(二〇一二年)など。

＊82 儒学(Confucianism) 孔子が創始した儒教の教学で、儒家の学問。中国の春秋時代の孔子から始まり、戦国時代の孟子・荀子を経て、漢代に国教としての儒教が成立した。孔子が教科書として用いた『書経』(古代帝王の政治についての歴史書)や『春秋』(魯国の歴史書)に加え、荀子の時代までに揃った『易経』(占いの書物)、『詩経』(最古の歌謡集)、『儀礼』(礼儀の説明)を合わせた「五教」を聖典とする。儒学は中国だけでなく、挑戦や日本に伝播して、それぞれの国で独自に発展した。

＊83 羽生田栄一「論語とアジャイル——孔子はどれくらいアジャイルか?-」Ultimate Agile Stories 2, 2012夏のコミケにて販売、二〇一二年。

＊84 ピーター・センゲ(Peter Senge:一九四七年〜) マサチューセッツ工科大学(MIT)経営大学院上級講師。組織学習学

会（SoL）創設者。自律的で柔軟に変化し続ける「学習する組織」の理論を提唱した。また「システム思考」を、経済・経営・組織の変化の理解を深めるツールとして用いることを広め、ビジネス・教育・医療・政府の実践・支援に取り組んでいる。著書に、Peter M. Senge, *The Fifth Discipline: The Art & Practice of The Learning Organization*, Crown Business, 2006.『学習する組織——システム思考で未来を創造する』（ピーター・M・センゲ、英治出版、二〇一一年）、Peter M. Senge, C. Otto Scharmer, Joseph Jaworski, Betty Sue Flowers, *Presence: An Exploration of Profound Change in People, Organizations, and Society*, Crown Business, 2005.『出現する未来』（ピーター・センゲほか、講談社、二〇〇六年）、Peter M. Senge, Bryan Smith, Nina Kruschwitz, Joe Laur, Sara Schley, *The Necessary Revolution: How Individuals And Organizations Are Working Together to Create a Sustainable World*, Crown Business, 2008.『持続可能な未来へ——組織と個人による変革』（ピーター・センゲほか、日本経済新聞出版社、二〇一〇年）ほか。

＊85　Peter M. Senge, *The Fifth Discipline: The Art & Practice of The Learning Organization*, Crown Business, 2006.『学習する組織——システム思考で未来を創造する』（ピーター・M・センゲ、英治出版、二〇一一年）。

＊86　ユーリア・エンゲストローム（Yrjö Engeström：一九四八年〜）「拡張による学習」の概念を提唱した文化ー歴史的活動理論の研究者。集団的活動システムのデザイン・実践の介入方法論である「発達的ワークリサーチ」の構築に寄与した。現在、ヘルシンキ大学教育学科教授、活動・発達・学習研究センター長。カリフォルニア大学サンディエゴ校コミュニケーション学科名誉教授。関西大学人間活動理論研究センター研究顧問教授。著書に、Yrjö Engeström, *Learning by Expanding: An activity-theoretical approach to developmental research*, Orienta-KonsultitOy, 1987.『拡張による学習——活動理論からのアプローチ』（ユーリア・エンゲストローム、新曜社、一九九九年）、Yrjö Engeström, *From Teams to Knots: Activity-Theoretical Studies of Collaboration and Learning at Work*, Cambridge University Press, 2008、日本語の書籍として『ノットワーキング——結び合う人間活動の創造へ』（山住勝広、ユーリア・エンゲストローム　編著、新曜社、二〇〇八年）など。

＊87　活動理論（activity theory）　一九二〇年代のソビエト心理学に起源をもつ、個人と集団の創造活動の理論。創始者にあたるヴィゴツキーは、「媒介」のアイデアを生み出し、活動を「対象」（object）と「主体」（subject）と「媒介する人工物」（mediating artifact）の関係として捉え、三角形モデルを提唱した。それまでの心理学は日常の状況から切り離された実験室での研究に従事してきたが、活動理論では行為とそのコンテクスト（文脈、状況）は不可分であると考えた。ヴィゴツキーは個人に焦

点を当てていたが、その後レオンチェフが歴史的に発展する分業に注目し、さらにユーリア・エンゲストロームがヴィゴツキーのモデルを拡張・発展させた。そこでは、「対象」「主体」「媒介する人工物」に加え、「共同体」と「規則」と「分業」が取り入れられた。詳しくは、Yrjö Engeström, *Learning by Expanding: An activity-theoretical approach to developmental research*, Orienta-Konsultit Oy, 1987.『拡張による学習——活動理論からのアプローチ』(ユーリア・エンゲストローム、新曜社、一九九九年)参照。

＊88 PDCAサイクル (PDCA cycle) Plan (計画)→Do (実行)→Check (評価)→Act (改善)を繰り返すこと。

＊89 「1つの希望としてのIT自立型中世社会モデル——パターン・ランゲージ、アジャイル・プロセスと宮崎駿的ユートピア」(羽生田栄一『情報処理』第五一巻、第五号、五三七頁、二〇一〇年)。

＊90 『ロビンソン・クルーソー』(Robinson Crusoe) イギリスの小説家ダニエル・デフォーの小説。Daniel Defoe, *Robinson Crusoe*, W. Taylor, 1719. 邦訳書は、『ロビンソン・クルーソー』(デフォー、河出書房新社、二〇一一年)、『完訳 ロビンソン・クルーソー』(ダニエル・デフォー、中央公論新社、二〇一〇年)、『ロビンソン・クルーソー』(ダニエル・デフォー、集英社、一九九五年)、『ロビンソン・クルーソー〈上〉〈下〉』(デフォー、改版、岩波書店、一九七一年)、『ロビンソン漂流記』(デフォー、改版、新潮社、一九五一年)など多数出ている。

＊91 大塚久雄(一九〇七〜一九九六年) ヨーロッパ経済史家。マルクスの方法とヴェーバー宗教社会学の方法を接合した独自の体系を構築し、市民社会の形成過程を経済と思想のダイナミズムの観点から研究し、大塚史学と呼ばれる独自の世界史把握を生み出した。丸山眞男らと市民社会派とよばれる学問潮流を形成し、多大な影響を残した。東京大学経済学部教授、国際基督教大学教授。著書に、『株式会社発生史論』(一九三八年)、『近代欧州経済史序説』(一九四四年)、『共同体の基礎理論』(一九五五年)、『社会科学の方法』(一九六六年)など多数。訳書に、ヴェーバーの『プロテスタンティズムの倫理と資本主義の精神』がある。

＊92 『社会科学の方法』(大塚久雄著、岩波新書、一九六六年)。『社会科学における人間』(大塚久雄著、岩波新書、一九七七年)。著者はマックス・ヴェーバーの人間集団の宗教倫理感が、経済支配の軌道と相互に影響しあって、人間集団の類型モデルができると主張している。

＊93 マックス・ヴェーバー (Max Weber：一八六四〜一九二〇年) ドイツの社会学者。理念型の方法による社会科学的方法論

を確立した。また、社会政策と社会科学を区別し、後者は価値判断から自由であるべきだとする「価値自由」を唱え、理論主体の価値との関係性への自覚を要求した。フライブルク大学やハイデルベルク大学で国民経済学を教えたが、強度の神経症疾患に悩まされ、教職を辞して在野の学者として活動した時期も長い。自宅のサロンでの交流や時事的発言、『社会科学・社会政策雑誌』の編集等を通じて、当時の知識人たちに強い影響を与えた。主な著者に、『社会科学および社会政策の認識の「客観性」』(一九〇四年)、『プロテスタンティズムの倫理と資本主義の精神』(一九〇五年)など。この他にも、死後に妻マリアンネ・ヴェーバーの編集によって、『宗教社会学論集』(一九二〇年)、『経済と社会』(一九二一年)、『政治論集』(一九二一年)、『科学論集』(一九二二年)として出版された。日本では、これらの部分訳として、『社会学の根本概念』、『理解社会学のカテゴリー』、『職業としての学問』などとして出版されている。

＊94　ただし、深い構造は残っているから、NHKの人気番組「ブラタモリ」のように、新しく発見の目で見ることはできる。

＊95　CM方式(Construction Management)　一九六〇年代に米国で始まった建設生産・管理の方式。マネジメントを専門に行う「コンストラクション・マネジャー」が中立的に全体を調整して、プロジェクトを運営・管理する。調達プロセスや建設コストの可視化によってアカウンタビリティ(説明責任)が向上する。日本では一括発注方式が多用され、主に元請業者がマネジメントを担ってきたが、一九九〇年代にはCM方式を導入する企業も現れた。二〇〇〇年代には、ガイドラインの策定や協会の発足などの動きが加速した。アレグザンダーは、コンストラクション・マネジメントの方法について、従来の標準的な方式に対して、「ダイレクト・マネジメント」(Direct Management)方式を提唱している。ダイレクト・マネジメント方式では、現場に入ってモックアップをつくったり施主とコミュニケーションをとったりしながら設計を進めていく建築家(もしくはエンジニア)が、コンストラクション・マネージャーの役割を担うことで、Aシステムの生産を実現する。詳しくは *The Battle for the Life and Beauty of the Earth: A Struggle Between Two World-Systems* 参照。

＊96　『風の帰る場所――ナウシカから千尋までの軌跡』(宮崎駿、ロッキング・オン、二〇〇二年)で、「僕は――これはあちこちで喋ってることですけど――『人というのはこういうものだ』っていうふうな描き方じゃなくて、『こうあったらいいなあ』っていう方向で映画を作っています」(一九頁)、「本当に愚かで、描くにも値しない人間をね、僕らは苦労して描く必要はないですよ!……僕は描きたいものを描きたいですよ」(五二頁)と語っている。

エピローグ

■物語の成長

小説家や映画監督など、「物語」を紡ぐ作家たちがよく言う言葉がある。それは、物語はそれ自体が自律的に物語になろうとする、ということである。端から見ると、作家は物語の流れのすべてを思いどおりに制御しているかのように見えるが、実はそうではないというのである。物語というものは人為的につくることはできず、作家は物語の成長を見守り、それを捉えて表現する役割を担っているに過ぎないという。

たとえば、小説家の村上春樹は、自分の書いている物語のプランを決めず、それがどのように展開するのかを本人も知らずに書き進めているという。「本を書き始めるとき、僕の頭の中には何のプランもありません。ただ物語がやってくるのをじっと待ち受けているだけです。それがどのような物語であるのか、そこで何が起ころうとしているのか、僕が意図して選択するようなことはありません」「いかなる設定も持たずに書き始め、ただただ日々書くことによってストーリーを発展させていく。まわりにあるすべての要素を吸い込み、それを自分の中で消化することによってエネルギーを得て、物語を自発的に前に進めていくのです」（村上春樹『夢を見るために毎朝僕は目覚めるのです』）。

同様のことを、映画監督の宮崎駿もよく口にする。「映画は映画になろうとする。作り手は実は映画の奴隷になるだけで、作っているのではなく、映画に作らされている関係になるのだ」「たとえば、こういう人物がこういう時代にこういう舞台にいたら、こういうストーリーを展開していくって途中まで出来ます。動き始めると、それ自体が映画になろうとする。そこで、都合よくこっちで曲げて作ろうとするとね、映画にならなくなっちゃうんですね」（宮崎駿『出発点1979〜1996』）。

ミステリー作家のスティーヴン・キングも同様だ。「作品は自律的に成長するというのが私の基本的な考えである。作家の仕事は作品に成長の場を与え、その過程を文字に写し取ることだ」「すでに結末が見えている場合もあるが、私の思惑で人物を行動させたことはただの一度もない。何を考え、どう行動するかはまったく登場人物に任せきりである」（スティーヴン・キング『小説作法』）。

このように、物語は物語になろうとする。物語をつくるということは、作家の頭のなかでの人為的なデザイン（設計）ではなく、物語という「成長する全体」を育てていくプロセスなのである。そこにあるのは、自分が制御することで発揮されるレベルの創造性ではなく、自我を超え、より奥にある本質的な流れを捉えようとする深いレベルの創造性である。

残念ながら、このような創造の捉え方は、まだ一般的だと言える段階にはない。しかし、人びとが自分たちのモノや認識や仕組みをつくる「創造社会」（クリエイティブ・ソサエティ）を迎えるためにも、「創造とは何か」ということについて、いまこそ本格的に考える必要があるだろう。本書のシリーズ「リアリティ・プラス」では、今後このような創造の新しい捉え方について議論を進めていく予定であるが、すでに刊行されているもののなかでも語っている。ぜひ、『〔リアリティ・プラス〕社会システム理論——不透明な社会を捉える知の技法』（井庭崇編著、宮台真司、熊坂賢次、公文俊平著、慶應義塾大学出版会、二〇一一年）、特に、創造の捉え方や創造システム理論について集中的に論じている第2章を読んでみてほしい。

物語の創造において、重要な役割を担うのが言語——小説の場合には、日本語や英語という自然言語——である。作家は、自律性をもって立ち現れる物語を言葉で捉え、表現していく。言語は、有限の要素とそれを組み合わせるためのルールが定められているという意味では一種の制約である。しかしながら、言語がなければ、物語の成長を見届けることも、それを他者と共有することもできないという意味で、創造のための不可欠な基盤だと言うことができる。小説や詩は、言語があって初めて可能になるのであり、言語なしの小説や詩は考えられない。

同様のことが、パターン・ランゲージにも当てはまる。パターン・ランゲージがあることで可能になる創造的な営みがある。そこでは、小さな単位のたくさんのパターンを組み合わせながら、内なる感覚を大切にしてつくることが支援される。自分が制御するのではなく、自律的に生成し成長していくことを重視する「クリエイティブ・メディア」として、パターン・ランゲージは機能する。おそらく、この感覚を共有できるかできないかで、パターン・ランゲージを「型にはめるもの」と捉えるか、「創造を誘発するもの」と捉えるかの分かれ道になると思われる。すでにおわかりのように、本書は、パターン・ランゲージを、創造を誘発するものだという立場を採っている。

とはいえ、本当に大切なのはそこで紡がれる物語の方であって、言語そのものではない。本書ではパターン・ランゲージについて論じてきたが、その視線はあくまでも物語の創造へと向かっている。何度も触れてきたように、アレグザンダーが目指したのは、町や建築の成り立ちを捉える記述理論ではなく、町や建築を育てていくための創造支援の方法であった。

それゆえ、本書を読んだ読者に求められているのは、パターン・ランゲージの方法によって自分たちの物語を紡ぐこと、そして、自分たちのランゲージを立ち上げることである。本書がそのひとつのきっかけとなれば幸いである。

本書もまた、その成長の過程において、自律的に育つ物語のような存在であった。対談・鼎談は他者との即興的なコラボレーションであるため、一人で制御できないという点に醍醐味がある。お互いに思ってもみなかった方向に話が進み、その流れのなかで自分の考えや意見が引き出されていくのである。加えて、本書は、対談・鼎談後に、大幅に編集・加筆・修正を施している。この作業も、ひとつの全体を成長させるために必要なものであったが、育つまでにずいぶんと時間がかかってしまった。このようなプロセスにともに取り組んでいただいた中埜博氏、江渡浩一郎氏、中西泰人氏、竹中平蔵氏、羽生田栄一氏に心から感謝したい。

書籍だけでなく、研究もまた、自分一人では制御できない存在である。研究は研究になろうとする。研究者は「自分がこうしたいからする」というのではなく、「こうあるべきだ」「こうならざるをえない」という力に身を委ねながら日々の研究に取り組んでいる。それはまさに、適応しながら成長する全体に他ならない。

振り返ってみると、私がパターン・ランゲージの研究を始めてから、早いもので一〇年の月日が経とうとしている。最初はいくつかある研究テーマのひとつに過ぎなかったが、研究と実践を続けるなかで、徐々に私のなかで大きなウェイトを占めるようになってきた。現在は、創造社会を支える重要な方法として、研究・実践のメインテーマとなっている。

本書で私が語っていることは、慶應義塾大学SFC（湘南藤沢キャンパス）の井庭研究室での研究と実践にもとづいている。そのため、これまでパターン・ランゲージについて一緒に考え、実践し、育ててきた井庭研究室のメンバーに感謝したい。いまから約一〇年前、モデリングのパターン・ランゲージを一緒につくった津屋隆之介くん、初期にパターン制作に取り組んだ湯村洋平くん、若松孝次くん、佐々木綾香さん、小林佑慈くん、井庭研で初めて人間行為のパターン・ランゲージを書いた清水崇博くん、成瀬美悠子さん、ラーニング・パターンを一緒につくった加藤剛くん、三宅桐子さん、下西風澄くんをはじめとするメンバー、プレゼンテーション・パターンを一緒につくった坂本麻美さんとそのメンバー、コラボレーション・パターンを一緒につくった原澤香織さんとそのメンバー、ジェネレイティブ・ビューティー・パターンを一緒につくった荒尾林子さんとそのメンバー、パターン・ランゲージの新しい方法をつくり実践してきた中條紀子さん、下向依梨さん、そして現在も新しい分野のパターン・ランゲージの制作に挑戦している井庭研のみんなに感謝したい。特に日頃からパターン・ランゲージの方法や可能性について語り合い、本書の原稿にも有益なコメントをくれた古川園智樹さん、瀬下翔太くん、仲田未佳さん、松本彩さん、原澤香織さん、伊作太一くん、本田卓也くん、鎌田安里紗さん、清水たくみくんに感謝したい。

　また、パターン・ランゲージの可能性についてアツく語り合う仲間である市川力さん、酒井進吾さん、猿渡敬志さん、岩波純生さん、そして私たちの活動を応援してくださっているみなさんに感謝したい。

　さらに、ＰＬｏＰカンファレンスでいつもお世話になっているジョー・ヨーダ（Joseph Yoder）氏とリンダ・ライジング（Linda Rising）さん、井庭研がつくるパターン・ランゲージを「まったく新しいジャンルを生み出している」と高く評価してくれているリチャード・ガブリエル（Richard Gabriel）氏にも感謝したい。本書は日本語で書かれているため、残念ながら読んでいただくことはできないが、ここに感謝の気持ちを記しておきたい。Thank you for your kind support and encouragement, Joe, Linda, and Richard!

　そして、本書を、書籍という形で世に送り出せるのは、なんといっても担当編集者の上村和馬さんのおかげである。毎度のことながら、筆の遅い私を見守り、ひとつの形になるように促してくれたことに深く感謝したい。思えば思うほど、私が本書をじっくりと育てている間、私は上村さんに育てられていたのだと痛感する。また、本書をつくるにあたり、対談・鼎談の文字起こしを担当してくれた松村佳奈さん、村松大輝くん、原澤香織さん、山口祐加さん、河野裕介くん、小原和也くん、本田卓也くん、窪田哲朗くんにも感謝したい。

　そして、これも毎度のことながら、多くの時間を研究室でのプロジェクトに費やしているかと思えば、あちこち飛び回り、家に帰ってきたと思ったら書斎に籠もって原稿に向き合っているという日々をあたたかく支えてくれている家族と、のびのびと育ててくれた両親に感謝したい。

このようにたくさんの方とのコラボレーションや支援のもと、本書はひとつの形となって、みなさんの手元に届いている。本書を読んでパターン・ランゲージに魅力や可能性を感じてくれた方がいるならば、幸いである。ぜひ自分たちの物語を紡ぎ、創造的な未来を育むことにつなげていただければと思う。

井庭　崇

二〇一三年九月一八日

文献案内

本書を通じて、パターン・ランゲージの方法やアレグザンダーの考えに興味をもった方は、ぜひ彼の著作やパターン・ランゲージの具体例を読んでみてほしい。アレグザンダーの著作は邦訳も多いが、原著もわかりやすい英語で書かれているので、いずれは原著にも挑戦してみてほしいと思う。

まず、パターン・ランゲージについての考え方については、なんといっても次の本である。

『時を超えた建設の道』（クリストファー・アレグザンダー、鹿島出版会、一九九三年）〔C. Alexander, *The Timeless Way of Building*, Oxford University Press, 1979〕

アレグザンダーによる建築のパターン・ランゲージは、次の本に収録されている。

『パタン・ランゲージ――環境設計の手引』（C・アレグザンダー他、鹿島出版会、一九八四年）〔Christopher Alexander, Sara Ishikawa, Murray Silverstein, *A Pattern Language: Towns, Buildings, Construction*, Oxford University Press, 1977〕

また、パターン・ランゲージの使用方法や事例については、次の本で紹介されている。

『パタン・ランゲージによる住宅の生産』（クリストファー・アレグザンダー他、鹿島出版会、二〇一三年）［Christopher Alexander *et al., The Production of Houses*, Oxford University Press, 1985］ ※以前『パタン・ランゲージによる住宅の建設』として出版されていたものが、タイトルを変更して再版された。

『オレゴン大学の実験』（クリストファー・アレグザンダー他、鹿島出版会、一九七七年）［Christopher Alexander, *et.al., The Oregon Experiment*, Oxford University Press, 1975］

『まちづくりの新しい理論』（クリストファー・アレグザンダー他、鹿島出版会、一九八九年）［C. Alexander *et al., A New Theory of Urban Design*, Oxford University Press, 1987］

アレグザンダーの考えの変遷についての解説は、次のような本が出ている。どれも網羅的で、わかりやすく解説しているのでおすすめである。

『パターン、Wiki、XP——時を超えた創造の原則』（江渡浩一郎、技術評論社、二〇〇九年）

『クリストファー・アレグザンダー——建築の新しいパラダイムを求めて』（スティーブン・グラボー、工作舎、一九八九年）［S. Grabow, *Christopher Alexander: The Search for a New Paradigm in Architecture*, Routledge & Kegan Paul, 1983］

『a＋u 都市と建築 一九九三年八月号別冊——クリストファー・アレグザンダーと現代建築』

（イングリッド・キング、エー・アンド・ユー、一九九三年）※日本語・英語併記

アレグザンダーのパターン・ランゲージを実践に活かした例としては、中埜博氏の次の本がある。

『パタン・ランゲージによる住まいづくり』（中埜博、井上書院、一九八八年）※二〇一三年現在、絶版

パターン・ランゲージの背後にある、より大きな思想を知るためには、やはり、近著『ザ・ネイチャー・オブ・オーダー』にも挑戦したい。

Christopher Alexander, *The Nature of Order, BOOK ONE: The Phenomenon of Life*, The Center for Environmental Structure, 2002　※二〇一三年に邦訳書が出版された。『ザ・ネイチャー・オブ・オーダー　建築の美学と世界の本質　生命の現象』（鹿島出版会）

Christopher Alexander, *The Nature of Order, BOOK TWO: The Process of Creating Life*, The Center for Environmental Structure, 2003

Christopher Alexander, *The Nature of Order, BOOK THREE: A Vision of a Living World*, The Center for Environmental Structure, 2005

Christopher Alexander, *The Nature of Order, BOOK FOUR: The Luminous Ground*, The Center for Environmental Structure, 2004

また、アレグザンダーの最新著作は、盈進学園の建設を事例とした、新しい社会のあり方についての本である。

Christopher Alexander, *The Battle for the Life and Beauty of the Earth: A Struggle Between Two World-Systems*, Oxford University Press, 2012

さらに、パターン・ランゲージ以前の著作も、アレグザンダーの考えの原点を知るうえで重要である。

『形の合成に関するノート／都市はツリーではない』（クリストファー・アレグザンダー、鹿島出版会、二〇一三年）［Christopher Alexander, *Notes On The Synthesis of Form*, Harvard University Press, 1964］［Christopher Alexander, "A City is Not a Tree," *Architectural Forum* 122(1); 122(2), 1965］

さて、ここからは、それぞれの分野におけるパターン・ランゲージの書籍・カタログを紹介することにしたい。まず、ソフトウェア分野におけるデザイン・パターンの最初の書籍であり、最も有名なものが次の本である。

『オブジェクト指向における再利用のためのデザインパターン』（Erich Gamma, Richard Helm, Ralph Johnson, John Vlissides, 改訂版、ソフトバンククリエイティブ、一九九九年）［Erich Gamma, Richard Helm, Ralph

Johnson, John Vlissides, *Design Patterns: Elements of Reusable Object-Oriented Software*, Addison-Wesley, 1999〕

これ以外にも、ソフトウェアのデザイン・パターンの本は数多く出版されている。また、新しいパターンは、毎年ＰＬｏＰ《プロップ》（Pattern Languages of Programs）カンファレンスで発表・議論されている。カンファレンスの開催情報は、運営母体である非営利組織「ヒルサイド・グループ」（The Hillside Group）のホームページ http://hillside.net をチェックしてほしい。発表された論文は、ＡＣＭ（Association for Computing Machinery）のデジタル・ライブラリ http://dl.acm.org で公開されるほか、一部が書籍シリーズや学術誌に収録されて出版されている。

Pattern Languages of Program Design, Addison-Wesley, 1995–2006
Transactions on Pattern Languages of Programming, Springer, 2010–

このうち、前者の主要論文をまとめたものが、日本語の書籍として出版されている。

『プログラムデザインのためのパターン言語――Pattern Languages of Program Design 選集』（PLoPD Editors 編、ソフトバンククリエイティブ、二〇〇一年）

ソフトウェア分野では、ソフトウェア開発組織の設計についてのパターン・ランゲージもつくられている。

『組織パターン――チームの成長によりアジャイルソフトウェア開発の変革を促す』（James O. Coplien, Neil B. Harrison, 翔泳社、二〇一三年）〔James O. Coplien, Neil B. Harrison, *Organizational Patterns of Agile Software Development*, Prentice Hall, 2004〕

さらに、本書で「パターン・ランゲージ3・0」と呼んだ「人間行為のパターン・ランゲージ」の先駆的なものとしては、組織変革と教育のパターン・ランゲージがある。

『Fearless Change アジャイルに効く アイデアを組織に広めるための48のパターン』（Mary Lynn Manns、Linda Rising、丸善出版、二〇一四年）〔M. Lynn Manns and L. Rising, *Fearless Change: Patterns for Introducing New Ideas*, Addison-Wesley, 2004〕

Pedagogical Patterns Editorial Board, *Pedagogical Patterns: Advice For Educators*, Createspace, 2012

慶應義塾大学井庭研究室で作成した創造的な人間行為のパターン・ランゲージには、次のものがある。

『プレゼンテーション・パターン――創造を誘発する表現のヒント』（井庭崇＋井庭研究室、慶應義塾大学出版会、二〇一三年）

『旅のことば——認知症とともによりよく生きるためのヒント』（井庭崇、岡田誠編著、慶應義塾大学井庭崇研究室、認知症フレンドリージャパン・イニシアチブ、丸善出版、二〇一五年）
『プロジェクト・デザイン・パターン——企画・プロデュース・新規事業に携わる人のための企画のコツ32』（井庭崇、梶原文生、翔泳社、二〇一六年）
「ラーニング・パターン——創造的な学びのパターン・ランゲージ」http://learningpatterns.sfc.keio.ac.jp, 二〇〇九年
「コラボレーション・パターン——創造的なコラボレーションのパターン・ランゲージ」http://collabpatterns.sfc.keio.ac.jp, 二〇一二年
「ジェネレイティブ・ビューティー・パターン——いきいきと美しく生きるためのパターン・ランゲージ」http://www.generativebeauty.jp, 二〇一二年

このほか、熟練職人を目指すためのパターン・ランゲージや、学校設計のパターン・ランゲージなどもある。

『アプレンティスシップ・パターン——徒弟制度に学ぶ熟練技術者の技と心得』（Dave H. Hoover, Adewale Oshineye, オライリージャパン、二〇一〇年）〔Dave H. Hoover, Adewale Oshineye, *Apprenticeship Patterns: Guidance for the Aspiring Software Craftsman,* O'Reilly Media, 2009〕
Prakash Nair, Randall Fielding, Jeffery Lackney, *The Language of School Design: Design Patterns for 21st*

Century Schools, Fully Revised 2nd Edition, Designshare, 2005

パターン・ランゲージの作成の方法論について論じている書籍には、次のものがある。これらは、ソフトウェア分野を中心に研究・発展してきたものである。

Joseph Bergin, *Writing Patterns: software, organizational, pedagogical*, Slant Flying Press, 2013

Richard P. Gabriel, *Patterns of Software: Tales from the Software Community*, Oxford University Press, 1998

Richard P. Gabriel, *Writers' Workshops & the Work of Making Things: Patterns, Poetry...*, Pearson Education, 2002

Linda Rising（ed.）, *The Patterns Handbook: Techniques, Strategies, and Applications*, SIGS, 1998

最後に、アレグザンダーの近著『*The Nature of Order*』の概念を扱っている書籍はまだほとんどないが、次の本では大きく取り上げられている。

Jenny Quillien, *Delight's Muse On Christopher Alexander's The Nature Of Order: A Summary And Personal Interpretation*, lulu.com, 2010

Jenny Quillien, *Clever Digs: How Workspaces Can Enable Thought*, culicidae Press, 2012

井庭 崇（Iba Takashi）
慶應義塾大学総合政策学部准教授。
1974年生まれ。慶應義塾大学環境情報学部卒業後、同大学大学院政策・メディア研究科博士課程修了。博士（政策・メディア）。千葉商科大学政策情報学部専任教員（助手）、マサチューセッツ工科大学スローン経営大学院Center for Collective Intelligence客員研究員等を経て、現職。株式会社クリエイティブシフト代表取締役社長、および、The Hillside Group理事も兼務。編著書・共著書に、『複雑系入門――知のフロンティアへの冒険』（NTT出版、1998年）、『社会システム理論――不透明な社会を捉える知の技法』（慶應義塾大学出版会、2011年）、『プレゼンテーション・パターン――創造を誘発する表現のヒント』（慶應義塾大学出版会、2013年）、『旅のことば――認知症とともによりよく生きるためのヒント』（丸善出版、2015年）、『プロジェクト・デザイン・パターン――企画・プロデュース・新規事業に携わる人のための企画のコツ32』（翔泳社、2016年）など。

リアリティ・プラス
パターン・ランゲージ
――創造的な未来をつくるための言語

2013年10月31日　初版第1刷発行
2016年8月15日　初版第2刷発行

編著者――――井庭　崇
著　者――――中埜　博・江渡浩一郎・中西泰人・竹中平蔵・羽生田栄一
発行者――――古屋正博
発行所――――慶應義塾大学出版会株式会社
〒108-8346　東京都港区三田2-19-30
TEL〔編集部〕03-3451-0931
〔営業部〕03-3451-3584〈ご注文〉
〔　〃　〕03-3451-6926
FAX〔営業部〕03-3451-3122
振替　00190-8-155497
http://www.keio-up.co.jp/
装　丁――――阿部卓也
印刷・製本――株式会社加藤文明社
カバー印刷――株式会社太平印刷社

Printed in Japan ISBN978-4-7664-1987-0

人名索引

事項索引

カ行

マ行

ヤ行

ラ行

パターン名索引

アレグザンダー『パタン・ランゲージ』
厚い壁　Thick Walls　90
アルコーブ　Alcoves　17-19, 25-26, 90, 309
入口での転換　Entrance Transition　69
会食　Communal Eating　93
学習のネットワーク　Network of Learning　93
カスケード状の屋根　Cascade of Roofs　309
活動の節点　Activity Nodes　13, 16, 25
公共度の変化　Degrees of Publicness　93, 191
サブカルチャーの境界　Subculture Boundary　68
聖域　Holy Ground　71
旅人の宿　Traveler's Inn　73
小さな人だまり　Activity Pockets　93
中心部の共域　Common Areas at the Heart　67
どの部屋も二面採光　Light on Two Sides of Every Room　120, 144
平行道路　Parallel Roads　72
冒険的遊び場　Adventure Playground　189, 191
歩行路の形　Path Shape　93, 98, 189, 192
窓のある場所　Window Place　16-17, 21-22, 26
守りの屋根　Sheltering Roof　87-89, 98, 308, 313, 323
水への接近　Access To Water　77

政策言語（プロトタイプ・バージョン0.1）
CPU（コミュニケーション&ポリシー・ユニット）　CPU：Communication & Policy Unit　222-223, 240, 251, 256, 262
アーリー・スモール・サクセス　Early Small Success　219-220, 240, 251, 257, 262
大きな原則を守る　Securing Vital Point　221, 240, 251, 255-256
官民の境界　Boundaries of the Government　233, 240, 251, 253-254
具体的なアジェンダ　Practicable Agenda　211, 240, 251, 258
現時点での最善策　Best Policy at the Moment　218, 240, 251, 260
現場の重視　Trusting people on the Spot　230, 240, 251-252
ゴミ箱をひっくり返す　Overturning a Garbage Can　200, 207, 240, 251, 260
自助自立　Self-Help　228, 251-252
受益と負担の一致　Beneficiary Pays　230, 240, 251, 253
シンプルな政策　Simple Policy　200, 214, 240, 251, 255
政策の窓をひらく　Opening a Policy Window　201, 204-205, 240, 251, 257, 259
戦略は細部に宿る　Strategy is in the Details

202-203, 210-213, 240, 251, 256, 258
舞台の上での印籠　Direction on the Stage　208, 240, 251, 259
ポリシー・ウォッチャー　Policy Watcher　236, 240, 251, 262
もめごとをつくる　Stirring Up Trouble　220, 240, 251, 258, 260
リアクティブからプロアクティブへ　Reactive to Proactive　218, 240, 251, 261
リーダーのパッション　Passion of the Leader　208, 240, 251, 258-259

デザインパターン

コンポジット・パターン　Composite pattern　278

プレゼンテーション・パターン

イメージの架け橋　Mind Bridge　304
ことば探し　Exploration of Words　304
スキマをつくる　Triggering Blanks　304
表現のいいとこ取り　Expression Coordinator　304

ラーニング・パターン

動きのなかで考える　Thinking in Action　91
創造的な学び　Creative Project　91
突き抜ける　Be Extreme!　91
はなすことでわかる　Talking Thinker　91
学びの共同体をつくる　Commmunity of Learning　150
学びの竜巻　Tornado of Learning　91
ライバルをつくる　Good Rivals　150